Kohlhammer

Die Autorinnen

Prof'in Dr'in Beate Aschenbrenner-Wellmann lehrt seit 2004 mit den Schwerpunkten Soziale Arbeit und Migration sowie Gemeinwesen- und Sozialraumorientierung an der Evangelischen Hochschule Ludwigsburg. Sie ist Leiterin des Instituts für Antidiskriminierungs- und Diversityfragen und wissenschaftliche Leiterin des Instituts für Fort- und Weiterbildung. Sie ist Dipl. Sozialpädagogin (FH), M. A. Ethnologie, Soziologie und DaF sowie promovierte Erziehungswissenschaftlerin.

Lea Geldner ist Wissenschaftliche Mitarbeiterin am Institut für Antidiskriminierungs- und Diversityfragen und Lehrbeauftragte für den Themenbereich Interkulturalität, Migration und Integration. Sie ist Religions- und Gemeindepädagogin (B. A.) und Sozialarbeiterin (B. A.) und verfügt außerdem über einen Abschluss M. A. Soziale Arbeit.

Beate Aschenbrenner-Wellmann
Lea Geldner

Diversität in der Sozialen Arbeit

Theorien, Konzepte, Praxismodelle

Verlag W. Kohlhammer

Dieses Werk einschließlich aller seiner Teile ist urheberrechtlich geschützt. Jede Verwendung außerhalb der engen Grenzen des Urheberrechts ist ohne Zustimmung des Verlags unzulässig und strafbar. Das gilt insbesondere für Vervielfältigungen, Übersetzungen, Mikroverfilmungen und für die Einspeicherung und Verarbeitung in elektronischen Systemen.

Die Wiedergabe von Warenbezeichnungen, Handelsnamen und sonstigen Kennzeichen in diesem Buch berechtigt nicht zu der Annahme, dass diese von jedermann frei benutzt werden dürfen. Vielmehr kann es sich auch dann um eingetragene Warenzeichen oder sonstige geschützte Kennzeichen handeln, wenn sie nicht eigens als solche gekennzeichnet sind.

Es konnten nicht alle Rechtsinhaber von Abbildungen ermittelt werden. Sollte dem Verlag gegenüber der Nachweis der Rechtsinhaberschaft geführt werden, wird das branchenübliche Honorar nachträglich gezahlt.

Dieses Werk enthält Hinweise/Links zu externen Websites Dritter, auf deren Inhalt der Verlag keinen Einfluss hat und die der Haftung der jeweiligen Seitenanbieter oder -betreiber unterliegen. Zum Zeitpunkt der Verlinkung wurden die externen Websites auf mögliche Rechtsverstöße überprüft und dabei keine Rechtsverletzung festgestellt. Ohne konkrete Hinweise auf eine solche Rechtsverletzung ist eine permanente inhaltliche Kontrolle der verlinkten Seiten nicht zumutbar. Sollten jedoch Rechtsverletzungen bekannt werden, werden die betroffenen externen Links soweit möglich unverzüglich entfernt.

1. Auflage 2021

Alle Rechte vorbehalten
© W. Kohlhammer GmbH, Stuttgart
Gesamtherstellung: W. Kohlhammer GmbH, Heßbrühlstr. 69, 70565 Stuttgart
produktsicherheit@kohlhammer.de

Print:
ISBN 978-3-17-033068-9

E-Book-Formate:
pdf: ISBN 978-3-17-033069-6
epub: ISBN 978-3-17-033070-2
mobi: ISBN 978-3-17-033071-9

Inhalt

Einleitung 11

Teil I: Von den klassischen Differenzkategorien zu Bedeutungsdimensionen und Ebenen der Diversität – die Entwicklung eines analytisch-reflexiven Modells

Einleitung Teil I 17

1 **Rahmenbedingungen der Diversität** 19
  1.1 Diversität in der Sozialen Arbeit 19
  1.2 Ambivalenz und Vielfalt in der Postmoderne 24

2 **Lesarten und Bedeutungsdimensionen von Diversität** ... 27
  2.1 Begriffsannäherungen 27
    2.1.1 Diversität im angloamerikanischen Raum mit Fokussierung auf Managing Diversity (MD) 28
    2.1.2 Diversitäts-Mainstreaming im deutschsprachigen Raum 32
    2.1.3 Diversität außerhalb des ökonomisch-organisatorischen Kontexts: machtsensible Diversitätsansätze im Kontext des Sozialen 34
  2.2 Bedeutungsdimensionen 38
    2.2.1 Diversität als Unterschiede und Gemeinsamkeiten (deskriptiv-klassifizierende Bedeutungsdimension) ... 39
    2.2.2 Diversität im Anerkennungs- und Gerechtigkeitsdiskurs (normativ-regulierende Bedeutungsdimension).. 41
    2.2.3 Diversität als Chance oder Belastung (evaluative Bedeutungsdimension) 45
    2.2.4 Diversität und soziale Ungleichheit (ungleichheitskritische Bedeutungsdimension) 47
    2.2.5 Diversität und gesellschaftlicher Zusammenhalt (integrationspolitische Bedeutungsdimension) .. 50
    2.2.6 Diversität als Lehr- und Lernherausforderung (didaktische und entwicklungsbeeinflussende Bedeutungsdimension) 55
  2.3 Exkurs: Notwendigkeit einer intersektionalen Betrachtung von Diversität 59

3 Der Umgang mit Diversität auf verschiedenen Analyse-Ebenen ... 61
- 3.1 Die Ebene des Individuums ... 62
- 3.2 Die Ebene der Gruppe ... 64
- 3.3 Die Ebene der Organisation ... 67
- 3.4 Die Ebene des Sozialraums ... 69
- 3.5 Die Ebene der Gesellschaft ... 72

4 Anerkennende Strategien und Praxen des Umgangs mit Vielfalt ... 77
- 4.1 Beobachtung, Minimierung, Akzeptanz, Maximierung ... 77
- 4.2 Ambivalenz-Kontrolle und Ambivalenz-Akzeptanz ... 80
- 4.3 Dekonstruktive Perspektiven ... 82
- 4.4 Die Bedeutung der ungleichheits- und struktursensiblen Haltung im Anerkennungsdiskurs ... 85
- 4.5 Kritisch-reflexive Haltungen als Voraussetzung für erfolgreiche Praxen ... 86

5 Grenzen der Vielfalt – Die Funktionsweisen von Ausgrenzungsmechanismen und Soziale Arbeit als Grenzgängerin ... 89

6 Zwischenfazit ... 93

7 Literaturverzeichnis ... 94

Teil II: Vom interkulturellen zum diversitätsorientierten Lernen mit heterogenen Gruppen – fokussiert am Beispiel der Gemeinwesenarbeit (GWA)

Einleitung Teil II ... 105

Teil A: Theorie ... 107

8 Begriffsannäherungen ... 108
- 8.1 Interkulturalität ... 108
- 8.2 Vom Interkulturellen zum Diversitätsorientierten Lernen ... 114

Teil B: Theorie und Praxisverknüpfung ... 118

9 Zentrale Themenfelder des Interkulturellen und Diversitätsorientierten Lernens ... 119
- 9.1 Von der Interkulturellen Kompetenz zur Diversitätskompetenz ... 119
- 9.2 Interkulturelle und diversitätsorientierte Haltung ... 127
- 9.3 Partizipation und Teilhabe ... 131
  - 9.3.1 Partizipation ... 131
  - 9.3.2 Teilhabe ... 134
- 9.4 Interkulturelle Begegnungen und Kommunikation ... 136

	9.5	Antidiskriminierungsarbeit am Beispiel des Anti-Bias-Ansatzes	139

Teil C: Praxis **144**

10	Interkulturelles und Diversitätsorientiertes Lernen am Beispiel der Gemeinwesenarbeit (GWA)	145
	10.1 Annäherung an den Terminus Gemeinwesenarbeit (GWA)..	145
	10.2 Chancen und Herausforderungen im heutigen Gemeinwesen	149
	10.3 Interkulturelles und Diversitätsorientiertes Lernen in der Gemeinwesenarbeit (GWA)	152
	10.3.1 Ebene der Fachkräfte	152
	10.3.2 Strukturelle Ebene	153
	10.3.3 Mesoebene im Gemeinwesen am Beispiel öffentlicher Räume	154
	10.3.4 Beispiel zur Durchführung einer interkulturellen und diversitätsorientierten Lerneinheit	156
11	Literaturverzeichnis	169

Teil III: Diversität in Organisationen – Ein Change-Prozess von der Monokultur zur Inklusiven Diversität

Einleitung		177
12	Ausgangslage und Zielsetzung	179
Teil A: Theoretische Grundlagen		182
13	Begriffsannäherung Diversität im Kontext von Organisationen	183
14	Zentrale Indikatoren der Organisationsentwicklung	188
	14.1 Organisationskultur	188
	14.2 Führungskraft	193
	14.3 Individuum und Team	196
15	Diversität in Organisationen	202
	15.1 Wieviel Vielfalt braucht eine Organisation?	202
	15.2 Diversitätsmanagement (DiM), Managing Diversity (MD) oder Diversitäts-Mainstreaming?	205
16	Begriffsannäherung zu Resonanz in Bezug auf Diversität und Organisationen	213
	16.1 Resonanz als Beziehungsmodus	213

	16.2	Resonanzachsen, Resonanzräume und Resonanzdrähte in ihre Wechselwirkung	215
	16.3	Resonanzperspektive als abschließende Form des Change-Prozesses	218
17		Zusammenfassende Bewertung des bisherigen Forschungstands und Konzeption des Change-Prozesses »Von der Exklusiven über die Integrative zur Inklusiven Diversität«	223

Teil B: Forschungsteil: Change-Prozesse in Non-Profit-Organisationen (NPOs) 227

18		Forschungstheoretischer Rahmen	228
	18.1	Forschungsdesign	228
	18.2	Empirische Erhebung.....................................	230
	18.3	Auswertungsstrategie	233
19		Ergebnisse der empirischen Forschung	235
	19.1	Phasenmodell der Organisationskultur: Zusammenfassende und strukturierte Darstellung der Interviewinhalte	235
	19.2	Phasenmodell der Diversität: Zusammenfassende und strukturierte Darstellung der Interviewinhalte	243
	19.3	Phasenmodell der Resonanzausprägung: Zusammenfassende und strukturierte Darstellung der Interviewinhalte	251
	19.4	Überprüfung der Hypothesen des Change-Prozesses	258
	19.5	Chancen und Herausforderungen von Vielfalt in Organisationen	268

Teil C: Schlussbetrachtung... 273

20	Überlegungen zu einem Auditierungsverfahren für den Change-Prozess von Vielfalt in Organisationen	274
21	Fazit und Ausblick	277
22	Literaturverzeichnis	280

Anhang

Tabellen und Abbildungsverzeichnis, Abkürzungsverzeichnis 289
    Tabellenverzeichnis 289
    Abbildungsverzeichnis 289
    Abkürzungsverzeichnis 290

Anlagen 291
    Anlage 1: Indikatorenkatalog Kulturphasen 292

Anlage 2: Indikatorenkatalog Diversitätsausprägung 294
Anlage 3: Indikatorenkatalog Resonanzausprägung 296
Anlage 4: Überarbeiteter Indikatorenkatalog Organisationskultur .. 298
Anlage 5: Überarbeiteter Indikatorenkatalog Resonanzausprägung 300

Einleitung

»Wir leben in einer pluralisierten Gesellschaft. Das ist nicht nur ein relativ neues Faktum. Das ist auch ein unhintergehbares Faktum: Es gibt keinen Weg zurück in eine nicht-pluralisierte, in eine homogene Gesellschaft. Das ist eine einfache Feststellung. Nicht ganz so einfach ist die Klärung der Frage, was das genau bedeutet« (Charim 2019: 11). Homogen ist eine Gesellschaft nicht, wenn es keine Unterschiede zwischen den Menschen mehr gibt, sondern wenn diese als nachrangig angesehen werden. Wie gehen wir mit der bestehenden Unterschiedlichkeit in der gegenwärtigen Zeit in einer von starken Wandlungsprozessen gekennzeichneten, postmodernen Gesellschaft um? Diversität und Diversitätsmanagement (DiM) haben in diesem Zusammenhang seit einigen Jahren Einzug in die bundesrepublikanische Diskussion über Gleichstellungspolitik, Antidiskriminierungsarbeit und in Praxiskonzepte der Sozialen Arbeit zur Überwindung von Ausgrenzung und Benachteiligung von Minderheiten gehalten. Die Wertschätzung von Vielfalt setzt dabei eine Anerkennung von Differenzen voraus, ohne dass dies zur Diskriminierung der einzelnen Menschen führen darf. Die bereits vorhandene Diversität umfasst jedoch nicht nur die klassischen Differenzmerkmale wie Geschlecht, Alter oder ethnische Zugehörigkeit, sondern auch nicht direkt erkennbare wie religiöse Überzeugung, sexuelle Orientierung oder kultureller Hintergrund. Für die Soziale Arbeit erfordert die Akzeptanz von Vielfalt einen grundsätzlichen Paradigmenwechsel: Anderssein ist nicht mehr gleichbedeutend mit Defizite haben, und Diversität stellt von daher keine Bedrohung für den Zusammenhalt von Organisationen, Gemeinwesen und Gesellschaft dar.

Der Zustand unserer Gesellschaft im Sommer/Herbst 2020 ist gekennzeichnet durch die Veränderungen und Verwerfungen der Corona-Pandemie, die seit sechs Monaten unser Leben bestimmt hat und uns neue Rahmenbedingungen für das Zusammenleben aller auferlegt. In diesen Krisenzeiten kommen nicht nur Solidarität und Rücksichtnahme der Menschen aufeinander zum Tragen, sondern vermehrt auch Abgrenzung, Abwertung von anderen Lebensentwürfen, Ablehnung von Anderssein und Rückzug in die eigene Sphäre der Sicherheit und Isolation. Die Diskurslinien reichen von obskuren Verschwörungstheorien wie der einer jüdischen Weltherrschaft über Ängste vor eingewanderten Fremden, die das Virus mitbringen, bis hin zur Forderung von unbedingt notwendigen Demonstrationen gegen die angebliche Beschneidung von Freiheitsrechten in sog. Coronaprotesten durch eindeutige Verfassungsfeinde. Der Angriff auf die Synagoge in Halle und Aufmärsche von Neonazis stehen dabei für eine Zunahme rechter Ideologie und Judenhass. Wie reagiert der Staat darauf und wie agieren wir alle als Bürger_innen? Der alte Hass und bestehende Ressentiments scheinen salonfähiger zu werden und in der Mitte der Gesellschaft angekommen zu sein.

A. Reckwitz antwortet in einem Gespräch mit der Süddeutschen Zeitung (Reckwitz 2020: 12) auf die Frage nach der Bedeutung der Krise für unseren Gemeinsinn:

> »Dass die Gesellschaft keine homogene Gemeinschaft mehr ist, bedeutet jedenfalls nicht, dass so etwas wie Gemeinsinn in der Moderne nicht mehr möglich oder nötig wäre, im Gegenteil. Eine Gesellschaft, auch wenn sie noch so differenziert und individualisiert ist, kommt offensichtlich nicht ohne ein Mindestmaß an sozialer Integration aus, das heißt an zivilen Normen, die alle teilen. Fehlen solche Normen der Gewaltlosigkeit, bricht das Soziale zusammen. Genauso wichtig ist für die liberale Demokratie, die ja auf der Pluralität unterschiedlicher Interessen und Werte beruht, dass sie auf grundlegender Ebene ein gemeinsames Anliegen teilt«.

Doch was kann dieses gemeinsame Anliegen sein? Vielleicht geht es hier um die Akzeptanz einer universellen Verwundbarkeit von uns allen in diesem Ausnahmezustand und nicht nur um eine Fokussierung auf besonders vulnerable Gruppen wie Alte, Arme oder Geflüchtete. Sollten wir angesichts der antirassistischen Proteste in USA (Black Lives Matter) nach der Ermordung von George Floyd durch amerikanische Polizisten die Gelegenheit nutzen eigene Vorurteile und bestehende Rassismen zu reflektieren? Ja, denn »Rassismus beginnt dort, wo es einen Unwillen gibt, sich mit Unbekanntem auseinanderzusetzen. Auch wenn es Mühe macht«, so E. Girth, Rassismusbeauftragter für das deutsche Gesundheitssystem, in einem Beitrag der SZ (in Verschwele 2020: 31)

In dieser Zeit des Umbruchs und der Unruhe erscheint nun die vorliegende Veröffentlichung zu einem reflexiven und analytischen Umgang mit Diversität in der Sozialen Arbeit im Kontext von Gemeinwesen und Organisationen; ein Werk, das sich bewusst von den schlagwortartigen Argumentationen und gängigen Betrachtungsweisen von Vielfalt – sortiert nach den bekannten Dimensionen Geschlecht, Alter oder Hautfarbe – unterscheidet und einen vertieften Einblick in Chancen, aber auch Grenzen der Vielfalt aufzeigt. Notwendig ist diese Auseinandersetzung in jedem Fall, denn – wie eingangs formuliert – ein Zurück zu einer homogenen Gesellschaft gibt es nicht. Wo Krisen den Alltag bestimmen und das Ende des Funktionierens des Vertrauten droht, können wir aktiv eine neue Normalität herstellen und alte Gewohnheiten zugunsten neuer Denk- und Verhaltensweisen überwinden.

Hierzu benötigen alle Menschen – in dieser Veröffentlichung sind besonders Studierende und Fachleute der Sozialen Arbeit angesprochen – erweiterte Kompetenzen für einen professionellen Umgang mit Diversität und zwar jenseits einer Dramatisierung und Zuspitzung (»Vielfalt zerstört unseren Zusammenhalt«) oder einer Schönfärberei nach dem Motto »Bunt ist beautiful«. Denn unumstritten ist, die reflexive Gestaltung von vielfältigen Begegnungssituationen erfordert ein umfangreiches und systematisches Hintergrundwissen, genauso wie eine offene und zugewandte Haltung für die Spezifika von Vielfaltsbegegnungen und bedeutet sicherlich eine fortlaufende diversitätsgerechte Verständigungsarbeit von allen Beteiligten. Um einen erfolgreichen Verlauf der notwendigen gesellschaftlichen und organisationalen Veränderungsprozesse begleiten und steuern zu können, haben wir für die Leser_innen drei miteinander verknüpfte Grundlagenteile formuliert.

Im ersten Teil werden zunächst unterschiedliche Lesarten von Diversität im angloamerikanischen und deutschsprachigen Bereich aufgezeigt, um auf dieser Begriffsdiskussion aufbauend Bedeutungsdimensionen von Diversität im Sinne eines prozessanalytisch-reflexiven Erklärungsmodells zu entwickeln (▶ Teil I). Diversität wird dabei systematisch aufgeschlüsselt und mit relevanten Diskurslinien wie dem Anerkennungs- und Gerechtigkeitsdiskurs, der Auseinandersetzung mit sozialer Ungleichheit oder der Bedeutung des gesellschaftlichen Zusammenhalts verknüpft. Für die Leser_innen wird dadurch deutlich, welchen konkreten Erklärungswert und welche Reichweite Diversität für normativ-regulierende, integrationspolitische oder ungleichheitskritische Argumentationen haben kann. Im Anschluss daran beschreiben wir den professionellen Umgang mit Diversität auf den verschiedenen Ebenen der Vielfalt: Individuum, Gruppe, Organisation, Sozialraum und Gesellschaft. Darauf aufbauend werden anerkennende Strategien und Praxen des Umgangs mit Vielfalt erörtert, um eine zielführende Theorie-Praxis-Verknüpfung herstellen zu können. Grenzen von Vielfalt sowie Widersprüche und Herausforderungen werden dabei nicht ausgespart, sondern analysiert; so wird zum Nachdenken über bestehende Interdependenzen anhand von lernbegleitenden Fragestellungen angeregt.

Teil II widmet sich den Entwicklungen vom Interkulturellen Lernen zum diversitätsorientierten Lernen mit heterogenen Gruppen am Beispiel der Gemeinwesenarbeit (▶ Teil II). Im Zentrum stehen dabei wesentliche Themenfelder dieser Lernprozesse, wie bspw. die hierfür erforderliche Kompetenz und Haltung, Partizipation und Teilhabe als notwendige Rahmenbedingungen und die Bedeutung von Interkulturellen Begegnungen mit den entsprechenden Kommunikationsverläufen sowie Konzepte der Antidiskriminierungsarbeit. Ausgangspunkt ist dabei die Devise »Nicht Kulturen begegnen sich, sondern Menschen«, denn nur unter Berücksichtigung dieser Leitlinie führen Lernprozesse zu effektiven und förderlichen Veränderungen und verhindern Stereotypen- und Vorurteilsbildung. Am Beispiel der Gemeinwesenarbeit werden dann Chancen und Grenzen interkultureller und diversitätsorientierter Lernprozesse aufgezeigt und systematisch auf die Ebene von Fachkräften sowie auf strukturelle und intermediäre Ebenen übertragen, denn Integration und Zusammenhalt finden wesentlich im lokalen Bereich statt. Beispiele zur Durchführung einer interkulturellen Lerneinheit runden dieses Kapitel ab und ermöglichen einen erleichterten Praxistransfer.

Im abschließenden Teil III werden unter dem Titel »Diversität in Organisationen – ein Change-Prozess von der Monokultur zur Inklusiven Diversität« zunächst zentrale Indikatoren einer Organisationsentwicklung dargestellt und anschließend der Frage nachgegangen, wieviel Vielfalt Organisationen benötigen, um erfolgreich in globalen Zeiten agieren zu können (▶ Teil III). Antworten auf diese Fragestellung werden sowohl durch ein theoriebasiertes Erklärungsmodell für den Veränderungsprozess von Organisationen, der von der Exklusiven über die Integrative hin zur Inklusiven Diversität verläuft, als auch forschungsbasiert durch eine Erhebung in unterschiedlichen Non-Profit-Organisationen (NPOs) gegeben. Dabei erfolgt eine Verknüpfung der theoretischen Grundannahmen zum

Verlauf des Change-Prozesses mit den Ergebnissen ausgewählter Expert_inneninterviews. Zielsetzung dieses Kapitels ist es, Verantwortliche in Organisationen für die Chancen und Grenzen von Vielfalt zu sensibilisieren und zu einer strukturierten Analyse des Ist-Zustands ihrer Organisation im Sinne eines Auditierungsverfahrens einzuladen. Hierdurch wird ein Prozess der Organisations-, Personal- und Qualitätsentwicklung ermöglicht, der allen Mitarbeiter_innen die gleiche Teilhabe an den Entwicklungen der Organisation eröffnen kann.

Die vorliegende Veröffentlichung betrachten wir als einen Beitrag zur Förderung eines professionellen, weltoffenen und respektvollen Umgangs mit Vielfalt, Verschiedenheit und Unterschiedlichkeit, verbunden mit dem Ansatz möglichst vielen Menschen eine Partizipation an den gegenwärtigen gesellschaftlichen, politischen, sozialen und wirtschaftlichen Entwicklungen zu ermöglichen. Diversität sollte zunehmend als gesellschaftliche »Normalität« anerkannt und wertgeschätzt werden. In diesem Prozess der Anerkennung darf es weder um das Festschreiben von Unterschieden noch um ein Aufheben von Differenz gehen, sondern um eine reflektierte und analytische Gestaltung der notwendigen Veränderungsschritte bei Einzelnen, Organisationen und der Gesamtgesellschaft.

> »Nun aber, da diese Tage böse sind, genügt für den Augenblick die Mahnung, dich nicht ganz und nicht immer deinen Tätigkeiten zu widmen, sondern einen Teil deiner Person, deines Herzens und deiner Zeit für die Wertschätzung aufzusparen« (Bernhard von Clairvaux, De consideratione, zitiert nach C. Pelluchon 2019: 9).

Denn es ist das individuelle Bewusstsein, das über das Schicksal von Gesellschaften entscheidet (ebd. 11).

Herbst 2020　　　　　　　　　　　　Beate Aschenbrenner-Wellmann, Lea Geldner

Literatur

Charim, Isolde, 2019. Ich und die Anderen. Wie die neue Pluralisierung uns alle verändert. Wien: Paul Zolnay.

Hall, Stuart, 2018. Das verhängnisvolle Dreieck. Rasse, Ethnie, Nation. Berlin: Suhrkamp.

Pelluchon, Corine, 2019. Ethik der Wertschätzung. Tugenden für eine ungewisse Welt. Darmstadt: wbg Academic.

Reckwitz, Andreas, 2020. Ein Zurück zur Gemeinschaft ist eine Illusion. Süddeutsche Zeitung Nr. 147 vom 29.06.2020, 12.

Verschwele, Lina, 2020. Der Fremde in der Praxis. Süddeutsche Zeitung Nr. 187 vom 14.–16.08.2020, 31.

Wulf, Christoph, 2006. Anthropologie kultureller Vielfalt. Interkulturelle Bildung in Zeiten der Globalisierung. Bielefeld: transcript.

Teil I Von den klassischen Differenzkategorien zu Bedeutungsdimensionen und Ebenen der Diversität – die Entwicklung eines analytisch-reflexiven Modells

Einleitung Teil I

Der Terminus »Diversität« als Bezeichnung für die Verschiedenheit von Menschen, Gruppen oder Organisationen hat mittlerweile den Mainstream gesellschaftspolitischer Debatten erreicht und ist als Diversitätsmanagement (DiM) in vielen Profit- und Non-Profit-Organisationen etabliert worden. Aus Sicht der Sozialen Arbeit kann es jedoch nicht um ein rein funktionales Verständnis von Vielfalt als ökonomisch relevantes Faktum oder um den politisch-rechtlichen Antidiskriminierungsdiskurs, der bspw. im AGG (Allgemeines Gleichbehandlungsgesetz) selektiv einzelne Vielfaltsmerkmale wie Alter, Geschlecht oder Herkunft aufgreift, gehen. Vielmehr muss in einer analytisch-reflexiven Weise die Bedeutung von Diversität bspw. im Sinne einer normativ-regulierenden Einflussgröße bezüglich vorherrschender Normalitätsvorstellungen bei der Anerkennung von Vielfalt und deren Grenzen oder bezüglich der vorherrschenden Gerechtigkeitsvorstellungen innerhalb der Gesellschaft ins Blickfeld genommen werden. Darüber hinaus sind einzelne Betrachtungsebenen der Wirksamkeit von Diversität wie z. B. die Ebenen von Individuum, Gemeinwesen oder Gesellschaft für ein umfassendes und praxisorientiertes Verständnis von Vielfalt entscheidend. Die systematische Kombination von Bedeutungsdimensionen und Ebenen der Relevanz stellt von daher den Kernbestand dieses einleitenden Kapitels dar. Diese Vorgehensweise unterscheidet sich bewusst von anderen Publikationen im Kontext von Diversität und Sozialer Arbeit, die vor allem die Beschreibung von Vielfalt in den einzelnen Differenzkategorien fokussieren, und ist insofern als weiterführende Betrachtungsoption zu sehen. Denn die Frage nach einem professionellen Handeln in Kontexten der Verschiedenheit durchzieht gleichermaßen Vergangenheit, Gegenwart und Zukunft Sozialer Arbeit. Dies gilt sowohl für innergesellschaftliche Verschiedenheit wie bei der Verteilung von Reichtum und Armut als auch für den gesellschaftsübergreifenden, globalen Zusammenhang in den Bereichen Migration und Flucht.

> Diversität wird in dieser Publikation als analytisch-reflexives Modell konzipiert, das die Akteur_innen der Sozialen Arbeit dabei unterstützt eigene Vorstellungen von »Normalität« und Praktiken der Normalisierung kritisch zu hinterfragen und wertschätzend auf die vielfältigen und spezifischen Bedürfnisse und Ressourcen von Menschen einzugehen. Es leistet somit einen Beitrag zur Weiterentwicklung und zum Erhalt eines demokratischen Gemeinwesens im Sinne der Förderung der Teilhabechancen Einzelner und ist dem Anspruch verpflichtet, dass kein Mensch aufgrund seiner Herkunft, seines Ge-

schlechts oder ganz allgemein der Zugehörigkeit zu bestimmten Gruppen Nachteile und Exklusion erfahren darf.

Im nachfolgenden Modell werden im Sinne eines Überblicks die ausgewählten Bedeutungsdimensionen (▶ Abb. 1) mit den Ebenen der Wirksamkeit von Diversität sowie möglichen Strategien des Umgangs mit Vielfalt verflochten. Die im Eingangskapitel formulierte Entwicklung des Modells dient als Orientierungsrahmen für theorie- wie praxisorientierte Leser_innen und findet in den Folgekapiteln II und III ihre Anwendung im Kontext von Lernprozessen in heterogenen Gruppen sowie im Bereich der Diversität in NPOs.

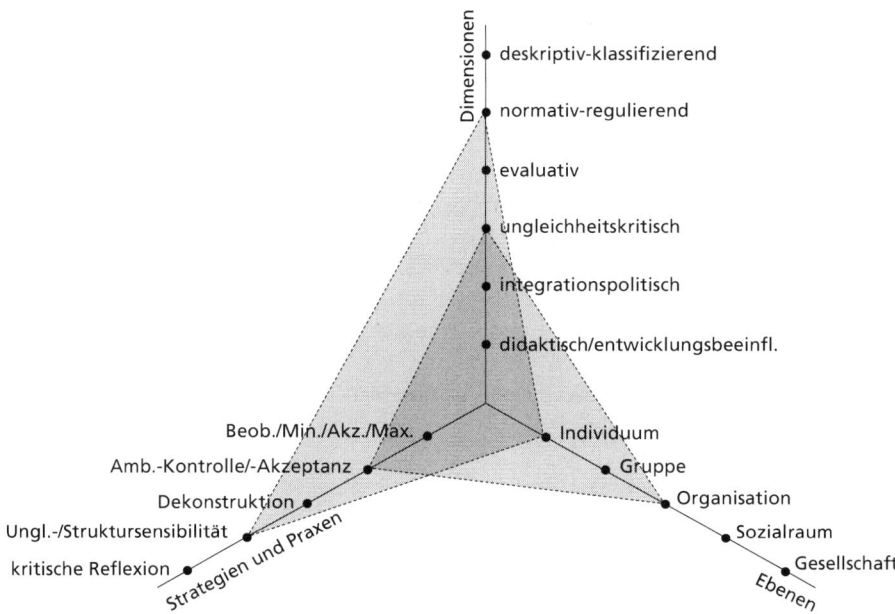

Abb. 1: Das Mehrebenenmodell mit Bedeutungsdimensionen (eigene Darstellung)

Bevor auf die verschiedenen Bedeutungsdimensionen, Ebenen und Strategien des Modells im Einzelnen eingegangen wird, werden zunächst im Sinne einer theoretischen Fundierung Rahmenbedingungen und Begriffsannäherungen zu Diversität in der Sozialen Arbeit dargestellt.

1 Rahmenbedingungen der Diversität

In Anlehnung an U. Beck 2004 geht man davon aus, dass im Zeitalter der reflexiven Moderne bzw. der Postmoderne die Wirklichkeit selbst kosmopolitisch und global ausgerichtet worden ist, sich nationalstaatliche Grenzen und Unterschiede zunehmend auflösen und für diese Welt ein neuer Standpunkt seitens der Beobachter_innen gefunden werden muss, der »kosmopolitischer Blick« genannt werden kann. Was bedeutet das genau?

> »Weltsinn, Grenzenlosigkeit. Ein alltäglicher, ein historisch wacher, ein reflexiver Blick, ein dialogischer Blick für Ambivalenzen im Milieu verschwimmender Unterscheidungen und kultureller Widersprüche. Er zeigt nicht nur die ›Zerrissenheit‹, sondern auch die Möglichkeiten auf, das eigene Leben und Zusammenleben in kultureller Melange zu gestalten« (ebd.: 10).

Im einleitenden Kapitel werden wesentliche Rahmenbedingungen für diesen veränderten Blick, in dem das hier entwickelte, analytisch-reflexive Modell seine Wirksamkeit entfalten kann, skizziert.

1.1 Diversität in der Sozialen Arbeit

Durch zahlreiche Phänomene der Postmoderne wie Globalisierung, Migration oder Individualisierung wird unsere Gesellschaft vielfältiger und heterogener. Doch wie gehen Gesellschaften, Organisationen oder Einzelpersonen mit der »Andersartigkeit« und mit Grenzverschiebungen und -ausweitungen um? Beck (2004: 77ff) nennt hier als Umgangsmodi »Universalismus«, »Relativismus«, »Ethnizismus«, »Nationalismus«, »Kosmopolitismus« und »Multikulturalismus«. Während im Universalismus andere als prinzipiell gleichwertig respektiert, also die Grenzen zu kulturell Fremden aufgehoben werden, konstruieren relativistische Herangehensweisen neue Grenzen und heben Unterschiede sogar hervor. Die verschiedenen Strategien im Umgang mit Andersheit schließen sich nicht aus, sondern ergänzen oder korrigieren sich. Im Kern geht es beim Kosmopolitismus um die Anerkennung von Andersheit im Inneren der Gesellschaft wie nach außen, ohne hierarchische Anordnung der Unterschiede, und um Akzeptanz des Verschiedenen. Diese Betrachtungsweise hat Konsequenzen für die Soziale Arbeit als Handlungswissenschaft und zwar in Theorie und Praxis. Daher müssen Wege aufgezeigt werden, wie mit Diversität adäquat umgegangen und ihre Anerkennung in der Gesellschaft gefördert werden kann, denn die Achtung und Wertschätzung von Vielfalt stellt einen zentralen Aspekt der Sozialen Arbeit dar. So definiert der Deutsche Berufsverband für Soziale Arbeit (DBSH):

> »Soziale Arbeit fördert als praxisorientierte Profession und wissenschaftliche Disziplin gesellschaftliche Veränderungen, soziale Entwicklungen und den sozialen Zusammenhalt sowie die Stärkung der Autonomie und Selbstbestimmung von Menschen.
> Die Prinzipien sozialer Gerechtigkeit, die Menschenrechte, die gemeinsame Verantwortung und **die Achtung der Vielfalt** bilden die Grundlage der Sozialen Arbeit.
> Dabei stützt sie sich auf Theorien der Sozialen Arbeit, der Human- und Sozialwissenschaften und auf indigenes Wissen.
> Soziale Arbeit befähigt und ermutigt Menschen so, dass sie die Herausforderungen des Lebens bewältigen und das Wohlergehen verbessern, dabei bindet sie Strukturen ein« (DBSH 2016).

Die wesentlichen Aufgaben der Sozialen Arbeit liegen darin, »individuelle Verwerfungen bei sog. Globalisierungsverlierer_innen auszugleichen, Verbesserungen von Lebenslagen zu bewirken, Verstehensprozesse zu initiieren und voranzutreiben und weltweite Veränderungsprozesse mit lokalen Betroffenheiten in Verbindung zu bringen« (Aschenbrenner-Wellmann 2009: 212). Um dies umzusetzen, benötigt es neben Wissen, Haltungen, Einstellungen und Handlungsfähigkeiten auch einen angemessenen Umgang mit Vielfalt, Verschiedenheit und Ungleichheit auf individueller, gruppenbezogener und gesellschaftlicher Ebene. Diese Fähigkeit kann als Diversitätskompetenz bezeichnet werden (ebd.).

Häufig wird Diversität als Konzept für den Umgang mit Unterschiedlichkeit eingesetzt. Sie kann aber auch als Haltung betrachtet werden, »die mit der bewussten Wertschätzung aller unterschiedlicher Attribute von Menschen und deren Einfluss auf die zwischenmenschlichen Beziehungen verbunden wird« (ebd.: 213). So ist es möglich, Diversitätskompetenz mit den Schlagwörtern Respekt, Wertschätzung, Akzeptanz und Einbeziehung zu beschreiben. Ziel dieser Kompetenz ist es, einen gesellschaftlich verbesserten Zustand zu erreichen, indem man ohne Angst verschieden sein kann.

Je nach Betrachtungsweise kann Verschiedenheit in der Sozialen Arbeit als Unterschiedlichkeit, Ungleichheit oder Vielfalt wahrgenommen werden. Die verschiedenen Lesarten von Diversität führen wiederum zu diversen Handlungsanforderungen an traditionelle und innovative Querschnitts-Arbeitsfelder innerhalb der Sozialen Arbeit. Da der Alltag von Sozialarbeiter_innen geprägt ist von unterschiedlichen Adressat_innen, die fremd sind, andere Kulturen und Äußerungsformen besitzen und aus einem anderen Milieu oder einer anderen Lebenswelt stammen, ist eine Neuausrichtung der Sozialen Arbeit erforderlich: Die Vorstellung, dass Anderssein bedeutet, Defizite zu haben, oder dass Verschiedenheit eine Bedrohung darstellt, muss einer Vorstellung der Wertschätzung von Verschiedenheit weichen (Aschenbrenner-Wellmann 2009: 216).

Um dies zu verdeutlichen, soll ein bereits früher erstelltes Schaubild herangezogen und für das neue analytisch-reflexive Modell weiterentwickelt werden (in Anlehnung an Aschenbrenner-Wellmann 2009b: 69) (▶ Abb. 2).

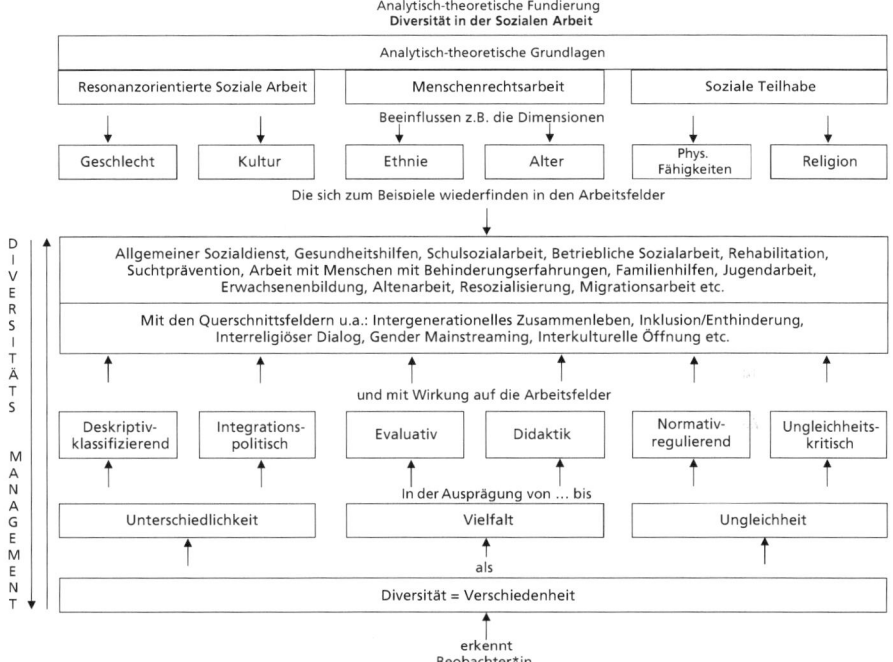

Abb. 2: Diversität in Theorie und Praxis der Sozialen Arbeit (eigene Darstellung)

Mit Blick auf das Schaubild wird deutlich, dass Verschiedenheit aus Perspektive des_der Beobachter_in als Unterschiedlichkeit, Ungleichheit oder Vielfalt wahrgenommen werden kann. Daraufhin erfolgt eine weitere Differenzierung in die verschiedenen Bedeutungsdimensionen von Diversität, auf die im Einzelnen unter Punkt 2 eingegangen wird. So können der Unterschiedlichkeit die Dimensionen ›Deskriptiv-klassifizierend‹ und ›Integrationspolitisch‹, der Vielfalt die Dimensionen ›Evaluativ‹ und ›Didaktik‹ und der Ungleichheit die Dimensionen ›Normativ-regulierend‹ und ›Ungleichheitskritisch‹ zugeordnet werden. Diese verschiedenen Arten von Diversität, die auf den Ebenen des Individuums, der Gruppe, Organisationen, dem Sozialraum als auch der Gesellschaft beobachtbar sind, führen zu diversen Handlungsanforderungen und -möglichkeiten in den vielfältigen Arbeitsbereichen der Sozialen Arbeit (in Anlehnung an Aschenbrenner-Wellmann 2009b: 65).

»Eine gute Praxis braucht eine gute Theorie«, so Otto auf dem Bundeskongress Soziale Arbeit 2005. Für die theoretische Fundierung zieht Aschenbrenner-Wellmann (2009: 65) die Soziale Arbeit als Menschenrechtsprofession, Soziale

Teilhabe und globale Soziale Arbeit heran. »Erstere beschreibt Menschenrechte als common sense der sich bildenden Weltgesellschaft, der als einziger Normenkatalog global anerkannt wird [...], [die zweite] verweist auf Solidarität, Inklusion und die Herstellung sozialer Gerechtigkeit, auf ein Recht zur Teilhabe« (ebd.). Anstelle einer globalen Sozialen Arbeit wird im neuen Modell der Begriff ›resonanzorientierte Soziale Arbeit‹ in Anlehnung an die aus der Soziologie stammenden Resonanztheorie nach Hartmut Rosa (2016) aufgenommen. Im Kern geht es dabei um eine über Kompetenzen hinausreichende Soziale Arbeit, die Resonanzerfahrungen als Beziehungsmodi versteht und den Fokus auf Selbstwirksamkeitserfahrungen und gelingende Weltbeziehungen legt und als Antwort bzw. Lösung auf die heutige beschleunigte Welt gesehen wird. Auf diese Theorie wird in Teil III im Hinblick auf NPOs vertiefend eingegangen (▶ Teil III).

Diese theoretischen Ansätze lassen sich mit den Ausprägungsformen von Verschiedenheit in Form von Kombinationspaaren verbinden:

- Ungleichheit – soziale Teilhabe;
- Vielfalt – Menschenrechtsprofession;
- Unterschiedlichkeit – resonanzorientierte Soziale Arbeit.

Diese Verhältnisse werden nachfolgend skizziert.

In der Kombination *Ungleichheit – Soziale Teilhabe* geht es »einerseits um Teilhabe der Profession an den aktuellen Veränderungen des Sozialstaats, andererseits um die Partizipation der KlientInnen in der Sozialen Arbeit« (Aschenbrenner-Wellmann 2009b: 66). Daher braucht es

- soziale Gerechtigkeit als übergreifenden Wert sowie eine angemessene Diskussions- und Aktionsbasis für die Soziale Arbeit;
- die Einsicht, dass eine Verpflichtung zur Teilnahme keinen Ersatz für das Recht auf Teilhabe sein kann;
- die Einsicht, dass soziale Teilhabe Solidarität und soziale Inklusion bedeutet (ebd.).

Innerhalb der Verbindung zwischen *Vielfalt* und *Menschenrechtsprofession* steht zum einen die Toleranz, die gewährt oder auch entzogen werden kann, und zum anderen die Anerkennung im Mittelpunkt. Unter Anerkennung ist eine Beziehung zu verstehen, die auf Gleichwertigkeit und wechselseitiger Akzeptanz beruht, um Menschenrechte zu verwirklichen (ebd.).

Das Kombinationspaar *Unterschiedlichkeit* und *resonanzorientierte Soziale Arbeit* berührt folgende Aspekte (in Anlehnung an ebd. und Rosa 2016):

- Durch Globalisierung, Individualisierung und Pluralisierung entsteht eine Gesellschaft mit unterschiedlichsten Milieus und Lebensentwürfen. Somit entwickeln sich unzählige Optionen für Individuen, was die Welt unbestimmter, unübersichtlicher und widersprüchlicher macht, das Leben beschleunigt und Beziehungen erschwert.

- Soziale Arbeit muss daher ihren Fokus erweitern: Der Blick darf nicht ausschließlich auf Ressourcen ruhen, sondern muss auf Beziehungen zur Welt und Selbstwirksamkeitserfahrungen – resonanzorientiert – ausgerichtet werden.
- So können strukturelle Analysen der Weltzusammenhänge und Weltbeziehungen mit der Alltagswelt Einzelner verknüpft werden.

Diversität bedeuten in diesem Sinne »eine Verabschiedung von der Eindeutigkeit bzw. die Akzeptanz der unaufhebbaren Zwei- oder Mehrdeutigkeit. Diversity ist verbunden mit der Bereitschaft loszulassen, sich auf Neues einzustellen und damit die Chance und das Risiko des Übergangs und der Transformation« (Aschenbrenner-Wellmann 2009b: 67) zu nutzen. Diese Sichtweise ist zentral, denn »Überleben ist in der Welt der Kontingenz und Diversität nur möglich, wenn jede Differenz die andere Differenz als notwendige Bedingung für die Bewahrung der eigenen anerkennt« (Baumann 1999: 312).

Dieser geforderte Paradigmenwechsel ist in der Praxis allerdings schwer umsetzbar, beurteilen doch Menschen ihr Umfeld immer noch gerne danach, was ihnen vertraut ist. Sie suchen sich möglichst ähnliche Personen und gehen Veränderungen nur zögerlich an. Daher gehört in den Mittelpunkt einer zukunftsorientierten Praxis und Ausbildung der Sozialen Arbeit die Kompetenz im Umgang mit Verschiedenheit in den Ausprägungen: Ungleichheit, Vielfalt und Unterschiedlichkeit – auch wenn Diversität in ihrer Gesamtheit wahrzunehmen einzelne Menschen wie auch Systeme überfordert. Deshalb »ist für jede Situation, jede Organisation etc. jeweils zu klären, welche Aspekte von Diversity wann fokussiert werden und wie das Gesamtkonzept zur besseren Handbarkeit reduziert werden kann« (Aschenbrenner-Wellmann 2009: 214).

Neben der Sicht von Professionellen und Organisationen ist für die Soziale Arbeit die Sicht der Klient_innen von großer Bedeutung. Auch diese muss in den Blick genommen werden – vor allem, wenn Lebensweltorientierung ernstgenommen werden soll. Für die Adressat_innen ist es wichtig innerhalb der Sozialen Arbeit und bei ihren Angeboten ein Gefühl von Akzeptanz und Zutrauen zu spüren. Daher muss von Seiten der Sozialarbeiter_innen erwartet werden, dass sie ihrem Gegenüber respektvoll begegnen – unabhängig von Handlungsweisen, Hintergründen, Denk- und Lebensentwürfen. Akzeptanz kann als vierstufiger Prozess dargestellt werden (vgl. Löcherbach/Puhl 2016: 121):

1. Stufe: Orientierung – das Interesse an anderen Menschen. Dies bedeutet die Auseinandersetzung mit ihnen und damit, dass sie anders sind als wir selbst.
2. Stufe: Kenntnis – die generelle Kenntnis der Lebenswirklichkeit der Adressat_innen.
3. Stufe: Akzeptanz – das Anderssein von Menschen akzeptieren und nicht als Widerspruch zu sich selbst und den eigenen Lebensvorstellungen zu interpretieren.
4. Stufe: Toleranz – Anderssein und die Vielfalt als wichtig erachten und nicht verändern wollen.

Innerhalb dieses Prozesses spiegelt sich die Anerkennung einer vielfältigen Gesellschaft mit unterschiedlichen Lebenswelten wider. Diese Stufen müssen laut Löcherbach und Puhl auf Seiten der Professionellen bereits durchlaufen sein, bevor sie ihre Adressat_innen in den Handlungsfeldern der Sozialen Arbeit treffen (ebd.). Daher ist der Umgang und die Auseinandersetzung mit Diversität in unterschiedlichen Bedeutungsdimensionen für eine professionelle, zeitgemäße Soziale Arbeit bereits innerhalb des Studiums unerlässlich.

Um der angestrebten komplexen vielfältigen Sichtweise von Diversität gerecht werden zu können, sollen in Kapitel 2 verschiedene Lesearten und Dimensionen von Diversität betrachtet werden (▶ Kap. 2). Zielsetzung ist dabei die jeweils angesprochenen Aspekte von Diversität zu fokussieren und in den Praxisalltag einzubeziehen.

1.2 Ambivalenz und Vielfalt in der Postmoderne

Wie zuvor beschrieben, sind postmoderne Gesellschaften zunehmend »von mehrdeutigen (ambigen) Phänomenen gekennzeichnet. Die Ein- und Zuordnung dieser Ambiguitäten mit den Instrumenten traditioneller sozialwissenschaftlicher Theorien und Klassifikationssysteme scheint ein zunehmend schwieriges Unterfangen zu sein und gelingt oft nur unzureichend« (Effinger 2012: 255). Für Z. Bauman (2000) sind diese Ambivalenzen untrügliches Kennzeichen der postmodernen Zeiten oder der »verflüssigten Moderne«. Ambivalenzen stellen nicht nur Theorien vor Herausforderungen, sondern auch die Suche nach Bewältigungsstrategien für die Praxis des Umgangs mit Vielfalt, Unterschiedlichkeit und Ungleichheit.

Eine Vielzahl von Theorien versucht, die komplexen Wandlungsprozesse zu erfassen: Moderne, postmoderne Gesellschaft (Etzioni), postindustrielle Gesellschaft (Bells), Postmoderne (Welsch), reflexive Moderne (Beck/Giddens), flüchtige Moderne (Bauman) stellen unterschiedliche gesellschaftstheoretische Konzepte dar, die die Lebenssituation der Menschen beschreiben (Vahsen/Mane 2010). Bei einer Analyse der Lebensbedingungen wird dabei zunehmend eine staatenübergreifende transnationale und transkulturelle Perspektive notwendig (Pries 1997).

Die Grenzen zwischen Moderne und Postmoderne verlaufen dabei fließend. Der Begriff Postmoderne wird ab den 1960er Jahren vor allem in der Kunst, Architektur und Literatur verwendet und bedeutet in diesem Kontext vor allem die Vielfalt von Konzeptionen und die sich daraus ableitenden Kombinationsmöglichkeiten. Im Anschluss daran entwickeln sich die philosophisch-wissenschaftstheoretischen und die gesellschaftstheoretischen Diskurse der Postmoderne. In diesen Denkbewegungen werden diskriminierende Macht und Herrschaftsprozesse, Fortschrittsgläubigkeit und Machbarkeitsvorstellungen in Frage gestellt. Postmoderne umfasst hier einen Prozess und ein (vorläufiges) Ergebnis der Veränderung der Grundannahmen und Aussagen der Moderne (Frankenberger 2007). Stellvertretend für die Diskurse in der Philosophie, kann die poststrukturalistische Machtanalyse und Vernunftkritik von Foucault (Foucault/Martin 1993) genannt werden; der Aspekt der Postmoderne als gesellschaftliches Phänomen wird mit den Autoren Bell (1975), Sennett (2002) oder Beck (Beck/Bonß 2001) in Verbindung gebracht.

Kennzeichen der postmodernen Gesellschaft sind demnach:

- Enttraditionalisierung, Auflösung überkommener Sozialstrukturen, Werte-, Normen- und Verhaltensmuster;
- Pluralisierung von Werten, Normen, Lebensformen, Kulturen;
- Emanzipation, Infragestellung geschlechterspezifischer Aufgaben- und Rollenverteilung;
- Globalisierung von Wirtschaft, Politik, Kultur;
- Zunahme der Kommunikationsmöglichkeiten, Technisierung, Digitalisierung etc.;
- Krise von Erwerbsarbeit und Wohlfahrtsstaatlichkeit;
- Flexibilisierung, Mobilisierung von Arbeit, sozialen Beziehungen und Lebensorten;
- neue Formen der Spiritualität und Religiosität;
- Neofundamentalismus, vernetzter Rechtsextremismus und globalisierter Terrorismus.

Und genau für dieses Agieren in postmodernen Gesellschaften wurde das hier vorliegende analytisch-reflexive Modell von Diversität entwickelt, das neben der notwendigen Klarheit und Struktur auch Ambivalenzen und Irritationen zulässt.

Für Welsch (1987/2008) ist neben intensiver und extensiver Pluralität vor allem Hybridität das Strukturmerkmal der Postmoderne und Irritation ihr wichtiges Ziel. Handelt es sich um Phänomene, die »durch Unbestimmtheit, Unklarheit, Neuheit, Offenheit, Komplexität, Überdeterminiertheit, Widersprüchlichkeit oder Paradoxie gekennzeichnet sind« (Jekeli 2002: 95f), wird in diesem Zusammenhang von Ambivalenz oder Mehrdeutigkeit gesprochen. In den soziologischen Diskursen wird immer häufiger auf das Konzept der Ambivalenz verwiesen, das sich allerdings schon als Grundelement in der Soziologie Georg Simmels findet. Er geht dabei davon aus, dass durch die Vergesellschaftungsprozesse der Moderne eine Zunahme an sozialer, psychischer, ontologischer und erkenntnistheoretischer Ambivalenz resultiert, die für bestehende soziologische (Ordnungs-)Theorien als Herausforderung betrachtet werden muss. Auch von Bauman (1995) wird Ambivalenz als Möglichkeit definiert, einen Gegenstand oder ein Ereignis mehr als einer Kategorie zuzuordnen. Jede Auseinandersetzung mit gesellschaftlichen Phänomenen ist dann eine Beschäftigung mit den ihr innewohnenden Ambivalenzen und der Herstellung eines Gleichgewichts zwischen Ordnung und Chaos. Der Übergang von der Moderne zur Postmoderne ist demnach mit einem Verlust an kultureller Deutungsmacht, mit dem Pluralismus der Kulturen, kultureller Diversität verbunden. Es entsteht eine Vielfalt an Deutungsmöglichkeiten mit Spielräumen für Einzelne, aber auch Verunsicherung und dem Wegfall einer institutionellen Ordnungsgarantie (Junge 2000: 197). »Ambivalenzen sind aufgrund des notwendigen Versagens der Nenn-Trenn-Funktion der Sprache ein dauerhaftes Merkmal von Vergesellschaftungsprozessen und stellen nicht nur eine Bedrohung der Ordnungshaftigkeit dar, sondern sie gelten auch als Chance der Emanzipation von der tendenziellen Univalenz kultureller Ordnung« (Junge 2000: 199). Ambivalenz wird somit zu einer Alltagserfahrung der Menschen in der Postmoderne, da sich in der Lebenssituation häufig gleichzeitig vertraute und bekannte Phänomene und Prozesse mit neuen und unbekannten Entwicklungen überschneiden.

In diesem Sinne erfordert ein reflexiver Umgang mit dem Diversitätsbegriff und die Entwicklung eins sozialarbeitswissenschaftlichen und alltagstauglichen Konzepts von den Verfasserinnen die Einnahme einer Perspektive experimenteller Multiperspektivität. Dies bedeutet bspw. die Rücknahme universaler theoretischer Geltungsansprüche und eine Deutung lediglich als mögliches Interpretationsangebot – und der bewusste Verzicht auf konkrete Handlungsempfehlungen im Sinne von Rezeptwissen für die Praxis der Sozialen Arbeit.

2 Lesarten und Bedeutungsdimensionen von Diversität

Das Phänomen Diversität einheitlich zu bestimmen oder zu verstehen, ist in vielerlei Hinsicht weder möglich noch wünschenswert, denn »people define diversity in different even conflicting ways. Consequently, an increasing diverse workforce is variously viewed as opportunity, threat, problem, fad, or even nonissue« (Dass/Parker 1999: 68). Diversität als Begriff und Konzept ist nicht einfach vorhanden und beschreibbar, sondern wird diskursiv erzeugt, d. h., in Fachartikeln oder Vorträgen von Expert_innen aus Wissenschaft und Praxis wird unterschiedliches und oft auch widersprüchliches Wissen über Diversität, wesentliche Kategorien oder wirksame Umsetzungsmaßnahmen vermittelt (Krell/Riedmüller/Sieben 2007).

In diesem Kapitel soll dennoch der Versuch unternommen werden, mit Hilfe von Begriffsklärungen in einer internationalen und interdisziplinären Perspektive sowie durch die Konstruktion relevanter Bedeutungsdimensionen – trotz vorhandener Komplexität und Ambivalenz des Phänomens – eine klare Analysestruktur für die Leser_innen zu ermöglichen. Ein diesbezüglicher Strukturierungsversuch liegt von Scherr vor. Er unterscheidet:

- »ein funktionales Verständnis von Diversity als ökonomisch relevantes Faktum, das für das Personalmanagement ebenso relevant ist wie für die Produktplanung
- ein politisch-rechtlicher Anti-Diskriminierungsdiskurs, der selektiv bestimmte Aspekte von Ungleichbehandlung akzentuiert
- eine kritische Perspektive, die die Verschränkung sozialer Klassifikationen mit sozioökonomischen Ungleichheiten sowie politischen Macht- und Herrschaftsbeziehungen in den Blick rückt« (Scherr 2011: 84).

Nach einer Diskussion möglicher Begriffsannäherungen werden diese Bedeutungsperspektiven aufgegriffen, weitere Dimensionen und Aspekte hinzugefügt und zu einem eigenständigen analytisch-reflexiven Modell weiterentwickelt.

2.1 Begriffsannäherungen

Der Begriff Diversität stammt wie viele Konzepte der Gegenwartssoziologie (z. B. auch Hybridität) aus der Pflanzenbiologie. Dort bezeichnet er ursprünglich unter dem Terminus Biodiversität die Vielfalt von Arten und Ökosystemen. Auch wenn der Gebrauch der Begriffe Diversität, Diversity oder Vielfalt noch relativ neu ist, kann angemerkt werden, dass sich die Sozial-, Kultur- und Geisteswissenschaften schon seit langem mit der Frage auseinandergesetzt haben, wie Differenzierungsprozesse in Gesellschaften analysiert werden können. »Sei es in der Frage nach der Entwicklung totalitärer Regime wie etwa bei Hannah Arendt (1951) oder des Ausbruchs von Revolutionen bei Theda Skocpol (1979), der Ausgleich divergierender Interessen – und damit die Frage nach Kohäsion – steht im Zentrum der Analyse« (Salzbrunn 2014: 13).

Heute bezeichnet der Begriff »Diversität« sowohl ein Konstrukt als auch Konzepte des ›richtigen‹ Umgangs mit dieser Vielfalt und Unterschiedlichkeit.

> »Auch aufgrund der unterschiedlichen disziplinären Herkünfte und Zugehörigkeiten der Teilnehmenden handelt es sich bei der wissenschaftlichen Erkundung von Diversity nicht um eine gemeinsame Expedition. Die Teilnehmenden starten von diversen Ausgangspunkten, zu diversen Zeitpunkten mit diversen An- und Absichten sowie Schwerpunktsetzungen« (Krell 2013: 62–63).

Im Folgenden soll deshalb zunächst auf die Entwicklung des Begriffs im angloamerikanischen Raum und dann im deutschsprachigen Bereich eingegangen werden.

2.1.1 Diversität im angloamerikanischen Raum mit Fokussierung auf Managing Diversity (MD)

Obwohl es nicht den Erfinder oder die Erfinderin des DiM gibt, lassen sich einige Grundlagenpublikationen auflisten, die die Debatte und Theorieentwicklung im Bereich Diversität stark beeinflusst haben.

Roosevelt R. Thomas gründete bereits 1983 das American Institute for Managing Diversity; er machte in den amerikanischen Diskursen schon früh darauf aufmerksam, dass Affirmative Action Programme nicht mehr ausreichen, um das Potential heterogener Mitarbeiter_innen ausreichend zum Einsatz zu bringen und wertzuschätzen. In seinem Beitrag »Beyond Race and Gender« (1991) weist er darauf hin, dass es nicht genügt, sich mit den genannten offensichtlichen Diversitätsmerkmalen auseinanderzusetzen, sondern dass auch andere, nicht so leicht wahrnehmbare Differenzmerkmale wie z. B. Bildung, sexuelle Orientierung oder persönliche Werte beachtet werden müssen. In seinem weiterführenden Beitrag »Redefining Diversity« von 1996 spricht er sich für eine sehr breite Diversitätsdefinition aus: »Diversity refers to any mixture of items characterized by differences and similarities« (1996: 5).

Der bewusste Umgang mit Diversität, das MD, bedeutet für Thomas vor allem eine Veränderung der Organisationskultur: »Managing diversity is a comprehensive managerial process for developing an environment that works for all employees« (Thomas 1991: 10). MD wird hier als Konzept der Organisationsentwicklung verstanden und fokussiert vor allem die Frage, wie das vorhandene Potential der Vielfalt für den Erfolg der Organisation genutzt werden kann. Auf individueller Ebene bezeichnet Thomas die zu erreichende personale Kompetenz als »Diversity-Reife« und meint damit sowohl Wissen über Vielfalt und die entsprechenden Konzepte und Dynamiken als auch eine positive Einstellung zu Vielfalt und ein produktiver Umgang mit dieser.

Ebenso wie Thomas ordnen auch M. Loden und J. Rosener (1991) die Entstehung von Diversitätsansätzen in ihrem grundlegenden Artikel »Diversity as a Vital Resource« den Veränderungen auf dem US-Arbeitsmarkt zu. Ein besonderes Augenmerk fällt dabei auf Aspekte des demografischen Wandels und auf die zunehmende Heterogenität der Mitarbeitenden in den Unternehmen.

> »Die vielfältig gelagerten Unterschiede, betonen die Autorinnen, werden von den ArbeitnehmerInnen zunehmend bewusster wahrgenommen und sollen nicht mehr – im Sinne von Anpassung – verleugnet werden. Daraus ergibt sich für Führungskräfte die Anforderung sich mit den daraus entstehenden Herausforderungen auseinander zu setzen resp. auf diese angemessen zu reagieren« (Schür 2013: 97).

Im Sinne des DiM ergeben sich dabei für die Autorinnen die folgenden drei Schritte:

- Zunächst geht es um die Wahrnehmung der enormen kulturellen und ethnischen Vielfalt an amerikanischen Arbeitsplätzen,
- In einem nächsten Schritt soll das ganze Spektrum an Vielfalt wertgeschätzt werden,
- Im sich anschließenden Stadium sollen dann Gemeinsamkeiten gefunden werden auf deren Grundlagen vertrauens- und respektvolle Beziehungen entstehen (vgl. Loden/Rosener 1991).

Allerdings bestehen auf dem Weg zur Umsetzung der Strategie, Diversität als vitale Ressource zu sehen, einige Hindernisse. Bspw. neigen Menschen dazu, sich mit anderen Personen zu umgeben, die ihrer Kernidentität möglichst ähnlich sind. Zusätzlich besteht eine lange Tradition darin, Vielfalt eher als bedrohlich und störend zu empfinden statt als schätzens- und anerkennenswert; diese Betrachtungsweise bestimmt nach Ansicht der Autorinnen auch noch unser derzeitiges Verständnis und den Umgang mit Vielfalt. Loden und Rosener sprechen hier vom sog. Homogenen Ideal, das in vielen Organisationen vorherrscht. In diesem Zusammenhang werden zahlreiche Praktiken und Mechanismen entwickelt, die der Aufrechterhaltung und Förderung der Homogenität dienen und in ihrer Folge die Anpassung von Angehörigen von Minderheitenkulturen an die Werte und Leitbilder der dominanten Gruppe erfordern. Als weiterer Störfaktor für die Erreichung eines respektvollen Miteinanderumgehens erweisen sich vorhandene Stereotype, Vorurteile und Rassismen, die Kommunikation und Begegnungen beeinflussen.

Wesentlich für einen produktiven Umgang mit Vielfalt ist für die Autorinnen auch die Unterscheidung in primäre und sekundäre Dimensionen von Diversität. Primäre Dimensionen wie bspw. Hautfarbe, Geschlecht oder sexuelle Orientierung haben demnach einen entscheidenden Einfluss auf das Selbstbild der Menschen und auf ihr Gruppenverhalten, da persönliche Erfahrungen, Gefühle etc. entscheidend durch diese Faktoren geprägt werden. Die sekundären Dimensionen (Bildungshintergrund, Einkommen, Status usw.) werden dagegen als grundsätzlich veränderbar betrachtet, geben dem jeweiligen Selbstbild seine Konturen, sind aber nicht so bedeutsam für die Kernidentität der Person. Trotz dieser Unterscheidung verweisen die Autorinnen auf zahlreiche Interdependenzen zwischen den Dimensionen und damit zumindest implizit auf das Phänomen der Intersektionalität.

Einen weiteren Meilenstein bei der Klärung des Diversitätsbegriffs und zur Beachtung der mit ihm verbundenen Komplexität stellen die Ausführungen von L. Gardenswartz und A. Rowe (1998) zu den »Four Layers of Diversity« dar. Die beiden Organisationberaterinnen gehen – ähnlich wie R. Thomas – von einem Verständnis von Diversität als Unterschiede, aber auch Gemeinsamkeiten und Verbindendes zwischen den Menschen aus. In ihrem Vier-Schichten-Modell unterscheiden sie zwischen den Ebenen »Personality«, »Internal Dimensions«, »External Dimensions« und »Organizational Dimensions« (▶ Abb. 3).

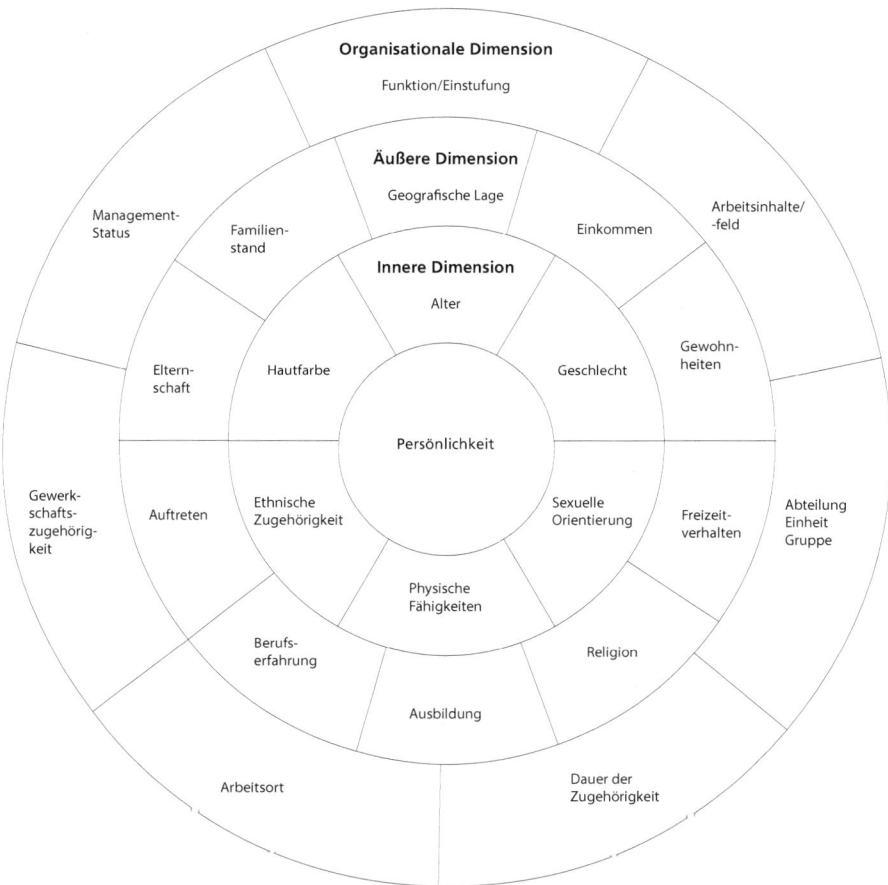

Abb. 3: Four Layers of Diversity nach Gardenswartz/Rowe 1998 (aus: Plett, A., 2002. Managing Diversity – Theorie und Praxis der Arbeit von Lee Gardenswartz und Anita Rowe. In: I. Koall, V. Bruchhagen und F. Höher, Hrsg. Vielfalt statt Lei(d)tkultur. Managing Gender & Diversity. Münster: Lit, 99–112, hier 111)

Die Persönlichkeit, als einzigartiger Kern jedes Menschen, durchdringt dabei alle weiteren Ebenen des Modells. Unter den inneren Dimensionen werden Faktoren wie Geschlecht, Alter oder Hautfarbe angeführt, die wenig beeinflussbar sind, aber gleichzeitig große Auswirkungen auf das Denken und Handeln der Menschen haben. Die externen Faktoren entsprechen den sekundären Dimensionen von Loden und Rosener (1991). Auf der äußeren Ebene werden organisatorische Aspekte wie Management-Status, Arbeitsgruppe, Organisationseinheit angesiedelt, die das konkrete Verhalten und die Beziehungen innerhalb der Organisation beeinflussen. Aus ihrer jahrelangen Praxiserfahrung schlussfolgern die Autorinnen, dass die vorhandene Diversität einer Organisation sowohl zu Kreativität als auch zu Konflikten führen kann. »Welche dieser Dimensionen für eine konkrete Benachteiligung oder Privilegierung jeweils eine Rolle spielen, ist jedoch immer kontext- und situationsabhängig (Dreas 2019: 10).

Um die Vorteile einer heterogenen Belegschaft nutzen zu können, ist ein bewusster und effektiver Umgang mit Vielfalt notwendig. Hierzu stellen Gardenswartz und Rowe eine Reihe anwendungsorientierter Tools zur Verfügung, deren erfolgreiche Anwendung letztendlich zum Ziel einer inklusiven Umgebung führen soll.

T. Cox jr. (1993) entwickelte ebenfalls in den 1990er Jahren ein interaktionales Modell für den Umgang mit »Cultural Diversity«; er konzentriert sich dabei insbesondere auf die Differenzmerkmale Hautfarbe, Geschlecht und Nationalität, bezieht aber auch andere Dimensionen wie Religion, Alter oder physische Fähigkeiten mit ein. Cultural Diversity bedeutet für ihn »the representation, in one social system, of people with distinctly different group affiliations of cultural significance« (ebd.: 6). Einen entscheidenden Einfluss auf den Umgang mit Vielfalt besitzt seiner Ansicht nach die Identitätsstruktur des_der Einzelnen, wobei die spezifische Ausprägung kultureller Identität Auswirkungen auf das persönliche Vorankommen in der Organisation hat und gleichzeitig die Effektivität der Organisation von den vorhandenen kulturellen Teilidentitäten beeinflusst wird. Nach einer ausführlichen Auseinandersetzung mit dem Diversitätsklima einer Organisation, das durch die individuelle, gruppenbezogene und organisationale Ebene bestimmt wird, entwirft der Autor sein Idealbild einer »Muticultural Organization«, in der alle Mitglieder unabhängig von ihrem kulturellen Hintergrund ihr ganzes Potential entfalten können. Das Diversitätsklima der Organisation wird auf der individuellen Ebene vor allem durch Stereotypen und Vorurteile bestimmt, denn diese determinieren die Art des Umgangs miteinander und führen ggf. zu Benachteiligungen und Diskriminierungen. Auf der gruppenbezogenen Ebene haben kulturelle Unterschiede, Ethnozentrismus sowie Konflikte zwischen verschiedenen Gruppen Einfluss auf die Effektivität der Organisation. Diese Prozesse sollen durch DiM bewusst gemacht und dadurch das gegenseitige Verständnis füreinander gefördert werden. Auf organisationaler Ebene soll Vielfalt generell bspw. in einem entsprechenden Leitbild akzeptiert werden und zur Unterstützung u. a. informelle Netzwerke aufgebaut werden (ebd.).

Die Zielgröße »multikulturelle Organisation« beschreibt Cox (1993) durch folgende Merkmale:

- eine Kultur der Wertschätzung von Vielfalt;
- Pluralismus im Sinne eines Akkulturationsprozesses;
- ganzheitliche strukturelle Integration;
- Etablierung informeller Netzwerke;
- das Fehlen einer institutionellen kulturellen Schieflage im Human Ressource Management und in den Umsetzungsbereichen;
- wenige Intergruppen-Konflikte bedingt durch proaktives DiM.

Um diesen Zielzustand zu erreichen, ist neben einem diversitätssensiblen Führungskräftepool vor allem eine explizite Kommunikationsstrategie der Organisation zu den Zielen und zum Stand des Diversitäts-Prozesses notwendig sowie Maßnahmen zu einer kontinuierlichen Evaluation von Misslingens- und Gelingensfaktoren. Bei einer zusammenfassenden Bewertung der wegweisenden konzeptionellen Ansätze aus dem angloamerikanischen Raum fällt auf, dass diese alle auf den Mehrwert von Diversität im Kontext einer Organisation und von interkulturellen Teams ausgerichtet sind. Diversität wird kaum gesellschafsbezogen im Kontext der Antidiskriminierung oder im Zusammenhang mit Gerechtigkeitsvorstellungen sowie Macht- bzw. Herrschaftsverhältnissen verwendet.

2.1.2 Diversitäts-Mainstreaming im deutschsprachigen Raum

Im deutschsprachigen Raum hat in den 1990er Jahren in Anlehnung an die Entwicklungen im anglo-amerikanischen Kontext eine Auseinandersetzung mit Diversität im Bereich von Organisationen im Profit- und Non-Profit-Bereich begonnen. Diskurslinien haben sich insbesondere seit den späten 1990er Jahren weiterentwickelt und ausdifferenziert. So bestehen eine ganze Reihe unterschiedlicher, teilweise konkurrierender Diversitätsverständnisse und Managementansätze. Auf diese Ansätze wird in Teil III im Zusammenhang mit der Entwicklung eines neuen Modells für Diversität in NPOs eingegangen (▶ Teil III). Daher erfolgt an dieser Stelle eine Auseinandersetzung mit Diversitäts-Mainstreaming, das für ein reflexives Verständnis von Diversität in der Sozialen Arbeit besonders bedeutsam ist.

In Anlehnung an Gender Mainstreaming geht es bei Diversitäts-Mainstreaming um eine Strategie, alle Strukturen, Ablaufprozesse und Entscheidungsprozeduren in Politik und Verwaltung so zu gestalten, dass unterschiedlichste Lebensentwürfe und die Interessen aller Beteiligten – unabhängig von einzelnen Diversitätsdimensionen – berücksichtigt werden. Damit zielt Diversitäts-Mainstreaming auf die Veränderung von Organisationskulturen und Entscheidungsprozessen und trägt damit zu Chancengleichheit bei (Dreas 2019: 36). Diversitäts-Mainstreaming legt im Gegensatz zu den weitverbreiteten DiM Ansätzen den Fokus auf soziale Gerechtigkeit, Teilhabe und Chancengleichheit.

Ausgehend von der Frage, ob DiM-Ansätze in der Lage sind, neue sozial- und gesellschaftswissenschaftliche Forschungsergebnisse zu reflektieren oder ob es ihnen nicht eher um betriebswirtschaftliche Kosten-Nutzen-Rechnungen geht, die

Differenzkategorien von gesellschaftlichen Machtfragen abkoppeln (Amstutz 2010: 16), steht im Mittelpunkt des Diversitäts-Mainstreamings ein analytisches Verständnis der Diversitätsdimensionen. Somit geht es vor allem darum, »Kategorien als analytische Kategorien zu verstehen und dadurch ihre Konstruktions- und Funktionsweise in Ordnungen, Diskursen und Machtverhältnissen offen zu lesen« (ebd.). Daher fordert Amstutz eine vergleichbare Rigorosität im Verständnis der Kategorien als Analyseinstrument, wie es bereits für die Kategorie ›Gender‹ erfolgt ist. Vor allem im Bereich ›Kultur‹, ›Behinderung‹ und ›sexueller Orientierung‹ sieht sie Handlungsbedarf (ebd.).

Gertrude Krell ist mit ihren »Diversity Studies« (Krell u. a. 2007) eine Grenzgängerin, die sowohl im Unternehmensbereich als auch bei sozialen Organisationen oder Bildungsträgern wie bspw. Hochschulen mit ihren Aussagen Gehör findet. Ausgangspunkt ihrer Überlegungen zum Diversitätsansatz und zu seiner interdisziplinären Verortung sind Gemeinsamkeiten und Unterschiede zum Konzept des Gender Mainstreamings. Da der Autorin zufolge ein einheitliches Verständnis von Diversität in Deutschland fehlt, schlägt sie zwei unterschiedliche Betrachtungsweisen vor. Zum einen geht es um eine Betrachtung von Vielfalt als Unterschiedlichkeit, zum anderen sollen unter dem Begriff »Diversität« Gemeinsamkeiten und Unterschiede verstanden werden. Vielfalt als Unterschiedlichkeit verweist dabei auf die Tatsache, dass es keine zwei identischen Individuen gibt, wobei es Krell nicht um die Betonung der Unterschiede an sich geht, sondern um die Beantwortung der Frage wie diese Unterschiede gemacht werden. Der Ansatz Gemeinsamkeiten und Unterschiede zu betrachten schützt nach Krell (2003) eher vor Stereotypen und Schubladendenken, da hierin darauf verwiesen wird, dass Menschen immer gleichzeitig Angehörige mehrerer Gruppen sind (Frauen, Migrantinnen, Mütter etc.). Ein besonderes Verdienst von Gertraude Krell ist die Herausgabe des Sammelbandes »Diversity Studies« (2007), in dem Forschungs- und Theorieansätze aus unterschiedlichen Disziplinen wie z. B. Soziologie, Betriebswirtschaft, Ethnologie, Politik- und Rechtswissenschaft und Medizin vorgestellt werden und durch den eine integrierende Forschungssicht auf das Phänomen Diversität im deutschsprachigen Raum ermöglicht werden sollte. Hierdurch sollte nicht nur ein Zugewinn an Wissen erfolgen, sondern auch Synergieeffekte entstehen. Die Autor_innen des Sammelbandes positionieren sich mit folgendem Resümee:

> »Schlussendlich zielen Diversity Studies darauf ab, Ausgrenzungen und Diskriminierungen entgegenzusteuern, die Qualifikationen und Potentiale der vielfältigen Menschen zu maximieren und ihre Zusammenarbeit und ihr Zusammenleben reibungsloser zu gestalten« (Krell u. a. 2007: 14).

In einem Vortrag zum Thema »Vielfältige Hochschulen – einfältige Hochschulpolitik« am 5. Dezember 2012 (Tagung Vielfalt als Gewinn CEDIN Consult, Düsseldorf) fasste Krell gängige Vorurteile gegen Diversitätskonzepte zusammen, formulierte grundlegende theoretische und organisationale Zugänge und verwies in diesem Zusammenhang auf die »Fabrikation von Diversity als Konstrukt«. Zu häufig vorgebrachten Vorbehalten gegen Diversitätskonzepte zählen demnach Argumente wie: Diversität sei nur von und für Unternehmen gemacht, nur ökonomisch begründet, es bestehe kein Unterschied zum Gender Mainstreaming und zur Antidiskriminierungs- und Gleichstellungspolitik, Menschen würden aufgrund von Zugehörigkeiten in Schablonen gesteckt, Diversitätskonzepte seien essentialisierend und naturalisierend ausgerichtet. Dieser Gefahrenliste stellt Krell einen Katalog an Anforderungen entgegen, die bei einer theoriebasierten Auseinandersetzung mit dem Konzept Berücksichtigung finden müssen. Zunächst einmal dürfen Diversitätskonzepte nicht als fertig vorhanden, sondern müsste als diskursiv erzeugt betrachtet werden. Das bedeutet, dass unterschiedliches und widersprüchliches Wissen über Vielfalt durch Vorträge und Fachpublikationen von Expert_innen aus Wissenschaft und Praxis vermittelt wird. Es gibt also immer auch eine interessensgeleitete Wahrnehmung, Interpretation und Anpassung von Diversitätskonzepten, je nach Standort der Betrachter_innen. Diversität im Sinne von Konzepten, Politik und Strategien ist nach Krell (2012) für jede Organisation geeignet, denn mit der Grundidee, Probleme, die mit Vielfalt verbunden sind, zu reduzieren und Chancen zu realisieren, geht die Schaffung einer Organisationskultur einher, von der letztendlich alle profitieren. Merkmale dieser Organisationskultur sind in Anlehnung an Cox (2001) Pluralismus und Wertschätzung von Vielfalt, strukturelle und informelle Integration und zwar unabhängig von Zugehörigkeiten/Zuschreibungen, der gelungene Abbau von Vorurteilen und Diskriminierungen sowie das Vorhandensein von wenigen Intergruppenkonflikten.

Betrachten wir Diversität als Konstruktion, kann nach Krell (2012) einerseits auf gruppenbildende Kategorisierungen (wie Geschlecht, Alter, Nationalität, Ethnie etc.), andererseits auf individuelle Attribute oder Zuschreibungen wie Werte, Einstellungen, Interessen und Verhaltensweisen rekurriert werden. In diesem Zusammenhang stellt sich auch noch einmal die Frage nach der Berücksichtigung nur der Unterschiede oder der Gemeinsamkeiten und Unterschiede sowie ihrer Betrachtung als quasi naturgegebene Eigenschaften oder als konstruierte Unterscheidungen und Zuschreibungen. Betrachten wir Vielfalt nur als Identitätskategorie oder auch als ungleichheitsrelevante Strukturkategorie? Gerade letztere Frage und die notwendige Positionierung ist entscheidend. Hier sollen nicht nur Diversitätsmerkmale als Beschreibungsfaktoren einzelner Menschen betrachtet werden, sondern gleichermaßen alle Strukturkategorien, die den gesellschaftlichen Zusammenhalt beeinflussen.

2.1.3 Diversität außerhalb des ökonomisch-organisatorischen Kontexts: machtsensible Diversitätsansätze im Kontext des Sozialen

Obwohl der Diversitätsbegriff sowohl im deutschen als auch im angloamerikanischen Raum fest im ökonomischen und organisationalen Kontext verankert ist, haben sich besonders im letzten Jahrzehnt weitere Begriffsverwendungen herauskristallisiert. Eine Grundidee von Diversitätskonzepten ist es, die mit Vielfalt verbundenen Probleme zu reduzieren und vorhandene Chancen zu realisieren. Hierzu ist es einerseits erforderlich, Diversität als Konzept des Managements eines Umgangs mit Verschiedenheit (MD) innerhalb von Organisationen zu etablieren und Diversitätskompetenz bei Mitarbeiter_innen im Sinne einer Schlüsselqualifikation in Zeiten der Globalisierung zu stärken. DiM beschreibt die

Gesamtheit der Maßnahmen, die dazu beitragen, dass Verschiedenheit in einer Organisation anerkannt und wertgeschätzt wird. Es geht somit um die Herstellung von Bedingungen, die es allen Personen unabhängig von ihren unterschiedlichen Merkmalen ermöglicht, ihr Potential positiv zur Geltung zu bringen. Dies soll sich jedoch nicht auf Organisationen beschränken, sondern in der Gesamtgesellschaft zur Anwendung kommen. »Längerfristig beinhaltet eine chancenorientierte Diversity-Orientierung die Vision von einem staatlichen und gesellschaftspolitischen Selbstverständnis einer ›Einheit in der Vielfalt‹. Der Schutz vor Diskriminierungen, ein ressourcenorientierter Potentialansatz, die Förderung von Chancengleichheit und Gleichbehandlung und wirtschaftliche Vorteile können so miteinander verbunden werden« (Merx 2013: 241).

In einer pragmatischen Annäherung an den Diversitäts-Begriff greift Schwarzer folgende verbreitete Sichtweise auf: »Durch eine Diversity-Perspektive sollen die Unterschiedlichkeiten von Menschen wahrnehmbar und diese als etwas Positives für die Gruppe, die Organisation und die Gesellschaft gesehen werden. Heterogenität wird als Bereicherung für alle und Unterschiede als Stärke gewertet« (Schwarzer 2015a: 196). Zur Beschreibung von Unterschieden wird häufig sowohl der Begriff »Vielfalt« als auch »Differenz« verwendet; in der Regel jedoch mit recht gegensätzlichen Konnotationen. »Vielfalt wird tendenziell verwendet, wenn in positiv konnotierter Form über Verschiedenheit gesprochen werden soll. Gemeint ist eine Verschiedenheit, die Unterschiedlichkeit als Teil des gesellschaftlichen Ganzen begreift. Differenz dagegen wird eher eingesetzt, um eine Abgrenzung zu markieren und wenn die Eigenständigkeit im Gegensatz zum Gesamten betont werden soll« (Brettländer/Köttig/Kunz 2015: 7). Gemeinhin wird der Diversitätsbegriff also für den positiven, wertzuschätzenden Aspekt von Vielfalt verwendet, für eine Vielfalt, die auf Zugehörigkeit ausgerichtet ist, während Differenz bestehende Unterschiede bspw. im Bereich der Klassenzugehörigkeit thematisiert, die nicht so leicht überwunden werden können oder sollen und somit als dauerhafte Bestandteile und Konstruktionsmechanismen sozialer Ungleichheit dienen.

Entsprechend eindeutig melden sich Kritiker_innen des Diversitätskonzepts zu Wort:

»Verliert sich Antidiskriminierungsarbeit [...] in der Auflistung der Differenzen, in deren Bewahrung, in deren neuer Verpackung (wie es z.B. in dem Zurzeit Konjunktur feiernden Konzept Diversität der Fall ist), um diskriminierte Individuen und Gruppen noch nützlicher, sozioökonomisch noch verwertbarer zu machen, dann haben wir es mit nichts anderem zu tun als mit einer depolitisierenden verwaltungstechnischen Maßnahme, einem zusätzlichen Instrument zur Erhaltung der Herrschaft« (Bratic 2008: 158).

Diversitätskonzepte sollen deshalb, so die Empfehlung von Hormel und Scherr (2004: 212), gesellschaftlich ablaufende Normalisierungsprozesse kritisch in den Blick nehmen und vorhandene Ausschlussmechanismen nicht einfach reproduzieren.

»Vielmehr kommt es darauf an:
- Strukturen und Prozesse durchschaubar zu machen, durch die Unterschiede zwischen sozial ungleichen Gruppen hervorgebracht werden;

- zur Kritik unzulässiger Generalisierung von Stereotypen und Vorurteilen zu befähigen sowie dafür zu sensibilisieren, dass jedes Individuum ein besonderer Einzelner ist;
- begreifbar zu machen, dass Gruppenzuordnungen keine klaren und eindeutigen Grenzen zwischen unterschiedlichen Menschentypen etablieren, sondern durch übergreifende Gemeinsamkeiten und quer zu den Gruppenunterscheidungen liegende Differenzen überlagert und relativiert werden;
- Kommunikations- und Kooperationszusammenhänge zu ermöglichen, in denen die Irrelevanz etablierter Gruppenunterscheidungen erfahren werden kann.«

Erst durch eine differenzierte Betrachtung von Gemeinsamkeiten und Unterschieden kann der Diversitätsansatz in einen kritisch zu betrachtenden Gesellschaftsdiskurs eingebettet werden. »Diversity zielt also auf die demokratische Öffnung aller gesellschaftlichen Räume für alle Menschen ab. Unabhängig von dem jeweiligen kulturellen Hintergrund, Religion, Hautfarbe, Alter, Geschlecht, Geschlechterrolle, sexuelle Orientierung, Klasse, körperlicher Verfasstheit etc. und unabhängig von der ›Nützlichkeit‹ des jeweiligen Menschen« (Czollek u. a. 2009: 61).

Für die Bundesregierung ist im Hinblick auf die Etablierung des Diversitätsdiskurses festzustellen, »dass es sich hierbei keineswegs primär um einen Effekt des Einflusses von politischen Strömungen und sozialen Bewegungen handelt, die sich in einer emanzipatorischen Perspektive für die Rechte von Minderheiten einsetzen oder die eine gegenüber Konzepten einer nationalen ›Leitkultur‹ kritische Programmatik eines Multikulturalismus vertreten. Vielmehr handelt es sich um einen von angelsächsischen Entwicklungen inspirierten Import einer Semantik bzw. Programmatik, deren zentraler politischer Akteur die EU-Administration ist« (Scherr 2011: 81), deren Kampagnen-Motto lautet: »For Diversity – against Discrimination«. Die maßgeblichen EU-Richtlinien (2000/43 und 2000/78) sind seit 2006 im bundesrepublikanischen AGG verankert worden. Diversität wird zwar durch das Steuerungsinstrument Recht gesellschaftspolitisch relevant, aber nur im negativen Sinne durch das Verbot rechtlich nachweisbarer Diskriminierungsfälle. Alltägliche Diskriminierung, Rassismus und Ausgrenzung in der Interaktion zwischen Personen können hiermit nicht aufgegriffen bzw. überwunden werden.

»Im Unterschied hierzu hat sich die Diversity-Diskussion in den USA, Kanada und Großbritannien im Zusammenhang mit politischen Forderungen von Minderheiten entwickelt. Gegenstand sozialwissenschaftlicher Diversity-Studien […] sind dementsprechend die Lebensstile und die Identitätsprojekte unterschiedlicher Minderheitengruppen, wobei die Verschränkungen und Überlagerungen von identitätsrelevanten Kategorien mit sozialer Ungleichheit und Ausgrenzung und politischen Machtverhältnissen in den Blick gerückt werden« (Scherr 2011: 81).

Politisch-rechtliche Antidiskriminierungskonzepte, Strategien international operierender Konzerne sowie soziale Bewegungen und wissenschaftliche Positionen, die sich kritisch mit Problemlagen von Minderheiten auseinandersetzen, scheinen auf den ersten Blick übereinstimmenden Argumenten zu folgen.

»Unter Bedingungen transnationaler Netzwerke der Kapitalakkumulation (Castells 2001) bzw. eines sich globalisierenden High-Tech-Kapitalismus (Haug 2003) verändern sich die Bedingungen des Einbezugs von Arbeitskräften und Konsumenten in den wirtschaftlichen Prozess in einer Weise, die es, jedenfalls für diejenigen, die sich als politische und ökonomische Akteure oder als Profiteure des politisch-ökonomischen Wandels begreifen können, als dysfunktional erscheinen lässt, an tradierten geschlechtsbezogenen, rassialisierenden und ethnisierenden Stereotypen festzuhalten« (Scherr 2011: 82).

Allerdings ist unseres Erachtens die Übereinstimmung von Wissenschaft, Politik und Ökonomie im Diversitätsdiskurs begrenzt. Dies betrifft sowohl die relevanten Dimensionen von Vielfalt, die Berücksichtigung finden sollen, als auch die Frage nach geeigneten Umsetzungsstrategien oder nach dem Einfluss von Macht und sozialer Ungleichheit. »Auch wenn Diversity-Konzepte sich den Anschein geben, jegliche Art von Vielfalt wertzuschätzen, ist zu fragen, ob sie de facto nicht doch nur bestimmte Differenzkategorien zu schätzenswerten konstruieren, diese als quasi natürlich gegeben voraussetzen, d. h. essentialisieren und ideologisieren und andere mögliche Differenzkategorien wie Arme, Alte, Ungebildete, Kranke, körperlich und geistig Behinderte ignorieren« (Nestvogel 2008: 23).

Über Vielfalt können wir uns fachübergreifend nur verständigen, wenn wir

- uns auf einen bestimmten gesellschaftlichen Bereich, wie bspw. das gesellschaftliche Zusammenleben, konzentrieren, um für diese zielgerichtete Aussage machen zu können;
- explizite Vorstellungen darüber entwickelt haben, was ein vielfältiges Zusammenleben ausmacht;
- die unterschiedlichen Themen, die in Diskursen und Debatten oft miteinander vermischt werden, auf ihren spezifischen Kontext hin prüfen, um soziale, kulturelle, religiöse (u. a.) Diversität differenziert betrachten zu können;
- die verschiedenen Aspekte des Alltagslebens im größeren Zusammenhang und über einen längeren Zeitraum hin betrachten, weil nur dann beobachtet wird, dass Vielfalt oft eine Halbwertzeit besitzt, nach der sie entweder zur Normalität wird oder in etwas Neuem aufgegangen ist;
- davon ausgehen, dass wir uns in einem gesellschaftlichen Transformationsprozess befinden, in dem die traditionellen Gesellschaften, die Moderne mit ihren Institutionen, großen Theorien und geregelten Normalvorstellungen in Frage gestellt werden können (Bukow 2011: 229).

»Machtsensible Diversity-Ansätze sind in der deutschsprachigen Erziehungswissenschaft gegenwärtig sowohl institutionell als auch personell stärker vertreten als affirmative Diversity Management Ansätze« (Walgenbach 2014: 103). Vertreter_innen dieser Konzepte verweisen auf theoretische Bezüge, vor allem aus den machtkritischen Diversitätsdiskursen der klassischen Einwanderungsländer wie USA und Kanada sowie in der Theorietradition der Migrationspädagogik, der Geschlechterdiskurse und der Integrations- und Inklusionspädagogik im deutschsprachigen Raum (Leiprecht 2008; Hormel/Scherr 2004). Machtkritische Ansätze betrachten soziale Identitäten und Zugehörigkeiten als Produkte von Herrschaftsverhältnissen, die zu Gruppenbezogener Menschenfeindlichkeit (GMF) wie Rassismus, Antisemitismus, Sexismus oder Islamfeindlichkeit führt: Die Relevanz dieser Perspektive betont A. Scherr (2008: 61 nach Walgenbach 2014: 104):

»Sie besteht erstens in der Aufforderung, Machtbeziehungen und Ungleichheiten in ihrer Verschränkung mit diskriminierenden Klassifikationen differenziert in den Blick zu nehmen und offensiv zu thematisieren. Dies erfordert zweitens eine kritische Auseinandersetzung mit einem gesellschaftlich einflussreichen Diversitäts-Diskurs, der diese Verschränkungen systematisch ausblendet und auf eine Überwindung tradierter Stereotype und Vorurteile zielt, der aber den sozioökonomischen Zusammenhang systematisch ausklammert.«

Wesentlich für die Argumentationsstränge in machtsensiblen Diversitätsdiskursen ist außerdem der Verweis auf die Konstruktion von Zugehörigkeiten und ihre Dekonstruktionsmöglichkeiten jenseits biologischer Festschreibungen.

Insofern sollten gerade die machtsensiblen Diversitätsbetrachtungen handlungsleitend für die Soziale Arbeit als Disziplin und Profession werden. Im folgenden Kapitel werden daher für den sozialen Bereich wesentliche Bedeutungsdimensionen der Diversitätsdiskurse in einer analytisch-reflexiven Weise aufgegriffen, um den Leser_innen ›Handwerkszeuge‹ für professionell-reflektierte Interventionen im Kontext Diversität und Soziale Arbeit zu ermöglichen.

2.2 Bedeutungsdimensionen

»Ludwig Wittgenstein lehrt uns, dass sich die Bedeutung eines Begriffs am besten aus der Art seiner Verwendung folgern lässt. Der Diversitätsbegriff ist zurzeit allgegenwärtig. [Wir treffen] auf ihn in öffentlichen Debatten ebenso wie in grundverschiedenen wissenschaftlichen Disziplinen wie Kulturanthropologie, Mikroökonomie und Biogenetik. [...] Diversität ist keine vorsoziale Kategorie und daher stets mit zugeschriebenen Bedeutungen beladen« (Faist 2013: 91). In einer häufig verbreiteten Lesart des Begriffs wird Diversität als von den Beteiligten konstruiert betrachtet und dabei meist auch in einem positiven Blickwinkel im Sinne von Effektivität, Kreativität und der Wertschätzung von Vielfalt gesehen. Es sind allerdings auch andere Zuschreibungen möglich. So kann bspw. eine hohe ethnische Diversität wie in den USA als eine der Begründungslinien für den dort wenig ausgeprägten Wohlfahrtsstaat gesehen werden. Gesellschaftlicher Zusammenhalt und Solidarität gehen nicht immer einher mit heterogener Zusammensetzung der Bevölkerung.

Wie bereits unter Kapitel 1.1 beschrieben, sind Diversitätsverständnisse (Vielfalt, Verschiedenheit, Unterschiedlichkeit) auch innerhalb der Sozialen Arbeit je nach wissenschaftlichem Standort, Praxisverortung, Organisations- und Umgebungskultur sehr unterschiedlich ausgeprägt (▶ Kap. 1.1). Mit dem Begriff ist deshalb kein kohärentes Programm verbunden. Daher sollen im nächsten Schritt in Anlehnung und Weiterführung an Scherr (2011) und Walgenbach (2014) unterschiedliche Zugänge zum Phänomen mit Hilfe ausgewählter Bedeutungsdimensionen dargestellt werden, um zu einem analytisch-reflexiven Begriffsverständnis zu gelangen sowie eine Orientierung in einem komplexen Theorie- und Handlungsfeld zu ermöglichen. Dies ist nur möglich durch eine vielschichtige Betrachtung von Diversität, die jeweils passende Aspekte fokussiert sowie in die Handlungsfelder der Sozialen Arbeit im Sinne eines Theorie-Praxis-Diskurses einfließen lässt. Aufgrund dieses Diversitätsverständnisses können einzelne Bedeutungsdimensionen für einen Arbeitsbereich als relevanter bewertet sein als andere. Daher wurden zu den einzelnen Dimensionen Praxisbeispiele aufgenommen, die die Umsetzungsmöglichkeit im Alltag der Sozialen Arbeit erleichtern sollen. Im Anschluss an die Darstellung jeder Dimension wird eine Lernfrage stehen, um den Leser_innen eine selbstständige Evaluation des Lernzuwachses zu ermöglichen.

2.2.1 Diversität als Unterschiede und Gemeinsamkeiten (deskriptiv-klassifizierende Bedeutungsdimension)

Aus einer individualisierungstheorethischen Perspektive ist unsere heutige Gesellschaft von diversen Lebensstilen und Lebensformen geprägt. So gibt es vielfältige Familienformen, Milieu- und Religionszugehörigkeiten, Werte und Normen. Aber auch durch die Globalisierung und Migration entstehen gesellschaftliche Entwicklungsprozesse, die die Pluralisierung von Lebensformen beeinflussen. Hierdurch wird die Gesellschaft stets heterogener (Walgenbach 2014: 36).

In der deskriptiven Bedeutungsdimension werden diese Unterschiede innerhalb der Vielfalt ins Blickfeld genommen. Wichtige Differenzlinien stellen dabei Geschlecht, Ethnizität oder Alter dar. Die Frage, ob es sich bei den aufgezählten Unterschieden um essenziell vorhandene Persönlichkeitsmerkmale oder eher um Differenzen, die aufgrund gesellschaftlicher Veränderungsprozesse wie z. B. Pluralisierung und Globalisierung entstanden sind, handelt, wird je nach Autor_in recht unterschiedlich beantwortet. Viele Diversitätsansätze nehmen jedoch Bezug auf diese sozialen Gruppenzugehörigkeiten und -identitäten und konzentrieren sich daher auf diese unterschiedlichen Differenzlinien bei der Beobachtung, Klassifizierung und Diagnostizierung von Vielfalt (Walgenbach 2014).

> **Praxisbeispiel für Diversität als Unterschiede**
>
> Innerhalb der Gemeinwesenarbeit gibt es als Begegnungspunkt ein Café, das einmal pro Woche für alle im Stadtteil Lebenden geöffnet hat. Um dieses Angebot bezüglich der Diversität analysieren und evaluieren zu können, nutzen die Sozialarbeiter_innen die Dimensionen Alter, Geschlecht und kulturelle Herkunft.
>
> → Damit liegt der Fokus auf den Unterschieden in der Gruppe – auch wenn es innerhalb dieser Gruppe Gemeinsamkeiten geben kann.

»‹Diversität›, verstanden als soziale und kulturelle Vielfalt, begegnet uns als sozialer Tatbestand. Es scheint offensichtlich, dass Menschen in unterschiedliche Identitätsgruppen, kulturelle und soziale Kategorien unterteilt werden können, Kategorien, deren Unterschiede zu mehr oder weniger antagonistischen Spannungen und Spaltungen führen. Die kategoriale Vielfalt scheint in den Augen vieler besonders hoch in spät- oder postmodernen wie postkolonialen Gesellschaften, die von den neuen Weisen der Globalisierung und Mobilität geprägt sind« (Fuchs 2007: 17).

Wichtig ist jedoch in diesem Zusammenhang festzuhalten, dass Vielfalt nicht einfach als vorgegeben und gesetzt behandelt werden darf, sondern als das Ergebnis von interpretativen Handlungen, d. h. von Differenzierungen oder Differenzhandlungen angesehen werden muss. Hinzu kommt, dass aus dem Vorhandensein von Diversität per se keine sozialen Konsequenzen folgen. Entscheidend ist vielmehr, wie wir alle mit Diversität umgehen, wie wir Differenzierungen vornehmen und wie wir uns auf Unterschiede beziehen.

Eine Fokussierung auf die Unterschiede kann laut Walgenbach in manchen Bereichen »in eine produktive Wechselbeziehung mit dem Abbau von sozialer Ungleichheit treten«, bspw. dann, wenn eine Gruppe durch eine bewusste Jahrgangsheterogenität zum Lernen motiviert wird. Jedoch können aus Unterschieden auch soziale Ungleichheiten entstehen, wenn bspw. »Kinder von alleinerziehenden Müttern einem erhöhten Armutsrisiko ausgesetzt sind« (Miller/Toppe 2009 zitiert nach Walgenbach 2014: 36).

Thomas stellt daher parallel zu einer Leseart, die sich allein auf die Unterschiede fokussiert, fest: »Diversity refers to any mixture of items characterized by differences and similarities« (Thomas Jr. 1995: 246, zitiert nach Vedder 2003: 18, zitiert nach Heidsiek 2009: 42). Dementsprechend hat sich, flankierend zur Fokussierung allein auf die Unterschiede, eine Lesart von Diversität entwickelt, die trotz bestehender Unterschiedlichkeit auch Gemeinsamkeiten zwischen Menschen hervorhebt.

Praxisbeispiele für Diversität als Unterschiede und Gemeinsamkeiten

Ein Integrationsmanager möchte die gesellschaftliche Integration vor Ort unterstützen, indem er ein Sportangebot für junge Erwachsene ins Leben ruft.

→ Der Fokus liegt trotz Unterschiedlichkeiten (kulturelle Herkunft, Milieuzugehörigkeit …) auf der Gemeinsamkeit: dem Interesse am Sport.

Eine Schulsozialarbeiterin möchte durch ein erlebnispädagogisches Angebot die Klassengemeinschaft stärken.

→ Gemeinsamkeiten und Unterschiede haben ihren Platz: Schüler_innen im selben Alter besuchen gemeinsam eine Klasse. Gleichzeitig unterscheiden sich die einzelnen Schüler_innen (z. B. in Geschlecht, Herkunft, Milieuzugehörigkeit, Leistung, Neigungen, Motivation etc.).

Indem Gemeinsamkeiten in das Verständnis von Diversität integriert werden, soll ein besserer Schutz vor Stereotypisierung erreicht werden. Zusätzliche wird das Ziel verfolgt, Individuen nicht auf ausgrenzende Merkmale zu reduzieren, sondern verbindende Merkmale stärker zu berücksichtigen (ebd.). Dieser Leseart entsprechend kann schlussgefolgert werden, »dass es bei gleicher gruppenbezogener Merkmalskonstellation unterschiedliche individuelle Verhaltensweisen, Einstellungen und Werte auch innerhalb einer ethnischen Gruppe geben kann« (Heidsiek 2009: 42f., zitiert nach Thomas 1995: 246, zitiert nach Vedder 2003: 18). Denn erst durch die Betrachtung von Diversität als bestehend aus Unterschieden und Gemeinsamkeiten wird eine Identifizierung von Gemeinsamkeiten in vermeintlich heterogenen Personengruppen möglich, ohne die Unterschiede aus dem Blick zu verlieren (ebd.). Dies ist essenziell, denn »even if organizational participants are homogeneous with respect to race and gender, diversity can still exist in significant ways along other dimensions« (Thomas, R. R. 1992: 307, zitiert nach Liebrich 2008: 22).

Nur durch den Blick auf Gemeinsamkeiten und Unterschiede wird es in der Sozialen Arbeit möglich, Verschiedenheit nicht nur als Bedrohung, sondern auch als Möglichkeit des Gestaltens zu sehen. Daher gehört die Kompetenz im Umgang mit Verschiedenheit in ihren Ausprägungen, ihrer Ungleichheit, Vielfalt und Unterschiedlichkeit als Kernkompetenz in den Mittelpunkt einer zukunftsorientierten Praxis der Sozialen Arbeit (Aschenbrenner-Wellmann 2009: 214). Heterogenität im Sinne von Unterschieden und Gemeinsamkeiten wird dabei systematisch wahrgenommen und bearbeitet. Die vorhandene Diversität kann dabei sowohl als im Individuum verortet (Persönlichkeitsmerkmale) als auch als Effekt gesellschaftlicher Entwicklungen (religiöse Pluralität, Mehrsprachigkeit etc.) betrachtet werden.

> **Lernfrage**
>
> Welche Vor- und Nachteile hat die Einnahme einer deskriptiv-klassifizierenden Bedeutungsdimension im Vergleich zu einer unstrukturierten Betrachtungsweise von Vielfalt als Bereicherung?

2.2.2 Diversität im Anerkennungs- und Gerechtigkeitsdiskurs (normativ-regulierende Bedeutungsdimension)

Da die Gegenwart stark von einem ›Sein-Sollen‹ geprägt ist, wird eine Auseinandersetzung mit dem Thema der Normativität im Umfeld der Sozialen Arbeit immer wichtiger. Hierbei geht es um die Suche nach Gründen, Wegen und Legitimationsverfahren für ein richtiges, gutes, ein wirksames und legitimes Handeln und Leben. Gerade in unübersichtlichen Zeiten mit Digitalisierung, Globalisierung und Individualisierung suchen Menschen erneut nach verbindlichen Normen und einem festen Grund, auf dem diese stehen; denn durch jene Normen treten Orientierungspunkte auf, wodurch Aussagen, was richtig oder falsch ist, zugelassen werden können (Meseth/Casale/Tervooren/Zirfas 2019: 3f.). Somit wird ein Sollen und ein Wollen formuliert, das jedoch oft mit einer offenen und vielfältigen Gesellschaft kollidiert, denn nicht jedes Individuum ist in der Lage den gesellschaftlichen Normen zu entsprechen – wenn es dies denn möchte. So erklärt auch H. Thiersch in seinem Grundsatzartikel zum Zusammenhang zwischen Diversität und Lebensweltorientierung:

> »Die Gestaltung der Lebenswelt ist bestimmt durch die Ressourcen, die jeweils verfügbar sind, es gibt die Unterschiede nach Geld und Zugangsgerechtigkeit, es gibt die unterschiedlichen Lebenswelten der Armen, der Reichen oder der verschiedenen ethnischen Kulturen. Die Bewältigungsaufgaben in der Lebenswelt sind bestimmt durch ihren Status im Gefüge der Lebenswelten in der machtbestimmten Hierarchie der Gesellschaft« (2011: 53).

Da sich die Soziale Arbeit am Kriterium der Alltagsnähe zu ihren Adressat_innen bewähren muss, braucht es im Umgang mit Diversität auch eine normativ regulierende Dimension, welche besagt:

> »Die Differenzierung von sozialen Gruppen beruht auf gesellschaftlich-sozialen Prozessen und ist historisch gewachsen und eingebettet. Diese konstruierten Unterscheidungen sind im Wandel und in gesellschaftliche Aushandlungsprozesse eingelassen. Das bedeutet, dass Differenzierungsprozesse im jeweiligen zeitlichen, geographischen und gesellschaftlichen Kontext Funktionen erfüllen« (Schwarzer 2015b: 37).

Entsprechend der etablierten gesellschaftlichen Normen wird zwischen »normal« und »nicht normal«, zwischen Norm und Abweichung unterschieden. Die Norm wird dabei als das »Wir« definiert und die zugeschriebenen Eigenschaften werden als positiv bewertet: »sauber«, »zivilisiert«, »modern« etc. Die Abweichung hingegen wird mit Zuschreibungen wie »dreckig«, »unzivilisiert«, »rückständig« belegt.

Beispiel: Assimilation (Anpassung) im Hinblick auf Geflüchtete

Eine Vielzahl deutscher Bürger_innen ist der Auffassung, dass sich Geflüchtete in Deutschland an die deutschen Normen anpassen müssen, da diese die ›besseren‹ und ›zivilisierteren‹ seien. Hierdurch können jedoch Ressourcen der Geflüchteten nicht in ihren Hilfs- und Integrationsprozess mit einbezogen werden, und eine wechselseitige Integration scheitert.

Im Hinblick auf eine produktive Bearbeitung der oben genannten negativen Zuschreibungen, die in der Praxis schnell diskriminierende Züge annehmen können, wird ein Anerkennungs- und Gerechtigkeitsdiskurs notwendig. Denn Soziale Arbeit wirkt auch in die Gesellschaft hinein und hat daher eine wesentliche Funktion: Die Verbesserung und Veränderung der gesellschaftlichen Bedingungen sozialer Problemlagen (Schilling/Zeller 2012: 208). Innerhalb eines anzustrebenden Diskurses nimmt in Anlehnung an N. Fraser und A. Honneth (2003) die Politik der Anerkennung von Vielfalt einen hohen Stellenwert ein, da diese eng mit gesellschaftspolitischen Fragestellungen im Sinne von Chancengleichheit und Gleichstellung zusammenhängt.

Beispiel für die Förderung einer Ankerkennung von Vielfalt

Ein Dienstleistungsunternehmen schult seine Mitarbeiter_innen durch ein Seminar zur »Interkulturellen Kompetenz«.

→ Hierbei geht es darum, »effektiv mit Menschen, die über andere kulturelle Hintergründe verfügen, umzugehen und zusammenzuarbeiten« (IKUD o. J.). Daher werden Wissen, Fähigkeiten und Fertigkeiten vermittelt, um das eigene kulturelle Orientierungssystem zu reflektieren und die eigenen Regeln als eine unter vielen anzuerkennen. Gleichzeitig wird eine Haltung der Achtsamkeit sowie »Diversität leben« eingeübt (Kircher 2003: 3).

Nach Fraser soll gesellschaftliche Diversität auch in der Diversitätspolitik spiegelbildlich repräsentiert sein; zusätzlich sollen spezifische Erwartungen und Bedürfnisse von Gruppen abgebildet werden. Für Fraser ist die Frage der Anerkennung untrennbar mit der Frage nach Gerechtigkeit verbunden, dies gilt insbesondere für den Bereich der politischen Partizipation. Im Gegensatz zu Honneth geht Fraser jedoch nicht davon aus, dass allein durch wirtschaftliche Umverteilung Anerkennung generiert werden kann. Politische Forderungen, deren Ziel die Umverteilung von Macht und Ressourcen ist, werden stets durch Gleichheit begründet; die Forderung nach Anerkennung kultureller Unterschiede begründet sich aber in der Anerkennung von Differenz. Wie kann dieses Dilemma zwischen der notwendigen Anerkennung von Unterschieden und ihrer angestrebten Auflösung im Sinne von Gleichheit gelöst werden? Die Prinzipien von Gleichheit und Differenz sind für Fraser unauflösbar miteinander verbunden. Umverteilung und Anerkennung haben in Bezug auf das Erreichen der Gleichheit bspw. zwischen den Geschlechtern, Einheimischen und Zugewanderten usw. das gleiche politische Ziel. Dabei geht Fraser von einer intersektionalen Betrachtungsweise aus: Geschlechtergerechtigkeit muss im Zusammenhang mit anderen Achsen der Ungleichheit (wie Diskriminierung von Migrant_innen oder ungleichen Zugängen zu Ressourcen aufgrund unterschiedlicher Klassenzugehörigkeit) betrachtet werden (Salzbrunn 2014: 32).

Unterschiede führen zwar nicht automatisch zu einem Ausschluss von gesellschaftlichen Teilhabeprozessen und zu Ungerechtigkeiten, allerdings geht mit Unterscheidungen auch ein Risiko für Hierarchisierung und soziale Ungleichheitsverhältnisse einher. Als Unterscheidungen, die den Unterschied machen, gelten nach Schwarzer (2015) alle wichtigen Diversitätsdimensionen wie Geschlecht, Klasse, Herkunft, Alter etc. In der Debatte um gesellschaftliche Teilhabemöglichkeiten spiegeln sich drei Betrachtungsweisen des Umgangs mit Unterschieden wider: Einerseits geht es um den Kampf um Anerkennung von Unterschieden, andererseits um den Kampf um die Anerkennung der Bedeutungslosigkeit von Differenzierungen und um gleichberechtigte Teilhabe aller und drittens um den Kampf um Anerkennung von Unterschieden im Rahmen einer gleichberechtigten Teilhabe.

> »Der grundlegende Unterschied zwischen den ersten beiden Strömungen liegt in deren Ziel. Während die erste Strömung vor allem das Recht auf Anerkennung der Unterschiedlichkeiten und damit auch die herrschenden Normen in Frage stellt, betont die zweite Strömung die gleichberechtigte Teilhabe jenseits und unabhängig von Strukturkategorien. Während die zweite Strömung das Erreichen von allgemeingültigen und für alle gleichen Bedingungen und Strukturen anstrebt, hält die erste Strömung dies für kaum erreichbar. Die dritte Strömung verbindet die ersten beiden und plädiert für eine

Anerkennung von gesellschaftlich hergestellten Differenzierungen, ohne dass diese zu Diskriminierungen in Bezug auf die Teilhabe führen« (Schwarzer 2015a: 42).

Anerkennung darf generell nicht auf der Ebene der Anerkennung individueller Unterschiede verhaftet bleiben: Auch Czollek zufolge betrifft sie »sowohl die partizipative Anerkennung im politischen Sinne von Menschen als auch die affirmativ-transformative Anerkennung im ethisch-politischen Sinne« (Czollek u. a. 2009: 53). Erstere meint Anerkennungsgerechtigkeit, also die Vorstellung und Schaffung einer Gesellschaft, in der niemand strukturell, kulturell und individuell diskriminiert wird, sondern gleichberechtigt teilhaben kann. Letztere liegt vor, »wenn das Gegenüber in seinem Verschieden- und Anders-Sein wesentlich bejaht wird und Zustimmung findet, und gleichzeitig eine Trennung zwischen dem Subjekt als Subjekt und seinen Handlungen gemacht wird. Transformative Anerkennung meint die Möglichkeit der Veränderung durch Andere, insofern die eigene Sichtweise durch den Anderen verändert wird, und umgekehrt« (ebd.).

Für ein vertiefendes Verständnis der Anerkennungsdiskurse ist eine Betrachtung der Aspekte »Identitätskonstruktionen« und »Strukturen/Institutionen« notwendig. Die Ebene der Identitätskonstruktion umfasst die Selbstdefinition, aber auch Gruppenzuschreibungen, die einen Menschen erreichen. Wichtig ist dabei zu beachten, dass Identitäten nicht einfach essentialistisch vorhanden sind, sondern ständig neu konstruiert werden. Hierzu zählt bspw. auch das Wiedererwachen sog. neuer Identitäten wie z. B. nationale, ethnische oder lokale Identitäten.

Berücksichtigung müssen außerdem gesellschaftliche, politische und sozioökonomische Strukturen finden, die bereits vorhandene Strukturkategorien wie Geschlecht und Klasse aufrechterhalten und weiterbestehen lassen. »Gesellschaftlich konstruierte Differenzierungen sollten nicht verleugnet oder unterdrückt werden. Im Gegenteil: Unterschiedliche Lebenspraxen und -auffassungen müssen einen gleichberechtigten Platz in der Gesellschaft finden. Wichtig ist aber, dass der Zugang zu Ressourcen oder der Grad gesellschaftlicher Anerkennung und Partizipation nicht dadurch bestimmt werden« (Schwarzer 2015a: 46). Dies gilt jedoch nicht für die Anerkennung alter und neuer Nationalismen und für rechtsradikale Abgrenzungsbestrebungen, die die derzeitige bundesrepublikanische Realität bestimmen. U. Beck (2004) hat deren Absichten »exklusives Unterscheiden« genannt. Dieses »wird als anthropologisch, biologisch, politologisch und logisch notwendiges Prinzip angesehen, das ... die Abgrenzung zwischen Gruppen aller Art – Ethnien, Nationen, Religionen, Klassen, Familien – erzwingt. [...] Das Eigene muß sich gegen das Fremde ab- und eingrenzen, damit Identität, Politik, Gesellschaft, Gemeinschaft, Demokratie möglich werden.« (ebd.: 13). (Mentale) Grenzen sollen dazu dienen Identität und gesellschaftliche Kohäsion zu schaffen.

In dieser gesellschaftlichen Gemengelage ist nun die Soziale Arbeit besonders herausgefordert. Ihr Ausgangspunkt ist häufig der Unterschied zwischen einer konstatierten oder ausgehandelten Lebensnorm und einer davon abweichenden Lebensrealität. Die Frage, was angesichts der festgestellten Pluralisierung der Lebenswelten, der Individualisierung von Lebensentwürfen, einer alten und neuen

Unübersichtlichkeit und der aktuellen Herausforderung durch Rechtsradikalismus und Ausländerfeindlichkeit aus Sicht der Profession getan werden kann, kann mit Hilfe der normativ-regulierenden Bedeutungsdimension zumindest reflektierend beantwortet werden. Als »moralische Leitplanken« dienen hierzu die Menschenrechte.

> **Lernaufgabe**
>
> Erläutern Sie die drei Betrachtungsweisen des Umgangs mit Unterschieden und gehen Sie hierauf diskursiv ein!

2.2.3 Diversität als Chance oder Belastung (evaluative Bedeutungsdimension)

In der evaluativen Bedeutungsdimension wird Diversität nicht im Sinne einer Tatsachenbeschreibung der gesellschaftlichen Wirklichkeit betrachtet, sondern in bewertender Weise analysiert. Diversität kann in diesem Zusammenhang als Herausforderung gesehen werden, die bearbeitet werden muss, und mit Problemen behaftet wahrgenommen wird – oder aber durch eine positive Bewertung als Chance und als Ressource, die einen produktiven Umgang mit Vielfalt ermöglicht.

> **Praxisbeispiel (in Anlehnung an Walgenbach 2017: 26f.):**
> **Inklusionsschulklasse**
>
> Herausforderung: Durch die vorhandene Diversität können Lehrer_innen überlastet werden. Häufige Reaktion der Schulen: Schüler_innen werden an Fachleute überwiesen, Zusatzlehrkräfte werden nötig, damit die Inklusionsschüler_innen den Unterricht nicht stören.
>
> Chance: Schüler_innen lernen in einer Inklusionsklasse soziale, kognitive, emotionale, politische und interkulturelle Fähigkeiten, die sie in einer Regelschule so nicht erfahren würden.

Die gegenwärtigen sozial-, gesellschafts- und erziehungswissenschaftlichen Diskussionen um Vor- und Nachteile von Diversität lassen sich vereinfachend zwei Traditionslinien zuordnen: affirmativ orientierte DiM-Ansätze oder machtsensible Diversitätskonzepte. Während erstere vor allem handlungs- und umsetzungsorientiert auf die Gestaltung von Vielfalt im Sinne der Produktivität und Effizienz für die betreffende Organisation und auf die Förderung und Wertschätzung individueller Talente der Mitarbeitenden ausgerichtet ist, werden unter dem Stichwort »machtsensible Differenz« alternative Zugänge zum Phänomen und Konzept von Diversität diskutiert, die sich jenseits der Machbarkeits-, Ressourcen- und Mehrwertdiskussionen ansiedeln lassen. Diese Zugänge kommen überwiegend aus dem sozial- und erziehungswissenschaftlichen Kontext und haben eine starke Resonanz und auch eine Weiterentwicklung auf dem Gebiet der Sozialen Arbeit erfahren.

Da Diversität unter machtsensibler Betrachtungsweise keinen Nutzen oder Zweck erfüllen muss, werden hier vor allem die Ressourcen und Potentiale in den Vordergrund gestellt. So z. B. innerhalb neuerer Integrationsverständnisse mit dem Ziel einer multiethnischen Gesellschaft: Hier wird bspw. die Kultur (Mehrsprachigkeit, Orientierungssystem, Lösungsstrategien, Werte, Praktiken etc.) der Einwander_innen als Ressource angesehen, die durch wechselseitige Aushandlungsprozesse zwischen Einwander_innen und Mehrheitsgesellschaft Integration in verschiedenen gesellschaftlichen Bereichen fördern kann.

Im affirmativen Ansatz hingegen, der vor allem im betriebswirtschaftlichen Kontext vertreten ist, kann Vielfalt als Chance oder Belastung auftreten. Jackson und Joshi (2011) haben in ihrer Studie die Auswirkungen von Diversität in Teams z. B. auf die interne Kommunikation, den Zusammenhalt der Gruppen, die allgemeine Teamleistung oder die Fluktuation der Mitarbeitenden herausgearbeitet. Je nach Art der Vielfalt, Umgangsmethode, Abteilung oder Geschäftszweig können verschiedene Arten von Diversität sowohl positive als auch negative Auswirkungen auf die Produktivität, die wirtschaftliche Leistung und die Kultur eines Unternehmens besitzen. Dieser Ansatz birgt die Gefahr, dass »Vielfalt nur dann gefördert wird, wenn es sich rechnet. Gerechtigkeit und Solidarität stehen erst an zweiter Stelle« (Rastetter/Dreas 2016: 321, zitiert nach Dreas 2019: 41f.). Zudem entsteht hierbei das Risiko einer Entpolitisierung, denn wenn Vielfalt zur Unternehmensstrategie wird, erscheint Ungleichheit nicht mehr als Problem, wodurch Interessensgegensätze sowie Machtasymmetrien ausgeblendet werden (Mecheril/Vorrink 2012: 95, nach Dreas 2019: 41f.). Gerade in der heutigen Zeit ist der affirmative Ansatz zur Betrachtung von Diversität auch eine Modeerscheinung. Viele Organisationen nutzen das DiM als Aushängeschild oder Legitimitätsfassade (Süß/Kleiner 2006, nach Dreas 2019: 42).

Die Nutzbarkeit affirmativer DiM-Ansätze für den Bereich der Sozialen Arbeit oder für das Bildungswesen wird häufig unter dem Verweis auf die Nicht-Anwendbarkeit ökonomischer Profitlogik verworfen:

> »Diversity Management in seiner ökonomischen Logik folgt einem zweckrationalen Ansatz. Die Gestaltung von Vielfalt ist Mittel zum Zweck: Sie hat die Funktion, mit der Berücksichtigung von Unterschieden zum Erfolg des Unternehmens beizutragen, den Prozess der Wertschöpfung zu verbessern, höhere Gewinne zu erzielen, Wettbewerbsvorteile beim Kampf um die besten Arbeitskräfte ebenso zu erreichen wie bei der Gewinnung von Kundinnen und Kunden. Für die Soziale Arbeit mit interkultureller Orientierung dagegen ist die Gestaltung von Vielfalt schon selbst ein Zweck. Die sensible Berücksichtigung von Unterschieden trägt zum Erhalt des sozialen Friedens bei, zur Gleichbehandlung und sozialen Gerechtigkeit, zur gleichberechtigten Teilhabe sowie zur Integration und Inklusion« (Schröer 2012: 7).

Unabhängig von einer Bewertung von Diversität als Chance oder Risiko ist eine Auseinandersetzung mit der Frage, wieviel und welche Vielfalt können Menschen, Gruppen, Organisationen und Gesellschaften vertragen, ohne an Zusammenhalt und Stabilität zu verlieren, Gegenstand der Diskurse in der Sozialen Arbeit und wird von daher explizit noch einmal in Teil III am Beispiel von Organisationen aufgegriffen (▶ Teil III).

Vielleicht wäre es unter dem Aspekt der Bewertungsdimension strategisch machbar, die binäre Logik des Entweder-Oder (Vor- oder Nachteil) zu verlassen und stattdessen auf eine Sowohl-als-auch-Perspektive und zu einem kosmopolitischen Blick zu wechseln. Dieser erfordert nach Beck (2004: 16) bestimmte normativ-philosophische wie auch empirisch-soziologische Prinzipien, die im Folgenden kurz umrissen werden:

1. das Prinzip der Anerkennung weltgesellschaftlicher Differenzen und die daraus entstehenden Konfliktoptionen;
2. das Prinzip einer notwendigen Empathie und eines Perspektivwechsels;
3. das Prinzip weltgesellschaftlicher Krisenerfahrungen und eine Interdependenz, die die Grenzen zwischen Wir und den Anderen aufhebt;
4. das Prinzip der Unlebbarkeit einer grenzenlosen Weltgesellschaft, mit dem daraus entstehenden Drang alte und neue Grenzen aufzubauen;
5. das Melange-Prinzip, in dem sich lokale, nationale, ethnische, religiöse und kosmopolitische Kulturen durchdringen und wechselseitig beeinflussen.

Erst dieser kosmopolitische Blick ermöglicht ein inklusives Unterscheiden als »Gegenbild zur territorialen Gefängnistheorie von Identität und Politik« (ebd.: 16). Er ist von Grund auf ambivalent, reflexiv und prozesshaft und passt von daher zu aktuellen gesellschaftlichen und politischen Entwicklungen, die eine differenzierte Argumentation seitens der Sozialen Arbeit statt Pro-und-Kontra-Parolen erfordern. Denn die Gesellschaft der zweiten Moderne bzw. der Postmoderne ist gekennzeichnet von einem hohen Grad an Vielfalt, unabhängig von vorgenommenen persönlichen oder politischen Bewertungen.

> **Lernfragen**
>
> Welche Vor- bzw. Nachteile hat der affirmative Ansatz gegenüber dem machtsensiblen Ansatz?
> In welchem dieser beiden Ansätze kann Diversität eher als Chance gesehen werden und warum?

2.2.4 Diversität und soziale Ungleichheit (ungleichheitskritische Bedeutungsdimension)

In dieser Bedeutungsdimension wird Diversität nicht als mögliche Chance gesehen, sondern als ein gesellschaftliches Problem. Diversität wird dabei als »Produkt sozialer Ungleichheiten in modernen Gesellschaften reflektiert« (Walgenbach 2014: 29). Soziale Ungleichheit bedeutet »gesellschaftlich verankerte Formen der Begünstigung oder Bevorrechtigung einiger, der Benachteiligung und Diskriminierung anderer« (Kreckel 2001: 1730).

Praxisbeispiele
Dreigliedriges Schulsystem

Hier stellt die Schule und ihr System selbst eine Ungleichheit her. Leicht werden z. B. Schüler_innen, die eine Hauptschule besuchen, als ›dumm‹ oder ›schlechter‹ dargestellt.

Stereotype Auswahlstrategien bei der Beschäftigung von Personal

In der Jugendgerichtshilfe werden ausschließlich Männer mittleren Alters eingestellt, da davon ausgegangen wird, dass diese mit Jugendlichen, die mit dem Gesetz in Konflikt geraten sind, besser umgehen können als bspw. junge Frauen.

Häufig ereignen sich Diskriminierungsmechanismen entlang der Differenzlinien Geschlecht, Nationalität oder Hautfarbe. Benachteiligung oder Begünstigung bezieht sich auf gesellschaftlich als »normal« oder erstrebenswert angesehene Güter und Positionen z. B. im Bereich der Erwerbsarbeit, Bildung oder bei Netzwerken und Wohnen. Die ungleichheitskritische Betrachtungsweise steht damit konträr zur Bedeutungsdimension Diversität als Chance, da hier Unterschiedlichkeit und ihre Auswirkungen kritisch hinterfragt werden.

M. Köttig (2015: 123) zufolge kann sich die Verschiedenheit von Menschen »auf alle nur denkbaren Merkmale und Erfahrungshintergründe von Menschen beziehen und ist in allen sozialen Kontexten gegeben«. Würde diese Beschreibung als Zielsetzung einer demokratischen Gesellschaft in die Wirklichkeit umgesetzt werden, könnte dieser Zustand in Anlehnung an A. Prengel (2001) als »egalitäre Differenz« bezeichnet werden. »Die begriffliche Perspektive egalitäre Differenz eröffnet eine Perspektive, in der nach Verschiedenheit und Gleichberechtigung von Menschen gefragt wird. Egalität und Differenz werden nicht mehr als gegensätzlich, sondern als einander wechselseitig bedingend verstanden« (Prengel 2001: 93). Dies erscheint jedoch als kaum möglich, da einzelne Differenzmerkmale, Erfahrungshintergründe etc. mit Bewertungen verbunden sind, die zu In- und Exklusionsprozessen bzw. zu einer Auf- oder Abwertung von Menschen oder Personengruppen führen. Welche Merkmale gut angesehen und welche eher als wenig erstrebenswert gelten, bestimmen die gesellschaftlichen und sozialen Rahmenbedingungen und die herrschenden Normen und Werte. »Differenzen können und müssen analytisch damit weniger als anerkennenswerte Qualitäten an sich, sondern zutreffender als machtvolle Zuschreibungspraxen und Benachteiligungsmuster ungleichheits(re)produzierender Strukturen betrachtet werden« (Heite 2010: 190).

Seit einigen Jahren zielen sozialwissenschaftliche Forschungen darauf ab, die Komplexität und Verwobenheit sozialer Veränderungsprozesse und individueller Entwicklungen mit dem Fokus auf Ungleichheitsrelationen besser verstehen und beschreiben zu können.

»In besonderer Weise interessiert dabei der Versuch, [...] Klasse, Geschlecht und ethnische Herkunft/Ethnizität, aber auch Alter, Sexualität, Gesundheit [...] als aufeinander bezogene und ineinander wirkende, wechselweise einander gewichtende differentielle Entwicklungskräfte zu analysieren und die darin wirksamen Überschneidungspotentiale verschiedener Diskriminierungsrelationen zu thematisieren« (Fleßner 2011: 61).

Scherr (2011) geht von einem unmittelbaren Zusammenhang zwischen kultureller Diversität und sozio-ökonomischen Ungleichheiten aus:

»In zahlreichen Fällen sind sozioökonomische Ungleichheiten und soziokulturelle Klassifikationen ineinander verschränkt und bedingen sich wechselseitig. [...] Ethnisierende und rassistische Klassifikationen, die den so Klassifizierten die Fähigkeit und das Recht bestreiten, vollwertige und gleichberechtigte Gesellschaftsmitglieder zu sein, sind sowohl Ausdruck als auch Legitimationsmittel von sozioökonomischen Hierarchien und Positionszuweisungen. In vergleichbarer Weise hat die Geschlechterforschung aufgezeigt, dass die ungleiche Bewertung männlicher und weiblicher Arbeit sowohl patriachalische kulturelle Wertmuster voraussetzt als auch zu einer sozioökonomischen Ungleichheitsbewertung führt und damit Ungleichheiten verfestigt, die wiederum Ungleichwertigkeitsvorstellungen plausibilisieren können« (Scherr 2011: 87).

Praxisbeispiel: Ungleiche Bezahlung für Männer und Frauen im selben Beruf

Auch heute gibt es noch zahlreiche Berufe, in denen Frauen – trotz gleicher Fähigkeiten und gleicher Arbeitsstelle – gegenüber Männern finanziell benachteiligt werden. Das wiederum kann zu der Annahme innerhalb der Gesellschaft führen, dass Frauen in diesen Berufen auch weniger ›wert‹ sind. Dies bedingt die Festigung des bisherigen Klischees sowie die Akzeptanz einer schlechteren Bezahlung für Frauen.

Als Ergebnis sozialer Ungleichheit kommt es zu sozialer Benachteiligung, d. h. zu einem dauerhaft eingeschränkten Zugang zu sozialen Gütern und Positionen, der auch mit ungleichen Macht- und Interaktionsmöglichkeiten verbunden ist (Kreckel 2001; Munsch 2010).

Die Analyse dieser sozialen Ungleichheiten ist gerade für die Soziale Arbeit zentral, denn Klient_innen der Sozialen Arbeit sind primär »ausstattungsarme Menschen«. Das bedeutet, dass sie über weniger Einkommen, Wissen und Bildung und aufgrund dessen auch über weniger Status als etablierte Gesellschaftsmitglieder verfügen. Hierdurch werden sie häufig weiter benachteiligt im Vergleich zu den Schnellen, Gebildeten, mit Statusmacht ausgestatteten, die die besser vergüteten Arbeitsstellen erhalten und sich so Privilegien sichern können. Daher fordern Löcherbach und Puhl, dass die Soziale Arbeit für gerechte Austauschstrukturen eintreten und insbesondere den Zusammenhang zwischen individueller Benachteiligung und Ungleichheit und gesellschaftlichen Rahmenbedingungen thematisieren muss. Denn aus dem Sozialstaatsprinzip leitet sich eine Sozialpolitik mit dem Auftrag an die Soziale Arbeit ab, Beeinträchtigungen zu kompensieren und Diskriminierung zu verhindern oder abzumildern (Löcherbach/Puhl 2016: 50).

> **Lernfrage**
>
> Welche Vorteile kann eine Betrachtung von Diversität in Bezug auf soziale Ungleichheit vor allem im Hinblick auf die Praxis in der Sozialen Arbeit haben?

2.2.5 Diversität und gesellschaftlicher Zusammenhalt (integrationspolitische Bedeutungsdimension)

Migration als allgemeines Phänomen der Moderne betrifft alle gesellschaftlichen und gemeinschaftlichen Lebenszusammenhänge. Hieraus folgt, dass die Unterstützung bei Integrationsprozessen inzwischen ein bedeutendes Feld in der Sozialen Arbeit geworden ist, da sie als professionelle Praxis mit der Bearbeitung von Migrationsfolgen – also der Integration – befasst ist (Filsinger 2017: 6). Durch vermehrte Migrationsbewegungen rückt auch der Zusammenhang zwischen vorhandener Vielfalt und gesellschaftlicher Kohäsion in den näheren Fokus der Betrachtung. Die entstehende Unübersichtlichkeit von Situationen und Handlungsoptionen kollidiert dabei mit einer bestehenden Sehnsucht nach Komplexitätsreduktion bei allen Beteiligten.

»Vielfalt ist also nicht nur Zugewinn, sondern auch Zumutung. Dieser Zumutung wird begegnet mit verstärkten Formen des Zusammenhalts. Die Erfahrung von entgrenzten Arbeits- und Lebenssituationen geht einher mit dem Knüpfen von neuen, vor allem aber dem Festhalten an alten Bindungen; soziale Bindungen verlieren nicht an Bedeutung, im Gegenteil« (Manning/Wolf 2005; Gottschall/Henninger 2005). Wie kann unter diesen Bedingungen gesellschaftlicher Zusammenhalt hergestellt werden? Strategien zur Förderung der Kohäsion könnten wir bei den Überlegungen zur System- und Sozialintegration bei J. Habermas (1988) und H. Esser (2001a) finden. Um Systemintegration zu erreichen sind nach Esser sowohl die materielle Abhängigkeit der unterschiedlichen Akteur_innen auf den Märkten (spezialisierte Dienstleistungen, Produktion von Gütern) als auch die vertikale Organisation durch steuernde Institutionen und eine bestimmte Orientierung der Akteur_innen z. B. in Form von Loyalität notwendig. Sozialintegration bezieht sich in erster Linie auf die Eingliederung einzelner Menschen und durchläuft idealtypischer Weise die Stadien der Kulturation, d. h. des Erwerbs von Wissen und Fertigkeiten wie bspw. der Sprache, der Platzierung im Sinne der Übernahme von Positionen und der Verleihung von Rechten, der Interaktion in Form der Aufnahme sozialer Beziehungen in Alltagssituationen sowie der Identifikation, also der emotionalen Zuwendung zum System.

Kritisch ist allerdings anzumerken, dass es sich hierbei im Wesentlichen um ein Modell der Assimilation handelt. Für Esser (2001) bedeutet Integration eine Angleichung an die Einwanderungsgesellschaft über mehrere Generationen hinweg, die in die vier Dimensionen der kulturellen, strukturellen, sozialen und emotionalen Assimilation unterschieden werden kann; Mehrfachintegration (in

Herkunftsgesellschaft und Aufnahmeland) und Marginalisierung (Fehlen jeder Sozialintegration) sowie Segmentation (dauerhafte Etablierung eines eigenen gesellschaftlichen Systems der Einwanderungsgruppe) sind nach Esser eher seltene Integrationsverläufe (ebd.: 2).

Hier wird deutlich, dass der Integrationsbegriff häufig synonym mit dem Assimilationsbegriff verwendet wird; genaugenommen stellt letzterer aber nur eine Unterkategorie des Integrationsprozesses mit einem sehr hohen Ausprägungsgrad von Integration dar. Parallel zum Mainstreamdiskurs über Integration haben sich andere Sichtweisen zu Integrationsprozessen wie bspw. die multiethnische Gesellschaft in Anlehnung an Benhabib (Grote 2011) entwickelt. Unter dem Terminus multiethnische Gesellschaft sind verschiedene Forschungsstränge zu verstehen, die sich klar gegenüber Assimilationstheorien abgrenzen. Sie sind aus der Kritik an diesen heraus entstanden und werfen ihnen vor, »noch zu ethnozentrisch und zu sehr auf die Bringschuld der Einwander_innen konzentriert zu sein« (Hoesch 2018: 93). Die Grundidee einer multiethnischen Gesellschaft ist die »Wertschätzung von Diversität und die Anerkennung unterschiedlicher Kulturen als gleichwertig« (Hans 2016: 39). Gerade dies sieht Hans für das Zusammenleben von Menschen unterschiedlicher ethnischer Herkunft in einer Gesellschaft als zentral an, da hierbei religiöse Minderheiten gefördert sowie deren kulturelle Eigenständigkeit und Lebensweise unterstützt werden können (ebd.: 39). Dennoch gibt es auch Grenzen, denn bspw. autoritäre und diskriminierende Praktiken wie Kinder- oder Zwangsverheiratungen sind auch in diesem Integrationsverständnis stets zu verurteilen (Bielefeldt 2007: 18f.). Eine multiethnische Gesellschaft zielt darauf ab, dass verschiedene ethnische Gruppen unter einem politischen bzw. staatlichen Dach koexistieren und ihre kulturelle Eigenständigkeit behalten können, ohne diskriminiert zu werden. Als Basis hierfür müssen die Grund- und Menschenrechte angesehen werden. Somit fördert diese Form der Sozialintegration Teilhabe, Partizipation und Chancengleichheit.

Aschenbrenner-Wellmann (2003: 68f.) geht jedoch einen Schritt weiter, indem sie zu bedenken gibt, dass auch eine multiethnische Gesellschaft von einem statischen und geschlossenen Kulturbegriff geprägt ist, wodurch eine gegenseitige Annäherung und Veränderung der Individuen erschwert ist. Da es innerhalb einer multiethnischen Gesellschaft lediglich um das ›Nebeneinander-her-Leben‹ und nicht um das voneinander und miteinander Lernen geht, sind wechselseitige Integrationsprozesse in dieser Form immer nur begrenzt möglich. Nach Aschenbrenner-Wellmann (2003: 37) muss es jedoch darum gehen, dass Migrant_innen »weder unter dem Primat der formalen Gleichheit als unvollkommene Deutsche betrachtet noch Multikulturalismus als ein Nebeneinander verschiedener Gruppen mit teilweise unterschiedlichen bzw. gegensätzlichen Werten präferiert werden [dürfen]. Vielmehr geht es um eine Politik der Anerkennung, die den Eigenwert kultureller Differenz und die darauf aufbauende Identität schätzt«. Insofern muss der Begriff Interkulturalität aufgenommen werden, der Prozesse »des Austausches, der Verständigung, der Konstruktion, der Irritation wie auch Prozesse der Selbstvergewisserung, der Deformation, der Erweiterung und des Wandels [bezeichnet], die dann bedeutsam werden, wenn Kulturen auf der Ebene von Gruppen, von Individuen und Symbolen in Kontakt miteinander treten« (Mecheril 1998: 287). Unter Interkulturalität wird also ein gegenseitiger Prozess des Austauschs der Interaktion und der Interpretation verstanden, der dann relevant wird, wenn Individuen und Gruppen miteinander agieren und nicht über dieselben Wertorientierungen, Bedeutungssysteme und Wissensbestände verfügen (Barmeyer 2012: 81).

Ziel der Auseinandersetzung mit Interkulturalität in der Sozialen Arbeit sind vor allem gegenseitige Lernprozesse sowie die Gestaltung einer multiethnischen Gesellschaft, in der Herkunftsdeutsche und Neubüger_innen gleiche Rechte und Chancen haben (Freise 2017: 68). Gleichzeitig hilft diese Auseinandersetzung, Tendenzen zur gegenseitigen Abschottung von Mehr- und Minderheiten abzubauen, wechselseitige Akzeptanz gegenüber kultureller Besonderheiten weiterzuentwickeln und Probleme, die sich aus der Zuwanderung für Migrant_innen und die Aufnahmegesellschaft ergeben, auf der Grundlage humanitärer Grundsätze zu bearbeiten (FH Düsseldorf 2004, zitiert nach Freise 2007: 19). Interkulturalität ist aber auch gerade für eine postmoderne Gesellschaft wichtig, da »heutzutage [...] Kulturen nicht isoliert und losgelöst voneinander [existieren], sondern [...] in ständigem Kontakt und Austausch miteinander [sind]« (Aschenbrenner-Wellmann 2003: 64).

Bei der wissenschaftlichen Auseinandersetzung mit dem Themenfeld »Integration« sollte es nicht vorrangig um politische Zielvorstellungen, die Formulierung von Sollens-Vorstellungen für die Zukunft der Gesellschaft oder um die Bewertung von Zuständen der Integration oder Desintegration gehen. Vielmehr sollen in reflexiver Weise die Positionen bestimmter Gruppen im gesellschaftlichen Kontext beschrieben und verstanden werden und betrachtet werden, wie und warum sich Lebenslangen von Menschen mit und ohne Migrationshintergrund unterscheiden, inwieweit Menschen in die gesellschaftlichen Funktionsbereiche (Arbeitsmärkte, wohlfahrtsstaatliche Strukturen, Kulturbetrieb etc.) einbezogen oder ausgeschlossen sind. Der Integrationsbegriff (aber auch der Inklusions- oder Inkorporationsbegriff) ist nicht frei von Assoziationen zu normativen Vorstellungen von einer einseitigen Anpassung. Sinnvoller wäre es jedoch von einem bereichs- und teilhabeorientierten Integrationsverständnis auszugehen: Integration ist die »empirisch messbare Teilhabe an den zentralen Bereichen des gesellschaftlichen Lebens. Sie reicht von Erziehung, Bildung beruflicher Ausbildung und Zugang zum wirtschaftlichen Leben, insbesondere zum Arbeitsmarkt, über die sozialen Schutz- und Sicherheitssysteme bis hin zur (statusabhängigen) politischen Partizipation« (Sachverständigenrat deutscher Stiftungen für Integration und Migration 2012: 17).

Integration ist unserem Verständnis nach ein langfristig angelegter, wechselseitiger Prozess, an dem einzelne Personen oder Gruppen und die sog. Mehrheitsgesellschaft aktiv beteiligt sind. Dabei verändern sich sowohl die Migrant_innen als auch die Mehrheitsgesellschaft. F. Heckmann geht es unter dem Stichwort »ethnischer Pluralismus« um das gleichberechtigte Zusammenleben von Menschen unterschiedlicher kultureller Herkunft (Heckmann 1992). Das Zusammenleben der Menschen beruht dabei auf einer Politik der Anerkennung kultureller Vielfalt und auf einer anzustrebenden Einheit in der Verschiedenheit, wobei unabdingbar für eine multikulturelle Gesellschaft die politische Auseinandersetzung und Strategien gegen Diskriminierung sind. Ziel ist hierbei »die bestmögliche Gestaltung der Lebensverhältnisse von Zuwanderern unter den gesellschaftlichen Gegebenheiten in Deutschland. Dabei soll die nationale, kulturelle und religiöse Identität der Zuwanderer gewahrt bleiben« (Aric 2001: 4). Es geht also keinesfalls um die Anpassung einer Minderheit an die herrschende Mehrheit oder die Herstellung von Gleichartigkeit. Die Grundidee ist vielmehr die »Wertschätzung von Diversität und die Anerkennung unterschiedlicher Kulturen als gleichwertig« (Hans 2016: 39).

Chancengerechtigkeit und Partizipation sind damit Schlüsselbegriffe zur Beschreibung erfolgreicher Integrationsprozesse. »Übertragen auf die Ebene konkreter Lebenswelten bedeutet Integration, dass Einzelpersonen oder ganze Gruppen gleichberechtigte Möglichkeiten der Teilhabe am gesellschaftlichen Leben und der Artikulation ihrer Interessen erhalten und vor individueller und kollektiver Ausgrenzung geschützt werden. Integrationspolitik ist im Kern Herstellung von Chancengleichheit« (Piening 2005).

Teilhabe bzw. Partizipation ist ein demokratietheoretischer Begriff und bezeichnet die Beteiligung und bewusste Mitwirkung von Einzelnen und Gruppen an Entscheidungen und Entscheidungsprozessen. Sie ist sowohl im alltäglichen sozialen wie auch im politischen Leben möglich. Zusammenfassend handelt es sich bei Partizipation um einen Prozess von der Nichtinformation über Information, Mitsprache und Mitbestimmung hin zur Selbstbestimmung. Betroffene zu Beteiligten zu machen schafft Identifikation und Bindung. Somit kann Partizipation definiert werden »als verantwortliche Beteiligung der Betroffenen an der Verfügungsgewalt über ihre Gegenwart und Zukunft« (Stange/Tiemann 1999: 215). Hierzu muss die Gesellschaft jedoch gewillt sein,

> »sich als Gefüge von Vielfältigkeiten zu verstehen und sich auf die Eigenheiten der jeweiligen Lebenswelten einlassen, sie muss die in ihnen erbrachten spezifischen und eigensinnigen Bewältigungsleistungen respektieren. Das scheint trivial, ist es aber in gegebenen Verhältnissen durchaus nicht. Die Eigenheit von Lebenswelten muss behauptet werden gegen die Normierungszwänge im Zeichen einer dominanten Lebenswelt; wie schwierig das ist, zeigen die Auseinandersetzungen um Integration und Leitkultur« (Thiersch 2011: 54).

In Zeiten der Globalisierung und gesellschaftlicher Wandlungsprozesse kann heute nicht mehr von einer »Leitkultur« ausgegangen werden. Denn es bestehen »verschiedene Normen und Werte nebeneinander, die durch Schicht- und Milieuzugehörigkeit, bestimmte Interessenslagen oder Lebenseinstellungen geprägt sind, [...] die sich stetig ändern. Auch Migranten sind keine einheitliche kulturelle Gruppe« (Brinkmann/Sauer 2016: 5). Doch »die herrschende Kultur ist die Kultur der Herrschenden [...]. Dominanz macht rücksichtslos und stark« (Thiersch 2011: 54).

Praxisbeispiel: Möglichkeiten der Partizipation mit Geflüchteten (z. B. in der Einzelfallhilfe)

Anstehende Entscheidungen werden zwischen Sozialarbeiter_in und Geflüchteten besprochen und abgestimmt.

> Geflüchtete nehmen ihr Recht wahr, in bestimmten Bereichen Entscheidungen eigenständig zu treffen.
> Geflüchtete treffen alle wichtigen Entscheidungen selbst, können sich jedoch bei Bedarf Beratung einholen.
>
> → Wie weit das Recht auf Mitbestimmung reicht, ist jeweils abhängig vom Individuum!

Die Bertelsmann-Stiftung hat in ihrer Studie »Radar gesellschaftlicher Zusammenhalt. Messen was verbindet« aus dem Jahr 2014 das Ausmaß gesellschaftlichen Zusammenhalts in verschiedenen europäischen Ländern evaluiert. Für die vorliegende Publikation von besonderer Bedeutung ist hierbei die schwache Ausprägung bei der Akzeptanz gesellschaftlicher Diversität. Im Untersuchungszeitraum 1998 bis 2003 lag Deutschland in dieser Kategorie noch in der Spitzengruppe (ebd.: 6); in der neueren Untersuchung aus dem Jahr 2014 findet es sich nur noch im Mittelfeld wieder. Gerade aber die Akzeptanz von Vielfalt stellt ein herausragendes Kriterium für den gesellschaftlichen Zusammenhalt heterogener und moderner Gesellschaften dar. Wie weit wir davon entfernt sind, zeigen die ansteigende Zahl an Anschlägen auf Asyl- und Flüchtlingsheime seit dem Jahr 2015 und die Bedrohung, Beschimpfung von sowie Anschläge auf Politiker_innen, die sich für Deutschland als Einwanderungsland stark machen. In der Untersuchung der Bertelsmann Stiftung ist ebenfalls ein leichter Abwärtstrend bei den Dimensionen »Solidarität« und »Hilfsbereitschaft« zu verzeichnen. Auch dies sind Hinweise auf einen geschwächten gesellschaftlichen Zusammenhalt in einem »entsicherten Jahrzehnt«, wie auch in den Studien der Bielefelder Forscher_innengruppe um W. Heitmeyer zur »gruppenbezogenen Menschenfeindlichkeit« diagnostiziert wurde (Bertelsmann Stiftung 2014).

Gemeint ist hiermit, »daß das zurückliegende Jahrzehnt von Entsicherung und Richtungslosigkeit im Sinne einer fehlenden sozialen Vision markiert ist, in dem auch die schwachen sozialen Gruppen sowie solche mit spezifischen Lebensstilen eine Ideologie der Ungleichwertigkeit sowie psychische und physische Verletzungen erfahren haben« (Heitmeyer 2012: 19). Damit einher gehen Gefühle der Unüberschaubarkeit und Unkalkulierbarkeit der Märkte, Kontrollverluste der Politik und eine Entmachtung, die sich schließlich mit einer politischen und kulturellen Richtungslosigkeit sowie einem Verlust des gesellschaftlichen Zusammenhalts verbindet (ebd.).

Neben der Forderung nach einer Wertschätzung von Vielfalt und der Akzeptanz Deutschlands als Migrationsgesellschaft können in Anlehnung an die Studie der Bertelsmann Stiftung als positive Rahmenbedingungen für gesellschaftlichen Zusammenhalt ein höherer ökonomischer Wohlstand, größere Einkommensgleichheit und die Etablierung einer modernen Wissensgesellschaft angesehen werden. Wohlstand bedeutet in diesem Zusammenhang: im Wesentlichen eine gerechte Einkommensverteilung; unter diesen Voraussetzungen stellen laut Meinung der Bertelsmann-Autor_innen Globalisierung und Zuwanderung keine Hindernisse für den gesellschaftlichen Zusammenhalt dar (Bertelsmann Stiftung 2014: 8).

> **Lernaufgabe**
>
> Überprüfen Sie, inwieweit sich »Ausländerfeindlichkeit«, Antisemitismus, Homophobie über unterschiedliche gesellschaftliche Schichten verteilt und begründen Sie Ihre Ergebnisse.

2.2.6 Diversität als Lehr- und Lernherausforderung (didaktische und entwicklungsbeeinflussende Bedeutungsdimension)

Für die Soziale Arbeit ist die Auseinandersetzung mit einer didaktischen Bedeutungsdimension von Diversität unerlässlich. Denn auf der einen Seite soll Soziale Arbeit Problemlösungen in zwischenmenschlichen Beziehungen fördern und dort eingreifen, wo Menschen mit ihrer Umgebung interagieren (Wendt 2017: 16). Um diese (Lern-)Prozesse zu gestalten braucht es auch immer eine Nähe zur und eine Auseinandersetzung mit der Didaktik. Zum anderen ist interkulturelle Soziale Arbeit inzwischen eine Querschnittaufgabe jeglicher Sozialer Arbeit geworden, da es durch die gesellschaftliche Globalisierung kein Handlungsfeld mehr gibt, das nicht von einer kulturellen Pluralität gekennzeichnet ist (Freise 2017: 20).

Innerhalb der vorliegenden Bedeutungsdimension geht es zunächst einmal um die Frage, welche handlungspraktischen Konsequenzen die Akzeptanz von Diversität für Organisationen und die Gestaltung von Lernprozessen hat (Wischer 2009: 69, in Walgenbach 2014: 43). Hierbei sind Parallelen zu den Chancen von Diversität (▶ Kap. 2.2.3) zu erkennen, da diese Dimension auch für eine Anerkennung von Diversität plädiert. Wichtig für das pädagogische Handeln mit vielfältigen Gruppen ist immer auch die Auseinandersetzung mit den anderen beschriebenen Bedeutungsdimensionen von Diversität und eine Klärung bestehender Interdependenz-Verhältnisse.

> **Praxisbeispiel: Heterogene Schulklasse**
>
> Das Lehrpersonal adaptiert die Lernangebote an die Heterogenität der Schüler_innen, z. B. durch eine Differenzierung anhand verschiedener Methoden oder den vier verschiedenen Lerntypen (visuell, auditiv, haptisch, kommunikativ). Aber auch die bewusste Zusammensetzung von heterogenen Lerngruppen kann eine Möglichkeit sein, Vielfalt in den Lernprozess einzubeziehen (z. B. Kinder mit und ohne Assistenzbedarf oder mit und ohne Migrationshintergrund).

Im Hinblick auf einen erfolgreichen Umgang mit Diversität, bspw. in Schulen und Hochschulen, bedeutet diese Betrachtungsweise eine langfristige Veränderung der Lehrmethoden durch neue Inhalte und Lernansätze sowie eine Veränderung der Rahmenbedingungen von Bildungseinrichtungen im Sinne einer Interkulturellen Öffnung. Um eine Nachhaltigkeit zu gewährleisten, müssen alle (hoch-)schulischen Bereiche wie Curricula, Materialien sowie Aus- und Weiterbildung von Dozierenden und Lehrkräften in Bezug auf die Vermittlung einer Interkulturellen und Diversitäts- Kompetenz berücksichtigt werden. Dabei soll insbesondere der Umgang mit paradoxen und irritierenden Situationen thematisiert werden. »Ambivalenz ist eine Folge der Komplexität, der Vielschichtigkeit und Multikausalität der Welt« (Jekeli 2002: 8). Gute Lehre muss den Lerner_innen demnach die Möglichkeit geben, diese Komplexität eigenverantwortlich und aktiv zu erfahren, neue Denkmuster kennenzulernen und sich Lösungsräume zu erschließen. Dazu müssen Lehrinhalte und Lernumgebungen anhand dieser Zielsetzungen geplant und Lernprozesse gesteuert werden.

Von besonderer Bedeutung ist unserer Meinung nach dabei die Ausbildung einer Diversitätskompetenz. Diese setzt sich aus einer Kombination aus Wissen, Einstellungen und Haltungen sowie konkreten Fähigkeiten und Fertigkeiten zusammen, deren konkrete Inhalte häufig in Merkmalslisten (Aschenbrenner-Wellmann 2003: 212) dargestellt werden. Wichtig ist darüberhinausgehend jedoch eine prozesshafte und situationsbezogene Betrachtungsweise, die Diversitätskompetenz als Ergebnis eines Lern- und Veränderungsprozesses sieht, die aber je nach Begegnungssituation und Prozessbeteiligten sowie Rahmenbedingungen (Macht, Strukturen der Organisation, rechtliche Konstellationen etc.) unterschiedlich ausgeprägt sein kann. Durch diese Diversitätskompetenz soll ein Abbau von Stereotypen und Vorurteilen bewirkt werden. Eine Kombination von methodischen und haltungsmäßigen Bestandteilen wie z. B. von Reflexivität, Partizipation und Empowerment begünstigt die Entwicklung hin zu einer Gesamtkompetenz (Aschenbrenner-Wellmann 2009).

Ebenso wie Lernsettings können auch Organisationen in sehr unterschiedlicher Weise mit der vorhandenen Diversität umgehen. Ignorieren und negieren ist ebenso möglich wie der bewusste Umgang mit Vielfalt oder die Akzeptanz von Diversität und Differenz als Lernherausforderung. Je nach Diversitätsreife und Organisationskultur ergeben sich sehr unterschiedliche Anforderungen an Managing-Diversity-Prozesse, da Lernorte, Kontexte, individuelle Lernpraxen und organisationale Veränderungsprozesse in jeweils unterschiedlicher Ausprägung angesprochen und involviert sind (▶ Teil III). Grundsätzlich lassen sich Top-down- und Bottom-up-Ansätze unterscheiden. »Während zu Beginn eine von der Unternehmensführung getragene top-down Einführung unerlässlich ist, um den klaren Willen zur Implementierung herauszustreichen, wird vor allem in der Phase des Mainstreamings eine bottom-up Implementierung und damit eine partizipative, von einer breiten MitarbeiterInnenschaft getragene Unternehmensgestaltung wichtig für den Erfolg« (Gitzi/Köllen 2006: 25). Als praktisches Problem stellt sich dabei heraus, dass in größeren Organisationen nicht alle Mitarbeiter_innen an den Entscheidungsprozessen beteiligt werden können und damit die Gefahr verbunden ist, dass die Kompetenzen und Interessen der Nicht-Partizipierenden keine Berücksichtigung finden. Unter Kosten-Nutzen-Argumenten wird zudem häufig der hohe Zeitaufwand für Beteiligungsverfahren aufgeführt. Dennoch bleibt ein starkes Argument für die Umsetzung von Partizipation innerhalb der Organisation aus psychologischer Sicht der Bereich der Selbstwirksamkeit, Motivation, Wertschätzung; Aspekte, die mit einer unmittelbaren Einflussnahme verbunden sind und im Hinblick auf den Erfolg von Diversitätslernen nicht vernachlässigt werden dürfen.

Neben der Akzeptanz der Vielfalt innerhalb einer Gruppe oder Organisation als Lernherausforderung hat sich innerhalb dieser Bedeutungsdimension das Diversitätslernen sowie das Interkulturelle Lernen als eigene Disziplin entwickelt. Auf Gemeinsamkeiten und Unterschiede zwischen beiden Konzepten wird ausführend in Teil II eingegangen (▶ Teil II).

Praxisbeispiel: Interkulturelles Lernen

Sie bieten als Sozialarbeiter_in ein offenes Treffen für Menschen mit und ohne Migrationshintergrund an.

→ Innerhalb dieser Treffen können alle Beteiligten miteinander in Kontakt kommen, die verschiedenen Kulturen, deren Praktiken und Werte kennen und verstehen lernen und hierdurch mit- und voneinander lernen.

Praxisbeispiel: Diversitätslernen

Sie besuchen oder leiten als Sozialarbeiter_in einen »Anti-Bias-Workshop«.

→ Ziel dieser Workshops ist es, »sich der eigenen Vorurteile bewusst zu werden und auf dieser Grundlage diskriminierendem Handeln entgegenzuwirken« (Trisch 2015: 5). Dieser Ansatz richtet sich an alle Menschen und soll Raum schaffen, in dem Reflexionsprozesse möglich sind und Handlungsmöglichkeiten hin zu einer diskriminierungsfreien Gesellschaft in den Blick genommen werden (Schmidt 2012: 43).

Diversitätslernen unterscheidet sich vom Lernen unter homogenen Bedingungen hinsichtlich der Lerninhalte, des Lernkontexts und der Lernanreize (Breitenbach 1975). Die Intention des Diversitätslernens ist es, vorschnelle Kategorienbildungen sowie »Essentialisierungen, festlegende Zuschreibungen, pauschalierende Negativbewertungen, Ausgrenzungen und Diskriminierung« abzubauen (Leiprecht 2008: 108). Im Prozess des Diversitätslernens reflektieren die Beteiligten in einer gestaltungsoffenen und heterogen verlaufenden, Bildungsfortschritte ermöglichenden Lernkultur ihre eigenen Wirklichkeitsvorstellungen und -konstruktionen durch die Begegnung und Auseinandersetzung mit Anderen. Dabei wird vorausgesetzt, dass neuen Lehr- und Lerninhalten durch die Veränderung von bereits gelernten Erfahrungsmustern begegnet werden muss. Diese Bereitschaft, bereits Erlerntes zu ändern oder zu erweitern, ist bei jeder bzw. jedem von uns in unterschiedlichem Maße und in jeweils unterschiedlicher Qualität gegeben. Das erforderliche Aushalten der Verunsicherung und der Vorläufigkeit ist einerseits grundlegende Fähigkeit, andererseits aber auch Voraussetzung für ein erfolgreiches Diversitätslernen.

Um Lernprozesse in dieser Weise organisieren und gestalten zu können sowie das Interesse der Lerner_innen an selbstreferenziellen Lernprozessen zu erhöhen, ist eine neue Lernkultur notwendig, die auf Vertrauen, Verantwortung und Reflexivität aufbaut und durch offene Kommunikationssettings Raum für Begegnung, Gestaltung, Entwicklung und Veränderung gibt (Aschenbrenner-Wellmann 2009; Koall/Bruchhagen 2005).

Interkulturelles Lernen hingegen findet dann statt, wenn eine Person bestrebt ist, im Umgang mit Menschen einer anderen Kultur deren spezifisches Orientierungssystem der Wahrnehmung, des Denkens, Wertens und Handelns zu verstehen, in das eigenkulturelle Orientierungssystem zu integrieren und auf ihr eigenes Denken und Handeln im fremdkulturellen Umfeld anzuwenden. Eingeschlossen ist hierbei die Reflexion des eigenkulturellen Orientierungssystems. Interkulturelles Lernen ist diesem Verständnis nach erfolgreich, wenn eine handlungswirksame Synthese zwischen den unterschiedlichen Orientierungssystemen erreicht wird (Thomas 1993: 382). Adressat_innen interkultureller Lernprozesse sind alle in einer multikulturellen Gesellschaft zusammenlebenden Menschen und nicht nur Migrant_innen und Flüchtlinge. Interkulturelles Lernen ist weniger ein Fach als vielmehr ein Prinzip, und seine wesentlichen Ziele sind die Begegnung mit anderen Kulturen, die Beseitigung von kontaktverhindernden Barrieren und die Herbeiführung von interkulturellen Austauschsituationen (Hohmann 1989: 16). Als Lernprinzipien werden Teilnehmer_innen-, Situations- und Wissenschaftsorientierung genannt; sie sollen gesellschaftskritisch-innovatorisch, pragmatisch und bedürfnisorientiert ausgerichtet sein (Linke 1996: 141). Erfahrungsoffenheit und Handlungsbezogenheit (Luchtenberg 1995) werden ebenso als wesentliche Prinzipien genannt wie Empathie, Toleranz, Begegnung, Anerkennung von Gleichwertigkeit und Respekt (Auernheimer 2010).

Die meisten Konzepte zum Interkulturellen Lernen und zur interkulturellen Pädagogik (z. B. Auernheimer 1990; Prengel 1995) gingen bzw. gehen davon aus, dass Einwander_innen Fremde sind, deren Fremdheit durch ihre Herkunftsländer bzw. die Entwicklung eigenständiger Einwander_innenkulturen in der jeweiligen Aufnahmeregion bedingt ist. Diese Fremdheit soll verstanden und akzeptiert werden. Kritiker_innen dieser Programmatik der interkulturellen Pädagogik (wie z. B. Hartmut Griese 1984; Frank-Olaf Radtke 1991; Franz Hamburger 1994; Doron Kiesel 1996; Albert Scherr 1998) argumentieren dagegen u. a. damit, dass die wesentliche Ursache von Konflikten in Einwanderungsgesellschaften nicht kulturelle Unterschiede seien, sondern Strukturen und die Praxis von ökonomischer, politischer und rechtlicher Ungleichbehandlung, sozialer Ausgrenzung und Benachteiligung von Migrant_innen.

Lernfrage

Wo liegen die Unterschiede zwischen und die jeweiligen Vor- und Nachteile von einem Interkulturellen Lernen zu einem Diversitätslernen?

Die vorliegende analytisch-reflexive Diskussion der unterschiedlichen Bedeutungsdimensionen von Diversität soll einen Orientierungsrahmen für Theorie und Praxis der Sozialen Arbeit bieten, mit dessen Hilfe in von Diversität geprägten Situationen relevante Zugänge, Betrachtungsweisen und Handlungsoptionen im Sinne eines bewussten und strategisch ausgerichteten Vorgehens abgeleitet werden können. Natürlich kommen die einzelnen Bedeutungsdimensionen oft in der Praxis nicht isoliert voneinander zum Tragen, sondern stehen häufig in einem wechselseitigen Abhängigkeitsverhältnis. Diese Interdependenz wird bislang vor allem im Bereich der Differenzlinien bzw. der Diversitätskategorien (Alter, Geschlecht, Hautfarbe, etc.) unter dem Stichwort »Intersektionalität« diskutiert. Daher erfolgt im nachstehenden Exkurs eine kurze Replik auf die Vorteile der Betrachtung bestehender Wechselwirkungen.

2.3 Exkurs: Notwendigkeit einer intersektionalen Betrachtung von Diversität

Da es in der Praxis der Sozialen Arbeit nur wenige Konstellationen gibt, in denen die ausschließliche Wirkung nur einer Differenzkategorie (Geschlecht, Alter, Ethnizität etc.) zu beobachten ist, müssen die wechselseitigen Abhängigkeiten und Beziehungen der Kategorien beleuchtet werden.

Eine Möglichkeit hierfür stellt der Intersektionalitätsansatz dar. Dieser besagt, dass Menschen an unterschiedlichen Schnittstellen von Vielfalt leben und hierdurch in unterschiedlicher Weise mit den verschiedenen Differenzkategorien zu tun haben. Durch die Intersektionalitätsanalyse kann herausgefunden werden, wie die unterschiedlichen Differenzlinien in einer konkreten Konstellation zusammenwirken. Kategorienübergreifende Diversitätskonzepte machen jedoch fachspezifische Zugänge bspw. aus der Interkulturellen Pädagogik oder der Geschlechterpädagogik nicht überflüssig.

> »Eine diversitätsbewusste Perspektive kann diese speziellen Disziplinen nicht ersetzen. Sie sind unverzichtbar, nicht nur, weil ein besonderes und vertieftes Wissen zur Entstehungs- und Wirkungsgeschichte und Aktualität der jeweiligen Differenzlinien notwendig ist, sondern auch, weil es in allen Fachdebatten […] qualifizierte Stimmen geben muss, die die allgemeine Berücksichtigung dieses besonderen Wissens begründen und einklagen können« (Leiprecht 2011: 38).

Was sind nun die Vorteile des Intersektionalitätsansatzes?

> »Der Begriff Intersectionality wurde erstmals 1989 von der US-amerikanischen Juristin Kimberle Crenshaw eingeführt (Crenshaw 1989). Der Terminus Intersektionalität ist damit historisch in einem antidiskriminierungsrechtlichen Kontext verortet mit Bezügen zum Black Feminism und der Critical Race Theory (Chebout 2011). Aufgrund seiner Herkunft wird Intersektionalität vor allem in den Gender Studies aufgegriffen. Intersektionalität hält allerdings auch Einzug in weitere theoretische und praktische Arenen wie Cultural Studies, Diversity Education oder Menschenrechtsdiskursen der United Nations« (Walgenbach 2014: 54).

Crenshaw erläutert hierzu, dass Intersektionalität eine Linse sei, »die erlaubt zu sehen, woher Macht kommt und auf wen oder was sie prallt, wo es Verknüpfungen und wo es Blockaden gibt. Es gibt nicht einfach ein Rassismus-Problem hier und ein Gender-Problem dort und ein Klassen- oder LBGTQ-Problem woanders. Häufig löscht das dominante Framing aus, was Menschen wirklich passiert« (Crenshaw 2016, zitiert nach Gunda-Werner-Institut 2019: 12). Es geht Crenshaw folglich um das Zusammenwirken und die Verschränkung aller Kategorien (Bronner/Paulus 2017: 81).

Im deutschsprachigen Raum haben Helma Lutz (2001) und Gudrun-Axeli Knapp (2005) den Intersektionalitätsdiskurs für die Erziehungswissenschaften nutzbar gemacht. Die nachfolgende Definition von Walgenbach (2014: 5) stellt eine von mehreren Möglichkeiten auf dem Weg der Begriffsklärung dar:

> »Unter Intersektionalität wird verstanden, dass historisch gewordene Macht- und Herrschaftsverhältnisse, Subjektivierungsprozesse sowie soziale Ungleichheiten wie Geschlecht, Sexualität/Heteronormativität, Race/Ethnizität/Nation, Behinderung oder soziales Milieu nicht isoliert voneinander konzeptualisiert werden können, sondern in ihren ›Verwobenheiten‹ oder ›Überkreuzungen‹ (intersections) analysiert werden müssen. Additive Perspektiven werden überwunden, in dem der Fokus auf das gleichzeige Zusammenwirken von sozialen Kategorien bzw. sozialen Ungleichheiten gelegt wird. Es geht demnach nicht allein um die Berücksichtigung mehrerer sozialer Kategorien, sondern ebenfalls um die Analyse ihrer Wechselwirkungen«.

Von der analytischen Vorgehensweise ist der Intersektionalitätsansatz offen für unterschiedliche Methodologien und kann verschiedene Theorieansätze integrieren. Allerdings ist das Diskursfeld – anders als der Diversitätsansatz allgemein – eng mit der Thematik sozialer Ungleichheit und Macht verbunden. So finden bspw. die Diversitätsdimensionen »Fachkompetenz« oder »Leistungsdifferenz« keinen forschungsmäßigen Niederschlag in den Intersektionalitätsdebatten (Walgenbach 2014: 55).

Ein großer Vorteil der Intersektionslitätsdiskurse liegt darin, dass sie analytisch die Wirkungsweise von Macht und Herrschaftsverhältnissen auf unterschiedlichen Ebenen (Institution, soziale Praktiken, Subjekte etc.) beschreiben. Diese Betrachtungsweise wird im folgenden Kapitel in Form eines Mehrebenen-Modells der Wirkungsweisen von Diversität (Individuen, Gruppen, Organisation, Sozialraum, Gesellschaft) aufgesplittet und für die Praxis der Sozialen Arbeit anwendbar gemacht.

Lernaufgabe

Nennen Sie Argumente für die Notwendigkeit einer intersektionalen Betrachtungsweise von Diversität.

3 Der Umgang mit Diversität auf verschiedenen Analyse-Ebenen

Für ein professionelles Gestalten diversitätsgeprägter Handlungssituationen innerhalb der Sozialen Arbeit genügt es nicht, sich ausschließlich mit den verschiedenen Bedeutungsdimensionen von Diversität zu befassen. Auch die reflexive Auseinandersetzung mit unterschiedlichen Analyseebenen der Wirksamkeit von Diversität ist zielführend zum Verständnis des komplexen Phänomens Diversität im Kontext der Sozialen Arbeit.

> Für die vorliegende Publikation wurden zunächst in Anlehnung an die Sozialstrukturanalyse Mikro-, Meso, und Makroebene als Analyseeinheiten herangezogen.
>
> 1. **Mikroebene:** Auf der Mikroebene geht es zunächst um eine Betrachtung des individuellen, menschlichen Verhaltens. Denn häufig steht in der Sozialen Arbeit der einzelne Mensch im Mittelpunkt von Interventionen. Da jeder Mensch stetig in Interaktion mit anderen Personen tritt, darf auch die Ebene der Gruppe nicht außer Acht gelassen werden. Hier erfolgt dann der Übergang zur nächsten Ebene.
> 2. **Mesoebene:** Hierbei wird vorrangig die formelle Organisation des menschlichen Zusammenlebens sowie soziale Netzwerke ins Blickfeld genommen. Gerade für die Soziale Arbeit ist diese Ebene wichtig, da sich Soziale Arbeit an der Lebenswelt ihrer Adressat_innen und der Gestaltung ihrer Sozialräume ausrichten soll.
> 3. **Makroebene:** Auf dieser Ebene ist die Gesellschaft, Kultur oder auch Zivilisation zu verorten. Wie bereits dargestellt, bewegt sich Soziale Arbeit auch immer im Spannungsfeld gesellschaftlicher Veränderungen und deren Auswirkungen, weshalb diese Ebene auch für die Analyse von Diversität bedeutungsvoll ist.
>
> Aus diesen drei Strukturmöglichkeiten kann man fünf Analyseebenen ableiten, auf welche im weiteren Verlauf ausführlicher eingegangen wird: Die Ebene des Individuums, der Gruppe, der Organisation, des Sozialraums und der Gesellschaft.

3.1 Die Ebene des Individuums

Die Ebene des Individuums ist für die Soziale Arbeit als Profession von großer Bedeutung, da sie sich als einen ihrer fachlichen Standards der Prämisse einer adressat_innenbezogenen Perspektive verpflichtet hat. Dies bedeutet eine Orientierung am Subjekt. Demnach steht der einzelne Mensch im Mittelpunkt. »Dieser einzelne Mensch ist höchst eigensinnig, entwickelt sehr eigene und individuelle Vorstellungen davon, was sein ›Wohlbefinden‹ kennzeichnet, wofür es lohnt, sich einzusetzen, und muss dies in einer als individualisiert beschriebenen Gesellschaft auch zwingend tun. In diesem Eigensinn verwirklichen sich Menschen als *Subjekte*, als Gestalterinnen ihres eigenen Lebens und nicht als *Objekte* fremder Vorstellungen [...]« (Wendt 2017: 30). Die Soziale Arbeit ist daher zunächst einmal verpflichtet, Respekt gegenüber jedem Subjekt und dessen eigener Vorstellung vom Leben zu entwickeln. Dies bedeutet jedoch nicht, sich als Fachkraft nicht auch kritisch mit den Chancen und Grenzen der Kund_innensicht auseinanderzusetzen (ebd.).

Zudem braucht jeder Mensch zu seiner Genese auch andere Menschen. Die Konstellationen zwischen Ich und Anderen ist konstituierend für den sozialen Charakter des Menschen. »Die Akzeptanz des Anderen erfordert Selbstüberwindung; erst die Selbstüberwindung erlaubt die Erfahrung des Anderen. Die Fremdheit des Anderen erleben zu können setzt die Bereitschaft voraus, auch den Anderen in sich selbst kennen lernen zu wollen. Kein Individuum ist eine Einheit; jeder Einzelne besteht aus fragmentarisierten und auch widersprüchlichen Teilen mit eigenen Handlungswünschen« (Wulf 2006: 42).

Die Identität und Individualität bestehen also aus keinem gleichbleibenden Kern, sondern ist selbst voller Widersprüche, Ambivalenzen und Paradoxien. Jeder Mensch ist zur Entwicklung seines Selbst auf andere angewiesen; ihre Wertschätzung, Anerkennung oder Ablehnung entscheidet über und verändert das jeweilige Selbstverständnis. Individuen der modernen Gesellschaft bewegen sich zwischen den Rahmenbedingungen der Individualisierung, Globalisierung und Pluralisierung. Gerade in Folge der Modernisierungs- und Globalisierungsprozesse sind viele (ehemalige) Sicherheiten und Selbstverständlichkeiten des Lebens in Frage gestellt worden.

Dies erfordert individuelle Reflexion und Entscheidungsfindung. Unter den Bedingungen der »reflexiven Moderne« (Beck 1998) kommt der Begegnung mit Anderen eine besondere Bedeutung zu. Durch die Verunsicherung von Einzelnen, die den Unterschied zwischen sich und Fremden erkennen und aushalten müssen, entwickeln sich Tendenzen, diese Unsicherheit in scheinbare Gewissheiten umzuwandeln und mit den Mechanismen der Reduktion und Verdrängung beherrschbar zu machen. Auf diese ego- und ethnozentrischen Verkürzungen hat bereits B. Waldenfels (1990) aufmerksam gemacht. Die Strategie, den Anderen durch Verstehen aufzulösen, ist nur teilweise erfolgreich; oft werden die vorhandene Unsicherheit und empfundene Gefährdung nicht verringert. Auch eine Ausweitung des Wissens über (bisher) unbekannte Phänomene muss nicht unbedingt zu mehr Erkenntnis und Einsicht in die Komplexität der Zusammenhänge führen. »Die Ambivalenz der Subjektkonstruktion zeigt sich darin, dass der ihr inhärente Egozentrismus einerseits als Überlebens-, Aneignungs- und Machtstrategie, andererseits als Reduktions- und Nivellierungsstrategie dient. Der in der Zentrierung auf die Ich-Kräfte liegende Versuch, den Anderen auf seine Nützlichkeit, seine Funktionalität und seine Verfügbarkeit zu reduzieren« (Wulf 2006: 48). Ein aktuelles Beispiel hierfür sind die Versuche unterschiedlicher Forschungsinstitute (z. B. Fuchs/Weber 2015; Brücker u. a. 2014; Glitz 2012; Hinte/Rinne/Zimmermann 2012; Bonin 2006), die »Wirtschaftlichkeit« von Zuwanderung und eine »Verwertbarkeit« von Flüchtlingen für den deutschen Arbeitsmarkt unter Berechnungen des Mehrwerts für die Sozialkassen und das Bruttoinlandsprodukt zu beweisen. »Egozentrismus, Logozentrismus und Ethnozentrismus greifen als Strategien der Transformation des Anderen ineinander und verstärken sich wechselseitig. Ihr Ziel ist die Assimilation des Fremden ans Eigene und seine damit verbundene Beseitigung« (Wulf 2006: 50).

H. Thiersch zufolge ist Andersheit aber »in der je individuellen Geschichte der Lebensbewältigung nur ein Moment. Es braucht die Rekonstruktion der Einzelkonstellation, es braucht den kasuistischen, auf die jeweilige Situation bezogenen Blick. Jede Lebenswelt ist eigen, jede hat einen Anspruch, in ihrer Eigensinnigkeit ernst genommen zu werden« (Thiersch 2011: 55). Da Identität ohne Alternation nicht gedacht und gelebt werden kann, kommt den Möglichkeiten gegenseitigen Lernens und Begegnens im Sinne von Interkulturellem und Diversitätslernen – wie in Kapitel 2.2.6 beschrieben – eine besondere Bedeutung zu (▶ Kap. 2.2.6). »In der Auseinandersetzung mit fremden Kulturen, mit dem Anderen in der eigenen Kultur und dem Fremden in der eigenen Person soll die Fähigkeit entwickelt werden, vom Fremden bzw. vom Anderen her wahrzunehmen und zu denken. Durch diesen Perspektivenwechsel gilt es, die Reduktion des Fremden auf das Eigene zu vermeiden« (Wulf 2006: 45).

Aber auch die Individualisierung ist eine zentrale Herausforderung für die Mitglieder der modernen Gesellschaft. Individualisierung stellt keinen eindeutigen Prozess dar, sondern ist durch Ambivalenzen gekennzeichnet. Zum einen umfasst sie sowohl Auf- als auch Ablösungsaspekte: Während unter dem Auflösungsaspekt vor allem traditionelle Werte Wandlungen durchlaufen haben, entstehen im Rahmen von Ablösungsaspekten neue Werte, die dann in Zeiten der Modernisierung Gültigkeit für die betroffenen Menschen und Gesellschaften erlangen. Aus einer Bedrohung der Tradition kann damit die Chance für Selbstverantwortung und Freiwilligkeit entstehen. Zum anderen ist Individualisierung bei all der angestrebten Einmaligkeit immer auch mit Standardisierung verbunden. So entsteht ein Zwang zur Wahl verbunden mit der Übernahme der persönlichen Verantwortung für Lebenskrisen wie bspw. Arbeitslosigkeit oder Überschuldung. Individualisierungsprozesse implizieren also zahlreiche Risiken, die das Gefühl von Sicherheit und Verlässlichkeit reduzieren, während gleichzeitig wirtschaftliche und soziale Prozesse durch die zunehmende Globalisierung immer unübersichtlicher werden. Die Studiengruppe um W. Heitmeyer spricht in diesem Zusammenhang vom »entsicherten Jahrzehnt« (▶ Kap. 2.2.5). Aufgrund dieser Entwicklung gewinnen derzeit rechtspopulistische Parteien mit diskriminierenden Programmen weiter an Zustimmung; denn Teile der Bevölkerung sehen keine faire Behandlung im gesellschaftlichen Verteilungsmechanismus. Gleichzeitig scheint für sie keine der traditionellen Parteien in der Lage zu sein, die brisanten Themen der Zeit tatsächlich abzudecken. Rechtspopulistische Parteien nutzen dies, um die Identitäts- und Sinnkrisen der Mehrheitsbevölkerung und sich abgehängt fühlender Schichten ausschließlich an Migrationsprozessen, Fluchtbewegungen und dem erreichten Stand gesellschaftlicher Diversität festzumachen.

Bezogen auf die individuelle Analyseebene kommen also drei der dargestellten Dimensionen von Diversität eine besondere Bedeutung zu: Die Chancen von Diversität in den Blick zu nehmen (▶ Kap. 2.2.3) und nicht nur die Herausforderungen zu sehen; Diversität in Bezug auf den Zusammenhalt der Gesellschaft zu betrachten (▶ Kap. 2.2.5), um Integrationsprozesse zu ermöglichen sowie den sozialen Ungleichheiten (z. B. Diskriminierung, schlechtere Arbeitsmöglichkeiten …), die aus der Diversität entstehen können, entgegenzuwirken (▶ Kap. 2.2.4).

> **Lernaufgabe**
>
> Beschreiben Sie die zentralen Herausforderungen für Individuen in der postmodernen Gesellschaft.

3.2 Die Ebene der Gruppe

Wie im vorliegenden Kapitel dargestellt, benötigen Individuen andere Menschen zu ihrer Entwicklung und zum Auffinden ihrer gesellschaftlichen Verortung. Daher treten Menschen miteinander in Interaktion, wodurch Netzwerke gebildet werden. Diese können zu sozialen Netzwerken werden, »wenn sie als Beziehungsgeflecht primär zwischen Personen *anlassgerecht* genutzt und entwickelt werden können, also zur Bewältigung eines Anliegens oder einer Notlage dienlich sind« (Wendt 2017: 157). Durch ein Betrachten der Gruppenebene wird es möglich, Anliegen und Notlagen nicht nur individualisiert zu analysieren, sondern auch innerhalb einer Gruppe kollektiv Lösungs- oder Bewältigungsstrategien anzubahnen. So können Ressourcen gebündelt und das Zusammenleben innerhalb von Netzwerken gestaltet werden. Parallel hierzu nutzt die Soziale Arbeit die Gruppe als Ort »pädagogischer Inszenierungen, gemeinsame Lernerfahrungen zu ermöglichen, in dem (ggf. problematische) soziale Situationen aufgegriffen, thematisiert und behandelt werden […]« (ebd.: 233). Gerade für das Soziale Lernen ist die Gruppe unerlässlich. Hierbei geht es zum einen »um den Erwerb akzeptierten Sozialverhaltens und um Fragen der Sozialerziehung, also der Vermittlung von Normen, Werten und Moral« (Rätz-Heinisch 2011: 811). Zum anderen geht es aber auch um »das Lernen in sozialen Situationen, in dem eine Verbindung des fachlich-inhaltlichen Lernens mit dem sozialen Lernen hergestellt wird. In der Verknüpfung der beiden Aspekte wird der Erwerb sozialer Kompetenz Gegenstand von Lernarrangements des ›Lernen mit anderen Menschen zusammen‹« (ebd.). Im Hinblick auf Diversität ist die Ebene der Gruppe vor allem für die didaktische Dimension (▶ Kap. 2.2.6) bedeutsam, um die Akzeptanz von Diversität in soziale Lernprozesse zu integrieren. Durch das Ausrichten von Lernmethoden und Inhalten an der Vielfalt der Gruppe kann Soziales Lernen neue Denkmuster und Lösungsrichtungen erschließen sowie die Entwicklung von Diversitäts-Kompetenz fördern.

Doch neben dieser positiven Wirkungsweise von Gruppen gibt es heute auch zahlreiche Herausforderungen im Kontext von Gruppenbildung. Ihr zentrales Motiv liegt oft in dem Bedürfnis, für die eigenen Fähigkeiten in einem Kreis von Gleichgesinnten eine direkt erfahrbare Wertschätzung zu finden. »Mit der Pluralisierung der Werte und der Entstehung verschiedener Submilieus hat diese Tendenz wahrscheinlich sogar noch zugenommen, weil es gesamtgesellschaftlich kaum mehr einheitliche Maßstäbe gibt, die den einzelnen gewissermaßen über den Wert seiner eigenen Leistungen informieren könnten« (Honneth 2010: 269f.). Da über Gruppenbildungsprozesse das Anerkennungsbedürfnis der Menschen zufriedengestellt werden kann, gilt die Bezugnahme auf (soziale) Gruppenzugehörigkeit als eine zentrale Prämisse von Diversitätskonzepten. Wesentlich ist hierbei, dass Zugehörigkeiten wie Ethnizität oder Geschlecht nicht mehr isoliert voneinander betrachtet, sondern in ihrer Interdependenz gesehen werden (▶ Kap. 2.3).

Als Reaktion auf ethnozentrische Ansätze, die Kulturen als geschlossene, statische Einheiten und die Zugehörigkeit nur zu einer einzigen Kultur als denkbar betrachteten, entwickelten sich seit den 1990er Jahren auch in Deutschland Ansätze, die eine gleichzeitige Zugehörigkeit zu mehreren Kontexten theoretisch und empirisch in den Blick nahmen. Begriffe wie »Mehrfachzugehörigkeiten« (Mecheril 2003), »Hybridisierung« (Bhabha 2007), »Transkulturalität« (Gogolin 2006) oder »transnationale soziale Räume« (Pries 1998) wurden in die Fachdebatten eingeführt.

> »Grundlage dieser Ansätze ist ein Verständnis von Zugehörigkeit als dynamischer Prozess. Zugehörigkeiten sind Menschen nicht von Geburt an gegeben, sondern sie entstehen in der Interaktion mit anderen, in sozialen Zusammenhängen. Zugehörigkeiten sind dabei in Bezug auf verschiedene soziale Kategorien wie z. B. Geschlecht, Klasse, Ethnie oder Berufsgruppe strukturiert und sie entstehen in sozialen Zusammenhängen, z. B. in Familien, Paarbeziehungen oder Freundeskreisen, bei der Erwerbsarbeit oder in Nachbarschaften« (Munsch 2010: 53).

Die kritische Sozialforschung beschäftigt sich seit einigen Jahren vermehrt mit dem Phänomen multipler Zugehörigkeiten. »Nira Yuval-Davis (2011) beispielsweise schließt gerade das subjektive Gefühl der Zugehörigkeit zu einer sozialen Gruppe in die situativen ›politics of belonging‹ ein und betont die emotionalen Aspekte von In- und Exklusionsprozessen, seien sie selbst- oder fremdbestimmt« (Salzbrunn 2014: 16). In der Postmoderne entstehen neue hybride Kulturen, die wiederum zu veränderten Identitäten führen:

> »Diese Erfahrungen hybrider Kulturen stellen herkömmliche Zugehörigkeiten und damit auch Dominanzverhältnisse in Frage. Sie bergen Chancen für neue Identitäten jen-

seits alter Zuschreibungen – und lösen gleichzeitig Angst aus. Deshalb ist unsere Zeit gleichzeitig gekennzeichnet von machtvollen Versuchen, reine Identitäten, kohärente Kulturen und geschlossene Traditionen wiederherzustellen. Die Debatte um die deutsche Leitkultur belegt dies eindrücklich. Aber auch in vielen Gemeinschaften von Minderheiten lassen sich, oft als Reaktion auf Rassismus und Ausschließung, Reidentifkationen mit der Herkunftskultur, die Konstruktionen stärkerer Gegenidentitäten, das Wiederaufleben eines kulturellen Tradtionalismus, religiöse Orthodoxie und politischer Separatismus beobachten« (Munsch 2010: 57).

Dem Konzept der Hybridität kommt bei der Erklärung des Stellenwerts der Gruppenebene im Kontext von Diversität eine besondere Rolle zu.

Hybridität verweist dabei auf Vermischungen, Überlappungen und Querverbindungen nicht nur zwischen nationalen oder ethischen Kulturen, sondern auch zwischen Geschlechtern, Generationen oder Religionszugehörigkeiten. Dabei wird der Blick für Unterschiede und Machtdifferenzen nicht verschleiert. Die Auflösung der Gegensätze ist nicht das Ziel der Konzepte, sondern die Betrachtung und Analyse der gegenseitigen Interdependenz und die Möglichkeiten der Vermischung. Jedoch entstehen dadurch zwar neue Wahl- und Gestaltungsfreiheiten, aber auch Unsicherheit, Anstrengung und Orientierungslosigkeit. Ambivalenz zwischen neuen Freiheiten und dem Verlust klarer Zugehörigkeit beschreibt die Situation vieler Menschen in postmodernen Gesellschaften.

In diesem Zusammenhang wird dem Begriff »Zugehörigkeit« eindeutige Präferenz gegenüber dem Identitätsbegriff gegeben, da ersterer die Komplexität und Dynamik menschlicher Beziehungen, den situativen und prozesshaften Charakter und die immanenten Ambivalenzen leichter nachvollziehen lässt. Diese Zugehörigkeiten zeigen sich auf unterschiedlichen Ebenen und können sich im Lebensverlauf ändern sowie vielfältige Dimensionen enthalten. Kollektive Zugehörigkeiten schaffen Räume für Begegnungen, können aber im öffentlichen Raum bspw. durch Kleidung (Schleier) oder Architektur (Minarett einer Moschee) auch ausgrenzenden Charakter erhalten.

Je nach Diversitätsansatz (affirmativ oder machtsensibel) wird sehr unterschiedlich mit der Frage der Relevanz von Gruppenzugehörigkeit umgegangen. Bei den auf Diversitätskategorien rekurrierenden deskriptiven Konzepten stehen beschreibbare und unsichtbare Gruppenzugehörigkeiten häufig im Mittelpunkt der vorgenommenen Analyse, bei machtsensiblen Ansätzen werden diese Zuschreibungen konsequent hinterfragt.

»Das Problem, das sich hier stellt, ist, dass vormals abgewertete Eigenschaften bzw. Identitätspositionen als Frauen, als Migranten oder als Schwuler in Diversitäts-Ansätzen eine positive Anerkennung erfahren sollen. Damit wird allerdings gleichzeitig immer wieder neu bestätigt, dass die Verknüpfung zwischen Eigenschaftszuschreibungen und sozialer Zugehörigkeit legitim ist bzw. dass es tatsächlich sinnvoll ist, zwischen homosexuell/heterosexuell, männlich/weiblich, normal/behindert zu unterscheiden« (Walgenbach 2014: 110).

Lernfrage

Worin liegen die Vor- und Nachteile einer gruppenbezogenen Betrachtungsweise von Diversität?

3.3 Die Ebene der Organisation

Innerhalb der Sozialen Arbeit gibt es ganz unterschiedliche Bezüge zu Organisationen und deren Bedeutung für die Profession und Disziplin. So können die Adressat_innen eingebettet sein in diverse Institutionen wie Vereine, Hilfsangebote oder Arbeitsstellen. Gleichzeitig können aber auch die Fachkräfte im Rahmen einer Organisation für die Adressat_innen handeln. Um im weiteren Verlauf näher auf die Ebene der Organisation eingehen zu können, gilt es daher zunächst unser Verständnis von Organisationen anhand verschiedener Definitionsansätze zu klären:

> »Eine Organisation ist ein mehrdimensionales ›soziales‹ System, das zwar sein eigenes Innenleben hat, aber eigentlich nur existiert und existieren kann, indem es ein Subsystem von größeren Systemen ist bzw. mit anderen Systemen kommuniziert und Beziehungen aufbaut« (Königswieser/Hillebrand 2005: 30).

Im Lehrbuch der Organisationspsychologie (Scholl 2007: 516) wird Folgendes ausgeführt: »Eine Organisation ist ein soziales Gebilde, das bestimmte Ziele verfolgt und formale Regelungen aufweist, mit deren Hilfe die unter die Mitgliedschaftsbedingungen fallenden Aktivitäten der Mitglieder auf diese Ziele ausgerichtet werden sollen«. Gentner/Kempkes (2014: 81ff) unterscheiden zwischen einem institutionalen, instrumentalen und funktionalen Organisationsbegriff. Unter der ersten Variante verstehen sie die Tatsache, dass Institutionen wie Behörden, Hochschulen, Krankenhäuser und Unternehmungen insgesamt als Organisationen verstanden und entsprechend organisationswissenschaftlich untersucht werden können. Durch den instrumentellen Organisationsbegriff kann verdeutlicht werden, dass ein Unternehmen, unabhängig davon, ob es im Profit- oder Non-Profit-Bereich angesiedelt ist, über eine Organisation verfügt, die auf Dauer angelegte und generell gültige Kompetenzen, Strategien etc. umfasst. Beim funktionalen Organisationsbegriff wird die Tätigkeit, das Vorgehen bei der Gestaltung der Organisationsstruktur, als Organisation bezeichnet. Je nach Verwendung des Begriffs ergeben sich ganz unterschiedliche Frage- und Problemstellungen bei der Organisationsentwicklung und -forschung. Für eine Auseinandersetzung mit der Ebene »Organisation« und ihrer Wechselwirkungen zu Fragestellungen der Diversität sind uns vor allem institutionelle und instrumentale Sichtweisen wichtig.

Ähnlich wie Interkulturelle Öffnung oder Gender Mainstreaming kann der Umgang mit Vielfalt (MD) auf der Ebene der Organisation als ein umfassender Entwicklungsansatz verstanden werden, der sehr unterschiedliche Bereiche wie Personalentwicklung, Analyse von Unternehmenskulturen, Leitbildfragen oder den alltäglichen Umgang mit personeller Vielfalt betrifft. MD bedeutet zunächst einen bewussten Umgang mit dem Phänomen Vielfalt. Hierbei geht es nicht nur um die Darstellung von Lern- und Effektivitätsgewinnen, die sich aus einer positiven Nutzung von Diversität für die Organisation ergeben – wie dies in affirmativen DiM-Ansätzen häufig gemacht wird –, sondern um eine grundlegende Weiterentwicklung der Organisation zu einer Lernenden-Perspektive, die auch einen fundamentalen Wandel der Unternehmenskultur einschließt. Hierzu brauchen alle Beteiligten eine hohe Diversitätsreife bzw. eine reflexive Diversitätskompetenz (▶ Kap. 2.2.6).

Eine besondere Relevanz spielt in diesem Zusammenhang auch die Unternehmenskultur. »Unter der Kultur einer Organisation werden die von Mitgliedern geteilten Grundannahmen, Werte und Normen in der Organisation verstanden, von denen angenommen wird, dass sie die Gestaltung und Wahrnehmung von Prozeduren, Strategien und Strukturen beeinflussen, sichtbar und unsichtbar« (Scholl 2007: 538;,zitiert nach Gentner/Kempkes 2014: 82). Nach D. Denison sind folgende vier Merkmale der Organisationskultur besonders wichtig für die Effektivität und Effizienz sowie den Zusammenhalt der Organisation:

- Die hohe Übereinstimmung in Normen, Werten etc. bei den Organisationsmitgliedern erleichtert die Koordination und Konsensbildung.
- Eine starke Beteiligung der Mitarbeitenden an Entscheidungen und Ergebnissen erhöht ihre Identifikation mit dem Unternehmen und die Motivationslage.
- Eine klare Vision und Mission (der Unternehmensführung) erleichtert die Verbundenheit mit der Organisation.
- Die hohe Anpassungsfähigkeit der Organisation und ihrer Mitglieder ist wichtig für interne wie externe Anforderungen an Wandel und Veränderungen (Denison nach Gentner/Kempkes 2014: 82).

Eine systematisch vorangetriebene Organisationsentwicklung muss auf der Makroebene (Organisation) ebenso erfolgen wie auf der Meso- (Gruppen) und Mikroebene (Individuen). Ziel ist es dabei, ein Gleichgewicht aufrechtzuerhalten oder wiederherzustellen zwischen der notwendigen Bewahrung von (bisher) bewährten Strukturen und Prozessen und der Notwendigkeit des organisationalen Wandels. Organisationsentwicklung wird dann eine

> »Strategie des geplanten und systematischen Wandels, der durch die Beeinflussung der Organisationsstruktur, der Unternehmenskultur und individuellem Verhalten zustande kommt, und zwar unter größtmöglicher Beteiligung der betroffenen Arbeitnehmer. Zielsetzung ist einerseits, der Leistungsfähigkeit der Organisation und andererseits der Entfaltung der einzelnen Organisationsmitglieder zu dienen. Die gewählte ganzheitliche Perspektive berücksichtigt die Wechselwirkungen zwischen Individuen, Gruppen, Organisationen« (Maier/Schewe 2013, zitiert nach Gentner/Kempkes 2014: 83).

Nur durch die Partizipation der Organisationsmitglieder ist dabei Nachhaltigkeit bei der Organisationsveränderung zu erreichen.

Für den Bereich der Sozialen Arbeit wird häufig, wenn es um die Entwicklung und Umsetzung einer Organisationskultur, die Vielfalt wertschätzt, geht, der Begriff Interkulturelle Öffnung verwendet. Sowohl beim MD als auch bei der Interkulturellen Öffnung stellt sich die Frage, ob sich diese negativ auf die Effektivität und Effizienz bzw. auf den Zusammenhalt der Organisation auswirkt. So geben Jackson und Joshi (2011) an, dass die interne Kommunikation in einem Team weniger effizient sein kann, wenn die Diversität im Team groß ist. Auch der Zusammenhalt der Gruppen verringere sich bei steigender Diversität, während sich die Fluktuation der Mitarbeitenden erhöhen kann. Je größer die Diversität jedoch in kreativen und entwicklungsorientierten Bereichen ist, desto besser ist die gesamte Teamleistung. Diese Herausforderungen bezüglich der Chancen und Grenzen von Diversität können durch richtige Anleitung und gezielte Teambildungsprozesse gemanagt werden. Für viele soziale Organisationen ist der Anreiz, sich interkulturell zu öffnen und sich als vielfältige Organisation zu etablieren, noch relativ gering und dies trotz einer großen Heterogenität der Kund_innen. Der Aufwand einer Interkulturellen Öffnung erscheint immer noch viel zu groß und der Nutzen meist nicht unmittelbar erkennbar. Hier kann in unserem Zusammenhang explizit auf die Bedeutung der ungleichheitskritischen (▶ Kap. 2.2.4) und normativ-regulierenden (▶ Kap. 2.2.2) Dimension von Diversität verwiesen werden. In Zeiten der Globalisierung und Postmoderne sollte es keine soziale Organisation ohne gezieltes MD geben, da nur in ihnen Chancengleichheit und Anerkennung hergestellt werden kann.

> **Lernfragen**
>
> Was wird unter ›Organisation‹ und ›Organisationskultur‹ im Kontext der Sozialen Arbeit verstanden?
> Was sind zentrale Aspekte von Managing Diversity?

3.4 Die Ebene des Sozialraums

Für die Auseinandersetzung mit Diversität innerhalb der Sozialen Arbeit ist auch die Ebene des Sozialraums unerlässlich, da sich dort die Lebensbewältigung und Alltagsgestaltung der Kund_innen ereignet. Die Vorstellungen darüber, was ein Sozialraum ist, bleiben jedoch unscharf und diffus. Fest steht indes, dass der Sozialraum nicht per se vorhanden ist, sondern erst durch menschliche Aktivitäten geschaffen wird (Wintzer 2019, XVIII). Nach Franz und Beck (2007) dominieren drei Interpretationsvarianten: Zum einen stellt Sozialraum eine subjektive Kategorie dar, die sich aus der konkreten Lebenspraxis der Menschen ergibt. Sozialräume sind dort, wo soziale Netzwerke präsent sind, zuerst einmal unabhängig von bestimmten Orten. Zweitens beinhaltet der Sozialraum das konkrete Wohnumfeld eines Menschen. Er kann unterteilt werden in das sozialräumliche Zentrum (die Wohnung), den sozialen Nahraum (das Wohnquartier, die Gemeinde) und die sozialräumliche Peripherie, das sind Räume, in denen keine regelmäßigen Aktivitäten der Bewohner_innen stattfinden (Preis/Thiele 2002). Als dritte Variante wird Sozialraum auch als Verwaltungskategorie verwendet, z. B. zur Kennzeichnung von Bezirken oder Stadtteilen (Seifert 2009).

F. Kessl und C. Reutlinger betonen, Sozialräume sind »keine fixierten, absoluten Einheiten, die sozialen Prozessen vorausgehen, sondern sie stellen selbst das

Ergebnis sozialer Prozesse dar, d. h. sie sind ein ständig (re)produziertes Gewebe sozialer Praktiken. Sozialräume sind in diesem Sinne sinnvoll als ein heterogenzellulärer Verbund, als Gewebe zu beschreiben, da in ihnen heterogene historische Entwicklungen, kulturelle Prägungen, politische Entscheidungen und damit bestehende Macht- und Herrschaftsverhältnisse eingeschrieben sind« (Kessl/Reutlinger 2010: 253). Nach H. Thiersch ist der Sozialraum eine Dimension der Lebenswelt, die auch durch Sprache, Handlungen, Symbole gekennzeichnet ist.

P. Bourdieu untersucht den sozialen Raum unter dem Aspekt der Verteilung kulturellen und sozialen Kapitals. Für Bourdieu ist der Soziale Raum vor allem der abstrakte Raum der sozialen Hierarchisierung und erst in zweiter Linie der konkrete physische Raum. Im Sozialen Raum ordnen sich die Menschen je nach Ausstattung mit unterschiedlichen Kapitalsorten an; auf dieser Ebene bilden sich somit Ungleichheiten deutlich ab. Der Soziale Raum beeinflusst daher den physischen Raum und umgekehrt. Es macht deshalb einen Unterschied, ob Menschen in einem benachteiligten oder besser benachteiligenden Stadtteil aufgewachsen sind oder in einer vornehmen Villengegend. Außerdem spielt aus Sicht der Bewohner_innen die jeweilige Wahrnehmung eine Rolle (Foerster 1993). Der gleiche Sozialraum kann je nach Standort/Blickwinkel unterschiedlich gedeutet werden:

- als Erlebnisraum (Perspektive der dort aufwachsenden Kinder);
- als erfahrungsarmer Raum (Perspektive älterer Jugendlicher);
- als Funktionsraum (Perspektive berufstätiger Erwachsener);
- als Problemraum (Perspektive von Sozial-Expert_innen);
- als Schonraum (Perspektive älterer Menschen) (Schumann 2016: 3).

Die Auseinandersetzung mit dem Sozialraum ist daher insbesondere für die ungleichheitskritische Bedeutungsdimension von Diversität (▶ Kap. 2.2.4) wichtig, damit soziale Ungleichheiten besser wahrgenommen und ggf. abgebaut werden können.

Bezugnehmend auf die Entwicklungen der postmodernen Gesellschaft, soll in diesem Kapitel ein besonderes Augenmerk auf die Stadtgesellschaft geworfen werden, denn gerade Städte stellen Sozialräume dar, »wo Globalisierungs- und Diversifizierungsprozesse aufeinandertreffen, immer wieder neu kombiniert werden und sich zu lokalen Strukturen, Kulturen und Lebensentwürfen verdichten« (Yildiz 2011: 135). Auch historisch gesehen waren und sind urbane Räume gerade infolge von Migrationsbewegungen durch Diversität und Heterogenität gekennzeichnet. Ihre weltweite Öffnung bedeutet nicht eine Homogenisierung der Welt (McDonaldisierung), die zur Entstehung einer einheitlichen Kultur führt, sondern ermöglicht Neufindung, Perspektivenverschiebung und die Entstehung des sog. Dritten Raums (H. Bhabha). Neu entstandene kulturelle Formen können mit den Begriffen »Verflüssigung« und »Enträumlichung« (Appadurai 1998) beschrieben werden; Bezeichnungen, die eine starke Lockerung der Formate und große situative Flexibilität andeuten. Diese Öffnungsprozesse verweisen auf Enttraditionalisierungstendenzen ebenso wie auf die Möglichkeit zur Erfindung neuer Traditionen (Yildiz 2011: 140f.). Hieraus ergibt sich folgende Beschreibungsmöglichkeit der Lebenswirklichkeit in globalen Städten: »Die alltägliche Realität ist gekennzeichnet durch radikale Vielfalt, Mehrdeutigkeit, Heterotopien und Widersprüche. Die urbanen Kontexte, in denen sich die Einzelnen bewegen, handeln und leben, eröffnen in ihren Kombinationsmöglichkeiten überhaupt erst so etwas wie die Einzigartigkeit des Individuums« (ebd.: 143). Gerade hier können sowohl Herausforderungen als auch Chancen der Vielfalt spürbar werden. Von daher spielt eine Einbeziehung unserer Bedeutungsdimension Diversität als Chance oder Belastung (▶ Kap. 2.2.3) eine zentrale Rolle.

Um dabei gängige »problemzentrierte« Diskurslinien von »Brennpunktgebieten«, »segregierten Stadtteilen« oder gar »Parallelgesellschaften« zu überwinden, ist ein differenziertes und komplexes Verständnis von Diversität in Städten notwendig. Bukow (2011: 213f) schlägt folgende relevante Aspekte vor:

- Urbane Vielfalt sollte nicht nur als Ergebnis von Migrationsprozessen betrachtet werden; sie ist vielmehr ein Nebeneffekt von Mobilität in Folge von Globalisierung.
- Urbane Vielfalt ist als »Verbrauchsgut mit einer Halbwertszeit« zu betrachten, d. h., Vielfalt wird irgendwann einmal zur Gewohnheit; sie wird Alltag und fördert in dieser Funktion den gesellschaftlichen Wandel.
- Vielfalt trifft nicht alle Bewohner_innen gleichermaßen; sie ist insofern nicht »konstitutiv« für eine Stadtgesellschaft« (Bukow 2011: 214).
- »Vielfalt muss nach Ansicht des Autors nicht zwangsläufig vorteilhaft für die Beteiligten sein. »Die Globalisierung erzeugt im urbanen Raum eben auch massive Probleme, was die einen dazu verführt, auf die zunehmende Vielfalt mit nationalen Erzählungen (Feindbildern, Rassismus, Christentumzentrierung usw.) zu reagieren und die anderen dazu bringt, dem durch die Globalisierung im urbanen Raum erzeugten Ausgrenzungseffekten etwas Gutes abzugewinnen« (ebd.).

Vielfalt in Städten ist schon über einen längeren Zeitraum unter der Perspektive des sozialen Zusammenhalts untersucht worden, ohne jedoch konsequent zu eruieren, wie genau kulturelle, ethnische und soziale Vielfalt zur Stärkung des Gemeinwesens beitragen kann und wo andererseits ethnische Mischungen bestehende soziale Ungleichheiten in und zwischen Stadtteilen sogar noch weiter vertiefen können. Als Klassiker gelten in diesem Zusammenhang die Ergebnisse der Chicago School, die unter Federführung von Robert Parks bereits in der ersten Hälfte des 20. Jahrhunderts von einem »city mosaic« gesprochen haben, das die Vielfalt eines Stadtgebiets verkörpere. Häufig bestehe jedoch innerhalb eines ethnischen Mosaiks wenig Austausch der Bewohner_innen untereinander, so dass dieses in der Folgezeit auch unter dem Stichwort »Segregation« weiterdiskutiert worden ist.

> »Die zweite Idee Parks, der ›melting pot‹, wird heute oft fälschlicherweise als Assimilationspolitik interpretiert. Park geht jedoch nicht von einem Homogenisierungsprozess aus, sondern – unter Bezugnahme auf Durkheims organische Solidarität – von einer interaktiven Herstellung von Solidarität und Zusammenhalt im urbanen Raum. Diese inklusive Gesellschaft sei auch eine Antwort auf Simmels Überlegungen zu dem Fremden, der heute komme und morgen bleibe« (Salzbrunn 2014: 77).

Hier ergibt sich unter Bezugnahme auf den Zusammenhang zwischen Diversität und gesellschaftlichem Zusammenhalt die Überleitung zur abschließenden Ebene der Gesellschaft.

> **Lernaufgaben**
>
> Definieren Sie für sich ›Sozialraum‹.
> Stellen Sie positive Aspekte von Vielfalt in Stadtgesellschaften dar.

3.5 Die Ebene der Gesellschaft

Wichtig für eine Darstellung der gesellschaftlichen Ebene von Diversität und ihrer Bedeutung für die Soziale Arbeit erscheint ein Verweis auf den wissenschaftlichen Multikulturalismus-Diskurs im deutschsprachigen und angloamerikanischen Kontext. Neubert, Roth und Yildiz (2013: 19) machen hier drei wesentliche Lesarten aus:

- »Die ›Politik der Differenz‹ setzt am Anerkennungstheorem an und verlangt die Anerkennung ethnischer, sprachlicher und kultureller Differenz als Recht. Die soziale Welt wird als über ihre Differenzen konstruiert gesehen, so dass die Perspektive von einer Ausrichtung auf das Gemeinsame und Homogene auf das Andere und Heterogene gelenkt wird.
- Die Hegemoniekritik setzt an konkreten Unterdrückungs- und Diskriminierungserfahrungen an und wechselt die Blickrichtung vom Mehrheits- zum Minderheitendiskurs. Die bisher als marginal angesehenen kulturellen Minderheiten sollen auf diese Weise mehr Aufmerksamkeit und mehr Aufwertung erfahren gegenüber der Dominanzkultur.
- Der Ansatz am Transnationalismus verschiebt die Perspektive der Zuschreibung von Zugehörigkeit vom Nationalstaat auf die staatenübergreifende Herausbildung sozialer Netzwerke und Lebenswelten. Auf diese Weise bilden sich multiple Zugehörigkeiten heraus.«

Diese Perspektiven stellen jeweils für sich genommen einen verengten Blick auf die »soziale Grammatik urbanen Zusammenlebens im globalen Kontext« (Yildiz 2013: 55) dar. Unter Verweis auf Benhabib (1993) formuliert Yildiz ergänzend ein dreidimensionales Gesellschaftsmodell, das die Aspekte demokratische Gleichheit, kulturelle Vielfalt und politische Partizipation umfasst. Aus diesem Modell lassen sich verschiedene soziale, politische und kulturelle Demokratisierungsprozesse ableiten. »Wir leben in einer Gesellschaft, die aus systemischer Perspektive eine auf demokratische Gleichheit gerichtete egalitäre Gesellschaft, aus kultureller Perspektive eine multikulturelle bzw. transkulturelle Gesellschaft, aus dem politischen Blickwinkel eine Zivilgesellschaft und im globalen Kontext eine Weltgesellschaft sein will« (ebd. 56).

Hier stellt sich die Frage, wie Individuen in dieser funktional differenzierten (Welt-)Gesellschaft ›integriert‹ werden können, wie der gesellschaftliche Zusammenhalt bei zunehmender Heterogenität aufrechterhalten werden kann. Denn eine Gesellschaft, die durch eine zunehmende Pluralisierung der Lebensformen gekennzeichnet ist, kann nicht durch einen Wertekonsens normativ integriert werden. Das postmoderne Selbst ist geprägt durch zeitliche, räumliche und phasenmäßige Orientierungen und Mehrfachidentitäten. Postmoderne gesellschaftliche Wirklichkeit ist also nicht durch eine »Sinnkrise«, sondern durch »Sinnvielfalt« geprägt. Die postmoderne Gesellschaft gibt also zunehmend mehr Raum zur Entwicklung einer individuell passenden Identität. Dieses Verständnis einer Dislokation und Dezentrierung von Kultur in der Postmoderne veranlasst Bukow (2013: 140) zu folgenden interessanten Anmerkungen:

> »Auch die heute modische Frage, wie viel Differenz die Gesellschaft verträgt, setzt letztlich noch das alte Kulturverständnis voraus und muss heute anders gestellt werden. Selbst die bis zu Richard Sennett immer wieder erhobene Klage, die Gesellschaft sei nicht mehr gemeinschaftsfähig (Sennett 1998: 189), ist einfach falsch adressiert. Es ist nicht die Aufgabe der Gesellschaft, eine Gemeinschaft darzustellen, sondern die Bedingungen zu sichern, unter denen die Menschen in ihrem Milieu ihre kleinen Wir-Gruppen errichten können.«

Folglich muss die Frage nach dem Zusammenhalt der Gesellschaft unabhängig von der Frage nach der Kultur gestellt werden. Die Integration, besser Inklusion, der Gesellschaftsmitglieder wird nicht durch gemeinsame kulturelle Werte gesichert, sondern über die aktive Mitgliedschaft und Partizipation in unterschiedlichen Subsystemen wie z. B. durch Arbeit, Bildung oder Infrastruktur. Hier ist die Zivilgesellschaft gefordert, denn nur wenn eine möglichst umfassende Inklusion der Menschen gewährleistet ist, kann sich ihre Identität ausbilden und zwar in einer Komplexität, die über das Zugehörigkeitsgefühl zu einer bestimmten Gruppe hinausgeht und die moderne Gesellschaft insgesamt im Blickfeld hat.

Um eine Kulturalisierung gesellschaftlicher und sozialer Probleme zu vermeiden, müssen juristische, politische und ökonomische Argumentationslinien aufgegriffen werden. Z. Bauman (1995: 339) hat dieses Erfordernis bereits früh formuliert: »Die Postmoderne ist nicht das Ende der Politik, wie sie auch nicht das Ende der Geschichte ist. Ganz im Gegenteil, alles, was an dem postmodernen Versprechen attraktiv ist, ruft nach mehr Politik, nach mehr politischem Engagement, nach mehr politischer Effektivität individuellen und kommunalen Handelns«. Gerade in Bezug auf politisches Engagement zeigt sich, dass sich gesellschaftliche Vielfalt keineswegs in allen Bereichen der Gesellschaft widerspiegelt. So ist Deutschland bspw. »ein Entwicklungsland, wenn es um die Repräsentanz von Migrantinnen und Migranten in der kommunalen Demokratie geht. Nur etwas mehr als 4 % aller Ratsmitglieder in deutschen Großstädten haben einen Migrationshintergrund« (Schönwälder 2014: 99). Bei der Suche nach Ursachen für die geringe politische Beteiligung von Menschen mit Migrationsbiografie können unterschiedliche Faktoren gefunden werden: Neben fehlenden Deutschkenntnissen ist Migrant_innen oft das andere politische System fremd; sie verfügen über einen niedrigeren Status bezogen auf die Bildung oder den Beruf, machen Diskriminierungserfahrungen und haben zudem oft ein geringer ausgeprägtes Selbstwertgefühl. Aber auch die fehlende Offenheit der Mehrheitsbevölkerung sowie der politischen Organisationen spielen eine Rolle als Zugangshindernisse.

Diese Faktoren »sind zwar international verbreitet, aber dennoch keineswegs unvermeidbar: Es ist nicht zwingend der Fall, dass besonders stark diskriminierte Gruppen in geringerem Maß politisch präsent sind. Auch Menschen mit geringerer Bildung können natürlich in besonderem Maß politisch aktiv sein und herausgehobene politische Positionen einnehmen. Beteiligungshemmnisse sollten nicht im Sinne von Automatismen verstanden werden« (Schönwälder 2014: 101).

Zu Bedingungen, die dafür geeignet sind, die attestierten Beteiligungshemmnisse zu überwinden, gehört neben der hohen Motivation der Betroffenen und ihrer Mobilisierungsmöglichkeit als Gruppe vor allem eine Gesellschaft, die offen und wertschätzend gegenüber Vielfalt ist und in der es möglichst wenig Diskriminierungen, Ausgrenzungen und Rassismen gibt. Eine pluralistische Demokratie geht davon aus, dass Menschen zwar unterschiedliche Bedürfnisse, Wünsche und Lebensvorstellungen haben, aber alle Menschen gleichberechtigt sind. Der Katalog von Grundrechten soll dabei sicherstellen, dass auch Minderheiten eine Chance darauf haben, ihre Meinung zu Gehör zu bringen und mitzuentscheiden. Die sog. Freiheitsrechte im Bereich der Menschenrechte (Meinungs-, Presse-, Versammlungs-, Religions- und Weltanschauungsfreiheit) bilden die Grundlage für eine Wertschätzung gesellschaftlicher Vielfalt. Hinzukommen müssen allerdings die Gleichheitsrechte, mit denen der Staat bspw. Chancengerechtigkeit oder die gleiche Behandlung vor dem Gesetz gewährleisten möchte (Rafi 2014: 112f.).

Von besonderer Bedeutung für eine pluralistische und weltoffene Gesellschaft ist das im Jahr 2006 in der Bundesrepublik in Kraft getretene AGG mit dem Menschen im zivilrechtlichen Bereich vor unzulässiger Diskriminierung und Benachteiligung wegen »Rasse«, ethnischer Herkunft, Geschlecht, Religion, Behinderung, Alter und sexueller Identität geschützt werden sollen. Dieses nationale Gesetz geht auf vier europäische Richtlinien und auf die Tatsache zurück, dass menschliche Stereotypen, Vorurteile und Rassismen zu starken Beeinträchtigungen bei der individuellen Lebensführung beitragen können.

> »Das AGG versucht, einen Ausgleich zwischen der Privatautonomie des Einzelnen und dem Schutz vor Diskriminierung dadurch zu erreichen, dass es insbesondere auf Massengeschäfte und das Arbeitsrecht abzielt [...]. Da den meisten Menschen mittlerweile bekannt ist, nach welchen Kriterien nicht diskriminiert werden darf, ist es unwahrscheinlich, dass die Diskriminierung offen ausgesprochen wird. Ein Arbeitgeber wird daher keinen Bewerber mit der Begründung ablehnen, er könne z. B. Iraner nicht ausstehen. Vielmehr wird er behaupten, es gäbe andere geeignete Bewerber, die besser ins Profil der Firma passten« (Rafi 2014: 114f.).

Da es schwer ist, verdeckte Diskriminierung nachzuweisen, sieht das AGG zwei verfahrensmäßige Erleichterungen vor: Einerseits ist bereits mittelbare Diskriminierung verboten, andererseits gilt bei Hinweisen auf Diskriminierung eine Beweislastumkehr. Mittelbare Diskriminierung liegt bereits dann vor, wenn scheinbar neutrale Gründe zu einer Ungleichbehandlung führen – bspw. durch die

Forderung, dass eine Putzhilfe aktzentfreies Deutsch sprechen solle. Mit dem Konstrukt der Beweislastumkehr wird eingeräumt, dass Menschen, die sich diskriminiert fühlen, nicht die Diskriminierung selbst nachweisen müssen; es reicht aus, wenn entsprechende Indizien vorhanden sind. Bei Vorliegen dieser Indizien muss dann die vermeintlich diskriminierende Person nachweisen, dass keine Diskriminierung vorliegt (ebd.). Gleichzeitig wird das AGG oft als »zahnloser Tiger« bezeichnet, da es immer noch kein Klagerecht für Interessenverbände gibt, nur bestimmte Merkmale der Diskriminierung berücksichtigt werden (z. B. fehlt das »Soziale Milieu«) und insgesamt nur die oben genannten Situationen im Kontext des Berufslebens und bei Massengeschäften erfasst werden.

Angesichts dieser begrenzten Reichweite gesetzlicher Reglungen für notwendige gesellschaftliche Wandlungsprozesse in Richtung interkultureller und diversitätsorientierter Öffnung kommt den zivilgesellschaftlichen Akteur_innen ein besonderer Stellenwert zu.

> »Gesellschaftliche Solidarität gilt als das tragende Fundament demokratisch verfasster Staaten und stellt sich gleichzeitig als wesentliche zu realisierende Aufgabe. Dabei rekurrieren die Begriffe Gemeinsinn, Ehrenamt, Sozialkapital in erster Linie auf die soziale Dimension moderner Demokratien und haben für die Kohäsion einer Gesellschaft weitreichende Symbolkraft und Bedeutung« (Kistler/Schäfer-Walkmann 1999: 45, zitiert nach Ilgün-Birhimeoglu 2014: 373).

Viele Menschen engagieren sich in Deutschland in Vereinen, Selbsthilfegruppen, Initiativen und gemeinnützigen Projekten. Häufig wird jedoch in diesem Zusammenhang beklagt, dass mit den Engagementangeboten schwerpunktmäßig die einheimische gebildete Mittelschicht erreicht wird und bei der Einbeziehung anderer Zielgruppen noch ein erheblicher Nachholbedarf bestehe. Dies kann nur durch den Abbau von Zugangsbarrieren, bspw. für Menschen mit Migrationsbiografie, und eine systematisch betriebene Interkulturelle Öffnung bzw. MD erreicht werden.

Insgesamt liegen hinsichtlich der Wahrnehmung und Behandlung von Diversität in der Gesellschaft wie in der Politik sehr unterschiedlich Auffassungen vor. Diese ambivalenten gesellschaftlichen Tendenzen beschäftigen Autor_innen im gesamten europäischen Raum:

> »Einerseits würden neue hybride Wirklichkeiten geschaffen; andererseits werde die neue Vielfalt als Bedrohung betrachtet. Dies gelte insbesondere für Vertreterinnen und Vertreter gesellschaftlicher Institutionen, die noch dem Containerdenken verhaftet seien (ein Staat = eine Gesellschaft = eine Sprache = eine Kultur = eine Religion = eine Identität = eine Staatsangehörigkeit) und Vielfalt als ein temporär auftretendes, reversibles Phänomen ansähen« (Salzbrunn 2014: 73).

Gerade in diesem Kapitel wurde deutlich, wie wichtig oft die Vertreter_innen der Sozialen Arbeit eine reflexiv-analytische Auseinandersetzung mit der evaluativen (Chance oder Belastung, ▶ Kap. 2.2.3) und der normativ-regulierenden Dimension (▶ Kap. 2.2.2) von Diversität ist. Der Verweis auf den Aspekt »soziale Ungleichheit« und die Gesamtheit der Notwendigkeit gesellschaftlichen Zusammenhalts zeigt die Interdependenz der unterschiedlichen Bedeutungsebenen auf. »Eine Diversity-Orientierung muss [jedoch] von einem normativen Leitbild getragen werden, damit Ungleichheiten nicht perpetuiert oder sogar verschärft werden« (Klein 2013: 90). Hier geht es also um die konsequente Weiterentwicklung von DiM und Diversitäts-Mainstreaming in Richtung Diversitätspolitik. Für die Soziale Arbeit bedeutet diese eine konsequente Kombination theoretischer Grundlagen, wie sie durch den Verweis auf »Menschenrechtsarbeit«, »Soziale Teilhabe« und »Resonanzorientierte Soziale Arbeit« in Kapitel 1.1 gegeben wurden mit Bedeutungsdimensionen und Wirkungsebenen (▶ Kap. 1.1).

Davon ausgehend und die Komplexität des Phänomens »Diversität« berücksichtigend wird deutlich, dass es für einen professionellen Umgang mit Vielfalt elaborierte Umgangsweisen braucht, welche die jeweils relevanten Dimensionen und Ebenen in den Blick nehmen und sich mit deren Wirkungsweisen auseinandersetzen. Folgerichtig soll sich das abschließende Kapitel diesen Strategien und Praxen des Umgangs mit Diversität widmen.

Lernfragen

Wie können Bedingungen innerhalb unserer Gesellschaft hergestellt werden, damit Menschen sich zugehörig fühlen?
Welchen Beitrag kann die Soziale Arbeit hierzu leisten?

4 Anerkennende Strategien und Praxen des Umgangs mit Vielfalt

Überlegungen zum Umgang mit Diversität und Differenz bilden eine aktuelle, aber auch grundlegende Herausforderung für das professionelle Handeln im Kontext der Sozialen Berufe wie auch der Migrationsgesellschaft insgesamt. Es stellt sich daher die Frage nach fachlich fundierten und reflektierten Strategien des anerkennenden Umgangs mit Vielfalt sowie nach erfolgreichen und positiv evaluierten Konzepten der praktischen Umsetzung im Profit- wie im Non-Profit-Bereich. Im Folgenden sollen ausgewählte Herangehensweisen vorgestellt und diskutiert werden.

4.1 Beobachtung, Minimierung, Akzeptanz, Maximierung

»Für das Diversity-Dilemma ›Anerkennung oder Demontage von Ungleichheit bzw. Differenz‹ bietet Aschenbrenner-Wellmann [2009] ein differenziertes Modell des Umgangs mit Verschiedenheit an. Einem Vorschlag von Heiko Kleve folgend, plädiert sie für die gleichzeitige Umsetzung unterschiedlicher Strategien beim Umgang mit Differenz: Beobachtung, Minimierung, Akzeptanz, Maximierung (Kleve 2003)« (Walgenbach 2014: 119f.). Kleve (2003: 38ff.) beschreibt vier verschiedene Wege des Umgangs mit Differenz, die sich vor allem auf die sozialarbeiterische Interaktion beziehen, folgendermaßen:

Bei einer Fokussierung auf Beobachtung wird Differenz als bedeutende Unterschiedlichkeit begriffen; als Diskrepanz zwischen dem, wie das Leben sein soll und wie es tatsächlich ist. Erst die Beobachtung einer solchen Differenz führt dazu, dass auch ein Handlungsbedarf wahrgenommen wird, und sie bildet die Grundlage für weitere Entscheidungsprozesse. Dies impliziert das Vorherrschen einer bestimmten Norm, die als Maßstab für die jeweilige Lebensrealität dient. Das tatsächliche Leben wird somit als normabweichend bewertet. Bezugsgrößen sind hierbei rechtliche Normen, politische Diskurse, die Kommunikation in den Massenmedien und die gesellschaftliche Kommunikation allgemein.

Die Soziale Arbeit greift Themen dieser Kommunikation auf, die für problematisch befunden werden, und stellt Lösungen dafür in Aussicht, die »versprechen, die Differenz zwischen der faktischen Lebensrealität und der Lebensnorm zu minimieren. In dieser Hinsicht ist es zunächst plausibel, Soziale Arbeit als Strategie der Differenzminimierung zu verstehen« (Kleve 2003: 39).

Differenzminimierung »verweist vor allem auf den Bereich der sozialen Ungleichheit, die es in Richtung auf ein ›Recht auf Gleichheit‹ aufzuheben gilt« (Aschenbrenner-Wellmann 2009: 79).

Dies kann auf drei Arten erfolgen: Entweder wird versucht, die Lebensrealität an die Lebensnorm anzugleichen oder die Lebensnorm an die Lebensrealität anzupassen, oder aber Lebensnorm und Lebensrealität werden wechselseitig aufeinander bezogen und angenähert (Kleve 2003: 39). Bei der Angleichung der von der Norm abweichenden Lebensrealität sollen die verschiedenen Aspekte des Lebens eines Menschen so verändert werden, dass er oder sie dem Soll-Standard der Mehrheitsgesellschaft entspricht. Dies dient gleichzeitig der Festigung und Reproduktion der gesellschaftlichen Norm. Einerseits kann dies Menschen dabei unterstützen, »das, was gesellschaftlich als ein ›gelingendes Leben‹ gilt und was sie selbst auch erreichen wollen, zu erreichen bzw. diesem Ideal wenigstens etwas näher zu kommen; ihnen werden beispielsweise finanzielle, pädagogische, medizinische oder kulturelle Chancen erschlossen, ihnen wird die Teilnahme an Systemen der Gesellschaft ermöglicht, von denen sie bisher ausgeschlossen waren« (Kleve 2003: 40). Andererseits wird diese Vorgehensweise problematisch, wenn sich die Menschen nicht an die bestehenden Normen anpassen möchten oder können. Sie werden dadurch als ›unnormal‹ und abweichend stigmatisiert, während ein (idealer, eventuell sogar imaginärer) gesellschaftlicher Status quo aufrechterhalten wird.

Bei der zweiten Strategie der Differenzminimierung wird die faktische Lebensrealität eines jeden Menschen beibehalten, während gleichzeitig eine Veränderung der bestehenden Normen initiiert wird. Dies bringt eine kontinuierliche Infragestellung der gesellschaftlichen Idealvorstellungen mit sich mit dem Ziel, »Lebensweisen, die noch als normabweichend gelten, durch eine Veränderung der gesellschaftlichen Norm selbst zu normalisieren« (Kleve 2003: 41). Dabei wird vorausgesetzt, dass Normabweichungen als klar definierte Kategorien deutlich voneinander abzugrenzen sind. Da Diversität jedoch interdisziplinär betrachtet werden muss und Strukturkategorien wie Geschlecht, Alter, Ethnizität häufig keine klaren Grenzen aufweisen, kann diese Art der Differenzminimierung immer nur Teillösungen mit sich bringen, die sich auf bestimmte Aspekte einer Persönlichkeit beziehen, während der Mensch als Ganzes unbeachtet bleibt.

Die wechselseitige Angleichung von Lebensnorm und Lebensrealität kombiniert die oben genannten Strategien und beschreibt die Differenzminimierung als Aufeinander-Zugehen von Mensch und Sollvorstellung. Allen drei Formen der Differenzminimierung liegt jedoch die Vorstellung Idealnorm zugrunde, die sich von der Realität unterscheidet. Diese Unterschiede sollen verringert, bestenfalls beseitigt werden. Dabei stellt sich die Frage nach den genauen Inhalten, Ausprägungen und Merkmalen der Normen sowie nach den Entscheidungsbefugnissen bezüglich ihrer Relevanz.

Die Suche nach den grundlegenden gesellschaftlichen Werten und Normen in Deutschland erinnert an die im Jahre 2000 entstandene Debatte um den Begriff der »Deutschen Leitkultur«. Können bzw. wollen sich Menschen nicht an Normen anpassen oder sind keine einheitlichen Normen definiert, stößt die Strategie der Differenzminimierung an ihre Grenzen. Die Akzeptanz von Differenzen kann hier Abhilfe schaffen.

Die Strategie der Differenzakzeptanz legt den Fokus auf die Anerkennung bestehender Unterschiede und betont die positiven Aspekte und Potentiale derselben. So können bspw. durch die verschiedenen Deutungen, Wahrnehmungen, Perspektiven und Verständnisse von Personen eigene Denkweisen reflektiert sowie neue Denkweisen angeregt werden, die innovative Problemlösungen ermöglichen. »Durch diese Reibung des Eigenen an dem Fremden, der Selbst- an der Fremdwahrnehmung, des Ich an dem Du, ja mit dieser Grenzerfahrung wird erst Veränderung möglich« (Kleve 2003: 43). Gerade auch durch die bereits angesprochene Schwierigkeit, allgemeingültige Normen zu finden, da Lebensentwürfe und -vorstellungen in einer zunehmend vielfältigen Gesellschaft ebenfalls immer pluraler werden, ist die Akzeptanz von Differenz zu einem gewissen Grad unerlässlich. Das Denken in Kategorien wie »richtig« und »falsch« oder »wahr« und »unwahr« sollte aufgebrochen und der Weg frei gemacht werden für eine differenzakzeptierende Kommunikation, in der mehrere gegensätzliche Aussagen nebeneinander anerkannt werden können, ohne dass dadurch die Kommunikation negativ beeinflusst wird.

Differenzmaximierung als letzte der hier aufgelisteten Strategie kann immer dann eingesetzt werden, wenn die Fokussierung auf bzw. die Erzeugung von Unterschieden Voraussetzung für Veränderungsprozesse, für die Realisierung von neuen Informationen, Handlungs- und Denkweisen ist. Nachdem Menschen ihre Unterschiede im Denken und Handeln akzeptiert und wertgeschätzt haben, können auch veränderte Perspektiven eingenommen sowie Sachverhalte aus Sicht der anderen beobachtet werden. »Mit anderen Worten, die Eigenwahrnehmung kann so mit der Fremdwahrnehmung konfrontiert werden, was in der Regel Reflexionsprozesse, neue Verständnisse, veränderte Bewertungen, andere Sichtweisen, Aha-Erlebnisse, kurz: Differenzen und damit neue, brauchbare Informationen entstehen lässt« (Kleve 2003: 51). Für die Praxis der Sozialen Arbeit, d. h. für die Planung, Durchführung und Evaluation kund_innenorientierter Interventionen muss jeweils situations- und kontextspezifisch entschieden werden, welche der Differenzstrategien zur Anwendung kommen kann. Hierbei gilt es, die Auswirkungen auf die Ebenen Individuum, Gruppe, Organisation und Gesellschaft zu beachten.

Lernaufgabe

Nennen Sie zentrale Aspekte von ›Differenzbeobachtung‹, ›Differenzminimierung‹, ›Differenzakzeptanz‹ und ›Differenzmaximierung‹.

4.2 Ambivalenz-Kontrolle und Ambivalenz-Akzeptanz

Das Vorgehen der Sozialen Arbeit bewegt sich häufig im Dilemma zwischen Hilfe/Unterstützung und Kontrolle. Dieses sog. Doppelmandat spielt bei der Betrachtung der folgenden Strategie im Umgang mit Diversität eine zentrale Rolle. Wichtig ist zunächst eine Auseinandersetzung mit dem Ambivalenzbegriff.

In Anlehnung an Lüscher (1997: 106) kann zwischen Ambiguität als Vieldeutigkeit und Ambivalenz als nicht mehr auflösbar erscheinende polare Muster der Vieldeutigkeit unterschieden werden. »Ambiguität, Zweideutigkeit, schlägt in Ambivalenz, Zweiwertigkeit, um, wenn das individuelle Erleben und Handeln sich mittels ambiger Situationsbeschreibungen zu orientieren sucht. Ambiguität und Ambivalenz verunsichern und können Angst auslösen, Handeln blockieren oder befreien. Ambiguität und Ambivalenz wollen bewältigt werden. Dies kann durch Kontrolle oder Akzeptanz von Ambivalenz geschehen« (Junge 2000: 14). Je nach Leitidee von einer anzustrebenden Gesellschaft (Solidarität, Rückzug ins Private etc.) und Handlungsmotiv (Ambivalenzkontrolle oder Ambivalenzakzeptanz) ergeben sich nach Junge (2000: 244ff.) die nachfolgenden Ordnungsoptionen für Diversität:

- Die Ordnung der Solidarität entspricht dem Konzept der emanzipatorischen Politik und kann mit den Begriffen »justice«, »equality« und »participation« verknüpft werden. Gleichheit und Gerechtigkeit spielen in dieser Betrachtung eine herausragende Rolle.
- Die Ordnung der Freiheit verweist auf die Anerkennung der Unantastbarkeit menschlichen Lebens und dem Recht auf Selbstverwirklichung und Glück, die verknüpft werden mit einer Haltung des Respekts.
- Die Ordnung der Toleranz erfüllt – unter Verweis auf die Theorie kommunikativen Handelns von Jürgen Habermas – die Bedeutung idealer Diskurse mit bspw. einer symmetrischen Verteilung von Gesprächsanteilen in Interaktionssituationen.
- Die Ordnung der Verantwortung bezieht sich auf Zygmunt Baumans Ethik radikaler Alterität und verweist auf die Übernahme von Verantwortung für die Anderen und die Anerkennung der Andersheit.

Im Hinblick auf die Praxis der Sozialen Arbeit ist es für die professionell Tätigen wichtig, ihr Handeln in Einzelsituationen zunächst einem der Ordnungsmodelle (Solidarität, Freiheit ...) zuordnen zu können und somit die eigene Praxis im Sinne einer Theorie-Praxis-Verknüpfung reflektieren zu können. Wichtig erscheint im Hinblick auf eine handlungsorientierte Anwendung der Konzepte aber, dass die Übergänge zwischen den Ordnungen häufig fließend sind und vorgenommene Grenzziehungen als durchlässig betrachtet werden sollten. Als Umsetzungsbeispiel für die genannten Ordnungen der Ambivalenzbewältigung kann das deutsche Staatsangehörigkeitsrecht angeführt werden, wobei Einstaatigkeit (langjährige Position von CDU/CSU) als Ambivalenzkontrolle und Mehrstaatigkeit (ursprüngliche Position von Bündnis 90/Die Grünen) als Ambivalenzakzeptanz bezeichnet werden kann. Im Sinne einer Politik der Unterstützung von Ambivalenz plädiert Junge (2000: 272) für eine Parallelität mehrerer Staatsbürgerschaften oder für Mehrstaatlichkeit. Denkbar wären demnach bspw. die Trennung von Staatsbürgerschaft und nationaler Zugehörigkeit, das Konzept einer aktiven und passiven Staatsbürgerschaft oder die Weiterentwicklung der Europäischen Union in Richtung einer europäischen Staatsbürgerschaft. Aufgabe des Staates ist es hierbei, förderliche Rahmenbedingungen für das Leben von Unterschieden zu schaffen. Angesichts der gegenwärtigen politischen Lage Europas, die sich zunehmend national egoistisch darstellt, erscheint es jedoch fraglich, inwieweit diese Überlegungen aktuell umsetzbar sind; drängen doch einige Länder innerhalb der EU längst auf das Wiedereinführen innereuropäischer Grenzkontrollen und lehnen gesamteuropäische Lösungen im Kontext von Migration und Flucht ab.

Ein weiteres Beispiel für praktische Folgerungen aus einer Politik der Ambivalenz stellt die aktuelle Diskussion um Menschenrechte dar, die sich häufig um den Universalitätsanspruch der westlich inspirierten Idee der Menschenrechte und Menschenwürde rankt. Nach Junge (2000: 274) bestünde die Aufgabe einer Politik der Ambivalenz »vordringlich in der Anerkennung der Diffusität und Vieldeutigkeit der mit der Leitidee der Menschenrechte gegebenen Vorstellungen«. Für die Soziale Arbeit jedoch, die sich in Anlehnung an Silvia Staub-Bernasconi (2006) als Menschenrechtsprofession bezeichnet, ergibt sich zu der Frage der Abwägung des Mandats zwischen Ambivalenzkontrolle oder Akzeptanz und Unterstützung eine »Lösung« im Sinne des sog. Tripel-Mandats, das Menschenrechte und Menschenwürde als »Leitplanken« für Entscheidungsschwierigkeiten im Kontext von Kontrolle oder Akzeptanz konstruiert und für die Praxis anwendbar macht. Dann stellt sich für uns die Frage, ob Menschenrechte tatsächlich zur diskursiven Disposition gestellt werden können, auf deren Grundlage sich ein Dialog über das Kennenlernen und Anerkennen von Ambivalenzen ergeben kann, oder ob diese nicht doch normative Grundorientierungen darstellen, innerhalb derer sich Lesarten, Vermutungen und Zumutungen der Diversität abbilden lassen.

Lernfrage

In welchen Praxissituationen kommen Ambivalenz-Kontrolle bzw. Ambivalenz-Akzeptanz zum Einsatz? Begründen Sie Ihre Entscheidung.

4.3 Dekonstruktive Perspektiven

In den Sozialwissenschaften spielt von jeher der Ansatz des Konstruktivismus eine große Rolle. Es gibt nicht die Wirklichkeit an sich, aber wir schaffen uns ständig neue Wirklichkeiten in Form unserer eigenen Landkarte der Welt. M. Plößner (2010) geht von der normativen Kraft dieser Konstruktionen aus und von ihrer Macht, durch ständige Wiederholung Differenz sozial zu produzieren.

> »Performative Ansätze verstehen Differenzen als sprachlich (und damit immer auch als sozial) erzeugt. Ihre subjekt-konstruierende Kraft erhalten diese Differenzierungen dadurch, dass in diesen auf durch vorgängige Wiederholung erzeugte soziale Normen Bezug genommen wird, die in einer ausschließenden Logik organisiert sind. Dadurch, dass die Herstellung von Differenz durch Wiederholung sozialer Normen und Ausschlüsse gekennzeichnet ist, muss die performative Erzeugung von Differenz als machtvoller Prozess verstanden werden, insofern hier Identitäten entlang gängiger Normen produziert und hierarchische und eindeutige Positionierungen vorgenommen werden« (Plößner 2010: 222).

Auch bspw. eine unreflektierte Soziale Arbeit erfüllt durch ihre performative Praxis diese Normierungsmacht und wirkt für ihre Zielgruppen exkludierend.

Ausgehend von dieser exkludierenden Macht der Differenzierung, ist der Übergang zur Diskriminierung fließend. So erklärt Fleischer (2016: 07-4), dass auch bei der Entstehung von Diskriminierung Unterschiede zwischen den Menschen bewertet werden, die im Anschluss daran in eine Rangordnung gebracht werden. »Diese Bewertung geschieht in einem Prozess der sozialen Konstruktion, indem z. B. zunächst Hautfarbe als Differenzmerkmal etabliert wird und dann die ›weiße‹ als höherwertig eingeschätzt wird als die ›schwarze‹ Hautfarbe« (ebd.). Kommt zu diesem Prozess eine entsprechende Machtbasis hinzu, können die bewerteten Unterschiede Diskriminierungen zur Folge haben, wodurch folgendes Diskriminierungsmodell entsteht (Schmidt 2009: 82; ▶ Abb. 4).

Um die dargelegte Ausgrenzungs- und Zuschreibungspraxis zu überwinden, plädiert bspw. Plößer (2010) für das Konzept der Dekonstruktion, das auf den französischen Philosophen J. Derrida (1974) zurückgeht. Dieser schlägt ein kritisches »Wi(e)derlesen von Texten, Diskursen und Praxen« vor, mit der Zielsetzung, die implizierten und erzeugten Normen und Exkludierungsmechanismen sichtbar zu machen und in Frage zu stellen. »Dekonstruktive Ansätze zielen also darauf ab, die impliziten Normen offen zu legen und Bezüge auf Differenzen und ihre machtvollen Effekte, ihre Ausschlüsse und Homogenisierungen (Mecheril/Plößer 2009). Dekonstruktive Strategien nehmen somit genauso wie anerkennungsorientierte Umgangsweisen eine kritische Perspektive auf Differenz ein« (Plößer 2010: 228).

Bei dieser Umgangsstrategie mit Vielfalt geht es außerdem darum, die vielfältige Verwobenheit, die Fluidität und Hybridität der Diversitätskategorien aufzuzeigen und auf Phänomene der Mehrfachzugehörigkeit, des Grenzgänger_innentums und der Transkontextualität hinzuweisen (Mecheril 2004). Durch diese Betrachtungsweise werden Zuschreibungen anhand konstruktiver Merkmale schwieriger und vorgenommene Benachteiligungen hinterfragbar. Wichtige re-

4 Anerkennende Strategien und Praxen des Umgangs mit Vielfalt

> **1. Differenzierung**
> (Vorurteile, Stereotypen, Werte, Normen...)

> **2. Macht**
> (Privilegien, Fähigkeiten, Ressourcen)
> Situative Macht und gesellschaftliche Position

> **3. Diskriminierung**
> (interaktionelle, institutionelle, strukturelle, ideologische Ebene)

Abb. 4: Zum Zusammenhang zwischen Vorurteilen und Diskriminierung (eigene Darstellung)

flexive Überlegungen, die im Zusammenhang mit der Macht von Konstruktionsprozessen und damit einhergehenden Diskriminierungen von Sozialarbeitenden angestellt werden sollen, sind:

- Welche Normen mit welchen dahinterstehenden Differenzordnungen werden durch die (ständige) Bezugnahme auf Vielfalt und Unterschiedlichkeit bestätigt und reproduziert?
- Inwieweit tragen die hergestellten Ordnungen dazu bei, »Problemlagen« und Benachteiligungen oder Diskriminierungen bei Einzelnen und gesellschaftlichen Gruppen hervorzurufen oder zu unterstützen?
- Wie können die von Anderen und uns Selbst hervorgebrachten Betrachtungsweisen von Vielfalt weniger begrenzend weiterentwickelt oder gar überwunden werden?

Daraus wird hier in Anlehnung an Fegter, Geipel und Horstbrink (2010) versucht, aus der Strategie der Dekonstruktion auf eine ethische Haltung, die eine andere, erweiterte Sicht auf Diversität ermöglichen würde, abzuleiten.

> »Die Konzepte eines ethischen Haltungsbegriffs und der Dekonstruktion gehen keine einfache Verbindung ein. Den Haltungsbegriff [...] kennzeichnet beispielsweise ein Moment von Identifikation sowie von Kohärenz und Kontinuität: Identifikation insofern sich Haltung im aristotelischen Sinne durch eine bewusste Entscheidung für und Einsicht in das sittlich Gute kennzeichnet, das durch wiederholte Praxis verinnerlicht und in konkreten Handlungen kohärent realisiert wird. Diese Kohärenz und Kontinuität wiederum implizieren, dass die Handlungen einer Person im zeitlichen Verlauf und kontextunabhängig derselben ethischen Ausrichtung (des Maßvollen) folgen« (ebd.: 238).

Gerade die Vorstellungen von der Kohärenz und Kontinuität der Handlungen stehen in einem Spannungsverhältnis mit den Anforderungen, die an ein Konzept der Dekonstruktion gestellt werden, das mit Ambivalenzen und Widersprüchen und der Hinterfragung von Sicherheiten und Wahrheiten in Form der Differenzkategorien arbeitet. Eine mögliche ethische Haltung für Sozialarbeitende könnte sich an den Allgemeinen Menschenrechten und ihrer Umsetzung ausrichten. Wichtig ist in diesem Zusammenhang der Verweis auf die im Kapitel 3 genannten Wirkungsebenen von Diversität wie z. B. Individuum, Gesellschaft oder Organisation (▶ Kap. 3).

Fegter, Geipel und Horstbrink (2010) schlagen im Hinblick auf die dekonstruktive Haltung für den Umgang mit Diversität folgende Strategie vor:

- Bezogen auf die Adressat_innen und Zielgruppen der Verständigungsarbeit, soll mit Offenheit gegenüber heterogenen und widersprüchlichen Selbstentwürfen agiert werden.
- Bezogen auf die institutionellen Strukturen sollen die durch dominante Strukturen verdeckten Erfahrungen und Verletzungen aufgedeckt und bspw. in Empowerment-Räumen für Minderheiten thematisiert werden.
- Bezogen auf die konzeptionelle Gestaltung von Angeboten sollen Räume der Artikulation und des Experimentierens geschaffen werden, in denen Verdeckungen und Ausblendungen aufgegriffen werden.
- Bezogen auf die eigene Position der Handelnden »drückt sich für uns eine dekonstruktive Haltung in dem Eingeständnis begrenzten Wissens, von Nicht-Wissen und Nicht-Erkennbarkeit aus. […] Entsprechend sehen wir eine dekonstruktive Haltung auch darin zum Ausdruck kommen, einen ›gelassenen‹ Umgang mit Unsicherheiten, Nicht-Wissen und Nicht-Erkennbarkeit zu finden und diese Aspekte genau nicht als eigenes Defizit zu deuten, sondern […] als Charakteristikum von Sozialität zu begreifen« (ebd.: 243).

Aus dieser Haltung lassen sich unterschiedliche reflexive Betrachtungsstrategien des Umgangs mit Diversität in der Praxis der Sozialen Arbeit ableiten. Wichtige Fragestellungen sind dabei bspw.:

- Welche Diversitätskategorien finden in unserer Organisation besondere Aufmerksamkeit und warum bleiben andere Dimensionen unbeachtet? Welche unsichtbaren Normen stehen hinter dieser Vorgehensweise?
- Welche Vorannahmen stehen hinter unseren Handlungskonzepten? Welche Methoden werden standardmäßig angewandt, welche ausgeblendet?
- Welche Positionen nehmen wir selber in der gesellschaftlichen Machtstruktur ein? Inwieweit tragen wir durch unser eigenes Handeln zur Stabilisierung vorherrschender Positionen bei? Welche blinden Flecken kennzeichnen unser Handeln, und welche Normativitäten und Vorannahmen liegen unserem Handeln zugrunde?

Lernfrage

Wie entsteht Diskriminierung? Stellen Sie die zentralen Aspekte einer dekonstruktiven Haltung dar.

4.4 Die Bedeutung der ungleichheits- und struktursensiblen Haltung im Anerkennungsdiskurs

Vielfalt, Verschiedenheit, Unterschiedlichkeit, Differenz, Diversität und Heterogenität – es bestehen eine ganze Reihe ähnlicher Bezeichnungen, die die Debatten um Strategien und Mechanismen eines angemessenen Umgangs mit Vielfalt und Differenzkonstruktionen bestimmen. »Diese Begriffe verweisen auf vor allem feministisch, queertheoretisch und postkolonial induzierte Auseinandersetzungen mit ökonomistischen Engführungen klassenstruktureller Perspektiven und die entsprechende Ausweitung von Ungleichheitsanalysen auf Kategorien wie Geschlecht, ›Rasse‹, Ethnizität, ›Weiß-Sein‹, Körper, Nationalität, Sexualität« (Heite 2010: 187). Vor dem Hintergrund der oben ausgeführten dekonstruktivistischen Perspektiven hat sich die Auseinandersetzung mit der Vielfalts- und Ungleichheitsthematik dahingehend weiterentwickelt, dass die oben genannten Dimensionen und Kategorien nicht mehr als naturgegebene Zuordnungen betrachtet werden, sondern als gesellschaftlich konstruierte Ordnungssysteme. Hier kommen wir zu einem sehr grundlegenden Dilemma der aktuellen Diversitätsdiskurse: Wann sprechen wir von abzuschaffender Ungleichheit im Sinne von struktureller Benachteiligung und Diskriminierung, die es zu überwinden gilt, und wann handelt es sich um anerkennungswerte Vielfalt und Differenz, die es wertzuschätzen und zu fördern gilt? »Angemessen ist weder die differenzblinde Thematisierung ökonomischer Ungleichheit noch die ungleichheitsblinde Idealisierung kulturalisierter Differenz. ›Jenseits von Kulturalismus und Ökonomismus‹ (Fraser 2003: 72) stellt sich stattdessen die Aufgabe, beide Aspekte ungleichheitsanalytisch zusammenzudenken und Differenzanerkennung mit der Abschaffung von Ungleichheit zu assoziieren« (Heite 2010: 189).

Auszugehen ist dabei von einer Vielfalt unterschiedlicher Lebensentwürfe und Sichtweisen auf die Welt; nicht Homogenität, sondern Diversität und Heterogenität ist gesellschaftliche Realität. Insofern ist es empirisch falsch und politisch gefährlich, diese Wirklichkeit auszublenden. »Personen und Personengruppen haben unterschiedliche Vorstellungen vom guten Leben und verwirklichen diese. Dementsprechend bestehen heterogene Formen der Lebensführung sowie differente Bedürfnisse und Wünsche« (Heite 2010: 189).

Eine empfehlenswerte Strategie im Umgang mit Diversität im sozialen Kontext ist es daher, eine ungleichheits- und struktursensible Haltung einzunehmen und einen besonderen Fokus auf mit Differenz einhergehenden Benachteiligungen zu legen.

> »Differenzen können und müssen analytisch damit weniger als anerkennenswerte Qualitäten an sich, sondern zutreffender als machtvolle Zuschreibungspraxen und Benachteiligungsmuster ungleichheits(re)produzierender Strukturen betrachtet werden. Kategorien der Differenz, wie etwa Geschlecht oder Ethnizität, liegen also nicht naturhaft oder kulturell essentiell und damit quasi-naturhaft vor. Sie sind vielmehr das Ergebnis entsprechender Praxen der Differenzierung, wie der Vergeschlechtlichung oder der Ethnisierung« (Heite 2010: 190).

Es geht also nicht um eine unreflektierte Anerkennung von Andersheiten und Differenzen, sondern um eine Anerkennung von Personen und Gruppen im Sinne von N. Frasers (2000: 120) »non-identitarian politics of recognition«, d. h. um einen nicht-festlegenden, nicht-zu-schreibenden Umgang mit Unterschieden. Durch das Konzept der partizipatorischen Parität (Fraser 2003: 45ff., zitiert nach Heite 2010: 191f.) sollen diese nicht-festschreibenden Umgangsstrategien durch entsprechende gleichberechtigte Teilnahme- und Teilhabemöglichkeiten realisiert werden. Dies soll über den gezielten Abbau von Ausschluss- und Benachteiligungssituationen ermöglicht werden. »Die politische Aufgabe besteht damit darin, das ›Anders-Sein‹ subjektiver und kollektiver Akteure anzuerkennen, so dass je spezifische, zueinander auch widersprüchliche Entwürfe von Seins- und Denkweisen lebbar sind bzw. lebbar gemacht werden« (Heite 2010: 192). Ein Beispiel für das hier beschriebene Dilemma stellt der Umgang mit und die Positionierung in der sog. »Kopftuchdebatte« dar. Ist das Tragen von Kopfbedeckung bei muslimischen Frauen anerkennenswert im Sinne der Selbstbestimmung, der Ausübung von Religionsfreiheit oder Ausdruck der Unterdrückung von Frauen? Wie steht es mit dem Kopftuchverbot an Schulen im Sinn der Manifestation von Ungleichheit muslimischer Mädchen? Hier müssen unterschiedliche argumentative, ethische Positionen situations- und personenspezifisch abgewogen und Interventionen in ihrer Wirkung auf Person, Gruppe, Organisation, Sozialraum und Gemeinwesen betrachtet werden.

> **Lernfrage**
>
> Wie gehen Sie in der Praxis mit dem Diversitätsdilemma »Anerkennung von Unterschiedlichkeit bei gleichzeitiger Abschaffung von Ungleichheit« um?

4.5 Kritisch-reflexive Haltungen als Voraussetzung für erfolgreiche Praxen

Die gegenwärtige Debatte um Zuwanderung und die Begrenzung von Asyl ist nicht ohne Bezugnahme auf historische Ereignisse analysierbar. Der Zweite Weltkrieg und seine Folgen, die Kolonialisierung der Welt, zunächst ausgehend von Europa, sollten einfließen in Überlegungen zum Umgang mit gesellschaftlicher Diversität in Theorie und Praxis. Eine Möglichkeit hierfür bieten postkoloniale Ansätze, die Folgen von der Kolonialisierung und Dekolonialisierung bspw. mit der Entstehung sozialer (Unabhängigkeits-)Bewegungen oder mit dem Eintreten für die Rechte von sog. Minderheiten wie Homosexuellen in Einklang zu bringen versuchen.«

> All dies bestimmte die Entwicklung hin zu Diversity-Politiken, die klarlegen, wie wichtig es ist, Minderheitenrechte zu schützen. In einer kritischen Variante kann Diversität insoweit durchaus als utopiegeleitete Politik verstanden werden, die vom ethischen Gedanken der Anerkennung und Gleichheit bestimmt wird. Jedem und jeder sollen demnach dieselben Rechte zustehen und jedem und jeder sollen dieselben Möglichkeiten zur Selbstverwirklichung und für ein gutes Leben zur Verfügung stehen. Weitergehendes Ziel ist die Demokratisierung der Gesellschaft, da diese ohne Achtung der Anderen nicht denkbar ist« (do Mar Castro Varela 2010: 251).

Der Versuch ein gutes, glückliches Leben zu beschreiben, endet häufig in normativen Modellen, entwickelt bspw. von M. Nussbaum um 1998, die davon ausgeht, dass es Aufgabe des Staates ist, jedem und jeder zu ermöglichen, seine/ihre potenziellen Fähigkeiten zu entfalten. In der postkolonialen Diskurslinie haben Forderungen nach politischen und sozialen Veränderungen eindeutig den Vorrang gegenüber (kostengünstiger) Symbolpolitik. Es sollen Rekolonialisierungsprozesse in Gang gesetzt und aktuelle Formen von Ausbeutungsprozessen ins Visier genommen werden. Grundlegendes Ziel dahinter ist es, ausgehend von kolonialen Diskursen gegenwärtige Widerstandsmöglichkeiten herauszuarbeiten. Oft wird dabei von der Vorstellung einer verflochtenen Moderne ausgegangen, die nicht nur Europa und den Westen zum Ausgangspunkt jeglicher Geschichtsschreibung und Gegenwartsbetrachtung macht. Diese Sichtweise stellt bspw. in Bezug auf die aktuelle Flüchtlingsmigration nach Europa eine gelungene Erklärungskonstellation für die gesellschaftliche und politische Diskussion dar.

> »Koloniale Diskursanalysen können aufzeigen, wie das Normale und auch die Vorstellung des guten Lebens mit der kolonialen Beherrschung untrennbar verklammert sind. So hat etwa Edward Said (1978) in seinem Klassiker ›Orientalism‹ mit Hilfe der Foucaultschen Diskursanalyse nachzeichnen können, dass und wie der koloniale Diskurs die kolonisierten und kolonisierenden Subjekte gleichermaßen herstellte. Die selbsternannten Orientexperten, die vorgaben, den Orient zu kennen, waren es unter anderem, die diesen diskursiv hervorbrachten« (de Mar Castro Varela 2010: 255).

Das von Said formulierte Konzept des Fremdmachens (Othering) beschreibt einen Prozess, bei dem die eigene Identität durch die Unterschiedlichkeit zu einem konstruierten Anderen hergestellt wird. Dadurch kann im Sinne des Kolonialismus ein eindeutiges »Wir« in Abgrenzung zum »Anderen« hergestellt werden. Europa wird so der Rest der Welt gegenübergestellt. In ähnlicher Weise argumentiert H. Bhabha (1994), der die Subjektkonstruktion in Abgrenzung mit Anderen verortet und damit dem Selbst eine immanente Ambivalenz zuschreibt.

Wie passen nun kritische Diversitätsdiskurse und postkoloniale Theorie-Ansätze zusammen? »Das Selbst ist ohne das Andere nicht denkbar, weswegen es dilemmatisch bleibt, Diversity als Raum des Anderen zu zelebrieren, ohne die Prozesse des Othering selbst in Augenschein zu nehmen. Beim Versuch allerdings, Othering sichtbar und begreifbar zu machen, ist die kritische Stimme selber der Gefahr ausgesetzt, Othering zu reproduzieren« (do Mar Castro Varela 2010: 258). Wenn wir Diversitäts-Strategien also unter die postkoloniale Lupe nehmen, verkompliziert sich zwar das Anliegen, zügig und effektiv handlungsfähig im Alltag der Sozialen Arbeit zu sein. Allerdings können wir dann aber innerhalb eines Modells agieren, das nicht nur Machtungleichheiten thematisiert und festgefahrene Strukturen erschüttert, sondern auch politisch-utopische Strategien ermöglicht. Hierbei muss Utopie als noch nicht zu erreichender Ort gesehen werden, der es aber möglich macht, das Unmögliche zu formulieren. Es geht also vor allem um ein Mehr an Gerechtigkeit, das weltweit realisiert werden sollte. »Die Artikulation eines politisch-utopischen Diversity-Ansatzes bedarf insofern eines historischen Denkens und Erinnerns, ebenso wie der Möglichkeit nicht dominante Zukünfte zu denken, in denen Minorisierte keine mehr sind« (ebd.: 260). Nur durch eine gezielte Beschäftigung mit der eigenen Vergangenheit kann also Gegenwart und Zukunft im Sinne der Wertschätzung von Vielfalt gestaltet werden.

Gerade also im Hinblick auf vergangene Menschenrechtsverletzungen und Ausgrenzungen von konstruierten Anderen, wie im Zeitalter des Kolonialismus oder bei den Genoziden im Dritten Reich, Jugoslawien oder Ruanda, spielt das historische Denken und Erinnern eine besondere Rolle und sollte derzeitigen wie zukünftigen Diskriminierungen vorbeugen helfen. Hierbei könnte eine Erinnerungskultur implementiert werden, die nicht nur – wie das oft in Bezug auf die Verbrechen im Dritten Reich geschieht – einem Gedenken dient, sondern auch diversitätsorientierte Ansätze berücksichtigt. So würde nicht nur dem Antisemitismus, sondern bspw. auch der in Deutschland zunehmenden Islamfeindlichkeit der Nährboden entzogen werden. Gerade angesichts der deutschen Geschichte darf keine Religionsgemeinschaft oder andere in irgendeiner Form von der Mehrheitsgesellschaft unterscheidbare Gruppierung gesellschaftlich legitimiert und salonfähig diskriminiert werden – auch nicht unter dem Deckmantel eines »Das wird man doch mal sagen dürfen«, wie das bspw. bei Pegida – den »Patriotischen Europäern gegen die Islamisierung des Abendlandes« – und ähnlichen Zusammenschlüssen der Fall ist.

> **Lernfrage**
>
> Was können wir mit Hilfe des postkolonialischen Ansatzes für gegenwärtige rechtsradikale und ausländerfeindliche Tendenzen in Deutschland lernen?

Abschließen werden wir dieses Kapitel mit einem an Tagesaktualität nicht zu überbietendem Zitat von Theodor Adorno aus dem Jahr 1967: »Und die faschistischen Bewegungen könnte man in diesem Sinne als die Wundmale, als die Narben der Demokratie bezeichnen, die ihrem eigenen Begriff eben doch bis heute noch nicht voll gerecht wird.« (2019: 18).

5 Grenzen der Vielfalt – Die Funktionsweisen von Ausgrenzungsmechanismen und Soziale Arbeit als Grenzgängerin

Grenzen können zunächst als Trennungslinien zwischen unterscheidbaren Territorien betrachtet werden und sind in diesem Zusammenhang angesichts ihrer Wirkungskräfte häufig als absolut zu betrachten. In einer anderen Leseart gehen Kessel und Maurer (2010: 158f.) davon aus, dass Grenzen erst in sozialen Interaktionen entstehen und insofern relationale Gebilde darstellen. Dies hat G. Simmel bereits Anfang des 20. Jahrhundert festgestellt. Für ihn stellen Grenzen »eine ganz eigenartige Wechselwirkung [dar]. Jedes der beiden Elemente wirkt auf das andere, indem es ihm die Grenzen setzt, aber der Inhalt des Wirkens ist eben die Bestimmung über diese Grenzen hin, also doch auf den anderen, überhaupt nicht wirken zu wollen oder zu können« (Simmel 1995: 228, zitiert nach Kessel/Maurer 2010: 158). Eine Grenze stellt in diesem Sinne nicht einfach eine räumliche Tatsache dar, sondern ist eine soziale Erscheinung, die sich räumlich ausformt. Grenzen sind in diesem Sinne als Ausdruck sozialer Macht- und Herrschaftsverhältnisse zu verstehen, die sich in sozialen Praktiken oder den Praktiken der Grenzsicherungsinstitutionen produzieren oder reproduzieren. Wo liegen derzeit die Grenzen gesellschaftlich akzeptierter Vielfalt, und welche Mechanismen wirken grenzsichernd und ausgrenzend?

Um notwendige Verstehens- und Verständigungsprozesse erreichen und eine Haltung der Wertschätzung von Vielfalt entwickeln zu können, ist eine Auseinandersetzung mit ausgrenzenden Mechanismen der Wahrnehmung notwendig, die mit den Begriffen Stereotypen, Vorurteile und Diskriminierungen beschrieben werden können. Generell findet menschliche Wahrnehmung durch Kategorisierung, durch das Erkennen und Zuordnen gemeinsamer Bedeutungen, statt.

> »Kategorisierung beinhaltet eine Art Bestandsaufnahme oder Zuordnung von Gegenständen, der natürlichen Umgebung und der sozialen Welt, durch die wir uns in der Welt orientieren und auf die wir uns mit anderen in einer gemeinsamen Sprache beziehen. [...] Wie wir uns zugehörig fühlen, Wir-Gruppen bilden und andere als nicht zugehörig betrachten oder sogar ausschließen, beinhaltet und mobilisiert (starke) Emotionen. Denn Ordnungskategorien funktionieren in vielen Fällen binär« (Bernstein/Inowlock 2015: 15f.).

Dem Soziologen und Philosophen Zygmunt Bauman zufolge ist das Streben nach Eindeutigkeit angesichts der Unübersichtlichkeit der Welt ein fundamentales menschliches Bedürfnis: ein Bedürfnis nach überschaubaren Ordnungs- bzw. Klassifikationskriterien (Bauman 2005: 11f. und 20). Für Bauman ist Kultur der Ausdruck eines sprachlichen, Ordnung schaffenden Codes, mit Hilfe dessen zwischen Freund und Feind unterschieden werden kann. »Das Streben nach Klarheit und Ordnung innerhalb eines ungeordneten Daseins wäre demnach einerseits ein wesentliches Charakteristikum des menschlichen Seins und andererseits ein primäres Projekt des Sozialstaates der Moderne« (vgl. Çakir 2014: 48f.).

In der vormodernen Gesellschaft waren die Menschen von Geburt an hierarchisch geordneten Ständen und Schichten zugehörig; der soziale Status wurde zugewiesen. Mit der Aufhebung der Standesunterschiede in der Moderne konnten die Menschen in den modernen Sozial- und Gesellschaftssystemen keinen angestammten Platz mehr vorfinden: Sie müssen sich selbst orientieren und positionieren. Somit bilden sich imaginäre Gemeinschaften, die sich durch selbstdefinierte Zugehörigkeiten wie bspw. die Staatsbürgerschaft, bestimmte kulturelle Werte oder ein bestimmtes Aussehen identifizieren und so zwischen Zugehörigen und Nicht-Zugehörigen unterscheiden. Menschen, die sich aus verschiedensten Gründen diesen Gruppierungen nicht (eindeutig) zuordnen lassen, lösen Angst und Unsicherheit aus; sie gelten *per se* als ›Störung‹. D. h., entweder wird jemand ausgeschlossen oder gilt als zugehörig, ist weiblich oder männlich, Mensch mit oder ohne Migrationshintergrund. Unser Wissen über die Welt wird in Sozialisations- und Enkulturationsprozessen angeeignet und steht uns dann als relativ stabiles Alltagswissen und als Handlungsorientierung zur Verfügung. Die Kategorien, die wir bilden, erscheinen in diesem Zusammenhang als ›natürlich‹ und als unhinterfragt ›üblich‹.

Menschen, die nicht den üblichen Kategorisierungen entsprechen, werden zu »Andersartigen«, zu »Fremden« gemacht. S. Hall (1994: 9) hat diesen Prozess als »Othering« bezeichnet: eine Art der Differenzzuweisung und häufig auch Unterordnung von Personen oder Gruppen, die durch Kulturalisierung oder Ethnisierung erfolgt. Häufig sind Kategorisierungen mit der Zuweisung eines gesellschaftlichen Status verbunden und haben damit mit Macht- und Herrschaftsprozessen zu tun. »Mit dem Stereotyp AusländerInnen ist die Zuweisung von Nicht-Zugehörigkeit zu einer eigenen national imaginierten Wir-Gruppe verbunden, die Unterscheidung wird noch markiert durch den Ausnahmecharakter höherer Bildung für die behauptete Gruppe der AusländerInnen. Ein Gruppen-Stereotyp verhindert die Wahrnehmung individueller Personen, ihrer eigenen Zugehörigkeiten und Zuordnungen« (Bernstein/Inowlock 2015: 17). Stereotypen stellen als Annahmen, Etikettierungen und ›Schubladen‹ universelle Mechanismen dar, mit deren Hilfe die Komplexität der Umgebung bewältigbar wird. Sie haben somit eine Wegweiser- und Orientierungsfunktion, können allerdings unreflektiert in Verallgemeinerungen in Form von Vorurteilen übergehen. Stereotype weisen kognitive, emotionale und verhaltensmäßige Komponenten auf, die häufig in ihrer Wirkungsweise miteinander verflochten sind.

> »Kognitive Komponenten verbinden Dimensionen der Wahrnehmung zu einer sozialen Kategorie und schaffen eine illusorische Korrelation zwischen beiden, die als selbstverständlich, zutreffend und richtig erscheint. [...] Emotionale Komponenten bestärken die verinnerlichten normativen Regeln als gut und richtig und befriedigen ein Bedürfnis nach normativer Konformität sowie den Wunsch, zu einer positiv besetzten ›Wir‹-Gruppe zu gehören. [...] Stereotype funktionieren dann keineswegs als Orientierungshilfen zur Erleichterung der Kommunikation. Im Gegenteil, wenn wir auf das für uns ›Fremde‹ bspw. eines Namens oder der äußeren Erscheinung unseres Gegenübers reagieren, etwa einer körperlichen Behinderung, wird unsere Aufmerksamkeit und Wahrnehmung dadurch gebunden und auf die Herstellung von Differenz fixiert« (ebd.: 19f.).

Kommt zu einem Stereotyp noch eine starke emotionale Ladung, eine ablehnende und feindselige Haltung hinzu und werden die Unterschiede als unüberbrückbar, grundsätzlich und »festgefroren« definiert, kann von einem Vorurteil gesprochen werden. Der Begriff der »gruppenbezogenen Menschenfeindlichkeit« (GMF) wurde von Wilhelm Heitmeyer geprägt. Er und sein Team führten in den Jahren 2002 bis 2010 eine Langzeitstudie – die weltweit umfassendste und differenzierteste Studie zu Rassismus – durch, die die Entwicklung und Ursachen von Vorurteilen untersucht hat. Dabei wurde das Syndrom der Abwertung von Gruppen in verschiedene Kategorien eingeteilt: Neben Rassismus, Fremdenfeindlichkeit, Islamfeindlichkeit, Antisemitismus und Homophobie gehören bspw. auch die Abwertung von Behinderten, Obdachlosen, Sinti und Roma oder Langzeitarbeitslosen u. a. zu den Formen der GMF. Heitmeyer spricht dabei von einem Syndrom, da seiner Meinung nach alle Einzelelemente über einen gemeinsamen Kern der Ideologie der Ungleichwertigkeit zusammenhängen (Heitmeyer 2012: 16). »Äußert eine Person Zustimmung zur Abwertung einer bestimmten Gruppe, dann neigt sie mit einer signifikant höheren Wahrscheinlichkeit dazu, auch andere Gruppen zu diskriminieren« (Zick/Hövermann/Krause 2012: 65).

Die Abgrenzung zwischen dem Begriff der GMF und dem oft populistisch gebrauchten Terminus »Rassismus« ist nicht einfach. Der klassische Rassismus bezeichnet eine vermeintliche Ungleichheit und Ungleichwertigkeit von Menschengruppen auf Grundlage angeblicher biologischer Unterschiede; es ist der bewusste oder unbewusste Glaube an die angeborene Überlegenheit einer Ethnie über eine andere. Wenn heute allgemein von Rassismus gesprochen wird, ist jedoch meist Kulturrassismus gemeint. Hierbei wird die Ungleichheit und Ungleichwertigkeit mit angeblichen Unterschieden zwischen den ›Kulturen‹ zu begründen versucht: Menschen werden aufgrund tatsächlicher oder vermeintlicher körperlicher oder kultureller Merkmale wie bspw. Hautfarbe, Herkunft, Sprache oder Religion als homogene Gruppen konstruiert, negativ bewertet und ausgegrenzt (Informations- und Dokumentationszentrum für Antirassismusarbeit 2015).

Der kulturelle Rassismus beruht auf ungleichen Machtverhältnissen und beinhaltet die Vorstellung, dass bestimmte Kulturen oder Traditionen unvereinbar seien, wobei die eigene als die überlegene Kultur angesehen wird. Dies kann sich sowohl auf persönlicher (Einstellungen, Werte und Überzeugungen von Individuen), auf interpersonaler (Verhaltensweisen gegenüber anderen) als auch auf institutioneller (etablierte Gesetze, Gebräuche, Traditionen und Praktiken) und kultureller Ebene (Werte und Normen des sozialen Verhaltens) zeigen. Rassismus ist somit die Summe aller Verhaltensweisen, Gesetze, Bestimmungen und Anschauungen, die den Prozess der Hierarchisierung und Ausgrenzung unterstützen (BLLV/VIA 2015).

Alle Ausgrenzungsformen basieren auf der oben ausgeführten Konstruktion des Bildes eines ›Fremden‹ oder ›Anderen‹, das in Abgrenzung zum eigenen Selbst abgewertet wird. Um diesen als Automatismus beschriebenen Mechanismus der Verfestigung von Stereotypen zu Vorurteilen und zu diskriminierendem Verhalten zu unterbrechen und der Benachteiligung von Menschen entgegenzuwirken, sind umfassende selbstreflexive Kompetenzen notwendig, die sehr verschiedene Bereiche umfassen wie z. B. die Fähigkeit und Bereitschaft zur Selbstwahrnehmung, die Auseinandersetzung mit den eigenen Konflikt- und Handlungsmustern, mit Ambivalenzen und Abwehrformen, mit Distanz und Nähe, Macht und Ohnmacht sowie die Reflexion eigener Vorurteile und die Bereitschaft zur Korrektur diskriminierender Verhaltensweisen (Beck 2015: 28).

> In diesem Zusammenhang spielt die Soziale Arbeit mit Fokus auf Diversität, Normalisierung und Andersartigkeit in ihrer Wirkungsweise als Grenzgängerin und als an den menschlichen Grenzen Handelnde eine besondere Rolle. Soziale Arbeit bedeutet die aktive Unterstützung und geplante Beeinflussung des täglichen Lebens ihrer Kund_innen. Dieses Leben spielt sich an den Grenzen zwischen Subjektwerdung und Unterwerfung mit Blick auf die Eröffnung und Erweiterung von Handlungsoptionen ab.

»Soziale Arbeit als (sozial)pädagogische Grenzbearbeiterin stellt sich diese Aufgabe hinsichtlich der (zunächst) gegebenen Grenzen von Zugangs- und Verwirklichungsmöglichkeiten, von Möglichkeiten und Unmöglichkeiten sozialer Teilhabe für die direkten Nutzer_innen – auch in Relation zu den Anforderungen der indirekten Nutzer_innen« (Kessel/Maurer 2010: 160). Die Einnahme einer grenzanalytischen Perspektive ist in diesem Zusammenhang nur durch eine diversitäts- und differenzsensible Haltung möglich. Dabei geht es nicht nur darum, Andersheit wie bspw. unterschiedliche ethnische Herkunft oder Religion möglichst genau zu beschreiben und zu analysieren, um dann effizient und angemessen darauf reagieren zu können, sondern Soziale Arbeit und andere menschenrechtsorientierte Professionen generell als Grenzgängerinnen zwischen Eigenem und Fremdem anzusiedeln. Eine diversitätsbewusste Haltung soll etabliert werden, die Vielfalt und Unterschiedlichkeit als strukturell verankert betrachtet und gleichzeitig darauf verzichtet, jede Art von Diversität und Differenzierung im Sinne eines Konzeptwissens zu be- und zu verarbeiten. Das Ziel Sozialer Arbeit als Grenzarbeiterin ist dabei klar umrissen. Es ist die Ermöglichung von Handlungsoptionen für alle Nutzer_innen der Sozialer Arbeit, unabhängig von Herkunft, Geschlecht, Alter etc., d.h., es geht um diversitätsgerechte reflexiv-analytische Soziale Arbeit (Kessel/Maurer 2010: 166f.).

Lernfrage

Welche Grenzen sehen Sie in der Sozialen Arbeit mit Geflüchteten?

6 Zwischenfazit

Die vorhergehenden Kapitel zeigen anhand der ausgewählten Bedeutungsdimensionen, der Wirkungsebenen und der Strategien und Praxen die Komplexität des Phänomens Diversität. Eine reflexiv-analytische Anwendung dieser Überlegungen ergibt dabei die Möglichkeit einer Theorie-Praxis-Integration und praxisverändernde Handlungsoptionen für die Soziale Arbeit. Zur Unüberschaubarkeit des Themas trägt weiterhin bei, dass es einerseits Differenzen gibt, deren Lebbarkeit unterstützt werden soll – wie bspw. im Bereich der unterschiedlichen sexuellen Orientierung –, während es andererseits problematisch ist, Unterschiedlichkeiten z. B. bezogen auf die Diversitätsmerkmale Gender und Hautfarbe festzuschreiben und als unveränderlich zu erklären. Eine Anerkennung von Unterschiedlichkeit müsste in diesem Fall mit der Forderung nach einer Abschaffung von Ungleichheit einhergehen.

Bereits B. Rommelspacher (1995) hat in ihrem grundlegenden Artikel die Wirkungsweisen der Dominanzkultur auf eine Definition von Normalität, auf Ausgrenzung und soziale Ungleichheit beschrieben. Ausgangspunkt ist dabei, dass Dominanz vor allem durch Mechanismen der Aufrechterhaltung von Normalität und nicht durch bewusste rassistische Handlungen hergestellt wird. Normalisierung und Ausgrenzung stellen damit die eigentlichen Diskriminierungsstrukturen dar. Als wirkungsvolle Norm wird in diesem Zusammenhang das westliche Emanzipationsverständnis angeführt. Eine deutsche Karrierefrau gilt demnach als emanzipiert, nicht aber die türkische Putzfrau. Dominanzkulturell wirkt die Norm dann, wenn sie mit einer – meist unbewussten – Abwertung muslimischer Mädchen und Frauen einhergeht. Zusätzlich soziale Ungleichheit herstellend bzw. aufrechterhaltend wirkt sie, wenn bspw. muslimischen Kopftuchträgerinnen der Zugang zu hochqualifizierter Erwerbstätigkeit erschwert wird.

Für eine echte Partizipation aller Beteiligten im Kontext der Sozialen Arbeit braucht es eine reflexive Diversitätskompetenz, die nicht nur diskriminierende und ausgrenzende Machtverhältnisse begreifbar macht, sondern auch die mit Diversität einhergehenden Ambivalenzen offenlegt. In den nachfolgenden Kapiteln wird, im Sinne einer Anwendung des theoretischen Models, vertiefend auf die Möglichkeit interkultureller und diversitätsorientierter Lernprozesse mit heterogenen Gruppen am Beispiel der Gemeinwesenarbeit (▶ Teil II) und auf die Wirkung von Vielfalt im Bereich von NPOs (▶ Teil III) eingegangen.

7 Literaturverzeichnis

Adorno, Theodor, 2019. Aspekte des neuen Rechtsradikalismus. Ein Vortrag. Berlin: Suhrkamp.
Amstutz, Nathalie, 2010. Diversity Management: theorie- und politikfern?: Für Mehrstimmigkeit in der Konzeptualisierung von Diversity Management. Gender: Zeitschrift für Geschlecht, Kultur und Gesellschaft. 2, Nr. 2, 9–24.
Appadurai, Arjun, 1998. Globale ethnische Räume. In: Ulrich Beck, Hrsg. Perspektiven der Weltgesellschaft. Frankfurt a. M.: Suhrkamp. 11–40.
ARIC – Antirassistisch-kulturelles Informationszentrum Berlin, 2001. Integration. 204 Berliner ausländischer Herkunft geben Auskunft: Positive Integrationsverläufe von Migrantinnen und Migranten in Berlin – Ein Umfrageprojekt. Berlin.
Aschenbrenner-Wellmann, Beate, 2003. Interkulturelle Kompetenz in Verwaltung und Wirtschaft: Theorie und Praxis eines Change-Prozesses von der Monokulturellen zur Globalen Kompetenz. Berlin: Logos.
Aschenbrenner-Wellmann, Beate, 2009. Diversity-Kompetenz: Überlegungen zu einer Schlüsselqualifikation für Theorie und Praxis der Sozialen Arbeit. Migration und Soziale Arbeit: Diversity und interkulturelle Kompetenz. Weinheim: Juventa. 2009(3/4), 212–221.
Aschenbrenner-Wellmann, Beate, 2009b. Diversity-Kompetenz – Überlegungen zu einer Schlüsselqualifikation für Theorie und Praxis der Sozialen Arbeit. In: Beate Aschenbrenner-Wellmann, Hrsg. Mit der Vielfalt leben: Verantwortung und Respekt in der Diversity- und Antidiskriminierungsarbeit mit Personen, Organisationen und Sozialräumen. Stuttgart: Evangelische Gesellschaft.
Auernheimer, Georg, 1990. Einführung in die interkulturelle Erziehung. Darmstadt: Wissenschaftliche Buchgesellschaft.
Auernheimer, Georg, 2010. Interkulturelle Kompetenz und pädagogische Professionalität. 3. Aufl. Wiesbaden: Springer VS.
Barmeyer, Christoph, 2012. Taschenlexikon Interkulturalität. Göttingen: Vandenhoeck & Rupprecht. [Zugriff am 15.01.2020]. Verfügbar unter: http://elk-wue-han.hh-netman.de/han/utbstudi/www.utb-studi-e-book.de/9783838537399
Bauman, Zygmunt, 1995. Moderne und Ambivalenz: Das Ende der Eindeutigkeit. Frankfurt a. M.: Fischer.
Bauman, Zygmunt, 1999. Moderne und Ambivalenz. Hamburg.
Bauman, Zygmunt, 2000. Liquid Modernity. Cambridge: Polity Press.
Bauman, Zygmunt, 2005. Verworfenes Leben: Die Ausgegrenzten der Moderne. Bonn: pbp.
Beck, Ulrich, Anthony Giddens und Scott Lash, 1996. Reflexive Modernisierung: Eine Kontroverse. Berlin: Suhrkamp.
Beck, Ulrich, 1998. Wie wird Demokratie im Zeitalter der Globalisierung möglich? In: Ulrich Beck, Hrsg. Politik der Globalisierung. Frankfurt a. M.: Suhrkamp, 7–66.
Beck, Ulrich und Wolfgang Bonss, 2001. Die Modernisierung der Moderne. Berlin: Suhrkamp.
Beck, Ulrich, 2004. Der kosmopolitische Blick oder Krieg ist Frieden. Berlin: Suhrkamp.
Beck, Ulrich, 2015. Risikogesellschaft: Auf dem Weg in eine andere Moderne. Berlin: Suhrkamp.
Bell, Daniel, 1975. Die nachindustrielle Gesellschaft. Frankfurt a. M./New York: Campus.

7 Literaturverzeichnis

Bernstein, Julia und Lena Inowlocki, 2015. Soziale Ungleichheit, Stereotype, Vorurteile, Diskriminierung. In: Brettländer, Bettina, Michaela Köttig und Thomas Kunz, Hrsg. Vielfalt und Differenz in der Sozialen Arbeit. Stuttgart: Kohlhammer, 15–26.

Bertelsmann Stiftung, 2014. Radar gesellschaftlicher Zusammenhalt. Messen was verbindet. Gesellschaftlicher Zusammenhalt im internationalen Vergleich. Zentrale Ergebnisse auf einen Blick. Gütersloh.

Bhabha, Homi K., 1994. The Location of Culture. New York.

Bhabha, Homi K., 2007. Migration führt zu »hybrider« Gesellschaft. Wien: ORF. [Zugriff am 16.01.2020]. Verfügbar unter: http://sciencev1.orf.at/science/news/149988.html

Bielefeldt, Heiner 2007. Menschenrechte in der Einwanderungsgesellschaft: Plädoyer für einen aufgeklärten Multikulturalismus. Bielefeld: transcript.

BLLV/VIA, 2015. Vielfalt als Chance gestalten. Leitfaden Interkulturelle Schulentwicklung in Bayern. [Zugriff am 16.02.2020]. Verfügbar unter: www.via-bayern.de/wertvollmiteinander/Vielfalt als Chance gestalten – Leitfaden.pdf

Brinkmann, Heinz Ulrich und Martina Sauer, 2016. Einführung: Integration in Deutschland. In: Ders., Hrsg.: Einwanderungsgesellschaft Deutschland: Entwicklung und Stand der Integration. Wiesbaden: Springer VS, S. 1–21. [Zugriff am 16.03.2020]. DOI 10.1007/978-3-658-05746-6

Bronner, Kerstin und Stefan Paulus, Hrsg., 2017. Intersektionalität: Geschichte, Theorie und Praxis. Opladen und Toronto: utb.

Brücker, Herbert, Elke Jahn, Andreas Hauptmann und Richard Upward. Migration and Imperfect Labor Markets. Theory and Cross-Country Evidence from Denmark, Germany and the UK. European Economic Review. 2014(66), 205–225.

Bonin, Holger, 2006. Der Finanzierungsbeitrag der Ausländer zu den deutschen Staatsfinanzen: Eine Bilanz für 2004. IZA Discussion Paper, Nr. 2444. Bonn: IZA.

Bratic, Ljubomir, 2008. Die Politik der Anteilslosen. In: Maria do Mar Castro Valera und Nikita Dhawan, Hrsg. Soziale (Un)Gerechtigkeit: Kritische Perspektive auf Diversity, Intersektionalität und Antidiskriminierung. Berlin: LIT.

Breitenbach, D., 1975. Interkulturelles Lernen und internationale Verständigung in der internationalen Jugendarbeit: Eine theoretische Einführung. In: D. Breitenbach, Hrsg. Kommunikationsbarrieren in der internationalen Jugendarbeit. Bd. 1, Saarbrücken: Breitenbach.

Brettländer, Bettina, Michaela Köttig und Thomas Kunz, 2015. Vielfalt und Differenz in der Sozialen Arbeit: Perspektiven auf Inklusion. Stuttgart: Kohlhammer.

Bukow, Wolf-Dietrich, 2011. Vielfalt in der postmodernen Stadtgesellschaft – Eine Ortsbestimmung. In: Wolf-Dietrich Bukow u. a., Hrsg. Neue Vielfalt in der urbanen Stadtgesellschaft. Wiesbaden: Springer VS, 207–232.

Bukow, Wolf-Dietrich, Stefan Neubert, Joachim Roth und Erol Yildiz, 2011. Urbanität ist Vielfalt. Eine Einleitung. In: Wolf-Dietrich Bukow, Stefan Neubert, Joachim Roth und Erol Yildiz Hrsg. Neue Vielfalt in der urbanen Stadtgesellschaft. Wiesbaden: Springer VS, 7–18.

Bukow, Wolf-Dieter, 2013. Plädoyer für eine Neubestimmung von kulturellen Dis-kursen innerhalb der postmodernen Entwicklung. In: Stefan Neubert, Hans-Joachim Roth und Erol Yildiz, Hrsg. Multikulturalität in der Diskussion: Neuere Beiträge zu einem umstrittenen Konzept. Wiesbaden: Springer VS, 123–148.

Çakir, Naime, 2014. Islamfeindlichkeit. Anatomie eines Feindbildes in Deutschland. Bielefeld: transcript.

Cox Jr., Taylor, 1993. Cultural Diversity in Organizations: Theory, Research and Practise. San Francisco: Berrett-Koehler Publisher.

Cox Jr., Taylor, 2001. Creating the Multicultural Organization. San Francisco: Jossey-Bass.

Czollek, Leah Carola, Gudrun Perko und Heike Weinbach, 2009. Lehrbuch Gender und queer: Grundlagen, Methoden und Praxisfelder. Weinheim: Juventa.

Dass, Parshotam und Barbara Parker, 1999. Strategies for Managing Human Resource Diversity: From Resistance to Learning. Academy of Management Executive. 13, Nr. 2.

DBSH, 2016. Deutschsprachige Definition Sozialer Arbeit des Fachbereichstags Soziale Arbeit und DBSH. Berlin. [Zugriff am 16.09.2019]. Verfügbar unter: https://www.dbsh.de/

fileadmin/redaktionell/bilder/Profession/20161114_Dt_Def_Sozialer_Arbeit_FBTS_DBSH_01.pdf

Derrida, Jacques, 1974. Grammatologie. Berlin: Suhrkamp.

Do Mar Castro Varela, 2010. Un-Sinn: Postkoloniale Theorie und Diversity. In: Fabian Kessl und Melanie Plößer, Hrsg. Differenzierung, Normalisierung, Andersheit. Soziale Arbeit mit den Anderen. Wiesbaden: Springer VS, 249–262.

Dreas, Susanne A., 2019. Diversity Management in Organisationen der Sozialwirtschaft: Eine Einführung. Wiesbaden: Springer VS. [Zugriff am 26.02.2020]. Verfügbar unter: https://doi.org/10.1007/978-3-658-20546-1

Effinger, Herbert, 2012. Ambiguitätsakzeptanz und Ambivalenzkompetenz. Eine Herausforderung für die Lehre in der Sozialen Arbeit. In: Herbert Effinger, Stefan Borrmann, Silke B. Gahleitner, Michaela König, Björn Kraus und Sabine Stövesand, Hrsg. Diversität und Soziale Ungleichheit: Analytische Zugänge und professionelles Handeln in der Sozialen Arbeit. Theorie, Forschung und Praxis der Sozialen Arbeit, Bd. 6. Toronto: Budrich, 255–271.

Esser, Hartmut, 2001. Integration und ethnische Schichtung: Zusammenfassung einer Studie für das »Mannheimer Zentrum für Europäische Sozialforschung«. Mannheim. [Zugriff am 01.08.2018]. Verfügbar unter: http://library.fes.de/pdf-files/akademie/online/50366.pdf

Esser, Hartmut, 2001a. Integration und ethnische Schichtung: Arbeitspapiere – Mannheimer Zentrum für Europäische Sozialforschung. Mannheim. [Zugriff am 26.10.2019]. Verfügbar unter: http://www.mzes.uni-mannheim.de/publications/wp/wp-40.pdf

Etzioni, Amitai, 2000. Der dritte Weg – zwischen Staat und Markt: Zur Theorie der Zivilgesellschaft. In: Theorie und Praxis der Sozialen Arbeit Nr. 11, 403–409.

Faist, Thomas, 2013. Kulturelle Diversität und soziale Ungleichheit. In: Özkan Ezli, Andreas Langenohl, Valentin Rauer und Claudia Marion Voigtmann, Hrsg. Die Integrationsdebatte zwischen Assimilation und Diversität: Grenzziehungen in Theorie, Kunst und Gesellschaft. Bielefeld: transcript, 87–117.

Fegter, Susann, Karen Geipel und Janina Hortbrink, 2010. Dekonstruktion als Haltung in sozialpädagogischen Handlungszusammenhängen. In: Fabian Kessel und Melanie Plößer, Hrsg. Differenzierung, Normalisierung, Andersheit. Soziale Arbeit mit den Anderen. Wiesbaden: Springer VS, 233–248.

Filsinger, Dieter, 2017. Soziale Arbeit mit Flüchtlingen: Strukturen, Konzepte und Perspektiven. WISO Diskurs. Bonn: Friedrich-Ebert-Stiftung. 14. [Zugriff am 15.09.2019]. Verfügbar unter: http://library.fes.de/pdf-files/wiso/13765.pdf

Fleischer, Eva, 2016. Der Anti-Bias-Ansatz als Methode politischer Erwachsenenbildung. Magazin Erwachsenenbildung.at: Das Fachmedium für Forschung, Praxis und Diskurs. Norderstedt: Books on Demand. (28), 07-07-10. [Zugriff am 27.09.2018]. Verfügbar unter: https://www.pedocs.de/volltexte/2016/12336/pdf/Erwachsenenbildung_28_2016_Fleischer_Anti_Bias_Ansatz.pdf

Fleßner, Heike, 2011. Die Kategorie Gender in der diversitätsbewussten Sozialpädagogik. In: Rudolf Leiprecht, Hrsg. Diversitätsbewusste Soziale Arbeit. Schwalbach/Ts.: Wochenschau, 61–78.

Foerster, Heinz v., 1993. Wissen und Gewissen: Versuch einer Brücke: Hrsg. v. Siegfried J. Schmidt. Berlin: Suhrkamp.

Foucault, Michel, 1993. Wahrheit, Macht, Selbst. Ein Gespräch zwischen Rux Martin und Michel Foucault. In: L. H. Martin, H. Guttmann, P. H. Hutton, Hrsg. Technologien des Selbst. Frankfurt a. M., 15–23.

Frankenberger, Rolf, 2007. Gesellschaft – Individuum – Gouvernementalität: Theoretische und empirische Beiträge zur Analyse der Postmoderne. Münster: Lit.

Franz, Daniel und Iris Beck, 2007. Umfeld- und Sozialraumorientierung in der Behindertenhilfe: Empfehlungen und Handlungsansätze für Hilfeplanung und Gemeindeintegration. Hamburg: DHG.

Fraser, Nancy, 2000. Rethinking Recognition. [Zugriff am 16.01.2020]. Verfügbar unter: https://newleftreview.org/issues/II3/articles/nancy-fraser-rethinking-recognition.pdf

Fraser, Nancy und Axel Honneth, 2003. Umverteilung oder Anerkennung? Eine politisch-philosophische Kontroverse. Berlin: Suhrkamp Taschenbuch.

Freise, Josef, 2007. Interkulturelle Soziale Arbeit: Theoretische Grundlagen – Handlungsansätze – Übungen zum Erwerb interkultureller Kompetenzen. 2. Aufl. Schwalbach/Ts.: Wochenschau.

Freise, Josef, 2017. Kulturelle und religiöse Vielfalt nach Zuwanderung: Theoretische Grundlagen – Handlungsansätze – Übungen zur Kultur- und Religionssensibilität. Schwalbach/Ts.: Wochenschau.

Fuchs, Martin, 2007. Diversity und Differenz – Konzeptionelle Überlegungen. In: Gertraude Krell, Barbara Riedmüller, Barbara Sieben und Dagmar Vinz, Hrsg. Diversity Studies: Grundlagen und disziplinäre Ansätze. Frankfurt/New York: Campus, 17–34.

Fuchs, Johann und Enzo Weber, 2015. Flüchtlingseffekte auf das Erwerbspersonenpotenzial. Nürnberg: Institut für Arbeitsmarkt- und Berufsforschung.

Gardenswartz, Lee und Anita Rowe, 1998. Managing Diversity: A Complete Desk Reference and Planning Guide. New York: McGraw-Hill.

Gentner, Ulrike und Hans-Georg Kempkes, 2014. Interkulturelle Öffnung als Organisationsentwicklung: »In der Welt von heute gibt es nur noch wenige Nicht-Nächste«. In: Elisabeth Vanderheiden und Claude-Hélène Mayer, Hrsg. Handbuch Interkulturelle Öffnung: Grundlagen, Best Practice, Tools. Göttingen: Vandenhoeck & Rupprecht, 78–89. [Zugriff am 12.02.2020]. Verfügbar unter: https://doi.org/10.13109/9783666403613.78

Gitzi, Andrea und Thomas Köllen, 2006. Die Rolle von Partizipation im Diversity Management: eine Praxisanalyse. In: Regine Bendl, Hrsg. Agenda Diversität: Gender- und Diversitätsmanagement in Wissenschaft und Praxis. München/Mering: Hampp, 25–43.

Glitz, Albrecht, 2012. The Labor Market Impact of Immigration: A Quasi-Experiment Exploiting Immigrant Location Rules in Germany. Journal of Labor Economics. (30), 175–213.

Gottschall, Karin und Annette Henninger, 2005. Freelancer in den Kultur- und Medienberufen: freiberuflich, aber nicht frei schwebend. In: Nicole Mayer-Ahuja und Harald Wolf, Hrsg. Entfesselte Arbeit – neue Bindungen: Grenzen der Entgrenzung in der Medien- und Kulturindustrie. Berlin: Ed. Sigma, 153–183.

Gogolin, Ingrid, 2006. Erziehungswissenschaft und Transkulturalität. In: Michael Göhlich, Hans-Walter Leonhard, Eckart Liebau und Jörg Zirfas, Hrsg. Transkulturalität und Pädagogik: Interdisziplinäre Annäherungen an ein kulturwissenschaftliches Konzept und seine pädagogische Relevanz. Weinheim und München: Juventa, 31–44.

Grote, Maik, 2011. Integration von Zuwanderern: Die Assimilationstheorie von Hartmut Esser und die Multikulturalismustheorie von Leyla Benhabib im Vergleich. Bremen. [Zugriff am 12.11.2019]. Verfügbar unter: http://www.forschungsnetzwerk.at/downloadpub/2011_grote_2011_assimilationmultikulturalismus.pdf

Gunda-Werner-Institut, 2019. »Reach everyone on the Planet …«. Kimberlé Crenshaw und die Intersektionalität. Berlin: Heinrich-Böll-Stiftung. [Zugriff am 08.08.2019]. Verfügbar unter: https://www.boell.de/sites/default/files/crenshaw_-_reach_everyone_on_the_planet_de.pdf?dimension1=division_gwi

Habermas, Jürgen, 1988. Der philosophische Diskurs der Moderne: 12 Vorlesungen. Frankfurt a. M.: Suhrkamp.

Hall, Stuart, 1994. Rassismus und kulturelle Identität: Ausgewählte Schriften 2. Hamburg: Argument.

Hans, Silke, 2016. Theorien der Integration von Migranten – Stand und Entwicklung. In: Heinz Ulrich Brinkmann und Martina Sauer, Hrsg. Einwanderungsgesellschaft Deutschland: Entwicklung und Stand der Integration. Wiesbaden: Springer VS, 23–50. [Zugriff am 12.01.2020]. Verfügbar unter DOI: 10.1007/978-3-658-05746-6

Heckmann, Friedrich, 1992. Ethnische Minderheiten, Volk und Nation. Soziologie interethnischer Beziehungen. Stuttgart.

Heidsiek, Charlotte, 2009. Organisationspädagogische Fragen an Diversity Management. DIE Zeitschrift für Erwachsenenbildung. Bonn: Deutsches Institut für Erwachsenenbildung. (2), 42–44. (https://www.die-bonn.de/zeitschrift/22009/bildungsmanagement-01.pdf)

Heite, Catrin, 2010. Anerkennung von Differenz in der Sozialen Arbeit: Zur professionellen Konstruktion des Anderen. In: Fabian Kessel und Melanie Plößer, Hrsg. Differenzierung, Normalisierung, Andersheit. Soziale Arbeit mit den Anderen. Wiesbaden: Springer VS, 187–200.

Heitmeyer, Wilhelm, 2012. Gruppenbezogene Menschenfeindlichkeit (GMF) in einem entsicherten Jahrzehnt. In: Wilhelm Heitmeyer, Hrsg. Deutsche Zustände. Folge 10. (edition Suhrkamp, Bd. 2647). Berlin, 15–41.

Hinte, Holger, Rolf Rinne und Klaus F. Zimmermann, 2012. Zuwanderung, Demografie und Arbeitsmarkt: Fakten statt Vorbehalte. In: A. Heinz und U. Kluge, Hrsg. Einwanderung – Bedrohung oder Zukunft? Mythen und Fakten zur Integration. Frankfurt, 263–278.

Hoesch, Kirsten, 2018. Migration und Integration: Eine Einführung. Münster: Springer VS. [Zugriff am 14.09.2019]. Verfügbar unter: DOI: 10.1007/978-3-658-09736-3

Hohmann, Manfred, 1989. Interkulturelle Erziehung eine Chance für Europa? In: Manfred Hohmann und Hans G. Reich, Hrsg. Ein Europa für Mehrheiten und Minderheiten. Diskussionen um interkulturelle Erziehung. Münster und New York, 1–32.

Honneth, Axel, 2010. Das Ich im Wir: Studien zur Anerkennungstheorie. Berlin: Suhrkamp.

Hormel, Ulrike und Albert Scherr, 2004. Bildung für die Einwanderungsgesellschaft: Perspektiven der Auseinandersetzung mit struktureller, institutioneller und interaktioneller Diskriminierung. Wiesbaden: Springer VS.

IDA NRW Zeitschrift des Informations- und Dokumentationszentrum für Antirassismusarbeit in NRW, 2015. Acht Thesen zur »Flüchtlingskrise« und »Willkommenskultur«, Arian Schiffer-Nasserie, Nr. 4, Dezember 2015, 3–8.

IKUD, o. J. Interkulturelle Kompetenz – Definition und Begriff. [Zugriff am 14.09.2019]. Verfügbar unter: https://www.ikud.de/glossar/interkulturelle-kompetenz-definition.html

Ilgün-Birhimeoglu, 2014. Interkulturelle Öffnung in Organisationen des ehrenamtlichen Engagements. In: Elisabeth Vanderheiden und Claude-Hélène Mayer, Hrsg. Handbuch Interkulturelle Öffnung: Grundlagen, Best Practice, Tools. Göttingen: Vandenhoeck & Ruprecht, 373–382. [Zugriff am 14.01.2020]. Verfügbar unter: https://doi.org/10.13109/9783666403613.373

Jackson, Susan E. und Aparna JOSHI, 2011. Work Team Diversity. In: Sheldon Zedeck, Hrsg. APA Handbook of Industrial and Organizational Psychology, 651–686.

Jekeli, Ina, 2002. Ambivalenz und Ambivalenztoleranz. Soziologie an der Schnittstelle von Psyche und Sozialität. Osnabrück: Der Andere Verlag.

Junge, Matthias, 2000. Ambivalente Gesellschaftlichkeit: Die Modernisierung der Vergesellschaftung und die Ordnungen der Ambivalenzbewältigung. Opladen: Springer VS.

Kessl, Fabian und Christian Reutlinger, 2010. Sozialraum. In: Christian Reutlinger, Caroline Fritsche und Eva Lingg, Hrsg. Raumwissenschaftliche Basics: Eine Einführung für die Soziale Arbeit. Wiesbaden: Springer VS, 247–264.

Kessl, Fabian und Susanne Maurer, 2010. Praktiken der Differenzierung als Praktiken der Grenzbearbeitung. Überlegungen zur Bestimmung Sozialer Arbeit als Grenzbearbeiterin. In: Fabian Kessl und Melanie Plößer, Hrsg, Differenzierung, Normalisierung, Andersheit: Soziale Arbeit als Arbeit mit den Anderen. Wiesbaden: Springer VS, 154–169.

Kircher, Steffen, 2003. Interkulturelle Trainings für Fachkräfte in Sozialen Regeldiensten und Migrationsdiensten. [Zugriff am 14.09.2019]. Verfügbar unter: http://www.themenpool-migration.eu/download/dmulti13.pdf

Klein, Uta, 2013. Diversityorientierung und Hochschulen im Wettbewerb: Ein Plädoyer für Diversitypolitik. In: Saskia-Fee Bender, Marianne Schmidbaur und Anja Wolde, Hrsg. Diversity entdecken: Reichweiten und Grenzen von Diversity Policies an Hochschulen. Weinheim und Basel: Beltz Juventa, 79–98.

Kleve, Heiko, 2003. Soziale Arbeit – Arbeit an und mit Differenz. Prolegomena zu einer Theorie differenzakzeptierender Sozialarbeit/Sozialpädagogik. In: Heiko Kleve, Hrsg. Differenz und Soziale Arbeit: Sensibilität im Umgang mit Unterschiedlichen. Berlin: Schibri, 36–56.

Knapp, Gudrun-Axeli, 2005. »Intersectionality« ein neues Paradigma feministischer Theorien? Zur transatlantischen Reise von »Race, Class, Gender« Feministische Studien: Zeitschrift für interdisziplinäre Frauen- und Geschlechterforschung. 23(1), 68–81.

Kreckel, Reinhard, 2001. Soziale Ungleichheit. In: H.-U. Otto und H. Thiersch, Hrsg. Handbuch Sozialarbeit Sozialpädagogik. 2. Aufl. Neuwied: Luchterhand, 1729–1735.

Krell, Gertraude, 2003. Personelle Vielfalt in Organisationen als Herausforderung für Forschung und Praxis. In: H. Wächter, Hrsg. Personelle Vielfalt in Organisationen. München: Hampp, 219–232.

Krell, Gertraude, Barbara Riedmüller, Barbara Sieben und Dagmar Vinz, Hrsg., 2007. Diversity Studies: Grundlagen und disziplinäre Ansätze. Frankfurt a. M.: Campus.

Krell, Gertraude, 2012. Vielfältige Hochschulen – Einfältige Hochschulpolitik. [Zugriff am 16.01.2020]. Verfügbar unter: https://www.cedin-consulting.de/vielfalt-gestalten/programm/

Krell, Gertraude, 2013. Vielfältige Perspektiven auf Diversity: erkunden, enthüllen, erzeugen. In: Saskia-Fee Bender, Marianne Schmidbaur und Anja Wolde, Hrsg. Diversity entdecken: Reichweiten und Grenzen von Diversity Policies an Hochschulen. Weinheim und Basel: Beltz Juventa, 61–78.

Koall, Iris und Verena Bruchhagen, 2005. Zum Umgang mit Unterschieden im Managing Gender & Diversity – eine angewandte Systemperspektive. In: G. Hartmann und M. Judy, Hrsg. Unterschiede machen. Wien: Edition Volkshochschule.

Königswieser, Roswita und Martin Hillebrand, 2005. Einführung in die systemische Organisationsberatung. Heidelberg: Carl-Auer.

Köttig, Michaela, 2015. Mehrdimensionalität sozialer Ungleichheit – Intersektionalität als theoretische Rahmung und zur Analyse biografischer Erfahrung. In: Bettina Brettländer, Michaela Köttig und Thomas Kunz, Hrsg. Vielfalt und Differenz in der Sozialen Arbeit: Perspektiven auf Inklusion. Stuttgart: Kohlhammer, 123–133.

Leiprecht, Rudolf, 2008. Von Gender Mainstreaming und Interkultureller Öffnung zu Managing Diversity: Auf dem Weg zu einem gerechten Umgang mit sozialer Heterogenität als Normalfall in der Schule. In: Malwine Seemann, Hrsg. Ethnische Diversitäten, Gender und Schule: Geschlechterverhältnisse in Theorie und schulischer Praxis; 2. Oldenburger Fachtag ›Ethnische Diversitäten, Gender und Schule‹, Carl-von-Ossietzky-Universität Oldenburg. Oldenburg: BIS, 95–112.

Leiprecht, Rudolf, 2011. Auf dem langen Weg zu einer diversitätsbewussten und subjektorientierten Sozialpädagogik. In: Rudolph Leiprecht, Hrsg. Diversitätsbewusste Soziale Arbeit. Schwalbach/Ts.: Wochenschau, 15–44.

Liebrich, Anja, 2008. Gestaltung einer diversitysensitiven internen Unternehmenskommunikation. München und Mering: Hampp.

Linke, M. I., 1996. Konzeption für ein internationales Personalmanagement der Führungskräfte: Eine empirische Vergleichsstudie in deutschen und amerikanischen Unternehmen. Münster.

Loden, Marilyn und Judy B. Rosener, 1991. America! Managing Employee Diversity as a Vital Resource. Homewood, IL: Business One Irwin.

Löcherbach, Peter und Ria Puhl, 2016. Einladung zur Sozialen Arbeit. Studium, Beruf und Alltag einer jungen Disziplin. Baden-Baden: Nomos.

Luchtenberg, Sigrid, 1995. Interkulturelle sprachliche Bildung: Zur Bedeutung von Zwei- und Mehrsprachigkeit für Schule und Unterricht. Münster: Waxmann.

Lutz, Helma und Norbert Wenning, Hrsg., 2001. Unterschiedlich verschieden: Differenz in der Erziehungswissenschaft. Wiesbaden: Springer VS.

Lüscher, Kurt, 1997. Postmoderne Herausforderung an die Soziologie. In: S. Hradil, Hrsg. Differenz und Integration. Frankfurt a. M.: Campus, 94–117.

Manning, Stephan und Harald Wolf, 2005. Bindung von Arbeit und Arbeitskraft – Eine theoretische Perspektive auf Grenzen der Entgrenzung. In: Nicole Mayer-Ahuja und Harald Wolf, Hrsg. Entfesselte Arbeit – neue Bindungen: Grenzen der Entgrenzung in der Medien- und Kulturindustrie. Berlin: Ed. Sigma, 25–57.

Mecheril, P., 1998. Angelpunkte einer psychosozialen Beratungsausbildung unter interkultureller Perspektive. In: M. Castro Varela, S. Schulze, S. Vogelmann, A. Weiß (Hrsg.). Suchbewegungen. Interkulturelle Beratung und Therapie. Tübingen.

Mecheril, Paul, 2003. Prekäre Verhältnisse: Über natio-ethno-kulturelle (Mehrfach-)Zugehörigkeit. Münster: Waxmann.
Mecheril, Paul, 2004. Einführung in die Migrationspädagogik. Weinheim und Basel: Beltz.
Merx, Andreas, 2013. Diversity – Umsetzung oder Proklamation? Migration und Soziale Arbeit. 3, 236–242.
Meseth, Wolfgang, Rita Casale, Anja Tervoorden und Jörg Zirfas (Hrsg.) 2019. Einleitung: Normativität in der Erziehungswissenschaft. In: Wolfgang Meseth, Rita Casale, Anja Tervoorden und Jörg Zirfas, Hrsg. Normativität in der Erziehungswissenschaft. Wiesbaden: Springer, 1–20.
Munsch, Chantal, 2010. Engagement und Diversity: Der Kontext von Dominanz und sozialer Ungleichheit am Beispiel Migration. Weinheim und München: Juventa.
Neubert, Stefan, Hans-Joachim Roth und Erol Yildiz, 2013. Multikulturalismus – ein umstrittenes Konzept. In: Stefan Neubert, Hans-Joachim Roth und Erol Yildiz, Hrsg. Multikulturalismus in der Diskussion: Neuere Beiträge zu einem umstrittenen Konzept. Wiesbaden: Springer VS, 9–32.
Nestvogel, Renate, 2008. Diversity Studies und Erziehungswissenschaft. In: GJJE, Hrsg. Diversity Studies und politische Bildung. Schwalbach/Ts.: Wochenschau, 21–33.
Nussbaum, Martha C., 1998. Gerechtigkeit oder Das gute Leben: Gender Studies. Berlin: Suhrkamp.
Piening, Günter, 2005. Vielfalt fördern, Zusammenhalt stärken. Interview der Heinrich-Böll-Stiftung. [Zugriff am 30.012.2015]. Verfügbar unter: http://heimatkunde.boell.de/2006/08/18/vielfalt-foerdern-zusammenhalt-staerken
Plett, A., 2002. Managing Diversity – Theorie und Praxis der Arbeit von Lee Gardenswartz und Anita Rowe. In: I. Koall, V. Bruchhagen und F. Höher, Hrsg. Vielfalt statt Lei(d)tkultur. Managing Gender & Diversity. Münster: Lit, 99–112
Plößer, Melanie, 2010. Differenz performativ gedacht. Dekonstruktive Perspektiven auf und für den Umgang mit Differenzen. In: Fabial Kessl und Melanie Plößer, Hrsg. Differenzierung, Normalisierung, Andersheit: Soziale Arbeit als Arbeit mit Anderen. Wiesbaden: Springer VS, 218–232.
Preis, Wolfgang und Gisela Thiele, 2002. Sozialräumlicher Kontext sozialer Arbeit: Eine Einführung für Studium und Praxis. Chemnitz: RabenStück.
Prengel, Annedore, 1995. Pädagogik der Vielfalt. Opladen: Budrich.
Prengel, Annedore, 2001. Egalitäre Perspektiven auf »Differenz« in Erziehungs- und Bildungsprozessen. In: Helma Lutz und Norbert Wenning, Hrsg. Unterschiedlich verschieden: Differenz in der Erziehungswissenschaft. Opladen: Leske + Budrich, 93–107.
Preis, Ludger, 1997. Neue Migration in transnationalen Raum. In: Ludger Preis (Hrsg.). Transnationale Migration. Sonderbd. 12, Baden-Baden: Soziale Welt, 15–44.
Preis, Ludger, 1998. »Transmigranten« als ein Typ von Arbeitseinwanderern in pluri-lokalen sozialen Räumen: Das Beispiel der Arbeitswanderung zwischen Puebla/Mexiko und New York. Soziale Welt. 49, 135–150.
Rafi, Anusheh, 2014. Kulturelle Öffnung des nationalen Rechts. In: Elisabeth Vanderheiden und Claude-Hélène Mayer, Hrsg. Handbuch Interkulturelle Öffnung: Grundlagen, Best Practice, Tools. Göttingen: Vandenhoeck & Ruprecht, 111–120. [Zugriff am 14.01.2020]. Verfügbar unter: https://doi.org/10.13109/9783666403613.111
Rommelspacher, Birgit, 1995. Dominanzkultur: Texte zur Fremdheit und Macht. Berlin: Orlanda-Frauenverlag.
Rosa, Hartmut, 2016. Resonanz. Eine Soziologie der Weltbeziehung. Berlin: Suhrkamp.
Rätz-Heinisch, R., 2011. Fachlexikon der Sozialen Arbeit. 7. Aufl. Baden-Baden: Deutscher Verein für öffentliche und Private Fürsorge, 811–812.
Sachverständigenrat Deutscher Stiftungen für Integration und Migration, 2012. Integration im föderalen System: Bund Länder und die Rolle der Kommunen. Jahresgutachten 2012 mit Integrationsbarometer. Essen.
Said, Edward W., 1978. Orientalism. New York: Vintage Book Editions.
Salzbrunn, Monika, 2014. Vielfalt/Diversität. Bielefeld: transcript.

Scherr, Albert, 2011. Diversity: Unterschiede, Ungleichheiten und Machtverhältnisse. In: Rudolph Leiprecht, Hrsg. Diversitätsbewusste Soziale Arbeit. Schwalbach/Ts.: Wochenschau, 79–90.
Schilling, Johannes und Susanne Zeller, 2012. Soziale Arbeit: Geschichte – Theorie – Profession. 5. Aufl. München: Reinhardt.
Schmidt, Bettina, 2009. Den Anti-Bias-Ansatz zur Diskussion stellen – Beitrag zur Klärung theoretischer Grundlagen in der Anti-Bias-Arbeit. Oldenburg: BIS.
Schmidt, Bettina, 2012. Zur Vereinbarkeit von Intersektionalität und Anti-Bias-Arbeit. In: Zentralwohlfahrtsstelle der Juden in Deutschland e. V. Perspektivwechsel: Das offene Schweigen: Zu Fallstricken und Handlungsräumen rassismuskritischer Bildungs- und Sozialarbeit. Frankfurt a. M. [Zugriff am 27.09.2018]. Verfügbar unter: http://www.anti-bias-werkstatt.de/sites/default/files/broschuere-das-offene-schweigen.pdf
Schumann, Michael, 2016. Sozialraum und Biographie – Versuch einer päd. Standortbestimmung. [Zugriff am 05.01.2016]. Verfügbar unter: http://www.bsj-marburg.de/filead min/pdf_fachbeitraege/Schumann_SozialraumUndBiographie.pdf
Scholl, Wolfgang, 2007. Grundkonzepte der Organisation. In: Heinz Schuler, Hrsg. Lehrbuch Organisationspsychologie. 4. Aufl. Bern: Huber, 515–556.
Schröer, Hubertus, 2012. Diversity Management und Soziale Arbeit. Archiv für Wissenschaft und Praxis der sozialen Arbeit. 1. [Zugriff am 27.01.2020]. Verfügbar unter: http://www.i-iqm.de/dokus/Diversity_und_Soziale_Arbeit.pdf
Schwarzer, Beatrix, 2015a. Ansätze für eine diversity-sensible Soziale Arbeit. In: Bettina Brettländer, Michaela Köttig und Thomas Kunz, Hrsg. Vielfalt und Differenz in der Sozialen Arbeit: Perspektiven auf Inklusion. Stuttgart: Kohlhammer, 196–205.
Schwarzer, Beatrix, 2015b. Gesellschaftliche Teilhabe als Grundlage Sozialer Arbeit. In: Bettina Brettländer, Michaela Köttig und Thomas Kunz, Hrsg. Vielfalt und Differenz in der Sozialen Arbeit: Perspektiven auf Inklusion. Stuttgart: Kohlhammer, 37–47.
Schönwälder, Karen, 2014. Politische Partizipation von Migrantinnen und Migranten. In: Elisabeth Vanderheiden und Claude-Hélène Mayer, Hrsg. Handbuch Interkulturelle Öffnung: Grundlagen, Best Practice, Tools. Göttingen: Vandenhoeck & Ruprecht, 99–108. [Zugriff am 25.01.2020]. Verfügbar unter: https://doi.org/10.13109/9783666403613.99
Schür, Stephanie, 2013. Umgang mit Vielfalt: Integrative und inklusive Pädagogik, interkulturelle Pädagogik und Diversity Management im Vergleich. Bad Heilbrunn: Klinkhardt.
Seifert, Monika, 2009. Neue professionelle Arbeitskonzepte für personenzentrierte Unterstützung: Impulsbeitrag in der Arbeitsgruppe 2.2 auf der Fachtagung »Wie betreut man Wohnen? Perspektiven der Unterstützung von Menschen mit Behinderungen im Alltag«. Universität Siegen. [Zugriff am 05.01.2016]. Verfügbar unter: https://www.uni-siegen.de/ zpe/veranstaltungen/aktuelle/betreuteswohnen/beitrag_seifert_ag_2.2.pdf
Sennet, Richard, 2002. Respekt im Zeitalter der Ungleichheit. Berlin: Berlin-Verl.
Stange, Waldemar und Dieter Tiemann, 1999. Alltagsdemokratie und Partizipation. Kinder vertreten ihre Interessen in Kindertagesstätte, Schule, Jugendarbeit und Kommune. In: Materialien zum Zehnten Kinder- und Jugendbericht, Hrsg. Sachverständigenkommission Zehnter Kinder- und Jugendbericht. Bd. 3. Opladen, 215.
Staub-Bernasconi, Silvia, 2006. Soziale Arbeit: Dienstleistung oder Menschenrechtsprofession?: Zum Selbstverständnis Sozialer Arbeit in Deutschland mit einem Seitenblick auf die internationale Diskussionslandschaft. Uni Siegen. [Zugriff am 07.02.1019]. Verfügbar unter: https://www.uni-siegen.de/zpe/projekte/menschenrechte/staubbethiklexiko nutb.pdf
Thiersch, Hans, 2011. Diversity und Lebensweltorientierung. In: Rudolph Leiprecht, Hrsg. Diversitätsbewusste Soziale Arbeit. Schwalbach/Ts.: Wochenschau, 45–60.
Thomas, Alexander, 1993. Psychologie interkulturellen Lernens und Handelns. In: Alexander, Thomas: Kulturvergleichende Psychologie: Eine Einführung. Göttingen: Hogrefe, 377–424.
Thomas, A. (2005): Das Eigene, das Fremde, das Interkulturelle. In: Thomas, A. (Hrsg.): Handbuch Interkulturelle Kommunikation und Kooperation. Bd. 1. Grundlagen und Praxisfelder. Göttingen, Vandenhoeck & Ruprecht, 44–59.

Thomas, Roosevelt R., 1991. Beyond Race and Gender: Unleashing the Power of Your Total Workforce by Managing Diversity. New York: Amacom.
Thomas, Roosevelt R., 1996. Redefining Diversity. New York: Amacom.
Trisch, Oliver, 2015. Inklusion aus der Perspektive der Antidiskriminierungsarbeit. Teilhabe. Marburg: Lebenshilfe. 54(1), 4–9.
Vedder, Günther, 2003. Vielfältige Personalstrukturen und Diversity Management. In: Hartmut Wächter und Günther Vedder, Hrsg. Personelle Vielfalt in Organisationen. München und Mering: Hampp, 13–27.
Vahsen, Friedrich und Gudrun Mane, 2010. Gesellschaftliche Umbrüche und Soziale Arbeit. Wiesbaden: Springer VS.
Waldenfels, Bernhard, 1995. Der Stachel des Fremden. Berlin: Suhrkamp.
Walgenbach, Katharina, 2014. Heterogenität – Intersektionalität – Diversity in der Erziehungswissenschaft. Opladen und Toronto: UTB.
Walgenbach, Katharina, 2017. Heterogenität – Intersektionalität – Diversity in der Erziehungswissenschaft. 2. Aufl. Opladen und Toronto: UTB.
Welsch, Wolfgang, 1987. Unsere postmoderne Moderne. New Jersey: Willey-VCH.
Welsch, Wolfgang, 2008. Unsere postmoderne Moderne. 7. Aufl. Berlin: Akademie-Verlag.
Wendt, Peter-Ulrich, 2017. Lehrbuch Methoden der Sozialen Arbeit. 2. Aufl. Weinheim und Basel: Beltz Juventa.
Wintzer, Jeannine, Hrsg., 2019. Sozialraum erforschen: Qualitative Methoden in der Geographie. Berlin: Springer.
Wulf, Christoph, 2006. Anthropologie kultureller Vielfalt. Interkulturelle Bildung in Zeiten der Globalisierung. Bielefeld: transcript.
Yildiz, Erol, 2011. Zur sozialen Grammatik der Vielfalt in der globalisierten Stadtgesellschaft. In: Wolf-Dietrich Bukow, Stefan Neubert, Joachim Roth und Erol Yildiz, Hrsg. Neue Vielfalt in der urbanen Stadtgesellschaft. Wiesbaden: Springer VS, 135–148.
Yildiz, Erol, 2013. Die politische Ethik multikultureller Gesellschaften im globalen Kontext: Multikulturalismusverständnis Seyla Benhabibs. In: Stefan Neubert, Nams-Joachim Roth und Erol Yildiz, Hrsg. Multikulturalität in der Diskussion: Neuere Beiträge zu einem umstrittenen Konzept. Wiesbaden: Springer VS, 33–61.
Zick, Andreas, Andreas Hövermann und Daniela Krause, 2012. Die Abwertung von Ungleichwertigen Erklärung und Prüfung eines erweiterten Syndroms der Gruppenbezogenen Menschenfeindlichkeit. In: Wilhelm Heitmeyer, Hrsg. Deutsche Zustände. Folge 10. Berlin: Suhrkamp, 64–86.

Teil II Vom interkulturellen zum diversitätsorientierten Lernen mit heterogenen Gruppen – fokussiert am Beispiel der Gemeinwesenarbeit (GWA)

Einleitung Teil II

»*Wir sind das Volk!*«, »*Deutschland den Deutschen*«, »*Ausländer raus!*«. So lauten nur einige der vielen Parolen, die sich in den letzten Jahren in Deutschland verbreiten. Aber auch Schlagzeilen wie »Christen sollen im Weihnachts-Gottesdienst muslimische Lieder singen – Tolles Zeichen des Zusammenlebens« (Bildblog 2014) bringen Unmut und Spaltung in das Zusammenleben unserer Gesellschaft. Gerade deshalb braucht es eine Auseinandersetzung um das Thema *Vielfalt* und *Interkulturalität* auch innerhalb der Sozialen Arbeit, denn diese »basiert auf der Achtung vor dem besonderen Wert und der Würde aller Menschen und aus den Rechten, die sich daraus ergeben […]. Sozialarbeiter/innen haben eine Verpflichtung, soziale Gerechtigkeit zu fördern« (DBSH 2009). Gleichzeitig hat die Soziale Arbeit aber auch den politischen Auftrag, sich in diesem Sinne für die Umsetzung der Menschenrechte einzusetzen sowie den gesellschaftlichen Zusammenhalt in den Blick zu nehmen. Dies bedeutet, dass eine Verbesserung und Veränderung der gesellschaftlichen Bedingungen sozialer Problemlagen angestrebt und unterstützt werden muss (Schilling/Zeller 2912: 208). Ausgehend von diesem Auftrag ist es unerlässlich, sich als professionelle Sozialarbeiter_innen in jedem Tätigkeitsbereich mit Interkulturellem und Diversitätsorientiertem Lernen auseinanderzusetzen, denn interkulturelle Soziale Arbeit ist inzwischen eine Querschnittaufgabe jeglicher Sozialer Arbeit geworden, da es durch die gesellschaftliche Globalisierung kein Handlungsfeld mehr gibt, das nicht von einer kulturellen Pluralität gekennzeichnet ist (Freise 2017: 68). Um diesem Phänomen professionell beggenen und hierin handeln zu können, benötigt es Interkulturelle und Diversitätskompetenz sowie eine entsprechende Haltung auf Seiten der Sozialarbeiter_innen. Parallel hierzu ist aber auch das Interkulturelle und Diversitätsorientierte Lernen mit unterschiedlichen Personengruppen innerhalb unserer Gesellschaft unerlässlich, da nur hierdurch ein respektvoller Umgang auf Augenhöhe angestrebt und eingeübt werden kann.

> Gerade in Zeiten, in denen erneut der Rechtspopulismus in unserer Gesellschaft angekommen ist, Menschen aufgrund ihres Glaubens oder Herkunft Anschlägen ausgesetzt sind und das Klima des Zusammenlebens mehr denn je bedroht scheint, muss die Soziale Arbeit ihren Beitrag zu einer vielfältigen, respektvollen und diskriminierungsfreien Gesellschaft leisten.

Gleichzeitig ist dieses Arbeitsfeld ein adäquates Beispiel, um verschiedene Bedeutungsdimensionen von Diversität miteinander zu verknüpfen, denn hier werden sowohl die deskriptiv-klassifizierende, normativ-regulierende als auch die integrationspolitische Dimension angesprochen.

Da gerade innerhalb von Kommunen die Herausforderungen von interkulturellen Begegnungen groß scheinen, soll neben einer theoretischen Hinführung zum Interkulturellen und Diversitätsorientierten Lernen auch ein praxisorientierter Blick auf die Gemeinwesenarbeit (GWA) erfolgen. Denn gerade wo Individuen unterschiedlicher Herkunft zusammenleben, ist der Nährboden für Missverständnisse, Vorurteile und Diskriminierung groß. Diesen soll mit Hilfe interkultureller und diversitätsorientierter Lernprozesse adäquat begegnet werden, denn »Kultur ist wie ein Tanz: Man kann nicht mittanzen, wenn man die Schritte nicht kennt!« (Frick 2012). Durch die Wahl des Praxisfelds GWA haben wir zudem die Möglichkeit, alle Wirkungsebenen von Diversität (Individuum, Gruppe und Gesellschaft) in den Blick zu nehmen: Sowohl Sozialarbeiter_innen als auch Individuen setzen sich mit ihrer eigenen Biografie auseinander und erleben einen individuellen Lernprozess. Dieser wirkt sich – möglichst positiv – auf die Gruppen, in welchen sie agieren, aus, wodurch ein Multiplikator_inneneffekt erzielt wird, der bis in die Gesellschaft hineinwirkt, wenn Menschen beginnen, anderen mit Respekt entgegenzutreten, und Handlungsmöglichkeiten erlernen, ›Fremden‹ zu begegnen. Aus diesem Blickwinkel scheint es zielführend im Hinblick auf eine Etablierung der Diversitätsperspektive in der Sozialen Arbeit, im weiteren Verlauf dieses Kapitels vertiefend auf das Interkulturelle und Diversitätsorientierte Lernen in der GWA einzugehen.

Teil A: Theorie

8 Begriffsannäherungen

Um eine vertiefende Auseinandersetzung mit Interkulturellem und Diversitätsorientiertem Lernen innerhalb der GWA zu erreichen, ist vorerst ein Diskurs zu den wesentlichen Begriffen zu leisten.

8.1 Interkulturalität

Mit dem Begriff *Interkulturalität* ist zunächst einmal der Begriff *Kultur* verbunden. Um sich angemessen mit Interkulturalität befassen zu können, muss sich zuvor mit dem Terminus *Kultur* auseinandergesetzt werden. Eine eindeutige Definition von Kultur erweist sich als nicht ganz einfach. Ziel ist es daher, das für die vorliegende Arbeit zentrale terminologische Verständnis von Kultur und Interkulturalität darzulegen.

Viele Autor_innen beziehen den Begriff *Kultur* zunächst ausschließlich auf Nation. Hierbei bleibt jedoch unberücksichtigt, dass »die unter historisch-politischen Gesichtspunkten entstandenen Nationen nicht notwendigerweise mit den jeweils dort angesiedelten sprachlichen und kulturellen Gruppen identisch sind« (Aschenbrenner-Wellmann 2003: 17). Darüber hinaus ist fraglich, inwieweit es »den Deutschen« oder »den Amerikaner« gibt, zumal unsere heutige Gesellschaft durch Migration, Globalisierung und Pluralisierung deutlich diverser geworden ist. So erklärt auch Müller-Wille (2000: 38): »Das so häufig genutzte Bild von einem Kulturkreis suggeriert eine Abgeschlossenheit, die es so nicht gibt. Es gibt auch bei den Einwanderern selbst eine vielfältige und dynamische Ausdifferenzierung«.

Angesichts dessen müssen weitere Aspekte zur Betrachtung von Kultur hinzugefügt werden. A. Thomas (1993: 380) führt daher an:

> »Kultur ist ein universelles, für eine Gesellschaft, Organisation und Gruppe aber sehr typisches Orientierungssystem. Dieses Orientierungssystem wird aus spezifischen Symbolen gebildet und in der jeweiligen Gesellschaft usw. tradiert. Es beeinflußt das Wahrnehmen, Denken, Werten und Handeln aller ihrer Mitglieder und definiert somit deren Zugehörigkeit zur Gesellschaft. Kultur als Orientierungssystem strukturiert ein für die sich der Gesellschaft zugehörig fühlenden Individuen spezifisches Handlungsfeld und schafft damit die Voraussetzungen zur Entwicklung eigenständiger Formen der Umweltbewältigung«.

Maletzke (1996, zitiert nach Heringer 2012: 23) erklärt weiter, dass Kultur im Wesentlichen als ein System von Konzepten, Überzeugungen, Einstellungen und Wertorientierung zu verstehen ist, »die sowohl im Verhalten und Handeln der Menschen als auch in ihren geistigen und materiellen Produkten sichtbar werden. Ganz vereinfacht kann man sagen: Kultur ist die Art und Weise, wie die Menschen leben und was sie aus sich selbst und ihrer Welt machen«. Brislin (1982 zitiert nach Heringer 2012: 24) fügt dem hinzu, dass Kultur zu verstehen ist als »eine identifizierbare Gruppe mit gemeinsamen Überzeugungen und Erfahrungen, mit Wertgefühlen, die mit diesen Erfahrungen verbunden sind, und mit einem Interesse an einem gemeinsamen historischen Hintergrund«.

Da der Kulturbegriff im weiteren Verlauf Basis für die Auseinandersetzung mit Interkulturalität sein soll, wird hier noch eine Annäherung aus dem Bereich Interkulturelle Kommunikation angefügt. Barmeyer (2012: 95) beschreibt Kultur als ein erlerntes Orientierungs- und Referenzsystem von Werten und Praktiken, das von Angehörigen einer Gruppe oder Gesellschaft kollektiv gelebt wird und sie von anderen Gruppen oder Gesellschaften unterscheidet. Somit gibt Kultur ihren Mitgliedern Möglichkeiten, gemeinsames und individuelles Handeln zu gestalten. In der interkulturellen Forschung gibt es nach Barmeyer drei Konzepte, um sich dem Terminus Kultur zu nähern:

- **Kultur als Interpretationssystem:** »Kultur besteht aus gemeinsamen und als selbstverständlich und natürlich erachteten Vorstellungen, Zeichen, Symbolen und Bedeutungen, die innerhalb einer Gruppe Eindeutigkeit, Sinnstiftung, geteiltes Wissen, zielführende Kommunikation und Kooperation ermöglichen« (ebd.: 95).
- **Kultur als Wertesystem:** Durch Sozialisation und Enkulturation innerhalb eines Erfahrungsraumes erwirbt ein Individuum bestimmte Muster des Denkens, Fühlens und Handelns. Diese konstruieren ein emotionales und kognitives System, das für seine Gesellschaft spezifisch ist. Diese werden unbewusst gespeichert und festigen sich als Werte, Lebensregeln und Haltungen (ebd.).
- **Kultur als System zur Zielerreichung und Problembewältigung:** Aufgrund von Werten, Erfahrungen und Ansprüchen bewähren sich für Gesellschaften bestimmte Lösungen zur Regulierung zwischenmenschlichen Handelns. So entwickeln sich in Gesellschaften in Anbetracht ihrer relativ ähnlichen Wertorientierung bestimmte Lösungsmuster, die für eine gewisse Kontinuität sorgen und in Institutionen verfestigt werden (ebd.: 95f.).

Zentral ist dabei, dass Kultur kein fixes System, sondern veränderbar ist. So entstehen z. B. durch Individualisierung und Heterogenisierung der Gesellschaften multiple kulturelle Bezugspunkte und polyvalente Identitäten, die bisherige Analyserahmen wie bspw. eine Nationalkultur in Frage stellen (ebd.: 96). Gerade dieses Verständnis von Kultur steht der zuvor beschriebenen »Nationalkultur« mit seiner Abgeschlossenheit entgegen. Diese Auffassung erlaubt es, Kultur differenzierter und offener zu betrachten, wodurch auch innerhalb einer Nation, einer Stadt oder einer Sprache diverse Kulturen vertreten sein und gelebt werden können. Durch Migration, Pluralisierung und Globalisierung leben wir in einer vielfältigen Gesellschaft. Daher wird ein prozesshaftes und wandelbares Verständnis von Kultur benötigt, das adäquat auf diese Vielfalt eingehen und sie verstehen und gestalten kann. So folgert auch Aschenbrenner-Wellmann (2003: 61), »Kultur als allgemein-menschliches Phänomen zu betrachten und somit im Gegensatz zur nicht-globalen Perspektive zu sehen, in der Kultur als Eigenschaft einer besonderen Gruppe von Menschen angesehen wird«. Um dies zu erreichen, braucht es die Wahrnehmung kultureller Vielfalt sowie die Akzeptanz von Verschiedenartigkeit, welche wiederum die Voraussetzung für Interkulturelles Lernen und Interkulturelle Kompetenz darstellt (ebd.: 62).

Im Anschluss an die Begriffsannäherung zu Kultur kann nun der Terminus *Interkulturalität* näher beleuchtet werden. Zunächst bedarf es hierfür einer Abgrenzung zum Begriff »Multikulturalität«, da diese des Öfteren synonym verwendet werden. Der wesentliche Unterschied dieser beiden Termini liegt darin, dass Multikulturalität ein Faktum darstellt, wohingegen Interkulturalität erst in Begegnungen erzeugt werden muss (Erll/Gymnich 2014: 32). So definiert Mintzel (1997: 58), dass mit Multikulturalität eine gesellschaftliche Tatsache bezeichnet wird, »etwas empirisch Gegebenes, nämlich die Tatsache, dass innerhalb einer Gesellschaft bzw. einer staatlich organisierten Gesellschaft/Bevölkerung mehrere Kulturen koexistieren, sei es friedlich oder im Konflikt, sei es in einem Nebeneinander oder in einem integrierten Miteinander«. Folglich geht es innerhalb der Multikulturalität nicht um die Qualität oder das *Wie* des Miteinanders, sondern ausschließlich um die Tatsache, dass ein vielfältiges Zusammenleben besteht. Interkulturalität hingegen entsteht erst, wenn Angehörige verschiedener Kulturen miteinander in Kontakt treten und interagieren – also interkulturelle Begegnungen und hierdurch Interkulturen stattfinden. Mecheril (1998: 287) stellt dies folgendermaßen dar:

> »Im Begriff der Interkulturalität wird auf der Ebene von Gruppenprozessen, aber auch inter- und intrapersonal eine gesellschaftliche Realität der Vielfalt und Interkation bestimmt. Interkulturalität bezeichnet Prozesse des Austausches, der Verständigung, der Konstruktion, der Irritation wie auch Prozesse der Selbstvergewisserung, der Deformation, der Erweiterung und des Wandels, die dann bedeutsam werden, wenn Kulturen auf der Ebene von Gruppen, von Individuen und Symbolen in Kontakt miteinander treten« (ebd.).

Unter Interkulturalität wird also ein gegenseitiger Prozess des Austausches der Interaktion und der Interpretation verstanden, der dann relevant wird, wenn Kulturen auf der Ebene von Gruppen, Individuen und Symbolen in Kontakt kommen und nicht über dieselben Wertorientierungen, Bedeutungssysteme und Wissensbestände verfügen (Barmeyer 2012: 81). Somit entsteht Interkulturalität dann, »wenn es zu kulturellen Überschneidungssituationen zwischen Personen kommt, in denen Eigenes und Fremdes als bedeutsam eingestuft werden« (ebd.: 82). Barmeyer (ebd.) stellt dies mit Hilfe folgenden Schaubildes dar (▶ Abb. 5).

Viele Soziolog_innen betrachten den Begriff der Interkulturalität jedoch kritisch, da sie die Kultur als bereits heterogen beschreiben. Freise (2013: 46) stellt diesem entgegen, dass Menschen ihre Identität bilden, indem sie sich bspw. sozialen, nationalen oder kulturellen Gruppen zuordnen, weshalb sie sich stets von anderen Gruppen abgrenzen möchten. Eine weitere Sorge sehen die Fachleute

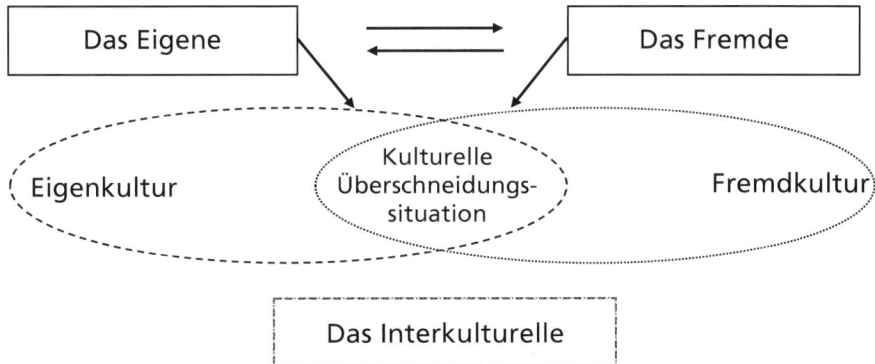

Abb. 5: Interkulturalität nach Barmeyer (aus: Thomas, A., 2005. Das Eigene, das Fremde, das Interkulturelle. In: Thomas, A. (Hrsg.): Handbuch Interkulturelle Kommunikation und Kooperation. Band 1. Grundlagen und Praxisfelder. Göttingen, Vandenhoeck & Ruprecht, 44–59, hier 46)

aus der Ungleichheitsforschung. Sie werfen der interkulturellen Pädagogik vor, »dass sie die den Migrant/innen gesellschaftlich zugeschriebene Fremdheit ontologisiert und verfestigt« (ebd.). So würden schulische Defizite von Migrant_innenkindern auf kulturelle Ursachen zurückgeführt, auch wenn andere Gründe wie die Arbeitslosigkeit der Eltern eine zentrale Ursache darstellen (ebd.). Die Fokussierung auf kulturelle Unterschiede hat nach Auernheimer (2010: 222) ihren Grund hingegen darin, dass mit der Migration spezifische kulturelle Wahrnehmungs- und Verhaltensmuster verbunden sind, die sich auch durch den Rückgriff auf soziale Schichtunterschiede nicht einfach erklären lassen. Somit macht eine Fokussierung auf kulturelle Unterschiede Sinn, eine ausschließliche Fixierung hierauf ist jedoch abzulehnen.

Ziel der Auseinandersetzung mit Interkulturalität innerhalb der Sozialen Arbeit sind vor allem gegenseitige Lernprozesse sowie die Gestaltung einer multiethnischen Gesellschaft, in der Herkunftsdeutsche und Neubüger_innen gleiche Rechte und Chancen haben (Freise 2017: 68). Gleichzeitig hilft diese Auseinandersetzung dabei, Tendenzen zur gegenseitigen Abschottung von Mehr- und Minderheiten abzubauen, wechselseitige Akzeptanz gegenüber kultureller Besonderheiten weiterzuentwickeln und Probleme, die sich aus der Zuwanderung für Migrant_innen und die Aufnahmegesellschaft ergeben, auf der Grundlage humanitärer Grundsätze zu bearbeiten (FH Düsseldorf 2004, zitiert nach Freise 2007: 19).

Interkulturalität kann innerhalb der Sozialen Arbeit und ihren Organisationen darüber hinaus in zwei weitere Richtungen übertragen werden: die interkulturelle Orientierung sowie die interkulturelle Öffnung. Die interkulturelle Orientierung wird als Haltung von Personen oder Institutionen verstanden, die anerkennen, dass unterschiedliche Gruppen in einer Stadtgesellschaft leben und diese Gruppen sich in ihren Kommunikations- und Repräsentationsmitteln unterscheiden (Schröer 2007: 2). Diese Orientierung zielt auf »Anerkennung und bildet damit die Grundlage dafür, dass Gruppen und Individuen ihre jeweiligen Interessen vertreten, dass die Beteiligten eine selbstreflexive Haltung gegenüber der eigenen Kultur einnehmen können und dass dadurch eine gleichberechtigte Begegnung ermöglicht wird« (ebd.: 2). Aufgrund dieser Ziele ist eine interkulturelle Orientierung gerade für GWA zentral, um auf die Verschiedenheit innerhalb dieser professionell eingehen und hierin partizipativ handeln und gestalten zu können.

Interkulturelle Öffnung ist die Konsequenz intellektueller Orientierung. Diese Öffnung soll Strukturen mit ausschließendem Charakter verändern. Um dies umzusetzen, braucht es jedoch interkultureller Haltungen und Fähigkeiten auf Seiten des Personals. So kann interkulturelle Öffnung zusammengefasst werden »als ein bewusst gestalteter Prozess, der (selbst-)reflexive Lern- und Veränderungsprozesse von und zwischen unterschiedlichen Menschen, Lebensweisen und Organisationsformen ermöglicht, wodurch Zugangsbarrieren und Abgrenzungsmechanismen in den zu öffnenden Organisationen abgebaut werden und Anerkennung ermöglicht wird« (ebd.: 3). Eine interkulturelle Öffnung und Orientierung sollte demnach immer von Institutionen als auch Sozialarbeiter_innen ausgehen.

Für das Verständnis von Interkulturalität innerhalb der Sozialen Arbeit ist aber auch die Frage zentral, wie interkulturelle Begegnungsprozesse verlaufen und welches Ziel hierbei angestrebt werden soll. Seit einiger Zeit werden vor allem Begriffe wie »Assimilation«, »Segmentation« oder »Multiethnische Gesellschaft« sowohl in politischen als auch sozialarbeiterischen Kontexten eingebracht und kontrovers diskutiert. Hierbei handelt es sich um verschiedene Formen der Sozialintegration. Zu überlegen ist dabei, innerhalb welcher Integrationsform Interkulturalität denn überhaupt verwirklicht werden kann. H. Esser (2001: 20f.) unterteilt Sozialintegration in vier mögliche Typen: Marginalisierung, Mehrfachintegration, Segmentation und Assimilation. Da Marginalisierung zur Folge hat, dass sich eine Person in keiner Gesellschaft erfolgreich integriert, kann dies nicht zu interkulturellen Begegnungen auf Augenhöhe führen, weshalb diese Ausprägung als Zielgröße nicht in Frage kommt. Auch eine Mehrfachintegration, bei der Individuen in beide Gesellschaften gleichermaßen integriert sind, ist häufig nicht realistisch, da dies einen hohen Bildungsstandard und weitere günstige Verhältnisse voraussetzt, die bei den meisten Adressat_innen innerhalb der Sozialen Arbeit so nicht vorhanden sind. Bei der Segmentation handelt es sich um eine »dauerhafte Etablierung der ethnischen Gruppe als eigene gesellschaftliche Einheit mit systematischen Unterschieden zwischen den verschiedenen Gruppen, etwa als räumlich abgegrenzte ethnische Gemeinden mit eigenen Institutionen [...] und einem eigenen Status- und Aufstiegssystem« (Esser 2001[a]: 2). Durch die Segmentation entsteht demnach eine Art »Parallelgesellschaft«, in der die Integration in das Aufnahmeland nicht gewollt scheint und auch Lernprozesse zwischen den Kulturen abgelehnt werden. Somit kann auch diese Variante im Hinblick auf interkulturelle Begegnungen und einen wechselseitigen Integrationsprozess nicht erfolgreich sein.

Demnach bleibt nach Esser nur noch eine Integrationsform: Die *Assimilation*. Diese beschreibt er als »das Verschwinden der systematischen Unterschiede zwischen den verschiedenen Gruppen [...] unter Beibehaltung aller individuellen Ungleichheiten« (ebd.: 2). Insofern bedeutet Assimilation nicht die spurlose Auflösung aller Unterschiede zwischen den Menschen, sondern die Verringerung systematischer Unterschiede zwischen den Gruppen (ebd.: 2). Berry sieht Assimilation jedoch kritisch, da es hierbei um die »Anpassung eines Individuums oder einer Gruppe an die Aufnahme- bzw. Mehrheitskultur und einhergehende Geringschätzung oder gar Ablehnung der Eigenkultur« gehe (Berry 2005: 697–712). Barmeyer erklärt zudem, dass hierbei »Personen und Gruppen versuchen, durch bewusste Übernahme von Normen, Bedeutungen, Verhaltensweisen und Sprache des anderskulturellen Systems, sich an die (Mehrheits-)Kultur anzupassen und ihr eigenkulturelles Orientierungssystem abzulegen« (Barmeyer 2012: 23f.). Daher wird Assimilation meist als kultureller Anpassungsdruck beschrieben, der von der Mehrheitsgesellschaft auf zugewanderte Individuen und Gruppen ausgeübt wird und damit einen einseitigen Anpassungsprozess einer Minderheits- an die Mehrheitsgesellschaft fordert (ebd.: 24). Auch die Migrationssoziologie versteht Assimilation als einen Prozess, »in dem kulturelle und soziale Unterschiede [...] und die damit verbundene Identität zwischen ethnischen Gruppen verschwimmen und letzten Endes verschwinden« (ebd.: 26). Hannah Arendt führte die Herausforderung von Assimilation schon früh aus Sicht der Geflüchteten an: »Unser ganzes Tun ist darauf ausgerichtet, dieses Ziel zu erreichen: wir wollen keine Flüchtlinge sein [...]. Es gelingt uns nicht, und es kann uns auch nicht gelingen; unter der Oberfläche unseres ›Optimismus‹ kann man unschwer die hoffnungslose Traurigkeit von Assimilation ausmachen« (Arendt 2018: 28f.). Bereits zu ihrer Zeit plädierte Arendt »mit Nachdruck gegen die Anstrengung der Assimilation und für ein neues, ein politisches Selbstbewusstsein der Flüchtlinge, für ihre Sache einzutreten« (Meyer 2018: 45).

In Anbetracht dieser Kritik und einem Verständnis von Integration als wechselseitigem Prozess mit dem Willen zu interkulturellen Begegnungen auf Augenhöhe muss hier festgehalten werden, dass Assimilation nicht das Ziel von Integration oder interkulturellen Begegnungs- und Bildungsprozessen sein kann. Somit muss eine weitere Sichtweise des Verlaufs von Migration und Integration näher betrachtet werden: Die *multiethnische Gesellschaft*. Unter diesem Schlagwort sind verschiedene Forschungszugänge zu verstehen, die sich gegenüber den Assimilationstheorien abgrenzen. Sie sind aus der Kritik an diesen heraus entstanden und werfen ihnen vor, »noch zu ethnozentrisch und zu sehr auf die Bringschuld der Einwander_innen konzentriert zu sein« (Hoesch 2018: 93). Weiter ist multiethnische Gesellschaft ein »Begriff zur Umschreibung kulturell heterogen geprägter Gesellschaften, in denen Gruppen relativer kultureller Homogenität innerhalb einer Gesellschaft nebeneinander existieren« (Barmeyer 2012: 125). Die Grundidee dabei ist die Wertschätzung von Diversität und die Anerkennung unterschiedlicher Kulturen als gleichwertig. Überdies sollen durch eine multiethnische Gesellschaft grundlegende Freiheitsrechte respektiert sowie die Entfaltung von unterschiedlichen kulturellen Lebensformen im privaten Bereich und in der Öffentlichkeit ermöglicht werden. Eine multiethnische Gesellschaft zielt also darauf ab, dass verschiedene ethnische Gruppen unter einem politischen bzw. staatlichen Dach koexistieren und ihre kulturelle Eigenständigkeit behalten können, ohne diskriminiert zu werden. Als Basis müssen hierbei die Grund- und Menschenrechte angesehen werden.

In Anbetracht dieser Darstellung kann zusammenfassend festgestellt werden, dass eine multiethnische Gesellschaft Interkulturalität am besten verwirklichen kann sowie interkulturelle Begegnungen auf Augenhöhe ermöglicht. Aschenbrenner-Wellmann (2003: 68f.) gibt jedoch zu bedenken, dass auch dieses Konzept häufig von einem statischen und geschlossenen Kulturbegriff geprägt sein kann, wodurch eine gegenseitige Annäherung und Veränderung der Individuen erschwert scheint. Vielleicht braucht es gerade deshalb den Begriff *Interkulturalität* als eine auf Interaktion angelegte Weiterführung, die das einfache Nebeneinander von Kulturen für unzureichend hält und daher die gegenseitige Beziehung und das gemeinsame Gestalten des Zusammenlebens betont (ebd.). Denn ausschließlich hierdurch kann der Prozess des Austauschs, der Verständigung sowie der Selbstvergewisserung und des Wandel, wie er zu Beginn nach Mecheril (1998: 287) erläutert wurde, ermöglicht werden.

> Somit kann das Ziel einer professionellen, zeitgemäßen Sozialen Arbeit nur eine multiethnische Gesellschaft auf Basis der interkulturellen Begegnung sein, um der Vielfalt unserer heutigen Gesellschaft adäquat begegnen zu können, diese anzuerkennen und hierin handlungsfähig zu werden. Ferner kann ausschließlich durch die Akzeptanz einer multiethnischen Gesellschaft Interkulturalität gewollt, angebahnt und realisiert werden. Überdies muss Interkulturalität als (Lern-)Ziel verfolgt werden, um Veränderungen im Zusammenleben anzustreben sowie interkulturelle Bezugspunkte innerhalb unserer Gesellschaft zu erkennen und zu gestalten.

8.2 Vom Interkulturellen zum Diversitätsorientierten Lernen

Innerhalb der Sozialen Arbeit bestehen recht unterschiedliche Ansichten, wie Vielfalt und Migration begegnet werden soll. Gleichzeitig stellt sich auch die Frage, welche adäquaten Handlungsoptionen in der Sozialen Arbeit benötigt werden, um dieser Vielfalt respektvoll begegnen und mir ihr arbeiten zu können. Im Hinblick auf die vorliegende Darstellung des Ziels einer Interkulturalität müssen hier zwei Stränge des in diesem Sinne zielführenden Umgangs mit Vielfalt betrachtet werden: Das Interkulturelle Lernen sowie das Diversitätslernen.

Durch den Begriff des »Lernens« wird bereits deutlich, dass es sich in beiden Fällen um einen individuellen Lernprozess handeln muss, der nie ganz abgeschlossen sein wird. Innerhalb dieses Prozesses kann der Weg des Lernens sehr unterschiedlich verlaufen, da jede Person andere Lern- und Lebenserfahrungen plus diverse Motivationsformen mitbringt, die wiederum Auswirkungen auf den Lernprozess haben können. Gleichzeitig müssen innerhalb von Lernprozessen auch Gruppen (z. B. eine Klassengemeinschaft, die Stadtgesellschaft oder ein Wohngebiet) und die Gesellschaft in den Blick genommen werden, da persönliche Lernprozesse sich stets auf das Umfeld des Individuums auswirken.

In vielen Fachbüchern und Diskussionen um das Interkulturelle Lernen vermischt sich dieser Begriff mit dem Terminus Interkulturelle Kompetenz, die als das große Ziel des Interkulturellen Lernens bezeichnet werden kann. Dennoch soll hier versucht werden, eine Abgrenzung zwischen beiden Begrifflichkeiten vorzunehmen, da eine Interkulturelle Kompetenz vorwiegend als (Prozess-)Ergebnis des Interkulturellen Lernens verstanden wird, worauf unter Punkt 2 vertiefend eingegangen werden soll.

Somit kann konstatiert werden, dass Interkulturelles Lernen im Idealfall Interkulturelle Kompetenz als auch eine interkulturelle Haltung ermöglicht. Daher erklärt Thomas (1993, zitiert nach Aschenbrenner-Wellmann 2014a: 384), dass Interkulturelles Lernen dann stattfindet, »wenn eine Person bestrebt ist, im Umgang mit Menschen einer anderen Kultur deren spezifisches Orientierungssystem der Wahrnehmung, des Denkens, Wertens und Handelns zu verstehen, in das eigenkulturelle Orientierungssystem zu integrieren und auf ihr eigenes Denken und Handeln im fremdkulturellen Umfeld anzuwenden«. Zentral sind hierbei die Auseinandersetzung und Reflexion des eigenen Orientierungssystems. Somit ist Interkulturelles Lernen dann erfolgreich, wenn »eine handlungswirksame Synthese zwischen den unterschiedlichen Orientierungssystemen erreicht wird« (Aschenbrenner-Wellmann 2014a: 384). Weitere wesentliche Ziele des Interkulturellen Lernens sind die Begegnungen mit anderen Kulturen, die Beseitigung von kontaktverhindernden Barrieren als auch die Herbeiführung von interkulturellen Austauschsituationen (Hohmann 1989: 16). Desgleichen haben sich die Kultusministerien bezüglich der Vielfalt an Schulen mit interkultureller Bildung und Erziehung auseinandergesetzt. Im Bericht der Länder über jenen Beschluss erklärt das Kultusministerium des Landes Baden-Württemberg, dass durch Interkulturelles Lernen vor allem die Sensibilisierung für kulturspezifische Besonderheiten, die Unterstützung einer Willkommenskultur sowie die Sensibilisierung für besondere Kompetenzen und Möglichkeiten von Lehrkräften mit Migrationshintergrund gefördert werden sollen (Kultusministerkonferenz 2017: 5). Das Bundesland Bayern geht hier noch einen Schritt weiter und verankert interkulturelle Bildung in den obersten Bildungszielen mit folgender Begründung:

> »In einer zunehmend heterogenen Gesellschaft kommt nicht zuletzt der interkulturellen Bildung ein hohes Maß an Bedeutung zu. Sie gewährleistet, dass Schülerinnen und Schüler grundlegende Kenntnisse über andere Kulturen und Religionen erwerben, um ein kultursensibles und friedvolles Miteinander zu ermöglichen. Interkulturelle Bildung beinhaltet z. B., andere religiöse Kulturen im schulischen Kontext zu thematisieren, wodurch sich Teilnahme- und Teilhabechancen für alle eröffnen. Das wertschätzende Bewusstsein für die eigene und für andere Kulturen ermöglicht einen offenen, toleranten sowie respektvollen Umgang miteinander und fördert das Verständnis für fremde und kulturspezifische Vorstellungen und Verhaltensweisen« (StMBW zitiert nach Kultusministerkonferenz 2017: 7).

Demzufolge ist auch hier ein Kompetenzerwerb in den Bereichen Kenntnis, Einstellung und Haltung zentrales Ziel Interkulturellen Lernens (Kultusministerkonferenz 2017: 7).

Dies lässt erkennen, dass Interkulturelles Lernen einen Prozess darstellt, der zur Realisierung einer Interkulturalität zentral ist, was bedeutet, dass sowohl die aufnehmende Gesellschaft als auch Migrant_innen die Zielpersonen darstellen müssen. Dementsprechend spielt Interkulturelles Lernen für die Soziale Arbeit aus zwei Perspektiven eine Rolle: Für die Sozialarbeiter_innen selbst, um Kompetenzen zu erwerben und hierdurch handlungsfähig für ihren Arbeitsalltag zu werden, als auch für die Adressat_innen der Sozialen Arbeit, um ihnen interkulturelle Lernprozesse zu ermöglichen, wodurch Barrieren in der Gesellschaft abgebaut und Interkulturalität ermöglicht werden kann. Hierdurch können Sozialarbeiter_innen parallel einen Beitrag zur integrationspolitischen als auch zur normativ-regulierenden Dimension von Diversität leisten.

In dieser Darstellung des Interkulturellen Lernens findet sich bereits eine respektvolle Offenheit gegenüber anderen Lebensweisen und Hintergründen von Individuen wieder. Was macht nun den Unterschied zum *Diversitätslernen* aus?

»Im Prozess des Diversity-Lernens reflektieren die Beteiligten in einer gestaltungsoffenen und heterogen verlaufenden, Bildungsfortschritte ermöglichenden Lernkultur ihre eigenen Wirklichkeitsvorstellungen und -konstruktionen durch die Begegnung und Auseinandersetzung mit Anderen. Dabei wird vorausgesetzt, dass neuen Lehr- und Lerninhalten durch die Veränderung von bereits gelernten Erfahrungsmustern begegnet werden muss« (Aschenbrenner-Wellmann 2014b: 29). Somit zielt Diversitätslernen auf die »Entwicklung von Kompetenzen zur Bewältigung von vielfältigen und komplexen Herausforderungen und Prozessen« (ebd.). Als herausfordernd beschreibt Aschenbrenner-Wellmann, dass die Bereitschaft, bereits Erlerntes zu verändern in unterschiedlichem Maße und unterschiedlicher Qualität vorherrschend ist (ebd.). Ein Unterschied zum Interkulturellen Lernen kann darin ausgemacht werden, dass der konstruktive Umgang mit Unterschiedlichkeit, die Fähigkeit soziale Prozesse beobachten und regeln zu können als auch Verschiedenheit erwartbar gestalten zu können im Fokus liegt (ebd.). Im Zentrum steht folglich die Veränderung im Bereich der Selbst- und Fremdwahrnehmung auf verschiedenen – nicht nur der (inter-)kulturellen – Ebene. So erklärt auch L. Kaiser, dass Diversität den konzeptionellen Vorteil bietet, dass immer von der Gesamtheit ausgegangen wird und nicht erst ein Umweg über die Herstellung der Gruppenzugehörigkeit (wie Staatsangehörigkeit) gegangen werden muss (Kaiser 2009: 190). Diversitätslernen geht hier also noch einen Schritt weiter und betrachtet neben einem individuellen, interkulturellen Lernprozess auch die gesellschaftlichen Strukturen und Bedeutungen von jeglichen Diversitätsdimensionen in den unterschiedlichsten Bereichen, um so die Lernenden für Inklusions- und Exklusionsmechanismen zu sensibilisieren. Diesem Gegenstand zufolge können Machtverhältnisse aufgedeckt, besser verstanden und reflektiert werden, so dass Diskriminierungen auch auf struktureller Ebene besser entgegengewirkt werden kann. So folgert Leiprecht (2008: 108), dass die Intention des Diversitätslernens darin liegt, »Essentialisierungen, festlegende Zuschreibungen, pauschalierende Negativbewertungen, Ausgrenzungen und Diskriminierungen« abzubauen. Um dies zu verwirklichen werden Individuen nicht auf einzelne Unterschiedlichkeiten beschränkt, sondern verschiedene »Differenzlinien« (wie Geschlecht, Religion, Alter, sexuelle Orientierung, etc.) herangezogen und reflektiert (ebd.). Auf dieser Grundlage kann innerhalb des Diversitätslernens auch die Intersektionalität in den Blick genommen werden, wodurch Kombinationsmöglichkeiten der Diversitätsdimensionen betracht- und reflektierbar werden (Aschenbrenner-Wellmann 2014b: 29). Das Ziel eines Diversitäts-Lernprozesses ist es (ähnlich wie beim Interkulturellen Lernen), Kompetenzen zu erlangen, welche aus Wissen, Einstellung, Motivation, Fähigkeiten und Fertigkeiten bestehen. Ziel dieses Erwerbs ist ein gesellschaftlich verbesserter Zustand, in dem man ohne Angst verschieden sein kann (Aschenbrenner-Wellmann 2009: 214).

Infolgedessen kann verzeichnet werden, dass es sich beim Diversitätslernen um eine Erweiterung des Interkulturellen Lernens hin zu diversen Differenzlinien sowie einer Betrachtungsweise der Intersektionalität und von Machstrukturen auf der Mesoebene handelt, während Interkulturelles Lernen als ein Teilbereich des Diversitätslernens beschrieben werden kann, welches sich vor allem mit der Diversitätsdimension Kultur beschäftigt. Hiervon ausgehend ist es kaum möglich, eine eindeutige Grenzlinie zwischen den beiden Modellen zu ziehen, da sowohl interkulturelle Fähigkeiten zu einer Diversitätskompetenz beitragen und dies auch umgekehrt wirksam ist als auch beide Modelle Schlüsselqualifikationen ausbilden, die zu einer Akzeptanz von Vielfalt führen sollen. Kaiser stellt diesbezüglich die Frage in den Raum, ob Diversität nicht als Konzept und das Interkulturelle Lernen als Werkzeug hierfür angesehen werden könnten (Kaiser 2009: 192). Insofern schließen sich Diversitätslernen und Interkulturelles Lernen nicht aus, sondern bilden gemeinsam die bestmögliche Basis, eine Akzeptanz der Vielfalt in unserer Gesellschaft zu fördern sowie adäquates Handeln und Auftreten von Fachkräften in einer modernen und vielfältigen Gesellschaft zu ermöglichen.

Deutlich wurde zuvor dargelegt, dass Interkulturelles Lernen für die Soziale Arbeit in jedem Arbeitsbereich unabdingbar ist, um in unserer Gesellschaft kompetent handeln und Lernprozesse anstoßen zu können. Ausgehend von der in der Einleitung dargestellten gesellschaftlichen Veränderung durch Migrations- und Integrationsprozesse sowie die Vorstellung des Interkulturellen Lernens als Grundlage, soll im weiteren Verlauf vertiefend auf dieses Modell Bezug genommen werden – und dabei stets Diversitätslernen sowie die Diversitätskompetenz im Sinne einer Weiterentwicklung einbezogen werden, da in beiden Modellen Schlüsselqualifikationen für den Umgang mit Vielfalt in unserer Gesellschaft erworben werden können. Doch gerade für eine Kompetenzerweiterung ist es sinnvoll, sich zunächst einer Diversitätsdimension, in diesem Fall der Kultur, anzunehmen, um eine Überforderung der beteiligten Personen und Institutionen zu vermeiden.

Teil B: Theorie und Praxisverknüpfung

9 Zentrale Themenfelder des Interkulturellen und Diversitätsorientierten Lernens

Im Folgenden sollen nun zentrale Themenbereiche und Diskursfelder betrachtet werden, die es ermöglichen, Chancen und Grenzen dieser Lernprozesse zu analysieren und reflektieren. Hierbei werden systematisch Theorie- und Praxisverknüpfungen vorgenommen.

9.1 Von der Interkulturellen Kompetenz zur Diversitätskompetenz

Wie zuvor geschildert, ist das Hauptziel Interkulturellen Lernens für die meisten Autor_innen der Erwerb einer Interkulturellen Kompetenz – sowohl auf Seiten der Sozialarbeiter_innen als auch auf Seiten der Migrant_innen und der aufnehmenden Gesellschaft. Zunächst soll der Fokus auf die Fachkräfte der Sozialen Arbeit gelegt werden, für welche die Interkulturelle Kompetenz als neue Schlüsselqualifikation bezeichnet wird, da diese Voraussetzung dafür ist, »Befähigung und Beteiligung als aktuelle Leitvorstellungen Sozialer Arbeit auch gegenüber Menschen mit Migrationshintergrund umzusetzen« (Schröer 2007: 1). Zudem dient sie als Grundlage angemessenen Verhaltens gegenüber interkulturellen Situationen. Löcherbach und Puhl (2016: 151) leiten die Wichtigkeit einer Interkulturellen Kompetenz bei Fachkräften aus den Zugangsbarrieren für Migrant_innen zu Sozialen Diensten ab und nennen hier als Beispiele den fehlenden Zugang zu Informationen, kaum vorhandene muttersprachliche Mitarbeitende sowie kulturelle Hemmungen. Auf der anderen Seite beleuchten sie aber auch die Zugangsbarrieren deutscher Sozialarbeiter_innen zu den Migrant_innen: »Sie reichen von negativ wertenden ethnozentrischen Missverständnissen (was wir machen ist richtig, die anderen sind komisch) über die Ignoranz von kulturellen Unterschieden bis zur Abwehr und Angst vor dem Fremden, dem Ungewissen, dem Unkontrollierbaren« (ebd.). Um angemessener mit diesen Herausforderungen umzugehen, nehmen immer mehr Fachkräfte an sog. Interkulturellen Trainings teil. Innerhalb dieser Trainings wird unter Interkultureller Kompetenz die Fähigkeit verstanden, »effektiv mit Menschen, die über andere kulturelle Hintergründe verfügen, umzugehen und zusammenzuarbeiten. [...] Wichtige Faktoren für interkulturelle Kompetenz sind die emotionale Kompetenz und die interkulturelle Sensibilität, die es uns erlauben, die Konzepte der Wahrnehmung, des Denkens, Fühlens und Handelns der Fremdkultur bei unserem Handeln zu berücksichtigen« (IKUD o. J.). Dies bedeutet, dass Fachkräfte für ihr Handeln in allen Bereichen der Sozialen Arbeit Fähigkeiten entwickeln müssen, »die eigenen kulturellen Orientierungssysteme zu reflektieren, und die eigenen Regeln als eine unter vielen anzuerkennen« (Kircher 2003: 3). Im Kontext von Sozialer Arbeit versteht Kircher (ebd.: 2; Schwalb 1995) die Interkulturelle Kompetenz als Befähigung »in interkulturell geprägten Arbeitssituationen mit Angehörigen verschiedener ethnischer Gruppen und in fremdkulturellen Situationen zu kommunizieren und effektiv und effizient professionell tätig werden zu können«. Kircher erklärt aber auch, dass die meisten Menschen von Grund auf ein Mindestmaß an Interkultureller Kompetenz mitbringen, dies aber jedoch nicht ausreicht, um einer einwanderungsgerechten Regelversorgung zu entsprechen. Die zentralen Kompetenzen für Fachkräfte sind nach Kircher (ebd.: 3) daher Handlungskompetenzen, Empathiefähigkeit, Rollendistanz, Ambiguitätstoleranz und Konfliktfähigkeit. Demzufolge entwickelt sich Interkulturelle Kompetenz in einem Dreiecksverhältnis (ebd.; ▶ Abb. 6)

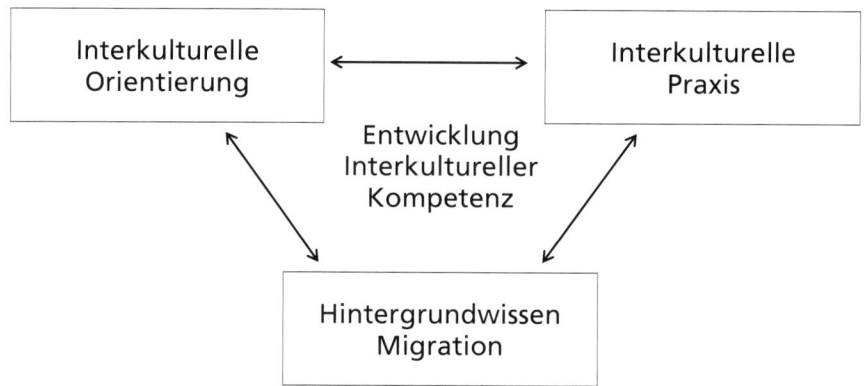

Abb. 6: Interkulturelle Kompetenz nach Kircher (aus: Kircher, Steffen, 2003. Interkulturelle Trainings für Fachkräfte in Sozialen Regeldiensten und Migrationsdiensten: 3 [Zugriff am 20.09.2019]. Verfügbar unter: http://www.themenpool-migration.eu/download/dmulti13.pdf)

Neben dieser Vorstellung gibt es hingegen zahlreiche weitere Auffassungen, wie Interkulturelle Kompetenz erworben werden kann und was hierunter zu verstehen ist.

Laut Keller (2013: 10f.) benötigt es einen Prozess, der aus drei Schritten besteht:

- Kenntnis und Wissen über unterschiedliche kulturelle Sozialisations- und Erziehungsstile (ebd.);
- Haltung der Achtsamkeit, wofür die Auseinandersetzung mit der eigenen Biografie notwendig ist (ebd.);

- Diversität leben, was bedeutet, unterschiedlichen Haltungsstrategien Raum zu geben und Ressourcen zu erkennen, anstatt Defizite zu identifizieren (ebd.).

Viele dieser Kompetenzen spiegeln sich auch innerhalb einer interkulturellen und diversitätsorientierten Haltung wider. Als elementare Voraussetzung zum Erwerb Interkultureller Kompetenzen sehen sowohl Kircher als auch Keller die Reflexion der eigenen Kultur und Identität an (ebd.; Kircher 2003: 3). Kircher gibt jedoch auch zu bedenken, dass dies nicht in einem kurzen »crash-course« geschehen kann, »sondern einen längeren, wenn nicht sogar dauerhaften Lernprozess benötigt« (ebd.). Nach Bolten (2006: 63) ergeben sich hieraus drei Lernebenen für die Interkulturelle Kompetenz (▶ Abb. 7).

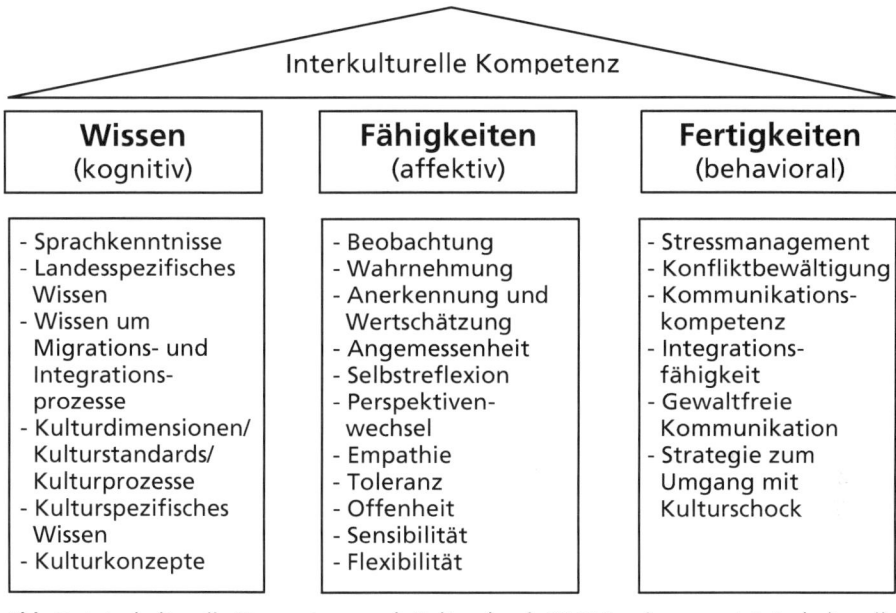

Abb. 7: Interkulturelle Kompetenz nach Bolten (nach IKUD Seminare, o. J. Interkulturelle Kompetenz. [Zugriff am 17.11.2020]. Verfügbar unter: https://www.ikud-seminare.de/veroeffentlichungen/interkulturelle-kompetenz.html)

Neben diesen Herangehensweisen soll zudem ein Modell aus dem angloamerikanischen Raum betrachtet werden, auch wenn dieses Interkulturelle Kompetenz meist für kurzfristige internationale Geschäftskontakte verfügbar machen soll. Dennoch kann hieran die Prozesshaftigkeit dieser Kompetenz verdeutlicht werden. Die Bertelsmann Stiftung hat hierzu 2006 eine Publikation unter dem Titel »Interkulturelle Kompetenz – eine Schlüsselqualifikation für das 21. Jahrhundert« herausgebracht. Hierfür wurden 23 US-amerikanische Expert_innen zu Schlüsselelementen Interkultureller Kompetenz befragt, was wiederum zu einer Lernspirale für Interkulturelle Kompetenz führte. Innerhalb dieser Spirale werden zwei

Modelle vereint: Ein Pyramiden- sowie ein Prozessmodell. Hinter Ersterem verbirgt sich eine lineare Betrachtungsweise, bei welcher herausgearbeitete Cluster (Haltung und Einstellung, Wissen und Fähigkeiten, interne und externe Wirkung) dargestellt werden. Das Prozessmodell hingegen bietet die Möglichkeit, die vorherrschende Komplexität des Lernprozesses besser darzustellen (Aschenbrenner-Wellmann 2012: 23; Bertelsmann Stiftung 2006). Deutlich wird hierbei:

> »Eine stetige Prozessorientierung ist wesentlich – d. h. das Bewusstsein für den an jedem Punkt stattfindenden Lernprozess und für die erforderlichen Fähigkeiten, die für den Erwerb Interkultureller Kompetenz notwendig sind. Dieses Prozessmodell Interkultureller Kompetenz zeigt außerdem die Bewegung und Prozessorientierung, die sich zwischen den verschiedenen Elementen entwickelt. [...] Dieses Modell zeigt auch, dass der Erwerb Interkultureller Kompetenz ein langwieriger, mehrdimensionaler und komplexer Prozess bleibt« (Bertelsmann Stiftung 2006: 20; ▶ Abb. 8).

Lernspirale »Interkulturelle Kompetenz«

Interne Wirkung: Reflexionskompetenz
- Relativierung von Referenzrahmen
- Empathiefähigkeit

Handlungskompetenz
- Umfassendes kulturelles Wissen
- Kommunikationsfähigkeiten
- Konfliktlösungsfähigkeit

Externe Wirkung: Konstruktive Interaktion
- Vermeidung von Regelverletzungen
- Zielerreichung

Haltungen und Einstellungen
- Wertschätzung von Vielfalt
- Ambiguitätstoleranz

Abb. 8: Lernspirale »Interkulturelle Kompetenz« der Bertelsmann Stiftung (aus: Bertelsmann Stiftung, Hrsg., 2006. Interkulturelle Kompetenz – Schlüsselqualifikation des 21. Jahrhunderts? Thesenpapier der Bertelsmann Stiftung auf Basis der Interkulturellen-Kompetenz-Modelle von Dr. Darla K. Deardorff. Gütersloh: Bertelsmann Stiftung. [Zugriff am 27.10.2019]. Verfügbar unter: https://www.jugendpolitikineuropa.de/downloads/4-20-2300/bertelsmann_intkomp.pdf)

Für die Auseinandersetzung mit Interkultureller Kompetenz und Sozialer Arbeit muss parallel zu den dargestellten Herangehensweisen hervorgehoben werden, dass es nicht ausreicht, ausschließlich bestimmte Kompetenzen zu nennen, welche es dann zu erreichen gibt – bis schließlich eine Interkulturelle Kompetenz vorhanden scheint. A. Kalpaka (1998: 78, zitiert nach Aschenbrenner-Wellmann 2012: 29) hat – auch im Hinblick auf Rassismus – folgende Überlegungen hierzu angestellt:

> »Für interkulturell kompetentes Handeln erscheint mir eine ›Deutschlandkunde‹ notwendig, und zwar im Sinne einer Erkundung dieser Gesellschaft, die Veränderungen durch Migrationsbewegungen in allen Lebensbereichen durchzieht. Dabei sollte die eigene Wahrnehmung und der eigene Umgang mit diesen Veränderungen thematisiert werden. Eine Auseinandersetzung mit dem Verhältnis zwischen ›uns‹ und ›ihnen‹, zwischen innen und außen, zwischen ›Ausländern‹ und ›Deutschen‹ und mit der Frage, wie sich dies in der Interaktion immer wieder herstellen oder auch verändern kann, wäre als Untersuchungsfrage viel spannender und ergiebiger, auch deshalb weil sie es ermöglicht, die eigene Wahrnehmung der Fremden zu thematisieren, die Machtfrage zu stellen, die Frage der unhinterfragten Selbstverständlichkeit, die als universell oft gar nicht zur Debatte stehen, aber für das Scheitern von vielen maßgebend sind«.

Auch in diesen Ausführungen wird deutlich, dass es sich um einen stetigen Lernprozess handelt, der nie in einer ›vollständigen‹ oder ›fertig angeeigneten‹ Interkulturellen Kompetenz enden kann. Vielmehr geht es neben dem notwendigen Kompetenzerwerb von Wissen, Fähigkeiten und Fertigkeiten um eine kompetente Haltung sowie die ständige Auseinandersetzung mit der Fremd- und Selbstwahrnehmung.

Auch Aschenbrenner-Wellmann (2012: 34) führt an, dass der Terminus *Interkulturelle Kompetenz* im Hinblick auf die vielfältigen Lebensstile sowie kulturelle Komplexität innerhalb unserer Gesellschaft nicht mehr statisch durch Merkmallisten betrieben werden kann und daher als Veränderungskompetenz definiert werden sollte: »Interkulturelle Kompetenz ist die in einem Betrachtungszeitpunkt einer Begegnungssituation mit Menschen unterschiedlicher Kulturzugehörigkeit in Selbst- oder Fremdbeobachtung einer Person wahrgenommene Veränderung von Fähigkeiten und Verhaltensweisen, die sich als ein Ereignis eines Change-Prozesses von der Monokulturellen zur Globalen Kompetenz herausgebildet hat« (Aschenbrenner-Wellmann 2003: 161f.). Dementsprechend kann die Überlegung eingebracht werden, ob die verschiedenen dargestellten Fähigkeiten bzw. Merkmale einer Interkulturellen Kompetenz alleinig das Produkt bzw. Ergebnis Interkulturellen Lernens darstellen – welche aus den genannten Gründen für die Soziale Arbeit unabdingbar sind –, die Interkulturelle Kompetenz jedoch im Prozess des Lernens und Veränderns selbst vorhanden ist. Somit wäre die Interkulturelle Kompetenz nur während des Veränderungsprozesses an sich innerhalb des Interkulturellen Lernens sichtbar, jedoch unmittelbar Voraussetzung für eine Veränderung und damit auch Voraussetzung für Interkulturalität. Dementsprechend beherrschen ausschließlich Personen, welche zur Selbstveränderung bereit sind, diese Kompetenz – ganz unabhängig vom Ertrag des Interkulturellen Lernens; denn selbst wenn Fachkräfte bspw. bereit sind, Menschen mit Respekt zu begegnen, bedeutet dies noch nicht, dass diese auch bereit sind, sich selbst zu verändern und demzufolge eine Interkulturelle bzw. Veränderungskompetenz in sich tragen.

An dieser Stelle müssen nun auch die Migrant_innen sowie die Gesellschaft in den Blick genommen werden, denn interkulturelle Fähigkeiten sind auch auf dieser Seite zentral, um eine multiethnische Gesellschaft und Interkulturalität innerhalb der Gesellschaft zu fördern, als auch Diskriminierung entgegenzuwirken. Aschenbrenner-Wellmann (2012: 35) erläutert, dass jene beschriebene Veränderungskompetenz dann beobachtet werden kann, »wenn eine Begegnung mit Menschen unterschiedlicher Kulturzugehörigkeit stattfindet und die daran beteiligten Personen den Versuch unternehmen, angemessen und erfolgreich miteinander zu interagieren«. Hier wird deutlich, dass es neben der Auseinandersetzung mit der eigenen Biografie immer auch Primär-Interaktionen zwischen Menschen unterschiedlicher kultureller Herkünfte braucht – auch für Fachkräfte –, um Interkulturelle Kompetenz als Veränderungskompetenz sichtbar zu machen. Daher sind Sozialarbeiter_innen aufgefordert, neben eigenen interkulturellen Kontakten, Begegnungen zwischen Migrant_innen und der aufnehmenden Gesellschaft zu ermöglichen, um eine Interkulturelle Kompetenz auf beiden Seiten sichtbar und erfahrbar zu machen und dadurch wiederum Veränderungen innerhalb der Gesellschaft hin zu einer erfolgreichen Integration im Sinne einer multiethnischen Gesellschaft und Interkulturalität anzustoßen; denn jene Begegnungen führen »immer, wenn nicht bewusst abgelehnt, zu einem Zugewinn an global- oder diversitätsorientierten Vorstellungen, Ideen und Werten. Interkulturelle Kompetenz ist somit das Ergebnis aus einerseits an Relevanz verlierender monokultureller Kompetenz, andererseits aus einem ›echten‹ Zuwachs an Globaler Kompetenz mit neuen, veränderten Wissens- und Einstellungsbestandteilen sowie konkreten Fähigkeiten und Fertigkeiten« (ebd.).

> Zusammenfassend kann konstatiert werden, dass Interkulturelle Kompetenz eine Veränderungskompetenz darstellt, die dann sichtbar wird, wenn Menschen unterschiedlicher Kulturen miteinander agieren und hierin eine Veränderung von Fähigkeiten und Verhaltensweisen wahrgenommen werden kann. Diese Kompetenz ist sowohl Voraussetzung für eine professionelle Soziale Arbeit als auch für Veränderungsprozesse innerhalb der Gesellschaft. Parallel hierzu ist sie nötig, um Interkulturalität zu verwirklichen und Lern- und Veränderungsprozesse innerhalb des Interkulturellen Lernens erfolgreich werden zu lassen. Handlungskompetenzen, kognitive Kompetenzen, Reflexions- und Wahrnehmungskompetenzen als auch (interkulturelle) Fähigkeiten und Fertigkeiten – oder anders gesagt eine *interkulturelle Haltung* – können hingegen als Ertrag/Ergebnis/Produkt Interkulturellen Lernens verstanden werden und sind damit eine unabdingbare Qualifikation für eine professionelle Soziale Arbeit in interkulturell geprägten Arbeitssituationen als auch zentral für einen respektvollen Umgang auf Augenhöhe zwischen diversen Milieus und Kulturen. Diese Haltung kann indes auch ohne interkulturelle Begegnungen gefördert und ausgebaut werden, wenn sich Fachkräfte bspw. mit ihrer eigenen Biografie auseinandersetzen oder eine Wissenserweiterung im Hinblick auf Migration stattfindet. Da Interkulturelle Kompetenz nach diesem Verständnis nur in interkulturellen Begegnungen sichtbar wird, kann hier schlussgefolgert

werden, dass es beide Puzzleteile zur Verwirklichung des Interkulturellen Lernens benötigt: Die Interkulturelle Kompetenz als Veränderungskompetenz innerhalb interkultureller Begegnungen sowie die Förderung einer interkulturellen Haltung. Eine interkulturelle Begegnung mit Veränderung wirkt sich aber stets auf die Haltung aus.

Dieses Verständnis von Interkulturellem Lernen soll anhand zweier Kreisläufe verdeutlicht werden. Im Folgenden werden Kreisläufe genutzt, um den stetigen, nie vollkommen abgeschlossenen Lernprozess zu verdeutlichen (▶ Abb. 9)

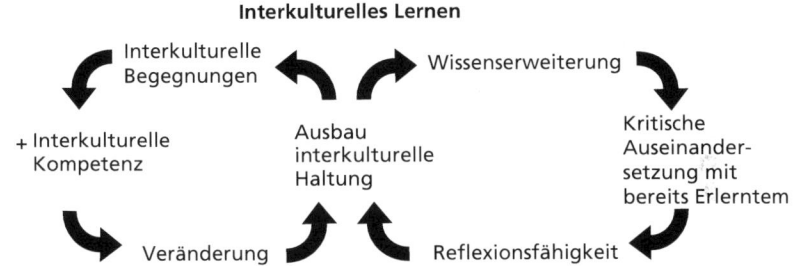

Abb. 9: Kreislaufmodell »Interkulturelles Lernen« (eigene Darstellung)

Es werden beide Kreisläufe benötigt, um Interkulturelles Lernen vollumfassend zu ermöglichen. Der Vorteil dieses Modells liegt in der Möglichkeit beide Kreisläufe auch einzeln anstoßen zu können, da selbstredend beide zentral sind, aber nicht immer simultan in Bewegung gesetzt werden können. Um beide Kreisläufe parallel in Kraft setze zu können, benötigt es Interkulturelles Lernen in kulturell heterogenen Gruppen. In Verbindung von beidem wird es Fachkräften ermöglicht, sich selbst und ihren Habitus zu hinterfragen, eine interkulturelle Haltung einzuüben, sich selbst zu verändern und hierdurch eine professionelle Soziale Arbeit in einer kulturell vielfältigen Gesellschaft zu realisieren. Parallel hierzu werden sie dadurch befähigt, jene Veränderungsprozesse und Kompetenzerweiterungen auch innerhalb der Gesellschaft und bei ihren Adressat_innen anzuregen, was wiederum zu einer offenen und respektvollen Gesellschaft beitragen kann.

Ausgehend von diesem Verständnis, kann nachfolgend der Weg von der Interkulturellen zur Diversitätskompetenz aufgezeigt werden. Auch eine Diversitätskompetenz »entsteht nicht einfach aus sich heraus, sie muss gelernt und gefördert werden« (Aschenbrenner-Wellmann 2009b: 73). Damit braucht es Diversitätsorientiertes Lernen, um Diversitätskompetenz zu ermöglichen. Diversitätskompetenz kann zunächst statisch in Form von »Wissen, Einstellungen, Motivation, Fähigkeiten und Fertigkeiten angesehen werden, die, eingesetzt in durch Vielfalt gekennzeichneten Situationen, deren Verlauf angemessen und effizient gestaltbar machen« (ebd.: 70). Im Vergleich zur Interkulturellen Kompetenz sind diese Fähigkeiten im Diversitätsbereich sehr breit gefasst und komplexer, da Kultur lediglich eine Diversitätsdimension unter vielen darstellt. Daher kann auch, ähnlich wie bei den Lernprozessen formuliert, unter einer Diversitätskompetenz eine Erweiterung der Interkulturellen Kompetenz und diese wiederum als eine Kategorie der Diversitätskompetenz verstanden werden.

Neben der dargestellten statischen Ansicht muss auch Diversitätskompetenz um eine prozesshafte Betrachtungsweise ergänzt werden: Die Veränderungskompetenz von einer Diversitäts- zu einer globalen Kompetenz. Diese führt gleichwirkend mit dem Aufbau der genannten Fertigkeiten zu einem Abbau von Stereotypen und Vorurteilen (ebd.: 72). »Trotz der Zunahme an Diversity-Kompetenz verbleibt […] ein Bestand an Homogenität, eine Tendenz zur Bewahrung von Vertrautem, um Identität in Zeiten des Wandels und der Globalisierung zu sichern« (ebd.).

Aschenbrenner-Wellmann (ebd.: 73) nutzt zur Visualisierung dieses komplexen Change-Prozesses folgendes Schaubild (▶ Abb. 10).

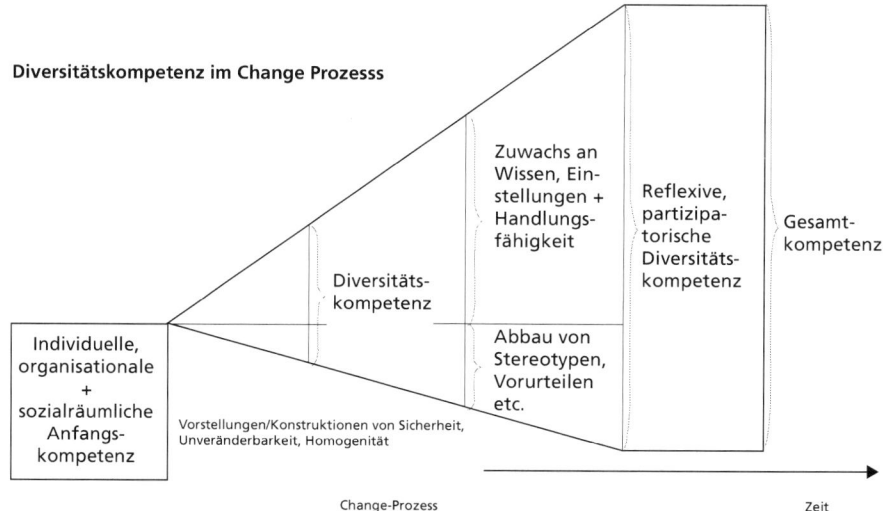

Abb. 10: Diversitätskompetenz im Change-Prozess nach Aschenbrenner-Wellmann (aus: Aschenbrenner-Wellmann, Beate, 2017. Diversity-Lernen – eine Selbstverständlichkeit für Kindertageseinrichtungen?! Chancen, Anforderungen und Widersprüche für Bildungsprozesse in der Migrationsgesellschaft. In: Cornelia Wustmann, Sylvia Kägi und Jens Müller, Hrsg. Diversity im Feld der Pädagogik der Kindheit. Weinheim und Basel: Beltz Juventa, 222–247, hier 235)

Diversitätskompetenz setzt sich somit aus Fähigkeiten, einer entsprechenden Haltung und der individuellen Veränderung mit dem Ziel einer globalen Kompetenz zusammen.

Ausgehend hiervon kann das Kreislaufmodell zur Interkulturellen Kompetenz wie nachfolgend auf Diversitätskompetenz übertragen werden (▶ Abb. 11).

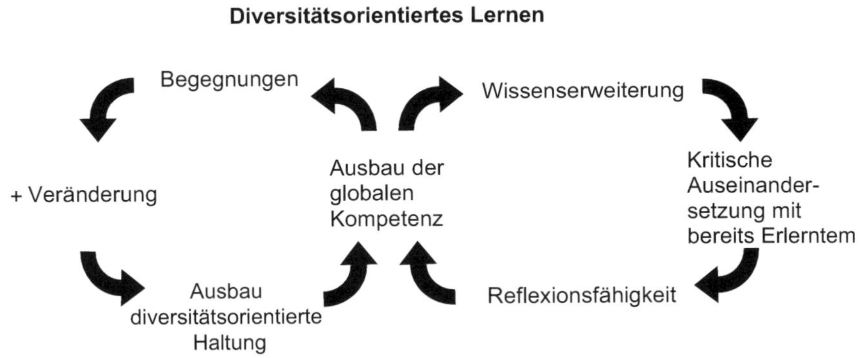

Diversitätsorientiertes Lernen

- Begegnungen
- Wissenserweiterung
- Kritische Auseinandersetzung mit bereits Erlerntem
- Reflexionsfähigkeit
- Ausbau diversitätsorientierte Haltung
- + Veränderung
- Ausbau der globalen Kompetenz

Abb. 11: Kreislaufmodell »Diversitätsorientiertes Lernen« (eigene Darstellung)

9.2 Interkulturelle und diversitätsorientierte Haltung

Immer wieder stellen sich Fachkräfte der Sozialen Arbeit die Frage, wie sie mit den Herausforderungen der heutigen Sozialen Arbeit im Hinblick auf die vorhandene Heterogenität umgehen sollen. Josef Freise thematisiert in diesem Zusammenhang die Haltung der Fachkräfte, da diese »neben dem Wissen und dem Können als dritte Dimension des Kompetenzspektrums [hier den interkulturellen Skills] gilt« (Löcherbach/Puhl 2016: 152). Gerade deshalb muss die professionelle Haltung auch als wichtiger Baustein des Interkulturellen Lernens angesehen und in jenen Lernprozess mit aufgenommen werden. Judith Rieger (2014: 57) beschreibt, dass die eigene fachliche Haltung

> »auf den persönlichen, Überzeugungen, theoretischem Wissen sowie der praktischen Erfahrung [basiert]. Sie macht einen wichtigen Teil der Professionalität in sozialen Berufen aus. Das theoretische Fundament ist nötig, um das eigene Handeln begründen und hinterfragen zu können. [...] Die fachliche Haltung dient als innerer Kompass, der im Arbeitsalltag die nötige Orientierung gibt, um Entscheidungen zu treffen. Sie ist aber nicht statisch, sondern entwickelt sich mit den Anforderungen der Praxis weiter«.

Demnach fördert sowohl das theoretische Wissen als auch die Kompetenzerweiterung eine entsprechende Haltung. Da Interkulturelles Lernen als ein Bereich des Diversitätslernens betrachtet wird, gibt es keine grundlegende Unterscheidung zwischen einer interkulturellen oder einer diversitätsorientierten Haltung. Somit gelten die nachstehenden Überlegungen für beide Bereiche.

Bei der Auseinandersetzung mit Haltungen geht es vorwiegend um die Frage, mit welchen Einstellungen und inneren Haltungen Sozialarbeiter_innen an ihre Arbeit herangehen. Innerhalb der Diskussionen über eine notwendige interkulturelle bzw. diversitätsorientierte Haltung gehen die Vorstellungen der Fachkräfte weit auseinander. Das Spektrum reicht von der Aufforderung eines aktiven Bemühens um Integration seitens der Migrant_innen bis hin zu der Ansicht, Migrant_innen könnten aufgrund von Diskriminierungen nicht selbst etwas für ihre Integration tun. Freise erklärt, dass genau diese Pole unabdingbar sind, da sie sich ergänzen; denn häufig gibt es nicht nur eine klare Sicht auf Fragen hinsichtlich der Integration. Er versucht diese Ambivalenzen innerhalb jenes Themas anhand eines Beispiels zur Kopftuchdebatte zu verdeutlichen: »Wenn Kopftuch tragenden muslimischen Frauen gesagt wird, dass ihre Kopfbedeckung ein Zeichen der Unterdrückung der Frau sei, und dass sie deshalb in Deutschland das Kopftuch abzulegen oder auszuwandern hätten, dann ist dies nicht Klarheit, sondern schlicht Ignoranz: Muslimische Frauen tragen aus sehr unterschiedlichen Motiven ein Kopftuch« (Freise 2008: 1). Für Freise sind daher folgende vier Haltungen für eine Soziale Arbeit in einer vielfältigen Gesellschaft ausschlaggebend:

a) **Respekt:** »Respekt ist eine Haltung, die jedem Menschen gebührt, unabhängig davon, was er denkt, tut und fühlt. Respekt ist der Ausdruck der Würde, die jedem Menschen zukommt. […] Menschen gebührt diese unbedingte Achtung und Würde, weil sie die Fähigkeit haben, zu jeder Zeit ihrem Leben eine neue Deutung zu geben« (ebd.). Hierzu gehört auch das Unverstandene, Geheimnisvolle und manchmal Ärgerliche oder Nervende in der eigenen Person auszuhalten und zu respektieren, denn nur wer mit sich selbst respektvoll umgeht, kann auch anderen mit Respekt begegnen (ebd.: 2).

b) **Empathie:** »Empathie bezeichnet die Fähigkeit, seine eigenen Gedanken, Gefühle und Bedürfnisse eine Zeit lang zurückzustellen und in dieser Zeit beim Anderen zu sein und dessen Gedanken, Gefühle und Bedürfnisse wahrzunehmen. […] Es ist der Versuch, in der Lebenswelt des Anderen heimisch zu werden« (ebd.), ohne die eigenen Wertvorstellungen aufzugeben. Jedoch tritt die eigene Person zurück, um dem Anderen Raum zu geben. Um dies professionell umsetzen zu können, ist es für Fachkräfte wichtig, in die Auseinandersetzung mit eigenen Prägungen und Gefühlen zu gehen (ebd. 2f.). Diese Empathiefähigkeit ist vor allem auch deshalb wichtig, da fehlendes Vertrauen der Migrant_innen in die Empathiefähigkeit deutscher Fachkräfte als Zugangsschwelle zu den sozialen Regeldiensten gedeutet werden kann (Freise 2013: 51).

c) **Konfliktfähigkeit:** Jene Kompetenz bezeichnet die Bereitschaft, »mit dem Gegenüber in eine ehrliche Auseinandersetzung zu treten, unangenehme Dinge zu sagen und für die eigene Position einzustehen. Dies soll im Respekt und mit Empathie der anderen Person gegenüber geschehen« (Freise 2008: 3). Zu dieser Fähigkeit gehört auch die Bereitschaft, in der Auseinandersetzung mit anderskulturellen Adressat_innen das Risiko einzugehen, falsch verstanden zu werden. Konfliktfähigkeit beinhaltet Mut zur Ehrlichkeit und eine Fehlerfreundlichkeit mit der Bereitschaft, sich ggf. für verletzende Äußerungen oder Fehlverhalten zu entschuldigen. Meist ist eine Seite in jeder Person stärker ausgeprägt: das empathische Zuhören oder das respektvolle Konfrontieren. Für die professionelle Soziale Arbeit ist es zentral, beide Fähigkeiten zu entwickeln (ebd.). Diese Fähigkeit ist vor allem auch für Interkulturelle Kommunikation und Interkulturelles Lernen zentral, um in einen Austausch auf Augenhöhe mit kulturell Anderen zu treten.

d) **Ambiguitätstoleranz:** Hierunter versteht sich die Kompetenz, »Nichtwissen und unterschiedliche Deutungen auszuhalten, ohne vorschnell eine Erklärung zu geben, die ungenügend wäre« (Freise 2008: 3). Ambiguitätstoleranz berücksichtigt zudem, dass Menschen anderer Herkunft ihr Leben nach eigenen Maßstäben gestalten und die Wertemuster der Fachkräfte nicht einfach auf diese übertragbar sind (ebd.: 4). Gerade auch für interkulturelle Lernprozessen ist dies eine wichtige Fähigkeit, um diese anleiten und Ambivalenzen hierin aushalten zu können.

Freise benennt diese Aspekte als Bestandteile einer adäquaten Haltung, wenn es um einen fachlich professionellen Umgang mit Menschen unterschiedlicher Kulturen in der Sozialen Arbeit geht. Jedoch muss hier angemerkt werden, dass Freise eine wichtige Haltung nicht aufgenommen hat: die *rassismuskritische Haltung*.

Rassismuskritische Haltung

Da immer mehr Menschen mit Migrationserfahrungen Rassismus und Diskriminierungen ausgesetzt sind, muss sich die Soziale Arbeit hiermit näher beschäftigen, denn »die Prinzipien sozialer Gerechtigkeit, die Menschenrechte, die gemeinsame Verantwortung und die Achtung der Vielfalt bilden die Grundlage der Sozialen Arbeit« (DBSH 2016). Gerade deshalb sollen interkulturelle Lernprozesse auch dazu beitragen, Diskriminierungen und Rassismus in unserer Gesellschaft aufzuzeigen und Handlungsmöglichkeiten zu entwickeln, diesen entgegenzuwirken (▶ Kap. 9.5). Unter einer rassismuskritischen Haltung ist eine professionelle Haltung zu verstehen, »die sensibel ist für gruppenbezogene Zuschreibungen und Diskriminierungen, mit denen bestimmte Menschen(gruppen) konfrontiert sind, ohne sie aber essentialisierend auf eine Differenzlinien festzulegen und nur als vermeintliche ›Migrant_innen‹ und ›Opfer von Rassismus‹ zu sehen« (Schramkowski/Ihring 2018: 287). Hier spiegeln sich zentrale Aspekte des Diversitätslernens wider: Diskriminierungen sind meist nicht ausschließlich auf eine Differenzlinie zurückzuführen, sondern müssen intersektional betrachtet werden – sowohl auf individueller als auch auf struktureller Ebene. Nur so gelingt es, Differenzzuschreibungen durch Soziale Arbeit nicht wieder selbst zu reproduzieren. Es soll vielmehr darum gehen, »Machtverhältnisse und ihre Auswirkungen auf strukturelle Teilhabechancen und hiermit verbundene Benachteiligungen und Privilegierungen von Menschen(gruppen) zu reflektieren. Grundlage dieser Haltung ist das Erkennen der eigenen Eingebundenheit in (rassistische) Normalitätsvorstellungen, die Menschen unterschiedliche Möglichkeitsräume zugestehen« (Leiprecht 2011, zitiert nach Schramkowski/Ihring 2018: 287).

Als letzte notwendige Ergänzung im Hinblick auf eine Weiterentwicklung interkultureller Lernprozesse in Richtung Diversitäts-Orientierung ist die *partizipative Haltung* zu nennen. Aus Sicht der GWA muss eine gleichberechtigte Partizipation umgesetzt werden, um die Möglichkeit der Teilhabe an Entscheidungsprozessen und im Hinblick auf gesellschaftliche Ressourcen und Güter zu ermöglichen (Ottersbach 2012: 70). Parallel hierzu benötigt es Partizipation (▶ Kap. 9.3), um eine erfolgreiche Integration zu unterstützen. Judith Rieger (2014: 60f.) stellt die partizipative Haltung anhand von sieben Punkten dar, die Fachkräfte durch ihren Berufsalltag begleiten und hierin unterstützen sollen:

1. **Flexibilität:** Um partizipativ arbeiten zu können, müssen Fachkräfte bereit für Veränderungen und offen für Lebenswirklichkeiten und Dialoge mit Adressat_innen sein; denn bei einem partizipativen Prozess ist meist noch unklar, was das Ziel ist und wie dieses erreicht werden kann (ebd.).
2. **Risikobereitschaft:** Lösungen müssen stets für die Adressat_innen passend sein – nicht für die Fachkraft. Daher müssen deren Ideen verfolgt werden. Ein Prozess, der Mut und Umdenken und einen fachlichen Dialog der Fachkräfte untereinander erfordert (ebd.).
3. **Geduld:** Ein partizipativer Prozess benötigt viel Zeit und Geduld, denn es müssen Ressourcen ausfindig gemacht, Konflikte bewältigt und ein Konsens gefunden werden (ebd.: 62).
4. **Interesse:** Partizipation kann nur durch Neugier und Interesse am Gegenüber erfolgreich sein. »Es gilt, die Stärken zu erkennen und zu verstehen, warum er auf eine bestimmte Weise handelt« (ebd.). Fachkräfte müssen von der Idee, sie wüssten am besten, was den Adressat_innen hilft, wegkommen hin zur Frage »Was kann ich von dir lernen?« (ebd.)
5. **Kooperation:** Fachkräfte sollen davon ausgehen, dass alle Menschen versuchen, ihr Bestes zu geben und ihr Verhalten einen Sinn hat. Nur indem Professionelle diesen Sinn erkennen, kann in Kooperation ein Lösungsweg gefunden werden (ebd.: 63).
6. **Unterscheidung zwischen Mensch und Verhalten:** »Eine partizipative Haltung führt dazu, Gemeinsamkeiten wahrzunehmen und auch Menschen, deren Verhalten stark von gesellschaftlichen oder demokratischen Normen abweicht, nicht aus der Gemeinschaft auszuschließen. Statt sich von abweichendem Verhalten abschrecken zu lassen, empfiehlt es sich, klar zwischen Person und ihrem Handeln zu unterscheiden« (ebd.).
7. **Augenhöhe:** Adressat_innen sollen nicht zögern, Hilfe oder soziale Dienste in Anspruch zu nehmen, denn für den gesellschaftlichen Kontext sozialer Ungleichheit trägt die gesamte Gesellschaft Verantwortung (ebd.: 64).

Diese sieben Punkte können nach Rieger (2014: 60) auch eine Selbstreflexion anregen, wenn sie mit folgenden Fragen konfrontiert werden:

- »Welche individuellen Eigenschaften treten in meinem professionellen Handeln zutage?«
- »Mit welcher fachlichen Perspektive blicke ich auf die Menschen?«

- »Unter welchen Vorzeichen gestalte ich Zusammenarbeit?«

Hier wird noch einmal deutlich, dass Haltungen in der Sozialen Arbeit nicht statisch gesehen werden können, sondern sich im Laufe der Zeit durch diverse Erfahrungen und Reflexionen verändern können – und auch müssen. Um eine interkulturelle, bzw. diversitätsorientierte Haltung einzuüben und zu fördern, können Lernprozesse des Interkulturellen und Diversitätsorientierten Lernens nützliche Meilensteine darstellen.

9.3 Partizipation und Teilhabe

Wie bereits beschrieben, ist Partizipation eine wichtige Grundlage innerhalb der Sozialen Arbeit, um Teilhabe, gerade für Menschen in prekären Lebenssituationen, zu verwirklichen. Speziell für Menschen mit Migrationshintergrund ist Partizipation zentral, denn »wirklich integriert sind nur diejenigen, die die Chance und Möglichkeiten haben und nutzen, sich in die Gesellschaft einzubringen, am gesellschaftlichen Leben teilzunehmen und an Entscheidungen teilzuhaben« (Freise 2017: 62). Gleichzeitig ist Partizipation aber auch notwendig, da sie auf politische Gleichbehandlung und Überwindung struktureller sowie psychischer Barrieren zielt (ebd.: 63; Freise 2013: 52). Die UNHCR befürwortet ebenfalls Partizipation, da sie hierin die Chance sieht, dass die Geflüchteten selbst Initiative ergreifen müssen und ihren Beitrag zur Integration beisteuern können und durch einen Dialog mit den Geflüchteten eine Identifikation mit dem Integrationsangebot ermöglicht werden kann (UNHCR Deutschland). Das Recht auf Beteiligung ist seit 1989 auch in der UN-Kinderrechtskonvention verankert, was bedeutet, dass die Soziale Arbeit in allen Fachbereichen, innerhalb derer sie mit Kindern und Jugendlichen agiert, Partizipation rechtlich gesehen umsetzen muss.

Überdies kann eine Verknüpfung von Interkulturellem bzw. Diversitätsorientiertem Lernen und Partizipation hergestellt werden. Häufig übersetzen Personen aus Sozialer Arbeit und Politik Partizipation mit dem Wort Teilhabe, weshalb diese Begriffe vielfach synonym verwendet werden. Gewiss zielen beide Bezeichnungen auf eine gesellschaftliche und politische Teilhabe ab, jedoch wäre es zu einfach, beide Begriffe gleichzusetzen. Daher sollen hier beide Termini separat voneinander betrachtet werden.

9.3.1 Partizipation

Unter dem Begriff Partizipation ist eine große Spannbreite von Phänomenen beschrieben, die sich von pädagogischer bis hin zu politischer Ebene erstreckt. Meist wird Partizipation in soziale und politische Partizipation unterteilt.

»Der Begriff der sozialen Partizipation meint die Unzahl der Beteiligungsmöglichkeiten, die sich dem Individuum in verschiedensten Gruppen der Gesellschaft bieten: dem Fußballverein, der Sängervereinigung, der Selbsthilfegruppe oder der Wohlfahrtsorganisation. Soziale Partizipation reicht immer über rein private Belange hinaus. Wer sich für seine Familie oder Freunde engagiert, mag ein hilfsbereiter, hoch angesehener Mensch sein, sozial engagiert ist er oder sie deswegen noch nicht. Soziale Partizipation meint zudem Beteiligungsformen, die sich entweder an Kollektive richten (Ehrenamtliche beim Betrieb einer Suppenküche) und/oder direkt im Verbund, sozusagen kollektiv, ausgeübt werden (als Mitglied der Bahnhofsmission, die eine Suppenküche betreibt). [...] Soziale Partizipation ist somit ein Sammelbegriff für eine Beteiligungsform, die in der Regel öffentliches, kollektives Handeln ohne direkte politische Motivation beschreibt, aber immer über die private Sphäre hinausreicht« (Roßteutscher 2009: 163).

Politische Partizipation umfasst hingegen Aktivitäten von Bürger_innen, bzw. Einwohner_innen mit dem Ziel, politische Entscheidungen zu beeinflussen. Hierzu zählen bspw. Wahlen, Unterschriftenaktionen oder das Demonstrieren. Politische »Partizipation ist nicht nur erforderlich für demokratische Entscheidungsfindung, sondern bietet dem Bürger auch Entwicklungs- und Selbstverwirklichungsmöglichkeiten. Ohne politische Partizipation wäre eine Demokratie unvorstellbar, da sich Demokratie auf das *Regieren durch die Bürger* bezieht« (Van Deth 2009: 140). Freise (2017: 63) gibt jedoch zu bedenken, dass politische Partizipation für Zuwander_innen durch das verhinderte Wahlrecht stark erschwert ist, da sie hierdurch nicht die gleichen Rechte und Chancen des Zugangs zu politischen Entscheidungsprozessen haben. Cyrus (2008: 12) folgert hieraus, dass die exklusive Bindung des Wahlrechts an die Staatsangehörigkeit dazu führt, »dass die in Deutschland lebende Bevölkerung mit einem Ausländerstatus vom politischen Willensbildungsprozess im engeren Sinn dauerhaft ausgeschlossen wird und kein Interesse an Politik entwickelt«. Daher fordert er, dass Zuwander_innen als Gruppe an Entscheidungsprozessen beteiligt und hierin auch sichtbar werden müssen, um eine Identifikation mit den politischen Normen und Werten zu ermöglichen (ebd.: 22). So forderte die Partei Bündnis 90/Die Grünen bereits 1999, dass jeder Mensch, unabhängig von seiner Herkunft, der seinen Lebensmittelpunkt seit drei Monaten in Deutschland hat, sich an allen Wahlen auf allen Ebenen beteiligen können muss (Grüne Jugend 1999). Im Hinblick auf die neuesten Wahlergebnisse bei diversen Landtagswahlen mit starken Ergebnissen des rechten Flügels bleibt eine Erfüllung dieser Forderung zukünftig wohl noch aus.

Doch welche Bedeutung steckt hinter dem Begriff *Partizipation* für die Soziale Arbeit?

Aschenbrenner-Wellmann erklärt, dass Partizipation »die Beteiligung und bewusste Mitwirkung von Einzelnen und Gruppen an Entscheidungen und Entscheidungsprozessen« bezeichnet (Aschenbrenner-Wellmann/Ehrismann 2014: 369). Als Voraussetzung einer effektiven Partizipation sieht sie das Streben der Menschen nach Integrität und Würde sowie deren Bereitschaft, selbst Initiative zu ergreifen. Weiter beschreibt sie: »Bei Partizipation handelt es sich um einen Prozess, der von Nichtinformationen über Informationen, Mitsprache und Mitbestimmung hin zur Selbstbestimmung reicht. Betroffene zu Beteiligten zu machen schafft Identifikation und Bindung« (ebd.). Gaby Straßburger erörtert, dass Partizipation darüber hinaus bedeutet, an Entscheidungen mitzuwirken und damit auch

Einfluss auf das Ergebnis nehmen zu können (Straßburger/Rieger 2014a: 230). Im Verständnis von Partizipation sind die Adressat_innen stets Expert_innen für sich selbst und wissen demnach auch am besten, was für sie hilfreich ist (Straßburger/Rieger 2014b: 43). Gerade für die Soziale Arbeit sieht Straßburger Partizipation daher als wichtig an, denn »die Qualität einer sozialen Dienstleistung erwächst nicht daraus, dass eine Fachkraft in bester Absicht ein in ihren Augen hilfreiches Angebot entwickelt, sondern indem sie herausfindet, was Menschen erreichen wollen und wie sie sie dabei unterstützen kann« (ebd.: 42). Gleichzeitig schafft Partizipation die Voraussetzung für eine gelingende Teilnahme, da Menschen hierdurch befähigt werden, »aktiv an sozialen, gesellschaftlichen und politischen Prozessen teilzunehmen« (Straßburger/Rieger 2014a: 231). Partizipation in der Sozialen Arbeit basiert für Straßburger auf zwei zentralen Werten:

1. Gerechtigkeit: »Das Zusammenleben in der Gesellschaft kann gerechter gestaltet werden, wenn Benachteiligte zu Beteiligten werden« (ebd.: 235).
2. Gleichwertigkeit: Das lebensweltbezogene, erfahrungsbasierte Wissen von Geflüchteten und die Fachkompetenz der Sozialarbeiter_innen sind gleich viel wert (ebd.).

Wieviel Partizipation in der Umsetzung möglich ist, hängt stets vom Individuum und den Professionellen ab. Daher hat Straßburger vier Stufen aus zwei Perspektiven entwickelt, in der sich Fachkräfte als auch Adressat_innen wiederfinden und verorten können. Diese sind unabdingbar, da Partizipation auf klaren Vereinbarungen basieren muss, die regeln, wie Entscheidungen gefällt werden und wie weit das Recht auf Mitbestimmung reicht. Eine höhere Stufe muss hierbei jedoch nicht immer die bessere sein! (Ebd.: 230, 232; ▶ Tab. 1.)

Tab. 1: Partizipationsstufen nach Straßburger und Rieger

Stufe	Institutionell-professionelle Perspektive	Bürger_innen/Adressat_innen Perspektive
1	Informieren	Sich informieren
2	Meinung erfragen	Im Vorfeld von Entscheidungen Stellung nehmen
3	Lebensweltexpertise einholen	Verfahrenstechnisch vorgesehene Beiträge einbringen
4	Mitbestimmung zulassen	An Entscheidungen mitwirken
5	Entscheidungskompetenz teilweise abgeben	Freiräume der Selbstverantwortung nutzen
6	Entscheidungsmacht übertragen	Bürgerschaftliche Entscheidungsfreiheit ausüben
7		Zivilgesellschaftliche Eigenaktivität

Eigene Darstellung

Für die Soziale Arbeit kann davon ausgegangen werden, dass die vierte Stufe als Basis für erfolgreiche Beteiligung angesehen werden muss – vor allem mit Blick auf die GWA –, da die ersten drei Stufen lediglich Vorstufen der Partizipation darstellen.

Um Partizipation als Sozialarbeiter_in umzusetzen, braucht es unter Punkt 2.2 der beschriebenen Haltung folgende Partizipationskompetenzen (in Anlehnung an Straßburger/Rieger 2014a: 235):

- Zutrauen: Alle Menschen haben viel Potenzial. Die Aufgabe besteht darin, als Sozialarbeiter_in Migrant_innen dabei zu unterstützen, dieses zu entfalten.
- Interesse: Sozialarbeiter_innen sind neugierig, wollen ihr Gegenüber kennenlernen und sind gespannt, welche Ressourcen sie bei ihnen entdecken.
- Offenheit: Fachkräfte wollen fremde Sicht- und Verhaltensweisen kennenlernen und verstehen.
- Risikobereitschaft: Den Verlauf von Inhalt und Zusammenarbeit können die Fachkräfte nicht vorgeben. Deshalb müssen sie sich immer wieder neu auf das einlassen, was gerade erforderlich ist.
- Weitsicht: Partizipation braucht viel Zeit. Daher müssen Sozialarbeiter_innen sich immer wieder dafür einsetzen, die Rahmenbedingungen dieser Arbeit zu optimieren.

9.3.2 Teilhabe

Im Anschluss an die Ausführungen zu Partizipation bedarf es einer Auseinandersetzung mit dem Terminus *Teilhabe*. Meist begegnen wir dem Begriff Teilhabe im Zusammenhang mit der UN-Behindertenrechtskonvention (UN-BRK) oder Menschen mit besonderem Unterstützungsbedarf. Jedoch ist Teilhabe »von vornherein auf Menschen allgemein gerichtet und schließt damit auch Flüchtlinge mit ein« (Bundesministerium für Arbeit und Soziales o. J.: 7). Um den Begriff näher zu beleuchten, soll hier vorrangig auf Anne Waldschmidt und ihre Aussagen aus dem Bereich der Teilhabeforschung eingegangen werden. Für sie gibt es zunächst drei unterschiedliche Ebenen der Teilhabe: »Zum einen geht es um die strukturelle Ebene, das heißt um die Ebene von Gesellschaft und Umwelt. Zum Zweiten geht es um die Ebene von Prozessen, Praktiken, zum Beispiel Handlungen, und vieles mehr. Schließlich zum Dritten geht es um die individuelle Ebene« (Waldschmidt 2015: 684). Das Aktionsbündnis Teilhabeforschung, welchem auch Waldschmidt angehört, beschreibt weiter, dass Teilhabe auf der strukturellen Ebene die Bedingungen, Ressourcen und Möglichkeiten für das vielfältige Eingebunden-Sein in gesellschaftliche und kulturelle Lebensbereiche und Funktionssysteme beinhaltet. Auf der Prozessebene bedeutet Teilhabe die Möglichkeiten zur (An-)Teilnahme, Begleitung, Mitwirkung und Mitbestimmung in persönlichen, öffentlichen und politischen Angelegenheiten. Auf der individuellen Ebene lässt sich Teilhabe als Verwirklichungschance im Sinne von Handlungs- und Gestaltungsspielräumen in persönlicher Lebensführung und Alltagsbewältigung verstehen (Aktionsbündnis Teilhaberforschung 2015: 3). Weiter stellt Waldschmidt dar, dass der Begriff Teilhabe aus dem Englischen übersetzt wurde und eigentlich »Participation« bedeutet. Aufgrund dessen kommt dem Begriff Teilhabe aus ihrer Sicht eine noch wichtigere Bedeutung zu, da »Participation« drei Bedeutungsvarianten mit sich bringt (Waldschmidt 2015: 638):

1. »To have part of something« → TEILHABE (an etwas)
2. »To take part in something« → TEILNAHME (an etwas)
3. »To be part of something« → TEIL-SEIN (von etwas)

Zur *Teilhabe* zählen vor allem die strukturellen Begebenheiten, wie die Vergabe von Rechten, Gewährungen von Leistungen oder spezielle Angebote. So wird die *Teilhabe* durch rechtliche Rahmenbedingungen definiert und kann Teilhabechancen sowohl fördern als auch einschränken (Aktionsbündnis Teilhaberforschung 2015: 1; Beirat Integration 2013: 1). So unterscheiden sich die Teilhabemöglichkeiten für Einwander_innen häufig nach dem rechtlichen Status, wie bspw. beim Arbeitsmarktzugang zwischen Asylsuchenden und Eingebürgerten (ebd.: 1). Eine gleichberechtigte *Teilhabe* begründet sich auf das »Recht aller Menschen, unabhängig von Fähigkeiten, Merkmalen oder Herkunft gleichberechtigt mit anderen zu leben und in der Gesellschaft mitzubestimmen« (Aktionsbündnis Teilhaberforschung 2015: 1).

Unter *Teilnahme* wird die Nutzung der Angebote der *Teilhabe* verstanden. »Die Nutzung von Angeboten der Teilhabe setzt auch immer das Bemühen um aktive Teilnahme voraus« (Beirat Integration 2013: 1). Dies meint, dass das Individuum bei der *Teilnahme* aktiv werden und sich einbringen muss. »Gerade Einwanderer bringen häufig ein überdurchschnittliches Maß an Eigeninitiative, Mut, Offenheit, Risikobereitschaft und kreativem unternehmerischen Engagement mit« (ebd.: 1). Die *Teilnahme* kann durch den aktivierenden Sozialstaat in Deutschland zum Teil eingefordert werden. So gibt es bspw. seit Juli 2016 nach § 5a Abs. 3 AsylbLG (Asylbewerberleistungsgesetz) Leistungskürzungen, sollten Geflüchtete eine durch die Arbeitsagentur verpflichtete Flüchtlingsintegrationsmaßnahme nicht aufnehmen oder fortführen (GGUA Flüchtlingshilfe 2016).

Der Bereich *Teil-Sein* hingegen kann nicht rechtlich eingefordert werden, da er auf der zwischenmenschlichen Basis beruht. Dies bedeutet, wer *Teilnahme* ermöglicht bekommt und *Teilhabe* erreicht, muss noch nicht *Teil-Sein* von etwas. Hierfür braucht es ein Gegenüber, also einen wechselseitigen Prozess. *Teil-Sein* kann jedoch durch *Teilhabe* unterstützt und gefördert werden. Allerdings kann *Teil-Sein* auch ohne *Teilhabe* erreicht werden, bspw. durch Patenschaften im Asylbereich, die ohne Gesetze angeboten und genutzt werden können. Hier wird das Gefühl von *Teil-Sein* ohne Gesetze oder Richtlinien ermöglicht. Gerade dieser Bereich ist für die GWA zentral, da hierin *Teil-Sein* aktiv gefördert werden kann.

Im Blick auf diese Erläuterungen kann schlussgefolgert werden, dass es sowohl Teilhabe, Teilnahme als auch Teil-Sein für eine multiethnische Gesellschaft benötigt, damit Einwander_innen eingebunden und Teil der Gesellschaft und eines Gemeinwesens werden und gleichzeitig ein selbstbestimmtes Leben unter Berücksichtigung der eigenen Kultur führen können. Zudem soll festgehalten werden, dass Partizipation und Teilhabe nicht einfach synonym zu verwenden sind, da ansonsten zentrale Aspekte der Begriffe verloren gehen. Vielmehr muss es um eine Synthese der beiden Termini gehen, damit eine vollumfassende Teilhabe aller in der Gesellschaft oder einem Gemeinwesen lebenden Individuen ermöglicht werden kann.

In Bezug zu Interkulturellem Lernen stehen beide Bereiche in einem Interdependenzverhältnis: Auf der einen Seite brauchen Professionelle eine interkulturelle bzw. diversitätsorientierte Haltung, um Partizipation in unserer heutigen Gesellschaft auch realisieren zu können. Gleichzeitig benötigt Interkulturelles Lernen aber auch Partizipation, um sowohl Einwander_innen als auch die aufnehmende Gesellschaft in den Lernprozess miteinzubeziehen; denn nur so ist es möglich, interkulturelle Lernprozesse auf die jeweiligen Beteiligten abzustimmen und einen Lernerfolg zu erzielen. Gerade auch in Lernprozessen innerhalb eines Gemeinwesens ist diese wechselseitige Abhängigkeit zentral, um gemeinsam mit allen Bewohner_innen Herausforderungen im interkulturellen Kontext anzugehen und zu lösen, da hierdurch ein respektvoller Umgang sowie Teilhabe aller gefördert werden kann. Somit stellt Partizipation in der Sozialen Arbeit eher das Arbeitsinstrument oder eine Methode dar, mit der die Teilhabe in allen drei genannten Bereichen gefördert werden kann.

Ergänzend hier gibt Aladin Al-Mafaalani in seinem Buch »Das Integrationsparadox« zu bedenken, dass durch mehr Teilhabe eine erfolgreiche Integration zwar ermöglicht wird, damit aber nicht unbedingt reine Harmonie zu verbinden ist, sondern viel mehr Konflikte auftreten können, da diverse Menschen die Möglichkeit haben, sich an Entscheidungen zu beteiligen (Al-Mafaalani 2018) (▶ Kap. 10.2).

9.4 Interkulturelle Begegnungen und Kommunikation

So inspirierend und selbstverständlich Interkulturelles Lernen, interkulturelle Begegnungen und eine erfolgreiche Integration auch klingen – so einfach ist es meist nicht. Gerade in Situationen, in denen Menschen unterschiedlicher kultureller Zugehörigkeit aufeinandertreffen, sind Vorurteile, Neid und Konflikte vorprogrammiert. Die Frage ist nur: Wie hiermit umgehen? Interkulturelles Lernen kann dabei behilflich sein, indem Verhaltensweisen hinterfragt und Handlungsmöglichkeiten eingeübt werden. Ein zentraler Aspekt Interkulturellen Lernens sind kulturelle Begegnungen. »Interkulturelle Begegnungen stellen eine besondere Herausforderung an die individuelle Identität dar. In der Interaktion mit Angehörigen anderer Kulturen oder durch das Leben in einer unbekannten Kultur lernen Individuen andere Seiten ihrer Persönlichkeit kennen und sehen bisherige Selbstdefinitionen relativiert oder gar grundsätzlich in Frage gestellt« (Erl/Gymnich 2014: 63). Interkulturelle Begegnungen können als Chance gesehen werden:

zum einen, um eine erfolgreiche Integration auf Augenhöhe zu unterstützen, zum anderen können sie auch die Identitätsentwicklung von Individuen positiv beeinflussen. Diese Begegnungen als Chancen zu begreifen und zu nutzen beschreiben Erl und Gymnich als Ausdruck von Interkultureller Kompetenz und Ausgangspunkt für erfolgreiches, interkulturelles Handeln. Dennoch gibt es innerhalb dieser Begegnungen Herausforderungen – insbesondere, da die Reaktionen der Interaktionspartner_innen aufgrund des anderskulturellen Hintergrundes nicht in gleichem Maße vorhersagbar sind wie in der eigenen Kultur. Hierdurch werden weitaus stärkere Anforderungen an das alltägliche Aushandeln der eigenen Identität gestellt als in gewohnter Umgebung (ebd.). Ist es dem Individuum jedoch möglich, »trotz der größeren Anforderungen in interkulturellen Begegnungen ihre Identität erfolgreich auszuhandeln, dann kann dies einen erheblich qualitativen Zugewinn für die Identität bedeuten« (ebd.: 65). Um dies zu erreichen, benötigen Individuen vor allem eine Ambiguitätstoleranz (▶ Kap. 9.2).

Da Begegnungen immer durch Kommunikation – auf verbale oder nonverbale Art – begleitet werden, muss auch ein Blick auf die Interkulturelle Kommunikation geworfen werden; denn sie kann große Herausforderungen für interkulturelle Begegnungen mit sich bringen. Yousefi (2014: 17) definiert Kommunikation an sich als »Mitteilung, Verbindung oder Beziehung im Sinne von Teilnahme und Gemeinsamkeiten als auch gegenseitiger Verständigung durch soziale Interaktionsprozesse«. Zudem erklärt er, dass Kultur Kommunikation sei und Kommunikation Kultur hervorbringen würde. Somit sind beide Bereiche eng miteinander verbunden. Auch Bolten (2012: 41) führt an, dass Kommunikation erst auf Grundlage von Traditionen, Interpretationen und Wissensbeständen erzeugt wird. »Die interkulturelle Kommunikation findet ab dem Zeitpunkt des Aufeinandertreffens von Personen unterschiedlicher Kulturen statt, da es nie möglich ist, nicht zu kommunizieren, denn auch das Nicht-Kommunizieren ist eine Art von Kommunikation« (Bektas 2017: 26). Erl und Gymnich (2014: 77) beschreiben, dass es sowohl eine eng als auch weitgefasste Herangehensweise an diesen Begriff benötigt. »Gemäß einer engen Definition von interkultureller Kommunikation, wie sie insbesondere von Sprachwissenschaftlern verwendet wird, lässt sich interkulturelle Kommunikation auf solche Situationen beschränken, in denen zwei oder mehr Individuen mit unterschiedlichem Hintergrund mittels Sprache oder nonverbalen Ausdrucksmitteln unmittelbar (= Face-to-Face) miteinander kommunizieren« (ebd.). Mittels einer Analyse der Kommunikationsmuster sowie der Gründe von Missverständnissen können Strategien zur Bewältigung von Kommunikationsproblemen entwickelt werden (ebd.). Im weiteren Sinn beinhaltet Interkulturelle Kommunikation »neben der *interpersonalen* Kommunikation auch die Ebene der mediatisierten Interkulturellen Kommunikation in ihren verschiedenen Facetten« (Lüsebrink 2005: 8). Somit werden hier auch mediale Darstellungsformen Interkultureller Kommunikation, z. B. in Film, Radio oder Internet einbezogen, die »die Formen der alltagsweltlichen Interkulturellen Kommunikation gleichermaßen darstellen, stilisieren und prägen, sowie die interkulturelle Ausbreitung von Kommunikationstechnologien und -medien« (ebd.). Erl und Gymnich (2014: 78) sehen im weitgefassten Begriff die Chance, Interkulturelle Kommunikation zum Gegenstand für interdisziplinäre Forschungsprojekte zu machen, bspw. zwischen den Fächern Linguistik, Soziologie und Medienwissenschaften. Es soll auf den weitgefassten Begriff verzichtet werden, da primär interkulturelle Face-to-Face-Begegnungen im Mittelpunkt stehen.

Missverständnisse in einer Face-to-Face-Kommunikation können zunächst auf einer mangelnden Beherrschung einer Sprache im Hinblick auf Wortschatz, Grammatik oder Aussprache begründet sein. Sprache nimmt aber auch immer einen erheblichen Einfluss auf die Wahrnehmung und Kategorisierung der Welt eines jeden Individuums und strukturiert hierdurch die Wahrnehmung der Individuen in erheblichem Maße, ohne dass es diesen bewusst ist, und erschließt damit wiederum jedem Individuum spezifische Zugänge zur Erfahrung und Kategorisierung der Welt. Aus diesem kulturspezifischen Umgang mit Sprache als Handlungsinstrument können erhebliche Missverständnisse innerhalb der Interkulturellen Kommunikation resultieren (Erl/Gymnich 2014: 80f.). Bektas (2017: 26) beschreibt, dass ein Kommunikationsprozess zwischen Angehörigen verschiedener Kulturen meist anfälliger ist für Störungen, da sich hier Menschen mit anderem Verhalten, Haltungen, Einstellungen, Konventionen und Codes begegnen. Als mögliche Störungen beschreibt er Ethnozentrismus, Vorurteile, Stereotype, Missverständnisse im Bereich der verbalen und nonverbalen Kommunikation.

Entsprechend können aus einer interkulturellen Face-to-Face-Kommunikation schnell Fehlinterpretationen resultieren, da jedes Individuum auf Grundlage des jeweiligen kulturellen Hintergrundes kommunikativ sendet und empfängt. Hinzu kommen individuelle Bewertungen sowie der gesellschaftliche Kontext, in dem das jeweilige Individuum verortet ist. Innerhalb diesen kulturellen Überschneidungssituationen können Spannungsfelder entstehen. In Anlehnung an Spenner-Güç (o. J.) kann dies mit Hilfe folgenden Schaubildes dargestellt werden (▶ Abb. 12)

Kulturelle Überschneidungssituationen in der Kommunikation

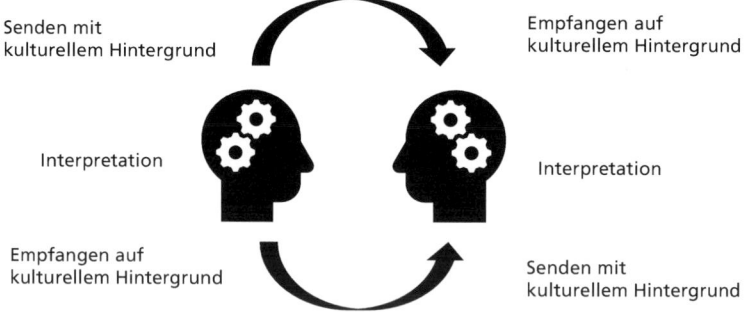

Abb. 12: Kulturelle Kommunikation nach Spenner-Güç (eigene Darstellung)

Um Kompetenzen für interkulturelle Begegnungen und Kommunikation zu erwerben oder auszubauen können diverse Übungen innerhalb interkultureller Lerneinheiten – z. B. zu eigenen und fremden Interpretationsmustern, Stereotypen oder nonverbaler Kommunikation – hilfreich sein. Diese Fähigkeiten werden zunächst für einen fachlichen Umgang mit Menschen anderer Kulturen benötigt. Aber auch für interkulturelle Begegnungen, in denen Interkulturelle Kompetenz als Veränderungskompetenz sichtbar werden soll, sind diese Fähigkeiten unabdingbar. Darüber hinaus ist es möglich, durch die Auseinandersetzung mit Interkultureller Kommunikation eine positive Begegnung zwischen Fachkraft, Adressat_innen als auch innerhalb der Gesellschaft mit Menschen mit anderen kulturellen Hintergründen zu fördern. Dies lässt schlussfolgern, dass Interkulturelle Kommunikation als wichtiger Baustein in interkulturellen Prozessen verankert sein muss um interkulturelle Fähigkeiten sowie die entsprechende Haltung auszubauen und Interkulturelle Kompetenz sichtbar und förderbar zu machen.

9.5 Antidiskriminierungsarbeit am Beispiel des Anti-Bias-Ansatzes

Seit der großen Migrationsbewegung 2015 breiten sich der Rechtspopulismus, Rassismus und Neonationalismus erschreckend schnell in unserer Gesellschaft aus. Bei den Landtagswahlen 2019 in Thüringen holte die AfD als zweitstärkste Kraft knapp 24 % und betitelt sich seither immer öfter als »Partei der gesellschaftlichen Mitte«. Menschen mit Migrationshintergrund oder -erfahrung sehen sich aufgrund dieser Veränderungen immer mehr diskriminierendem, rassistischem und verletzendem Verhalten ausgesetzt, obwohl der Schutz vor Diskriminierung ein Strukturprinzip der Menschenrechte darstellt (Trisch 2015: 7). Gerade Soziale Arbeit beruft sich in ihrem Handeln auf Menschenrechte und stellt die Würde aller Menschen in den Mittelpunkt. Somit ist es für sie unabdingbar, in eine Auseinandersetzung mit diesem Wandel innerhalb der Gesellschaft zu gehen und Überlegungen anzustellen, wie diesen Ausgrenzungsmechanismen adäquat begegnet werden kann. Darüber hinaus ist »eine Gesellschaft, in der die Gewährung der Menschenrechte gesichert ist und in der einzelne soziale oder ethnische Gruppen keine Diskriminierung befürchten müssen« (Aumüller 2009: 23) Voraussetzung für die Verwirklichung von Teilhabe. Immer häufiger wird daher Antidiskriminierungsarbeit geleistet, um Menschen aufmerksamer und achtsamer zu machen und ihnen Handlungsmöglichkeiten für dieses Themenfeld aufzuzeigen. Angebote in diesem Bereich reichen von Interkultureller Pädagogik über Antirassistische Pädagogik bis hin zur Menschenrechtsbildung. Auch Interkulturelles und Diversitätsorientiertes Lernen leistet einen Beitrag zur Antidiskriminierungsarbeit und fördert die zuvor genannten Fähig- und Fertigkeiten in Form einer wertschätzenden Haltung. Zentral ist hierbei, nicht eine Diskriminierungsform allein zu betrachten (bspw. Nation oder Kultur), sondern verschiedene Dimensionen und ihre Verwobenheit in den Blick zu nehmen, da Einwander_innen häufig mehreren Formen von Diskriminierung ausgesetzt sind. Entsprechend muss eine intersektionale Betrachtungsweise von Diskriminierung den Ausgangspunkt darstellen. Nun soll ein Konzept als Beispiel gewählt werden, das die bereits genannten Ziele umzusetzen versucht, wodurch ein Mehrwert für die Weiterentwicklung hin zu diversitätsorientierten Lernprozessen erkennbar werden kann: der Anti-Bias-Ansatz.

Dieses Konzept zielt darauf, »Diskriminierung *jeglicher* Form abzubauen und (gesellschaftliche) Schieflagen ins Gleichgewicht zu bringen« (Trisch 2015: 4), wodurch es eine große Nähe zur Menschenrechtsarbeit aufweist (ebd.: 6). Um sich reflexiver mit dem Thema *Diskriminierung* beschäftigen zu können, bedarf es der Auseinandersetzung mit der Entstehung von Diskriminierungen. Da dies bereits im ersten Teil unter Punkt 4.3 dargelegt wurde, soll hier nur noch kurz darauf Bezug genommen werden. Fleischer (2016: 07-4) erklärt diesbezüglich, dass bei der Entstehung von Diskriminierungen Unterschiede zwischen Menschen bewertet und in eine Rangordnung gebracht werden. Verfügen die Akteur_innen dieser diskriminierenden Handlungen über eine entsprechende Machtbasis, können die bewerteten Unterschiede Diskriminierungen zur Folge haben (ebd.). Dahingehend definiert Trisch (2013: 11, zitiert nach Fleischer 2016: 07-4) Diskriminierung als »ungerechtfertigte Ungleichbehandlung [...] von Großgruppen oder Einzelpersonen (als Angehörige dieser Gruppen) entlang der Bewertung konstruierter Merkmale durch dominante Gruppen oder Einzelne«. So wird in der Anti-Bias-Arbeit davon ausgegangen, dass »Diskriminierung [...] nicht allein von Vorurteilen Einzelner aus [geht], sondern [...] auf vorherrschenden gesellschaftlich geteilten Bildern, Bewertungen und Diskursen [basiert]« (Trisch/Winkelmann 2007: 108). Um Diskriminierungen differenzierter in den Blick nehmen zu können, bieten sich drei Betrachtungsebenen an:

1. **Zwischenmenschliche Ebene:** »Bezieht sich auf das direkte Verhalten gegenüber Menschen und Gruppen, die hinsichtlich eines bestimmten Aspektes oder Merkmals vom je eigenen Standpunkt aus als anders konstruiert werden, beeinflusst durch die eigene Bewertung dieser Differenzierung« (Trisch 2015: 5).
2. **Institutionelle Ebene:** Diese Ebene bezieht sich auf etablierte Rechte, Traditionen, Gewohnheiten und Verfahren, durch die Gruppen oder Individuen hinsichtlich eines Aspekts oder Merkmals systematisch benachteiligt werden, und umfasst hiermit Gesetze und Strukturen, die durch soziale, politische oder ökonomische Macht gekennzeichnet sind (ebd.).
3. **Ideologisch-diskursive Ebene:** »Bezieht sich auf das, was von den dominanten Kulturen und Ideologien als richtig, gut und schön angesehen wird und als Maßstab zur Bewertung, Beurteilung und Benachteiligung gegenüber Menschen oder Gruppen angewandt wird« (ebd.). Somit umfasst jene Ebene ungeschriebene Gesetze, Werte und Normen (ebd.).

Doch was bedeutet in diesem Zusammenhang der Begriff Bias?

Bias – Begriffserklärung und Ziele

»Bias« kommt aus dem Englischen und kann mit »Voreingenommenheit« oder »Schieflage« übersetzt werden. Anhand dieser Übersetzung lassen sich nach Trisch (2015: 4) einige zentrale Eckpunkte des Ansatzes festmachen: Er thematisiert persönliche Voreingenommenheiten auf individueller Ebene sowie gesellschaftliche Schieflagen auf struktureller und diskursiver Ebene.

Hieraus ergeben sich vier grundsätzliche pädagogische Ziele (Anti-Bias-Netz 2016):

- »Die Anerkennung und Stärkung aller an Lernprozessen Beteiligten in ihren individuellen und Bezugsgruppen-Identitäten,
- die Förderung einer respektvollen und wertschätzenden Haltung gegenüber der Vielfalt unter Menschen,
- die Sensibilisierung für Vorurteile und Diskriminierung und Unterstützung von kritischem Denken,
- die Ermutigung und Stärkung der Fähigkeit, gegen Diskriminierung aktiv zu werden.«

Der zentrale Kern ist auf Grundlage der dargestellten Ziele, »sich der eigenen Vorurteile bewusst zu werden und auf dieser Grundlage diskriminierendem Handeln entgegenzuwirken« (Trisch 2015: 5).

Sowohl die pädagogischen Ziele als auch die wesentlichen Inhalte des Ansatzes entsprechen den Prämissen des Interkulturellen und Diversitätsorientierten Lernens im Hinblick auf Antidiskriminierungsarbeit, da hier Fremd- und Selbstwahrnehmungen hinterfragt, neue Blickwinkel eingenommen und Handlungsmöglichkeiten eingeübt werden sollen, um zu einer diskriminierungsbewussten Haltung und Einstellung beizutragen. Da sich der Anti-Bias-Ansatz an alle Menschen richtet, sind seine Methoden ideal für interkulturelle Begegnungen und Lernprozesse, weil hierdurch sowohl die Professionellen, Einwander_innen als auch die aufnehmende Gesellschaft in den Blick genommen werden können. Diesem Ausgangspunkt liegt die Annahme zugrunde, »dass alle Menschen Erfahrungen mit Diskriminierungen machen, da alle Menschen in Differenz- und Machtverhältnissen leben. In der Anti-Bias-Arbeit werden Menschen eingeladen, ermutigt und herausgefordert, sowohl auf Erfahrungen zu blicken, in denen sie mit Zuschreibungen konfrontiert, von Benachteiligung betroffen oder auf Zugehörigkeiten reduziert werden, und auf solche Erfahrungen, in denen sie andere Menschen einteilen [und] selbst von Machtverhältnissen profitieren« (Schmidt 2012: 42). Daher ist das Anliegen des Ansatzes Raum zu schaffen, »in dem ein Austausch mit anderen in diesen Reflexionsprozessen möglich wird und Handlungsmöglichkeiten und Veränderungsperspektiven hin zu einer diskriminierungsfreien Gesellschaft gemeinsam in den Blick genommen werden können« (Schmidt 2012: 43).

Grundsätzlich ist jedoch zu bedenken, dass eine völlige Überwindung aller Vorurteile unrealistisch ist, weshalb das Ziel einer Antidiskriminierungsarbeit lediglich der bewusste Umgang hiermit sein kann. Daher ist es dem Ansatz nicht möglich, ein ›Rezept‹ für eine vorurteilsbewusste, machtsensible und diskriminierungsfreie Haltung zu liefern, sondern lediglich Angebote zum lebenslangen Arbeiten an einem Bewusstsein hierfür und für Diversität zu schaffen (Fleischer 2016: 07-2f.).

Doch wie gelingt es dem Konzept die dargelegten Ziele zu erreichen?

»Anti-Bias-Arbeit erfolgt in erster Linie mit mehrtägigen erfahrungs- und prozessorientierten Seminaren und Weiterbildungen. Meist kommen eine Mischung von (freiwilligen) selbstreflexiven Übungen zu einzelnen Themenkomplexen sowie Warm-Ups und kleinere theoretische Inputs zur Anwendung. Im Vordergrund stehen dabei die Auseinandersetzung mit den eigenen Diskriminierungserfahrungen auf beiden Seiten [...] sowie die Entwicklung alternativer Handlungsansätzen gegen Diskriminierung« (Trisch 2015: 7).

Ausgehend hiervon können drei aufeinander aufbauende Schritte eines solchen Seminars festgehalten werden.

1. Einander begegnen: Gemeinsam wird darüber nachgedacht, wie Diskriminierungen erlebt werden, welche Gefühle damit verbunden sind und welche Strategien entwickelt werden, um diesen zu begegnen (Kübler/Mamutovič 2015: 20).
2. Wahrnehmung für Ausgrenzung schärfen: Ein Blick für die eigenen Privilegien wird entwickelt und Strukturen von Dominanz und Unterdrückung analysiert (ebd.).
3. Veränderungen beginnen: Anhand der Analysen unter Punkt zwei werden ausgrenzende Strukturen benannt, um gegen diskriminierende Verhaltensweisen aktiv vorgehen zu lernen (ebd.).

Bei der Durchführung dieser Seminare stehen verschiedene Methoden zur Vermittlung der Inhalte zur Verfügung (Schmidt 2007: 1). Hierbei geht es jedoch nicht um die Methoden an sich, sondern die einzelnen Übungen müssen als Türöffner verstanden werden, um Möglichkeiten für Gespräche zu schaffen und Prozesse anzustoßen (Kübler/Mamutovič 2015: 21). Dabei verfügt das Konzept nicht über einen bestimmten Methodenkanon, sondern ist in dieser Hinsicht sehr inklusiv ausgerichtet. Neben Methoden aus der Anti-Bias-Arbeit aus Amerika und Afrika nutzt es Methoden, »die für die Auseinandersetzung mit spezifischen Inhalten des [Ansatzes] übereinstimmen und in ihrer Didaktik auch den theoretischen Grundlagen des Ansatzes entsprechen« (Schmidt 2007: 3). Viele dieser Übungen sind in einem Dreischritt aufgebaut, der dem Seminar an sich nahekommt:

- die Selbstreflexion eigener Erfahrungen, Hintergründe und Gefühle;
- der Austausch mit anderen, welcher als Grundlage für den dritten Schritt dient;
- Entwicklung von Handlungsalternativen (ebd.).

9 Zentrale Themenfelder des Interkulturellen und Diversitätsorientierten Lernens

Bei den Übungen ist darauf zu achten, »prozessorientiert und flexibel zu arbeiten und auf aktuelle Störungen und Bedürfnisse einzugehen. Anleitende sollten die Übungen selber bereits als Teilnehmende erlebt haben« (Kübler/Mamutovič 2015: 22). Zudem sollte das Seminar-Team stets aus zwei Personen bestehen, damit »die angestoßenen teils sehr intensiven emotionalen Prozesse verantwortungsvoll begleitet werden« können (Schmidt 2007: 2). Im Anschluss an die durchgeführten Methoden folgt eine Reflexionsrunde, die stark von den Moderationsfähigkeiten der Fachkräfte geprägt ist (Kübler/Mamutovič 2015: 22). Im Hinblick auf dieses Vorgehen ist zu bedenken, dass die Seminare lediglich als Einstieg in eine kontinuierliche Auseinandersetzung mit Diskriminierungen zu verstehen sind und dabei unterstützen sollen, vorurteilsbewusstes Verhalten zu entwickeln (ebd.: 20).

Im Anschluss an die Auseinandersetzung mit diesem intersektionalen Ansatz kann schlussgefolgert werden, dass durch die Teilnahme an diesen Seminaren interkulturelle und diversitätsorientierte Fähig- und Fertigkeiten ausgebildet als auch die zugehörige Haltung gefördert werden, wodurch Fachkräfte in heterogenen Kontexten handlungsfähiger werden. Aufgrund des inklusiven Methodenkanons können passende Übungen in Lernprozesse eingebunden werden, um sowohl Fachkräfte als auch Adressat_innen die Möglichkeit zu geben, sich mit dieser Thematik auseinanderzusetzen und neue Handlungsmöglichkeiten zu erschließen, um für eine diskriminierungsbewusste Gesellschaft einzutreten.

Teil C: Praxis

10 Interkulturelles und Diversitätsorientiertes Lernen am Beispiel der Gemeinwesenarbeit (GWA)

Nach einer Auseinandersetzung mit wichtigen Kernbereichen des Interkulturellen und Diversitätsorientierten Lernens mit heterogenen Gruppen, soll nun eine umsetzungsorientierte Annäherung am Beispiel der Gemeinwesenarbeit (GWA) erfolgen. Hierbei wird zunächst auf das Arbeitsfeld und seine heutigen Chancen und Herausforderungen im Hinblick auf Migration eingegangen, bevor praktische Annäherungen und Methoden dargestellt werden.

10.1 Annäherung an den Terminus Gemeinwesenarbeit (GWA)

GWA ist ein inzwischen weit verbreitetes und angesehenes Handlungsfeld innerhalb der Sozialen Arbeit. Sie hat ihren Ursprung Ende des 19., Anfang des 20. Jahrhunderts in England und den USA. Hierbei entstanden vor allem zwei große Konzepte: Das Konzept der *wohlfahrtsstaatlichen GWA*, die Stadtteile vorwiegend mit besseren Dienstleistungsangeboten ausstatten wollte, um zur gesellschaftlichen Integration beizutragen und die *aggressive GWA*, die die gegebenen gesellschaftlichen Verhältnisse und Machtstrukturen verändern wollte (Wendt 2017: 298). In der vorliegenden Begriffsannäherung soll jedoch nicht auf die geschichtliche Entwicklung der GWA eingegangen werden, sondern vielmehr die heutige aktuelle Lage und deren Ziel im Hinblick auf die dort vorzufindenden diversen Lebenslagen und Kulturen – also primär auf der Veränderung durch Migration – vorgestellt werden.

> **Doch was wird nun konkret unter *Gemeinwesenarbeit* verstanden?**
>
> GWA ist »eine sozialräumliche Strategie, die sich ganzheitlich auf den Stadtteil und nicht pädagogisch auf einzelne Individuen richtet. Sie arbeitet mit den Ressourcen des Stadtteils und seiner Bewohner, um seine Defizite aufzuheben. Damit verändern sich dann allerdings auch die Lebensverhältnisse seiner BewohnerInnen. […] Die Gemeinwesenarbeit ist also nicht primär Sprachrohr der BürgerInnen …, sondern vielmehr ein Unterstützungssystem für die Formulierungen von Betroffeneninteressen. Sie ist nicht Ausführungs-

organ der Verwaltung, sondern lediglich Hilfsinstrument, um die Planung, Entwicklung und Gestaltung von Maßnahmen transparenter, bürgernäher und effektiver zu gestalten und damit engagierte Auseinandersetzungen zu ermöglichen« (Oelschlägel 2001: 192f., zitiert nach Wendt 2017: 302).

Nach Wendt hat die GWA heute vorwiegend zwei Funktionen (Wendt 2017: 302).

1. **Soziale Integration:** Hiermit ist die Akzeptanz diverser Milieus, Kulturen und Traditionen gemeint sowie die Entwicklung von Zugehörigkeit in Nachbarschaften und Mitgliedschaften.
2. **Infrastruktur:** Die Bereitstellung von Dienstleistungen in Form von Versorgung (Einkaufsmöglichkeiten), Betreuung (Kindergärten), Bildung (Schulen) als auch Beschäftigung (Arbeitsplätze).

Demzufolge hat eine GWA auch das Ziel, die Integration von Migrant_innen durch interkulturelle Austausch- und Begegnungsmöglichkeiten innerhalb eines Stadtteils zu unterstützen. Interkulturelles und Diversitätsorientiertes Lernen kann hier als Methode angesehen werden, um Anerkennung und Zugehörigkeit innerhalb des Gemeinwesens zu fördern sowie Barrieren und Diskriminierung abzubauen. Aber auch die Infrastruktur kann von kulturellen Begegnungen profitieren, sollten bspw. Arbeitgeber_innen aufgrund positiver Erfahrungen und der Möglichkeit, Fremden besser begegnen zu können, bereit sein, Migrant_innen als Mitarbeitende anzustellen.

Werner Schönig ist der Auffassung, dass die GWA heute eher als Handlungsfeld beschrieben werden muss, das eine Sonderstellung innerhalb der Sozialen Arbeit einnimmt, da es »weder eine Zielgruppe von Menschen mit sozialen Problemen beschreibt noch per se problematisch ist« (Schönig 2012: 31). Das Ziel der GWA liegt für ihn darin, Initiativen auszulösen, durch welche die Bevölkerung und andere Akteur_innen vor Ort gemeinsam Probleme erkennen, überwinden und Kräfte entwickeln (ebd.). Hierin besteht bereits ein erster Vorteil der GWA für die Verwirklichung von Integration im Sinne einer multiethnischen Gesellschaft: Der Fokus liegt nicht primär auf dem Individuum, sondern die bestehenden Benachteiligungen, das Selbsthilfepotenzial in Netzwerken sowie strukturell ansetzende Hilfsangebote treten in den Mittelpunkt (ebd.). Somit liegt die Erwartung nicht allein bei den Migrant_innen im Sinne von Anpassung und Integration als einseitigem Prozess, sondern bei der ganzen Bevölkerung des Gemeinwesens, wodurch der Druck auf Migrant_innen reduziert werden kann. Da in diesem Verständnis von GWA jede_r als Teil des Ganzen gesehen wird, wird Ausgrenzung per se schwieriger und Inklusion möglich.

Auch wenn GWA nach Schönig nicht automatisch Problematiken beschreibt, findet sie dennoch klassisch in benachteiligenden Wohngebieten statt. Ausgangspunkt für eine GWA sind meist latente oder manifestierte Konflikte. »Über das gemeinsame Handeln entlang sich überlappender Einzelinteressen wird insbesondere benachteiligten Bevölkerungsgruppen und benachteiligten Interessen eines lokalen Gemeinwesens eine machtvolle Teilhabe an der Gestaltung und Verbesserung von lokalen Lebensbedingungen ermöglicht« (Fehren 2017: 185). Auch hierin liegt eine Chance für Menschen mit Migrationserfahrung: Durch die GWA können sie erneut lernen ihre Wünsche und Interessen zu artikulieren sowie hierfür einzustehen; gemeinsame Interessen innerhalb des Gemeinwesens können entdeckt und dadurch Begegnungen ermöglicht werden; eine Verbesserung der Lebensbedingungen der Migrant_innen innerhalb einer vielfältigen Gesellschaft kann gefördert werden, denn: Innerhalb der GWA ist das Milieu der Klient bzw. die Klientin! So wird die gesamte Bewohner_innenschaft als auch die strukturelle Situation in den Blick genommen.

Seit den neunziger Jahren wird neben der GWA auch die Sozialraumorientierung (SRO) in der Sozialen Arbeit vorangetrieben. Hinter diesem Begriff verbirgt sich ein Konzept der Sozialverwaltung und einzelner sozialer Dienste, »um vor Ort Zielgruppen besser zu erreichen und Ressourcen besser zu nutzen. Sie ist aktivierend im Sinne staatlicher Zielerreichung. Analytisch und im Handlungsbezug wird der Blick auf grundlegende Entstehungsbedingungen von Hilfenotwendigkeit und das Ansetzen an die Ressourcen der Menschen vor Ort gelenkt« (Kalter/Schrapper 2006: 22, zitiert nach Schönig 2012: 32). Diese Orientierung brachte eine Aufwertung für die GWA mit sich, auch wenn hierdurch andere Akzente gesetzt wurden. Daher sind Schnittstellen zwischen beiden Ideen entstanden, weshalb beide Termini auch häufig synonym verwendet werden. Dennoch ist es notwendig, eine Differenzierung beider Begrifflichkeiten vorzunehmen. Nur so kann ein klarer Blick auf die GWA erreicht werden. Schönig (2008: 121) nutzt für diese Abgrenzung folgendes Schaubild (▶ Abb. 13).

Abb. 13: Schnittstellen zwischen SRO und GWA nach Schönig (aus: Schönig, Werner, 3., vollst. überarb. Aufl. 2020. Sozialraumorientierung. Grundlagen und Handlungsansätze. Frankfurt/M.: Wochenschau, 147)

Schnittmenge beider Ansätze ist die grundsätzliche Orientierung an den tatsächlichen Bedürfnissen der Menschen in ihrem Sozialraum sowie das Ziel seiner strukturellen Veränderung, die mit Hilfe von Ressourcen vor Ort umgesetzt werden soll. Die Spezifik der GWA liegt nach Schönig (2012: 33) darin, dass sie paradigmatisch von der Bewohner_innenperspektive ausgeht und gegen die Ausgrenzungsprozesse innerhalb ihres Gemeinwesens steuert. So bleibt das Ziel stets das handelnde, demokratische Gemeinwesen. O. Fehren (2017: 186) sieht den Unterschied der beiden Konzepte vorwiegend darin, dass sich die SRO im Gegensatz zur GWA als nicht abgrenzbares Arbeitsfeld der Sozialen Arbeit versteht. Zur Bedeutung der Einzelfallperspektive kommt innerhalb der SRO die Kontextualisierung des Falls anhand des sozialen, materiellen und institutionellen Umfelds hinzu. So arbeitet die SRO nicht falldistanziert, sondern beginnt stets beim Einzelfall. Sozialraumgestaltung wird hier vielmehr als Investition in die Prävention und in die Effektivierung von (Einzel-)Fallarbeit verstanden. So streben zwar beide Konzepte an, die individuelle Ebene mit der strukturellen zu verbinden, gehen hier jedoch unterschiedliche Wege. GWA zielt hierbei auf die gesellschaftliche Meso-Ebene ab und beginnt ihre Aktivitäten in der Regel in einem bewusst gewählten lokalen Gemeinwesen, wohingegen die SRO beim Individuum beginnt und sich von hier aus den Sozialraum des Individuums aneignet (Fehren 2017: 187). So folgert Fehren, dass Soziale Arbeit SRO als Fortschreibung von Ansätzen der GWA gesehen werden kann, aber auch deutliche Unterschiede zwischen den neueren Vorstellungen von SRO und denen der GWA auszumachen sind. »Aus GWA-Perspektive entscheidend bleibt der Anspruch einer partizipativen Gestaltung von Lebenswelten. Dieser Anspruch ist gegenüber dem Fachkonzept SRO kritisch hochzuhalten. Aus dem GWA-Erbe heraus gilt es zu prüfen, ob SRO nur manageriell interpretiert wird« (ebd.: 188). Daher sieht er vor allem im Ineinandergreifen beider Ansätze die Chance, die Aus- und Mitgestaltung von Lebenswelten in einer größeren Breite zu realisieren (ebd.).

In Anbetracht der Unterschiede zwischen der GWA und SRO kann hier deutlich gemacht werden, dass GWA eine zentrales Aufgabenfeld für die Soziale Arbeit darstellt, um mit Migration und Integration innerhalb unserer Gesellschaft adäquater umzugehen. Denn hierdurch kann Migrant_innen dazu verholfen werden, eigene Interessen und Wünsche zu artikulieren, Teil des Gemeinwesens zu werden und interkulturelle Begegnungen entstehen zu lassen. Die große Chance für die Realisierung einer multiethnischen Gesellschaft besteht dabei darin, den Fokus wegzuführen von einer alleinigen Bringschuld der Einwander_innen hin zu allen Bewohner_innen eines Gemeinwesens.

10.2 Chancen und Herausforderungen im heutigen Gemeinwesen

Nachdem beleuchtet wurde, welche Kernbestandteile die heutige GWA umfasst, muss im Folgenden geklärt werden, mit welchen Begebenheiten Sozialarbeiter_innen in ihrer Arbeit innerhalb eines Gemeinwesens aktuell konfrontiert sind und welche Chancen und Herausforderungen sich hieraus ableiten lassen.

Durch Globalisierung, Pluralisierung und Individualisierung ist das heutige Gemeinwesen an sich schon sehr vielfältig geworden: Neben diversen Lebens- und Milieuformen bestehen unterschiedliche Wert- und Normvorstellungen. Um eine erfolgreiche Integration als auch Partizipation zu unterstützen, fordern neben Sozialarbeiter_innen auch Personen aus Politik und NGOs, Migrant_innen nicht zu separieren, sondern auch sie in allen Stadtteilen ansässig werden zu lassen, um »durchmischte« Wohngebiete zu erreichen, wodurch einer Segregation und Marginalisierung vorgebeugt werden soll. Dementsprechend können wir sowohl in ländlichen als auch in städtischen Gegenden immer mehr Gemeinwesen vorfinden, die – neben der bereits erwähnten Vielfalt – durch eine starke kulturelle Diversität geprägt sind; eine Erscheinungsform, die zunächst für Bürger_innen erdrückend und als »zu viel Vielfalt« gewertet werden kann, doch wird dadurch nicht nur die Integration der Migrant_innen unterstützt, sondern es besteht auch die Chance zu interkulturellen Begegnungen sowie dafür, eine Akzeptanz innerhalb der Mehrheitsgesellschaft für Menschen anderer Kulturen zu schaffen. Parallel hierzu können Menschen mit Migrationshintergrund am Alltag der Herkunftsdeutschen teilnehmen und sich und ihre Ressourcen einbringen. Um dies zu ermöglichen, braucht es ein partizipatives Integrationsverständnis – und auch ein offeneres Verständnis von Gemeinwesen. »Während in Deutschland Integration noch immer als eine Entweder-Oder-Entscheidung zwischen verschiedenen Zugehörigkeiten verstanden wird, leben Migranten in grenzüberschreitenden kulturellen Räumen des Sowohl-Als-Auch. Sie kreieren damit eine neue Vielfalt möglicher Identitäten und widersetzen sich der Diskurs beherrschenden Vorstellung einer ethischen Container-Gesellschaft, wie sie der Nationalstaat und seine hierarchische Anordnung von Mehrheit und Minderheiten propagiert« (Römhild 2011: 21). Dies beschreibt, dass Migrant_innen die Werkzeuge zu gelebter Diversität bereits beherrschen, die aufnehmende Gesellschaft aber nicht dazu bereit erscheint – oder nicht gelernt hat, sich auf Vielfalt so einzulassen, dass eigene Lern- und Veränderungsprozesse stattfinden können. Aber gerade innerhalb eines Gemeinwesens, wo der Alltag miteinander gelebt wird, braucht es interkulturelle Begegnungen, um beide Seiten in das Gemeinwesen zu integrieren und eine multiethnische Gesellschaft auch hierin umzusetzen. Um dieses Vorhaben zu unterstützen und neue Vorstellungen des Gemeinwesens zu fördern, können bspw. öffentliche Räume innerhalb eines Quartiers genutzt werden, denn diese haben das Potential, »sozialen Zusammenhalt und Interaktion zu fördern sowie zugänglich für jedermann zu sein« (Madanipour 2010 zitiert Bundesverband für Wohnen und Stadtentwicklung e. V. 2017: 39). Durch die prekären Lagen von Menschen mit Migrationshintergrund, die noch nicht eingebürgert sind, bedürfen diese einer besonderen Unterstützung durch die Soziale Arbeit. Hierfür sind für die Fachkräfte »zunächst die Grund- und Menschenrechte handlungsleitend. Im Kontext der o. g. gesellschaftlichen Veränderungen ergibt sich daraus zunächst die Forderung nach gleichberechtigter Partizipation aller Menschen, d. h. die Möglichkeit der Teilnahme an Entscheidungsprozessen und der Möglichkeit der Teilhabe in Bezug auf gesellschaftliche Güter und Ressourcen« (Ottersbach 2012: 69f.).

Die beschriebenen Chancen durch eine GWA lassen eine erfolgreiche Integration unter dem Vorzeichen von Harmonie und friedlichem Zusammenleben aller Beteiligten aufleuchten. Doch so einfach ist die Idee einer gelungenen Integration nicht realisierbar. Denn neben diversen Lebens- und Normvorstellungen stellt die Teilhabe an sich eine Herausforderung für ein Gemeinwesen dar. Aus der Ermöglichung von Teilhabe entstehen Herausforderungen, die auf den ersten Blick vielleicht so gar nicht erkennbar sind; werden sie jedoch aufgedeckt, kann Teilhabe im Alltag viel häufiger beobachtet und auch eine gelingende Integration besser unterstützt werden. Die meisten Menschen verbinden mit einer gelungenen Integration und Teilhabe Harmonie und beschreiben Konflikte als eine Art nichtgelungener Integration. Annette Treibel (2016: 37) erklärt hierzu, dass Integration nicht mit vollkommener Harmonie oder ausschließlich positiven Gefühlen gleichzusetzen ist, da sich gesellschaftliche Systeme nicht zuletzt durch Konflikte, die in ihnen ausgetragen werden, integrieren.

Aladin El-Mafaalani (2018: 30) hat sich mit dieser Thematik in besonderer Weise beschäftigt. Er erklärt zu Beginn in seinem Buch »Das Integrationsparadox«, dass die Integrationspolitik in Deutschland noch nie besser war als heute. Dies macht er vorwiegend an den Teilhabechancen und Bildungserfolgen von Geflüchteten fest. Mit Blick auf diese positive Entwicklung erklärt er weiter, dass damit zwei Veränderungen verbunden sind: Zum einen steigen die subjektiven Erwartungen und zum anderen die objektiven Grundlagen. D. h., dass die Ansprüche parallel zum Erfolg steigen. Je erfolgreicher die Integration ist, desto mehr Erwartungen hat die Gesellschaft an die Geflüchteten und diese wiederum an die Gesellschaft und ihre Strukturen. Daher beschreibt El-Mafaalani, dass nicht die Situation an sich das Problem ist, sondern die Differenz zwischen Erwartung und der Realität. Es handelt sich um zwei Variablen, die unterschiedlich schnell steigen. Hierbei wächst die Erwartung schneller als die Realität hinterherkommen kann, was Konflikte praktisch schon vorprogrammiert. Parallel zu dieser eigentlich offensichtlich positiven Entwicklung stehen jedoch die Wahrnehmungen vieler Menschen sowie der öffentliche Diskurs. Diese enorme Differenz zwischen der objektiven und subjektiven Realität bildet auch den Nährboden für Rechtspopulismus oder Nationalsozialismus (ebd.: 29–35). Dementsprechend werden wir immer unzufriedener, wenn Integration ausschließlich am Zustand gesellschaftlicher Harmonie gemessen wird. Denn je mehr Partizipation und Teilhabe verwirklicht wird, desto mehr Menschen sitzen an einem Tisch und haben die Möglichkeit mitzubestimmen. Dies wiederum führt zu vielfältigen Erwartungen und Vorstellungen, die durch die erreichte Verwirklichung auch artikuliert und diskutiert werden können (ebd.: 75–78). »Gelungene Integration erhöht deshalb das Konfliktpotential, weil Inklusion, Gleichberechtigung oder eine Verbesserung der Teilhabechancen nicht zu einer Homogenisierung der Lebensweisen, sondern zu einer Heterogenisierung, nicht zu mehr Harmonie und Konsens in der Gesellschaft, sondern zu mehr Dissonanz und Neuaushandlungen führt« (ebd.: 79). Entsprechend steigt die bereits vorhandene Heterogenität in einem Gemeinwesen durch verbesserte Teilhabemöglichkeiten für Einwander_innen stetig an, was wiederum das Konfliktpotential deutlich erhöht. Falsch wäre nun zu sagen, Teilhabemöglichkeiten müssten eingeschränkt werden, um weitere Konflikte zu vermeiden. Ganz im Gegenteil: Hierdurch würden sich negative Konflikte erhöhen, da sich dann Menschen ausgegrenzt und bevormundet fühlen. Konflikte müssen vielmehr anders betrachtet und verstanden werden, um durch sie eine Integration und multiethnische Gesellschaft zu fördern. Die angesprochenen Konflikte durch Teilhabe müssen daher eher als eine Art *positive* Konflikte gedeutet werden. Al-Mafaalani (2018: 79f.) begreift diese Konflikte als *Gesellschaft verändernde Konflikte*. »Der Konflikt ist also nicht etwa Ausdruck einer Spaltung, denn gespalten sein kann man nur, wenn man zuvor irgendeine Einheit darstellte. Vielmehr ist das Gegenteil der Fall: Der Konflikt ist Ausdruck des Zusammenwachsens. Es entstehen Spannungen beim Sichnäherkommen. Zusammenwachsen tut weh« (ebd.: 81).

Genau diese Spannungen sind auch innerhalb vielfältiger Gemeinwesen vorzufinden, denn hier treffen verschiedenste Erwartungen und Denkmuster aufeinander, die mit Hilfe von Teilhabe auch artikuliert werden können. Aufgrund einer immer noch vielfach negativen Wahrnehmung der beschriebenen Konflikte, kann Diskriminierung und Rassismus weiter genährt werden. Erst durch eine offene Gesellschaft im Sinne einer Multiethnizität – die jedoch nicht alles per se anerkennt und wertschätzt – wird ein Diskurs über diese positiven Konflikte ermöglicht, der auch geführt werden muss, um ein Sichnäherkommen zu ermöglichen. Hierin liegt eine zentrale Aufgabe für die heutige Soziale Arbeit in Gemeinwesen: Fachkräfte müssen zunächst diese Konflikte als positive Konflikte und Möglichkeiten wahrnehmen und transparent machen um anschließend partizipative Diskurse über die Herausforderungen innerhalb eines Gemeinwesens anstoßen, führen und voranbringen zu können. Hierdurch wird es möglich, interkulturelle Begegnungen im Gemeinwesen zu schaffen, um gemeinsam mit allen Einwohner_innen Ideen für Lösungen zu entwickeln und Diskriminierungen vorzubeugen. Um diese Diskurse anstoßen und führen zu können, braucht es Konfliktbereitschaft, Moderationsfähigkeit sowie Interkulturelle bzw. Diversitätskompetenz auf Seiten der Professionellen, die durch entsprechende Lernprozesse angeregt und gefördert werden können. Gleichzeitig sind diese Prozesse aber auch für Bewohner_innen wichtig, um eine positive Streitkultur zu entwickeln und angemessen in einen interkulturellen Dialog treten zu können. Parallel hierzu lässt Interkulturelles und Diversitätsorientiertes Lernen Benachteiligung und Diskriminierung sichtbar werden und schafft Möglichkeiten, Selbst- und Fremdwahrnehmungen zu hinterfragen und Handlungsmöglichkeiten gegen Diskriminierung aufzuzeigen und einzuüben. Gelingt es, jene Herausforderungen diskursiv und partizipativ anzugehen, kann ein Zusammenwachsen innerhalb des Quartiers realisiert und gelungene Integration für alle dort Lebenden ermöglicht werden und die GWA hierdurch einen Beitrag zu einer multiethnischen, zusammenwachsenden Gesellschaft leisten.

10.3 Interkulturelles und Diversitätsorientiertes Lernen in der Gemeinwesenarbeit (GWA)

Im folgenden Kapitel soll nun dargestellt werden, wie Interkulturelles bzw. Diversitätsorientiertes Lernen in der Praxis am Beispiel der GWA umgesetzt werden kann. Im Sinne eines systematischen Vorgehens wird zunächst die Fachkraft und ihre Haltung betrachtet, bevor die strukturelle Ebene in den Blick genommen wird. Am Ende wird am Beispiel der Nutzung öffentlicher Räume schließlich auf die Mesoebene eingegangen, ehe mit dem Beispiel einer interkulturellen bzw. diversitätsorientierten Lerneinheit abgeschlossen wird.

10.3.1 Ebene der Fachkräfte

Wie bereits zuvor dargelegt, ist es unabdingbar sich als Fachkraft in der Sozialen Arbeit heutzutage Interkulturelle und Diversitätskompetenz anzueignen. Hierzu zählt zunächst einmal der Erwerb von Wissen zu diversen Migrations- und Integrationstheorien und Hintergründen als auch die Reflexion der eigenen Biografie, Verhaltensweisen und Selbstwahrnehmung (▶ Abb. 9; ▶ Abb. 11). Hierdurch kann eine entsprechende Haltung gefördert und eingeübt werden. Dies kann bspw. in einer Schulung für Fachkräfte erfolgen, aber auch durch Übungen, die Sozialarbeiter_innen für sich selbst oder innerhalb ihres Teams anwenden und reflektieren können (▶ Kap. 3.3.4).

Zusätzlich zum Ausbau dieser Haltung sind Begegnungen mit vielfältigen Individuen zentral, um beide Kreisläufe der Lernprozesse anzustoßen und hierdurch die Interkulturelle bzw. Diversitätskompetenz zu fördern. Diese Begegnungen ergeben sich auf der einen Seite im Alltag eines Gemeinwesens, wo Menschen unterschiedlicher Kulturen aufeinandertreffen. Dieses Zusammentreffen gilt es als Fachkraft zu nutzen, um mit Individuen aus anderen Kulturen in einen Austausch zu kommen. Gleichzeitig können Fachkräfte bewusst interkulturelle Begegnungen entstehen lassen, indem sie bspw. an kulturell heterogenen Lernprozessen teilnehmen oder selbst Angebote für heterogene Gruppen anbahnen und durchführen. Bei diesen Begegnungen müssen Fachkräfte jedoch stets mit Offenheit, Respekt und der Bereitschaft zur Veränderung agieren, um innerhalb der Interaktionen einen individuellen Wandel erleben zu können. Auch hierfür sind interkulturelle Fähig- und Fertigkeiten wichtig, um kommunikative Hürden zu meistern und in einen wechselseitigen Austausch treten zu können.

Interkulturelle und Diversitätskompetenz sowie die entsprechende Haltung sind darüber hinaus zentral, um als Fachkraft Lernprozesse anstoßen zu können. Da es in der GWA nicht um Einzelfallhilfe geht, sondern immer das Gemeinwesen selbst im Mittelpunkt steht, haben es Fachkräfte auch bei Interkulturellem bzw. Diversitätsorientiertem Lernen in jedem Feld mit Gruppen zu tun. Von daher müssen sich Fachkräfte für die Durchführung von Lernprozessen auch mit Theorien der Gruppendynamik auseinandersetzen (▶ Kap. 10.3.4).

10.3.2 Strukturelle Ebene

Mit Blick auf die strukturelle Ebene eines Gemeinwesens muss es zunächst einmal darum gehen, eine Ist-Analyse der vorhandenen Akteur_innen innerhalb des Quartiers anzustellen. Hierdurch kann herausgearbeitet werden, mit welchen Beteiligten vor Ort eine Kooperation sinnvoll und wichtig erscheint. Mit Fokus auf Interkulturellem und Diversitätsorientiertem Lernen sind vor allem Akteur_innen zentral, die mit Menschen unterschiedlicher Kultur regelmäßig agieren: Bildungseinrichtungen, Kirchen, Vereine, kommunale Angebote, Ehrenamtliche oder auch Arbeitgeber_innen. All diese Beteiligten haben einen Einfluss auf den Umgang mit und die Einbindung von Zuwander_innen. Daher ist es bedeutsam, als Professionelle innerhalb eines Gemeinwesens ein formelles Netzwerk aufzubauen, um alle Akteur_innen in die Lern- und Bildungsprozesse einzubinden und hierdurch den Effekt dieser Prozesse zu erhöhen und zu einem gelingenden Zusammenleben innerhalb des Quartiers beizutragen. Nach Wendt (2017: 157) handelt es sich im Hinblick auf die beschriebenen Beteiligten um tertiäre und sekundäre Netzwerke, die auf der makrosozialen und mesosozialen Ebene vorzufinden sind. Um eine Ist-Analyse durchzuführen, kann die Methode des Mindmapping genutzt werden (▶ Abb. 14). Hierbei geht es vor allem um die »Erschließung eines thematischen Zusammenhanges [und] der Visualisierung gedanklicher oder tatsächlicher Netzwerke« (ebd.). In der Regel wird das zentrale Thema als Stamm betrachtet, von dem Zweige abgehen, die wiederum in kleinere, konkretisierte Bereiche unterteilt werden (ebd.: 167):

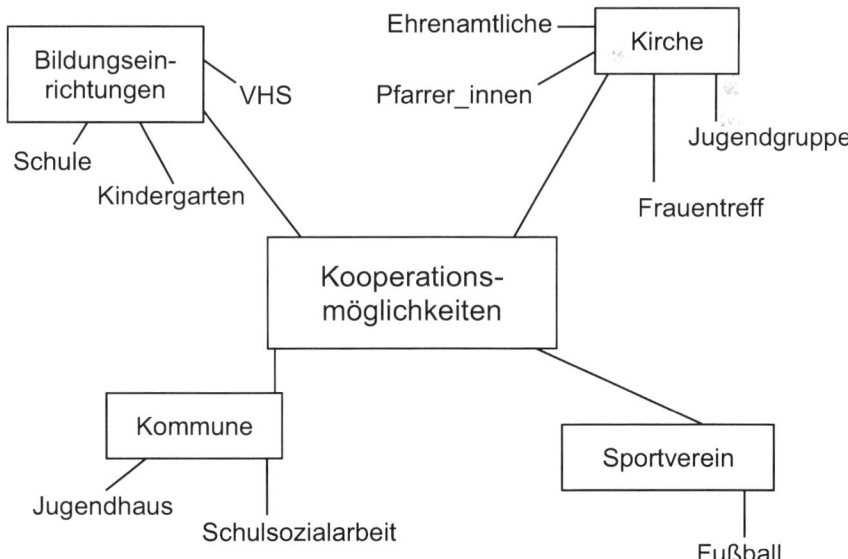

Abb. 14: Beispiel-Mindmap für Kooperationsmöglichkeiten (eigene Darstellung)

Sind Kooperationen möglich, so sind für die Durchführung interkultureller Lernprozesse zentral beide Seiten in den Blick zu nehmen: Die ›Anbieter_innen‹ (Lehrer_innen, Ehrenamtliche, Arbeitgeber_innen etc.) und auch die ›Konsument_innen‹ der Angebote (Schüler_innen, Vereinsmitglieder etc.). Hierdurch wird es Fachkräften der Sozialen Arbeit möglich, sowohl Schulungen für die Akteur_innen vor Ort anzubieten, als auch interkulturelle und diversitätsorientierte Lernprozesse innerhalb der Einrichtungen und Angebote mit den Beteiligten durchzuführen. Dadurch können notwenige Fähigkeiten und die entsprechende Haltung auf beiden Seiten geschult und die eigenen Betrachtungs- und Verhaltensweisen reflektiert und verändert werden. Um auch interkulturelle Begegnungen und hierdurch persönliche interkulturelle Veränderungen zu fördern, muss Interkulturelles Lernen entweder in kulturell heterogenen Gruppen stattfinden (eventuell sind die Beteiligten wie Vereine oder Schulklassen bereits kulturell heterogen) oder interkulturelle Begegnungen innerhalb des Gemeinwesens geschaffen und gefördert werden. Auch hierfür sind Kooperationen mit Beteiligten vor Ort sinnvoll, um bspw. öffentliche Veranstaltungen partizipativ und interkulturell zu planen und durchzuführen. Gleichzeitig können durch Kooperationen Ressourcen von Stadtteilbewohner_innen ausfindig gemacht und aktiv in das Gemeinwesen integriert werden.

Dies lässt schlussfolgern, dass Netzwerkarbeit und Kooperationen mit den Akteur_innen auf struktureller Ebene vor Ort eine zentrale Aufgabe für die GWA darstellen, um Interkulturelles Lernen innerhalb eines Stadtteils umfassend anbieten und durchführen zu können und auch Ressourcen sichtbar werden zu lassen.

10.3.3 Mesoebene im Gemeinwesen am Beispiel öffentlicher Räume

Bei einer Betrachtung auf Mesoebene spielen die Individuen und ihr Sozialraum vor Ort die zentrale Rolle. Gerade in der GWA ist diese Ebene das Herzstück der Arbeit, da öffentliche Räume das Potential haben, »sozialen Zusammenhalt und Interaktion zu fördern sowie zugänglich für jedermann zu sein« (Madanipour 2010, zitiert nach Bundesverband für Wohnen und Stadtentwicklung e. V. 2017: 39). Somit findet sich hierin eine zentrale Ressource, die es zu nutzen gilt, denn gerade für junge Menschen und Familien spielt sich der Alltag in öffentlichen Räumen ab, da hier Begegnungsorte entstehen. Jedoch bergen diese Räume auch die Gefahr der Ausgrenzung von Jugendlichen mit Migrationshintergrund. »Obwohl sie gleiche Verhaltensweisen wie Jugendliche ohne Migrationshintergrund zeigen, werden sie von der Bevölkerung anders – störender und bedrohlicher – wahrgenommen« (Heitmeyer/Anhut, zitiert nach Bayrischer Jugendring 2011: 7). Daher fordert der Bayrische Jugendring, den öffentlichen Raum als Bildungsort junger Menschen anzuerkennen und ihn in diesem Sinne partizipativ weiterzuentwickeln (Bayrischer Jugendring 2011: 14). Dies bedeutet, dass auch Interkulturelles und Diversitätsorientiertes Lernen in öffentlichen Räumen stattfinden und unterstützt werden muss. Da gerade innerhalb dieser Räume das Konfliktpotential durch interkulturelle Begegnungen hoch ist, muss das Zusammentreffen von Fachkräften begleitet werden. Zum einen durch die Vermittlung interkultureller Lernprozesse – bspw. durch Projektarbeit mit kulturell heterogenen Gruppen – und zum anderen durch die Schaffung und Begleitung interkultureller Begegnungen, so dass auch in öffentlichen Räumen eine kulturelle Vielfalt anerkannt und eine gleichberechtigte Teilhabe in ihnen ermöglicht wird. Um einen gleichberechtigten Zugang zu schaffen, kann bereits eine bewusste Gestaltung dieser Lebens- und Lernorte förderlich sein. In diese Gestaltung können Jugendliche aus verschiedenen Kulturen selbst partizipativ beteiligt werden, um erste interkulturelle Begegnungen zu ermöglichen sowie einen Lernort zu schaffen, der der Vielfalt im Gemeinwesen gerecht werden kann. Da auch innerhalb solcher Projekte Lernprozesse verankert sind, können diese zu Interkulturellem und Diversitätsorientiertem Lernen gezählt werden. Um interkulturelle Begegnungen in öffentlichen Räumen zu ermöglichen, sollten bei der Gestaltung fünf Punkte beachtet werden (in Anlehnung an ebd.: 15):

1. **Sicherheit:** Räume müssen einsehbar, überschaubar und beleuchtet sein
2. **Lage:** Um Vielfalt wirklich in die Mitte der Gesellschaft zu rücken, müssen auch öffentliche Räume, in denen Jugendliche sich aufhalten, im Herzen eines Gemeinwesens angesiedelt werden, um wirklichen Austausch zu ermöglichen. Gleichzeitig wird so Marginalisierung vorgebeugt und ein Zugang für alle ermöglicht.
3. **Ästhetik:** Öffentliche Räume müssen einladend gestaltet werden, so dass sich alle hierin wohlfühlen. Gleichzeitig müssen Veränderungen möglich sein, um der Vielfalt gerecht zu werden und Räume je nach Situation oder Projekt auch adaptieren zu können.
4. **Vielfalt:** Öffentliche Räume müssen diverse Nutzungsmöglichkeiten bereithalten, um der Vielfalt innerhalb der Gesellschaft gerecht werden zu können. Das Angebot soll daher von Spiel- und Aufenthaltsorten bis hin zu Rückzugsmöglichkeiten reichen.
5. **Kommunikation:** Um interkulturelle Begegnungen und Kommunikation zu unterstützen, müssen verschiedene Kommunikationsmöglichkeiten geschaffen werden: informelle überdachte Sitzmöglichkeiten, räumliche Aufteilungen etc.

Damit öffentliche Räume auch tatsächlich angenommen werden, sollen bei deren Planung – oder einer Umplanung – bereits frühzeitig Jugendliche aus unterschiedlichen Kulturen miteinbezogen werden; denn auch dies trägt zu einem positiven Zusammenwachsen und interkulturellen Begegnungen bei. Die Rolle der Fachkraft liegt hier vor allem in der Moderation und der pädagogischen Begleitung der Austausch- und Begegnungsprozesse.

Unter Berücksichtigung der drei aufgeführten Herangehensweisen für Interkulturelles bzw. Diversitätsorientiertes Lernen im Gemeinwesen können vier zentrale Punkte festgehalten werden: Die Förderung einer interkulturellen/diversitätsorientierten Haltung auf Seiten der Fachkräfte, Netzwerkarbeit vor Ort, interkulturelle und diversitätsorientierte Lernangebote durch Fachkräfte sowie die Nutzung öffentlicher Räume, um vielfältige Begegnungen zu schaffen und Fähigkeiten zu fördern. Parallel hierzu entstehen im Alltag interkulturelle Bezugspunkte und Begegnungen, bspw. in Bildungseinrichtungen oder Vereinen, die es zu begleiten und unterstützen gilt.

Um diese Punkte sowie ihre Verwobenheit transparenter darzustellen, wurde folgendes Schaubild entwickelt (▶ Abb. 15). Anschließend wird eine interkulturelle und diversitätsorientierte Lerneinheit als Beispiel dargestellt.

Interkulturelles und diversitätsorientiertes Lernen in der Gemeinwesenarbeit

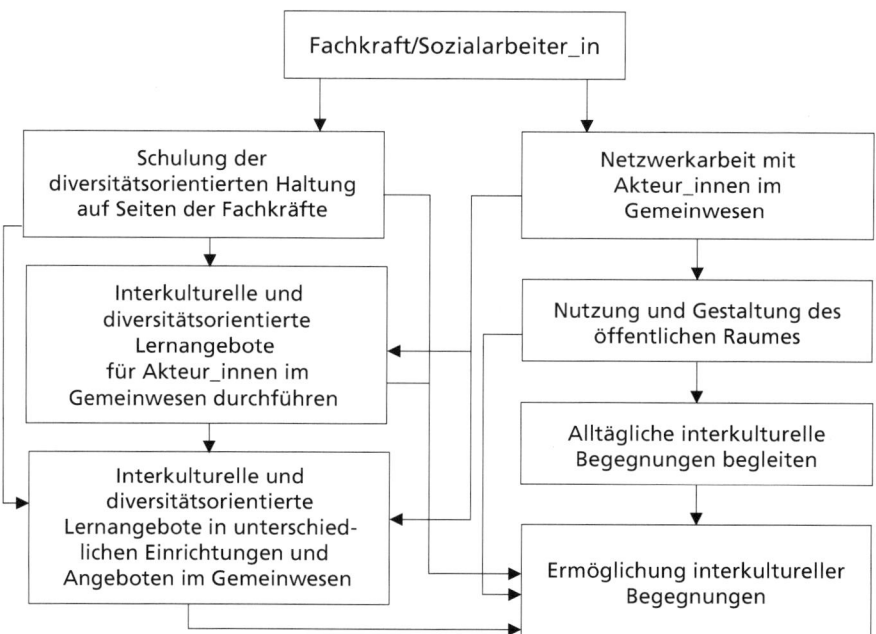

Abb. 15: Interkulturelles und Diversitätsorientiertes Lernen in der GWA (eigene Darstellung)

10.3.4 Beispiel zur Durchführung einer interkulturellen und diversitätsorientierten Lerneinheit

Da es sich innerhalb der Lerneinheiten stets um Gruppenaktivitäten handelt, ist die Auseinandersetzung mit dem Bereich der Gruppendynamik, unabhängig davon für wen die Lerneinheit angeboten wird, bedeutsam. Daher sollen in aller

Kürze die einzelnen Gruppenphasen aufgeführt werden, um einen Überblick zu deren Entwicklung sowie die Aufgaben auf Seite der Gruppenleitung aufzuzeigen (Wellhöfer 2018: 22f.):[1]

1. **Forming:** Zu Beginn einer Gruppenentwicklung herrscht bei den Mitgliedern Unsicherheit und Angst vor dem, was kommt. Ein erstes Kennenlernen erfolgt und die gegenseitigen Sympathien und Antipathien werden getestet, um einen Überblick zu gewinnen. Daher muss die Fachkraft zu Beginn eine möglichst lockere Vorstellungsrunde einbauen und das Ziel, den organisatorischen Rahmen als auch den Inhalt darstellen.
2. **Storming:** Im Vordergrund steht immer noch die Selbstbehauptung, da die Beziehungen zwischen den Einzelnen noch nicht stabil sind. Jede_r versucht, seinen_ihren Platz im Beziehungsgefüge der Gruppe zu finden und seinen_ihren Platz in der Rangordnung zu erkämpfen. Die Gruppenleitung muss den Teilnehmenden die Chance geben, vorhandene Fähigkeiten und Stärken zeigen zu können, so dass Rivalitäten ausgetragen werden können.
3. **Norming:** Eine Identifikation mit den erkämpften Rollen, den anderen Mitgliedern und dem Gruppenziel findet statt und ein Wir-Gefühl entsteht. Hierdurch können sich Einzelne emotional öffnen, da sich die Gruppe untereinander vertraut. Der Fachkraft kommt die Moderationsaufgabe zu: Ablaufende Prozesse müssen transparent gemacht und Konflikte im Ansatz erkannt werden, um diese auf kooperative Art mit den Mitgliedern zu lösen.
4. **Performing:** Die Gruppe hat sich etabliert und ist ›erwachsen‹ geworden. Gemeinsam kann sie frei planen und auf ihre Ziele hinarbeiten. Die Mitglieder fühlen sich selbstsicher und stark und beginnen auch, sich mit anderen Gruppen zu vergleichen, wodurch sowohl das Autostereotyp (Gruppenselbstbild) als auch das Heterostereotyp (Fremdbilder) entsteht. Hier kann die Gefahr einer Exklusion für Fremde entstehen. Die Gruppenleitung kann sich in dieser Phase weitgehend zurückziehen. Sie beobachtet die Prozesse und moderiert eingreifend, wenn dies nötig erscheint.
5. **Trennung, Abschied, Neuorientierung:** Ist das Ziel der Gruppe erreicht worden, löst sie sich in der Regel auf. Dies kann mit mehr oder weniger starken Emotionen verbunden sein. Es kann auch gelingen, neue Ziele zu definieren, so dass die Gruppe weiter bestehen bleibt. Als Leitung muss der Übergang der Mitglieder in die neue Situation betreut oder eine Umstrukturierung des Gruppenziels begleitet werden (ebd.).

Innerhalb dieser Prozesse gilt es zu bedenken, dass eine Gruppenentwicklung nicht geradlinig verläuft, sondern durch diverse Veränderungen auch in den Phasen hin- und herpendeln kann. Je nach Angebot des Interkulturellen oder Diversitätsorientierten Lernens sind die Adressat_innen bereits eine bestehende Gruppe oder entwickeln sich innerhalb dessen erst zu dieser. Zudem entscheiden der Umfang sowie die Intensität des Lernprozesses mit, ob tatsächlich eine Gruppe

---

1 Vertiefende Literatur zu Theorie und Praxis von Gruppenaktivitäten z.B. Wellhöfer 2018.

entsteht und alle Phasen durchlaufen werden. Ein Wissen um diese Phasen ist auch nötig, um angemessene Methoden innerhalb der Lernprozesse auswählen zu können, da bestimmte Übungen ein Vertrauen innerhalb der Gruppe (das erst ab dem Norming beobachtet werden kann) voraussetzt. Somit müssen Sozialarbeiter_innen parallel zu jenem Fachwissen zur Gruppendynamik zu Beginn jeder Planung einer Lerneinheit Überlegungen zu folgenden sechs Punkten vornehmen (nach Wellhöfer 2018: 144).

- **Teilnehmer_innen:** Wie viele Teilnehmer_innen kommen und wie alt sind diese? Welchen Erfahrungshintergrund bringen sie mit? Was ist ihre Motivation und welchen Stellenwert hat diese Veranstaltung für sie? Aus welchen sozialen Verhältnissen kommen sie und welche Beziehungen können sie zum Thema herstellen?
- **Rahmen der Lerneinheit:** Wie viel Zeit steht zur Verfügung? Wie sind die räumlichen Gegebenheiten? Wer ist offiziell verantwortlich für Medien, Material etc.? Wer hat von außen Einfluss und Kontrollrechte?
- **Ziele:** Welche Ziele sollen durch die Lerneinheit erreicht werden? Wer ist mein_e Auftraggeber_in und welche Ziele verfolgt diese_r? Wie passen die Ziele in den organisatorischen Rahmen?
- **Inhalte:** Welche Inhalte sollen vermittelt und behandelt werden? Wie passen diese Inhalte zu den Zielen und Rahmenbedingungen?
- **Methoden:** Mit Hilfe der Methoden sollen Inhalte behandelt und Ziele erreicht werden. Welche Ideen und Wege sind geeignet, um dies umzusetzen? Was kann ich tun um die Inhalte ›rüber zu bringen‹?
- **Mittel und Medien:** Welches Material wird gebraucht? Was muss vorbereitet werden? Welche Medien müssen vorhanden sein? Passen diese auch zu den Teilnehmenden und dem zeitlichen Rahmen?

Im Anschluss an die Überlegungen kann ein Ablauf für eine interkulturelle und diversitätsorientierte Lerneinheit erarbeitet werden. Für das vorliegende Beispiel soll eine Gruppe gewählt werden, die aus 15 kulturell diversen Erwachsenen aus einem Gemeinwesen besteht, die sich zuvor nicht gut kennen. Hierdurch können die ausgewählten Methoden sowohl für die GWA als auch für Gruppen von Studierenden oder Fachkräften aus der Sozialen Arbeit genutzt werden. Im Rahmen dieses Vorgehens können im Folgenden lediglich ausgewählte Möglichkeiten dargestellt werden.[2]

Zu Beginn einer interkulturellen/diversitätsorientierten Lerneinheit im Hinblick auf eine neue Gruppe stehen Warm-Up-Spiele zum Kennenlernen im Mittelpunkt. Hierbei gilt immer abzuwägen, welche Methode für die Fachkraft selbst als auch für die Gruppe am geeignetsten erscheint. Als mögliche *Icebreaker* sollen zwei kurze Methoden aufgezeigt werden.

---

2 Weitere Literatur zu möglichen Methoden: Freise 2017, Heringer 2012, Geiser/Kummer 2004 oder Erl/Gymnich 2014.

Übung 1: Warm-Up-Methode: 4-Ecken-Spiel (vgl. Gugel 2011: 46)

Ca. 5–15 Min, im Raum
Die Gruppenleitung überlegt sich verschiedene Fragen und hierzu vier Antwortmöglichkeiten. Z. B.: *In meiner Freizeit mache ich am liebsten ...*

Lesen   Freunde treffen
Sport   Musik

Jeder Antwortmöglichkeit wird eine Ecke zugewiesen und alle Teilnehmenden sortieren sich eigenständig zu der zu ihnen passenden Antwort.

Variation: Die Teilnehmenden sollen gemeinsam in den Ecken besprechen, weshalb ihre Antwort die beste für sie ist.

Übung 2: Warm-Up-Methode: Mein Gegenstand (vgl. Uni Oldenburg o. J.)

Ca. 10 Min, im Stuhlkreis

Jede_r Teilnehmer_in legt einen persönlichen Gegenstand vor sich auf den Boden.
Nacheinander nehmen die Teilnehmenden einen Gegenstand auf und versuchen zu erraten, weshalb die_der andere diesen Gegenstand gewählt hat. Der_die Besitzer_in des Gegenstands darf korrigieren oder zustimmen.

Nach dem Kennenlernen müssen innerhalb einer Lerneinheit auch die Erwartungen der Teilnehmenden ›abgefragt‹ werden. Dies kann z. B. durch Methodenkärtchen erfolgen.

Übung 3: Methode zur Erwartungsabfrage

Ca. 10 Min.

Jede_r Teilnehmer_in bekommt drei Methodenkarten in drei verschiedenen Farben. Je nach Farbe werden Erwartungen an die Gruppe, die Gruppenleitung und den Inhalt des Seminars festgehalten. Im Anschluss werden diese gesammelt und sichtbar für alle aufgehängt – und möglicherweise diskutiert.

Im Anschluss an die Einstiegsphase erfolgt nun die Hinführung zu dem Thema bzw. dem Inhalt. Hierfür eignet sich bspw. das *Stille Atelier*.

> **Übung 4: Methode zum Einstieg: Stilles Atelier (vgl. EPIZ 2013)**
>
> Ca. 20 Min.
>
> Die Gruppenleitung bringt diverse Aussagen zum Thema auf großen Plakaten an den Wänden an. Alle Teilnehmer_innen gehen stumm durch den Raum und haben die Möglichkeit, zu den Aussagen etwas auf die Plakate zu schreiben. Im Anschluss begeben sich alle gemeinsam zu einem Atelierbesuch und diskutieren über die Plakate.

Nach diesem allgemeinen Einstieg in das Thema muss im Anschluss eine tiefergehende Auseinandersetzung mit dem Inhalt erfolgen. Im Bereich interkultureller/diversitätsorientierter Lerneinheiten muss stets die Fachkraft im Hinblick auf die Gruppe entscheiden, welche Schwerpunkte wann am besten gesetzt werden sollten. Zentral ist die Vermittlung eines Basiswissens sowie Übungen zur Haltung, Kommunikation und Antidiskriminierungsarbeit und damit auch Methoden zum Hinterfragen der eigenen Biografie, Verhaltensweisen sowie der Selbst- und Fremdwahrnehmung. Somit muss ein inklusiver Methodenkanon mit Einzel- als auch Gruppenübungen gewählt werden, um sowohl eine Selbstreflexion als auch Fremdreflexion und -evaluation anzubahnen. Gleichzeitig soll den Gruppenleitungen stets bewusst sein, dass jede Übung mehrere Dimensionen anspricht und hierdurch nicht immer deutlich abzugrenzen ist, wann welcher Bereich explizit geschult wird; so hängt bspw. die Haltung eng mit der Kommunikation und der Antidiskriminierungsarbeit zusammen. Jede Übung bzw. Methode verfolgt hingegen das Ziel der Förderung von Interkultureller und/oder Diversitätskompetenz. Darüber hinaus müssen Gruppenleitungen reflektieren, dass jede Methode sowohl positive als auch negative Emotionen bei den Teilnehmenden auslösen kann. Sollten Übungen gewählt werden, die viel Vertrauen voraussetzen oder auch die eigene Biografie stark hinterfragen, ist es notwendig, die angebotenen Lernprozesse mit mehreren Fachkräften zu begleiten, um Herausforderungen adäquat begleiten zu können.

Neben vielseitigen Übungen darf in interkulturellen Lernprozessen die Vermittlung von Fachwissen nicht zu kurz kommen, um grundlegende Hintergrundinformationen, bspw. zum Thema Kultur oder Integration, erwerben zu können. Daher ist eine Wechselwirkung zwischen Theorie und Praxis für Interkulturelles Lernen unabdingbar. Weil in den vorherigen Kapiteln bereits Theoriegrundlagen dargelegt wurden, die auch innerhalb des Lernprozesses eingebracht werden können, sollen nachstehend ausgewählte Übungen als Beispiele für die methodisch-inhaltliche Ausgestaltung eines interkulturellen/diversitätsorientierten Lernseminars aufgezeigt werden, die mit einer ›neuen‹ Gruppe durchgeführt werden.

10 Interkulturelles und Diversitätsorientiertes Lernen in der Gemeinwesenarbeit

Übung 5: Reflexion zur eigenen Biografie (vgl. Heringer 2012: 9–21)

Anmerkung:
Die folgende Selbstbeurteilung ist eine persönliche Sache. Sie muss angstfrei und ehrlich betrieben werden, weshalb es keine Außenbeurteilung geben darf. Innerhalb dieser Übung werden die eigene Haltung, eigene Werte, die Wahrnehmung, Stereotypen, Vorurteile und Verstehenskompetenzen eruiert.

Woher kommen meine Eltern und Großeltern?
_____

Haben meine Eltern in einem anderen Land gelebt und gearbeitet?
_____

Habe ich schon einmal in einem anderen Land gelebt und gearbeitet?
_____

Wie viele und welche ausländischen Freunde habe ich?
_____

Welche Fremden sind in meinem Heimatland am besten integriert und warum?
_____

Welche Fremden sind in meinem Heimatland nicht gut integriert und warum?
_____

Gibt es Menschen einer bestimmten Herkunft, mit denen ich privat auf keinen Fall etwas zu tun haben möchte?
_____

Mit welchen Menschen welcher Herkunft hätte ich privat gerne Kontakt?
_____

In welche Länder möchte ich auf keinen Fall reisen? Warum nicht?
_____

Gibt es eine Kultur, die ich bewundere?
_____

Bin ich stolz auf meine eigene Kultur?
_____

Welche negativen Eigenschaften von Migrant_innen fallen mir spontan ein?
_____

Welche positiven Eigenschaften von Migrant_innen fallen mir spontan ein?
_____

Übung 6: Teamübung zur Reflexion der eigenen Einstellungen (vgl. Freise 2017: 192)

Aufgabe

Schauen Sie sich das folgende Arbeitsblatt an, auf dem verschiedene Menschen mit spezifischen Eigenschaften zu finden sind. Kreuzen Sie an,

- ob der jeweilige Mensch sich ändern soll,
- ob Sie sich ändern sollten,
- ob sich niemand ändern muss.

Tauschen Sie sich im Anschluss in Kleingruppen darüber aus, wie Sie ihre Kreuze gesetzt haben und besprechen Sie eventuelle Unterschiede.

Zur Durchführung

Die Moderator_innen sollten darauf achten, dass die Gruppen nicht vorzeitig in Diskussionen kommen, da erst einmal entscheidend ist, welche Bilder im Einzelnen auftauchen und was die Personenbeschreibungen bei den Einzelnen auslösen.

	Ich sollte mich und meine Einstellungen hinterfragen.	Die betroffene Person soll sich ändern.	Niemand muss sich ändern.
Eine radikale Feministin			
Eine überzeugte Muslima			
Eine extrem ungebildete Person			
Eine starke Raucherin			
Eine missionierende Vegetarierin			
Ein Person, die sich nicht für Geschichte interessiert			
Ein latenter Rassist			
Ein NPD-Wähler			
Ein gewaltbereiter Autonomer			
Eine überzeugte Katholikin			
Ein Berufssoldat			
Eine alkoholabhängige Frau			

10 Interkulturelles und Diversitätsorientiertes Lernen in der Gemeinwesenarbeit

Um eine interkulturelle Haltung zu fördern, können Übungen zur Wahrnehmungsschulung förderlich sein, denn »in der Wahrnehmungsschulung geht es darum, Interpretationen und Bewertungen von der Wahrnehmung zu trennen und die eigene Wahrnehmung vor einer (später notwendigen) Analyse und Diagnose möglichst präzise und wertfrei auszudrücken« (Freise 2008: 4).

Übung 7: Zur Haltung (vgl. Boisson o. J.[a]):

Aufgabe 1

Unterscheiden Sie die Sätze, die eine Beobachtung ausdrücken von denen, die eine Bewertung implizieren.

Sätze	Lösung
Gestern bin ich mit dem Hund spazieren gegangen	Beobachtung
Klaus schreit ganz schön herum.	Bewertung
Du räumst nie auf.	Bewertung
Deine Socken liegen immer auf dem Boden herum.	Bewertung
Susi gibt im Monat 300 € für Schuhe aus.	Beobachtung
Das ist aber ein kleiner Mensch.	Bewertung
Morgen hat Gaby einen Friseurtermin.	Beobachtung
Das hast du gut gemacht.	Bewertung
Ausländer wollen nicht arbeiten.	Bewertung
Miriam geht jeden Samstag reiten.	Beobachtung

Aufgabe 2

Formulieren Sie die Sätze mit Bewertungen in reine Beobachtungen um!

Sätze	Lösungsvorschlag
Paul ruft nie zurück.	Ich habe Paul um Rückruf gebeten, aber keinen erhalten.
Meine Frau wirft das Geld zum Fenster raus.	Meine Frau hat diese Woche 200 € für Taschen ausgegeben.
Du bist aber spät dran.	Du kommst zehn Minuten nach unserer verabredeten Zeit.
Du isst zu viel.	Heute hast du zwei Kuchen gegessen.
Sonja nutzt Fritz nur aus.	Fritz hat Sonja gestern drei Stunden geholfen und morgen hilft er noch einmal vier Stunden.

Übung 8: Zu Haltung und Interkultureller Kommunikation (vgl. Boisson o. J.ᵇ)

1. Gefühle oder Gedanken?

Handelt es sich bei folgenden Aussagen um Gefühle oder Gedanken?

Sätze	Gefühl	Gedanke
Ich habe das Gefühl, du magst mich nicht.		
Ich fühle mich sehr ärgerlich.		
Ich fühle mich ausgenutzt.		
Ich freue mich schon auf heute Abend.		
Ich fühle mich sehr allein.		
Ich hoffe, dass alles gut geht.		
Ich bin so wütend.		
Ich fühle mich so erleichtert.		

2. Bedürfnisse formulieren

Welche Bedürfnisse stecken hinter diesen Aussagen?

Du verletzt mich, weil du mich nicht verstehst.

Ich fühle mich enttäuscht, weil ich hier nur übersehen werde.
___

Ich bin sauer, weil du mich nicht ernst nimmst.
___

Ich bin frustriert, weil mir diese Tätigkeit keinen Spaß macht.
___

3. Bitten formulieren

Wandeln Sie folgende Aussagen den beschriebenen Kriterien entsprechend in Bitten um. Kriterien für eine erfolgreiche Bitte: Die Bitte ist positiv formuliert, konkret machbar und überprüfbar.

Bitte sei rücksichtsvoller.
Fühl' dich einfach wie zu Hause.
Seien Sie aufmerksamer.
Hör' mir jetzt endlich mal zu.

Übung 9: Antidiskriminierungsarbeit: Privilegientest
(vgl. Freise 2017: 207f.)

Ziele

Die Teilnehmenden

- versetzen sich in Menschen unterschiedlicher Herkunft und Prägung,
- erleben, wie ungleich persönlicher Reichtum und Zugang zu Bildung und gesellschaftlicher Partizipation verteilt sind,
- können spüren, wie gesellschaftliche Exklusion wirkt,
- diskutieren Herausforderungen, die sich durch Diskriminierung ergeben.

Aufgabe

Die Leitung gibt jeder Person eine der Rollenkarten. Alle Teilnehmer_innen stellen sich an einer Startlinie auf. Danach werden von der Leitung diverse geschlossene Fragen gestellt. Nur wer die Frage aufgrund seiner Rolle mit »ja« beantworten kann, darf einen Schritt nach vorne gehen. Am Ende der Fragen zeigt sich, wer wie stark privilegiert und vorangekommen ist und wer die gesellschaftlichen »Verlierer« sind.

Nach dem Test stehen folgende Fragen für ein Gespräch an

Wie ist es Ihnen in der Rolle ergangen?
Was fühlen Sie?
War etwas für Sie neu?
Welche Zusammenhänge haben Sie nicht erwartet?

Im Anschluss kann eine Reflexionsrunde stattfinden:
Welche Herausforderungen sehen Sie angesichts der wahrgenommenen Diskriminierung für Politik, Zivilgesellschaft und ihr professionelles Arbeitsumfeld?

Mögliche Rollenkarten

16-jähriger homosexueller Sohn einer Bauernfamilie, Realschüler
27-jähriger ›illegaler‹ Einwanderer aus Ruanda
25-jährige Tochter eines Bankdirektors, studiert Wirtschaftswissenschaften
32-jähriger Leistungssportler aus München
72-jährige Rentnerin, früher Hausfrau und Mutter dreier Kinder
48-jährige Professorin an einer Hochschule für angewandte Wissenschaft
34-jähriger Flüchtling aus Afghanistan, wohnhaft in Flüchtlingsunterkunft

Mögliche Fragen zum Test

Können Sie …

ein Bankdarlehen bekommen?
fünf Jahre im Voraus planen?
offen Ihre Religion ausüben?
an einer Hochschule studieren?
ohne Probleme in jede Diskothek kommen?
relativ problemlos eine Wohnung finden?
bei der nächsten Kommunalwahl wählen gehen?
…

Übung 10: Antidiskriminierungsarbeit: Zitronen-Übung nach der Anti-Bias-Werkstatt (vgl. Anti-Bias-Werkstatt o. J.)

Ziele

- Einstieg in das Thema Vielfalt, Stereotypisierungen, Vorurteile;
- sensibilisieren für Heterogenität innerhalb von Gruppen;
- kritische Haltung gegenüber Kulturalisierungen von Gruppen anregen;
- Wertschätzung von individuellen Besonderheiten.

Zeit: Ca. 60 Min.
Material: Korb voller Zitronen, Plakat, Stifte, Metaplankarten, Pinnnadeln

Ablauf (ca. 10 Min.)

- Zeigen Sie den Gruppen eine Zitrone und bitten Sie sie, diese zu beschreiben.
- Sammeln Sie die genannten Beschreibungen und Eigenschaften auf einem Plakat.
- Holen Sie erst danach den Korb mit anderen Zitronen hervor.
- Bitten Sie die Teilnehmenden nacheinander zu zweit nach vorne zu kommen, um eine Zitrone auszuwählen und sich damit einen Platz im Raum zu suchen.

Kleingruppe (ca. 5–10 Min.):

- Bitten Sie die Paare ihre Zitrone genau zu betrachten und die Merkmale und Besonderheiten auf Metaplankarten festzuhalten.
- Bitten Sie die Gruppe dann, im Plenum zusammen zu kommen und ihre Zitrone in den Korb in der Mitte abzulegen.

- Fragen Sie, ob alle das Gefühl haben, ihre Zitrone besser kennen gelernt zu haben und mischen Sie dabei den Korb mit den Zitronen kräftig durch. Bitten Sie anschließend die Paare nacheinander in die Mitte, um ihre eigene Zitrone wiederzufinden.

Auswertung (ca. 30–40 Min. im Plenum)

- Wie war es Ihnen möglich, Ihre Zitrone zu finden?
- Welche spezifischen Merkmale sind Ihnen besonders aufgefallen?

An dieser Stelle können die Metaplankärtchen angepinnt werden und dem Plakat vom Einstieg gegenübergestellt werden.

- Was ergibt der Vergleich dieser Merkmale mit der Sammlung zu Zitronen auf dem Plakat?
- Warum sind beide Plakate so unterschiedlich? Welche Thematik wird sichtbar?
- Was ist Ihnen noch aufgefallen? Was hat Sie überrascht?
- Was hat dies mit Ihrem Alltag oder Berufsalltag zu tun?
- Hatten Sie schon einmal einen ersten Eindruck von Menschen oder Gruppen, der sich beim besseren Kennenlernen als falsch oder reduzierend herausgestellt hat?

Es soll deutlich werden, dass wir auch in unserem Alltag häufig auf vermeintliches Allgemeinwissen über bestimmte Gruppen von Menschen zurückgreifen, dieses aber wenig hilfreich ist, wenn es um die tatsächlichen Eigenschaften, Einstellungen oder Verhaltensweisen von Einzelnen in bestimmten Situationen geht.

Im Anschluss an interkulturelle und diversitätsorientierte Lernprozesse mit diversen Methoden, Übungen und Wissensvermittlung steht die Reflexion der Lerneinheit. Auch hierfür gibt es verschiedene Methoden. Als Beispiele sollen hier zwei Reflexionsübungen aufgezeigt werden.

Übung 11: Methode zur Reflexion: Wetterbericht

Ca. 10–15 Min. im Stuhlkreis
Die Gruppenleitung legt verschiedene Wetterkarten auf den Boden (Sonnenschein, wolkig, Regenbogen, Schnee …). Jede_r Teilnehmer_in nimmt sich das Symbol, das seiner_ihrer Stimmung am nächsten kommt und erläutert kurz den Grund der Wahl.

> **Übung 12: Methode zur Reflexion: Kofferreflexion**
>
> Ca. 15 Min.
>
> Alle Teilnehmer_innen reflektieren die Lerneinheit durch folgende drei Sätze:
>
> - Das nehme ich mit ...
> - Das lasse ich hier ...
> - Damit kann ich noch nichts anfangen ...

Die hier vorgestellten Übungen stellen nur ein mögliches Handwerkszeug für Interkulturelles und Diversitätsorientiertes Lernen dar. Hervorzuheben ist an dieser Stelle noch einmal, dass Fachkräfte, die Lernprozesse durchführen möchten, sich stets ihrer eigenen Biografie und Selbstwahrnehmung bewusst sein müssen. Zudem ist es unabdingbar innerhalb dieser Prozesse offen und flexibel zu sein für Veränderungen, die jeweilige Gruppenkonstellation sowie für mögliche Herausforderungen und Grenzen. Benötigt wird daher ein hohes Maß an Konfliktbereitschaft, Moderationsfähigkeit und Spontanität. Gelingt es jedoch, Lernprozesse in kulturell heterogenen Gruppen innerhalb eines Gemeinwesens anzustoßen, kann Soziale Arbeit ihren Beitrag zu Annäherungs- und Verstehensprozessen, einem Sichnäherkommen und zur Kohäsion in der Gesellschaft sowie einer Integration im Sinne einer multiethnischen Gesellschaft mit dem Ziel einer Wertschätzung von Vielfalt und Unterschiedlichkeit leisten.

11 Literaturverzeichnis

Aktionsbündnis Teilhabeforschung, 2015. Aktionsbündnis Teilhaberforschung – für ein neues Forschungsprogramm zu Lebenslagen und Partizipation von Menschen mit Behinderungen: Gründungserklärung. Berlin. [Zugriff am 30.10.2019]. Verfügbar unter: https://www.teilhabeforschung.org/attachments/article/10/Aktionsbündnis_Teilhabeforschung_Gründungserklärung.pdf
Anti-Bias-Netz, 2016. Einleitung. In: Anti-Bias-Netz, Hrsg. Vorurteilsbewusste Veränderungen mit dem Anti-Bias-Ansatz. Freiburg: Lambertus, 11–20.
Anti-Bias-Werkstatt, o. J. Zitrone. Berlin. [Zugriff am 09.11.2019]. Verfügbar unter: https://www.ijab.de/fileadmin/user_upload/documents/PDFs/IKUS-Werkstatt/Intkul_Sen_Schueler/KARS2_Zitrone.pdf
Arendt, Hannah, 2018. Wir Flüchtlinge. Mit einem Essay von Thomas Mayer. 8. Aufl. Ditzingen: Reclam.
Aschenbrenner-Wellmann, Beate, 2003. Interkulturelle Kompetenz in Verwaltung und Wirtschaft. Theorie und Praxis eines Change-Prozesses von der Monokulturellen zur Globalen Kompetenz. Berlin: Logos.
Aschenbrenner-Wellmann, Beate, 2009. Diversity-Kompetenz. Überlegungen zu einer Schlüsselqualifikation für Theorie und Praxis der Sozialen Arbeit. Migration und Soziale Arbeit. Diversity und interkulturelle Kompetenz. Weinheim: Juventa. 31(3/4), 212–221.
Aschenbrenner-Wellmann, Beate, 2009b. Diversity-Kompetenz. Überlegungen zu einer Schlüsselqualifikation für Theorie und Praxis der Sozialen Arbeit. In: Beate Aschenbrenner-Wellmann, Hrsg. Mit Vielfalt leben: Verantwortung und Respekt in der Diversity- und Antidiskriminierungsarbeit mit Personen, Organisationen und Sozialräumen: Eine Schriftenreihe des Instituts für Antidiskriminierungs- und Diversityfragen, 61–85.
Aschenbrenner-Wellmann, Beate, 2012. Theoretische Grundlagen. Interkulturelle Kompetenz im Theorie-Diskurs – Von den »klassischen« Merkmalslisten zum prozessanalytischen Kompetenzmodell. In: Beate Aschenbrenner-Wellmann und Birgit Goner, Hrsg. Kulturelle MittlerInnen in der Migrationsgesellschaft. Theoretische Grundlagen, konzeptionelle Überlegungen, Evaluationsergebnisse und Praxisbeispiele. Stuttgart: Verlag und Buchhandlung der Evangelischen Gesellschaft GmbH, 11–40.
Aschenbrenner-Wellmann, Beate, 2014[a]. Reflexive Diversitäts- und Menschenrechtskompetenz in der Arbeit mit Migranten. Soziale Arbeit: Flucht und Migration. Berlin: DZI. 63 (10/11), 383–388.
Aschenbrenner-Wellmann, Beate, 2014[b]. Chancen und Grenzen der Sozialen Arbeit mit MigrantInnen und Flüchtlingen mir prekärem Aufenthaltsstatus. Reflexive Diversitäts- und Menschenrechtskompetenz von Einzelnen und Organisationen. In: Beate Aschenbrenner-Wellmann und Thomas Fliege, Hrsg. v. der Interkulturellen Öffnung zum Diversity Mainstreaming. Rahmenbedingungen, Forschungsprojekte, Praxisbeispiele. Berling: Logos, 27–35.
Aschenbrenner-Wellmann, Beate und Regina Ehrismann, 2014. Die Soziale Arbeit mit Migranten und Flüchtlingen: Rahmenbedingungen und methodische Herausforderungen. Soziale Arbeit: Flucht und Migration. Berlin: DZI. 63(10/11), 366–373.
Aschenbrenner-Wellmann, Beate, 2017. Diversity-Lernen – eine Selbstverständlichkeit für Kindertageseinrichtungen?! Chancen, Anforderungen und Widersprüche für Bildungsprozesse in der Migrationsgesellschaft. In: Cornelia Wustmann, Sylvia Kägi und Jens

Müller, Hrsg. Diversity im Feld der Pädagogik der Kindheit. Weinheim und Basel: Beltz Juventa, 222–247.
Auernheimer, Georg, 2010. Pro Interkulturelle Pädagogik. Erwägen Wissen Ethik. Paderborn: Lucius & Lucius. 21(2), 121–130.
Aumüller, Jutta, 2009. Assimilation: Kontroversen um ein migrationspolitisches Konzept. Bielefeld: transcript.
Barmeyer, Christoph, 2012. Taschenlexikon Interkulturalität. Göttingen: Vandenhoeck & Rupprecht. [Zugriff am: 15.01.2020]. Verfügbar unter: http://elk-wue-han.hh-netman.de/han/utbstudi/www.utb-studi-e-book.de/9783838537399
Barthelmess, Manuel, 2016. Die systemische Haltung: Was systemisches Arbeiten im Kern ausmacht. Göttingen: Vandenhoeck & Rupprecht.
Bayrischer Jugendring, 2011. Position: Jugendbildung und Jugendkultur im öffentlichen Raum. Plädoyer für eine gleichberechtigte Teilhabe junger Menschen am öffentlichen Raum. Gauting. [Zugriff am 09.11.2019]. Verfügbar unter: https://shop.bjr.de/media/pdf/f5/4e/14/Jugendbildung-und-Jugendkultur.pdf
Beirat Integration, 2013. »Soziale Teilhabe«: Handlungsempfehlungen des Beirats der Integrationsbeauftragten. Bonn. [Zugriff am 11.08.2018]. Verfügbar unter: http://www.bagiv.de/pdf/soziale-teilhabe-empfehlungen-beirat.pdf
Bektas, Muhammet, 2017. Gießener Beiträge zur Bildungsforschung. Interkultureller Austausch in der Schule. Gießen: Justus-Liebig-Universität. Fachbereich 03 Institut für Erziehungswissenschaft, Heft Nr. 19. [Zugriff am 29.10.2019]. Verfügbar unter: http://geb.uni-giessen.de/geb/volltexte/2017/13177/pdf/Bektas_AustauschSchule_2017.pdf
Berry, John W., 2005. Acculturation: Living Successfully in Two Cultures. International Journal of Intercultural Relations. New York: Elvesier. 29(6), 697–712.
Bertelsmann Stiftung, 2006. Interkulturelle Kompetenz – Schlüsselqualifikation des 21. Jahrhunderts? Thesenpapier der Bertelsmann Stiftung auf Basis der Interkulturellen-Kompetenz-Modelle von Dr. Darla K. Deardorff. Gütersloh: Bertelsmann Stiftung. [Zugriff am 27.10.2019]. Verfügbar unter: https://www.jugendpolitikineuropa.de/downloads/4-20-2300/bertelsmann_intkomp.pdf
Bielefeldt, Heiner 2007. Menschenrechte in der Einwanderungsgesellschaft: Plädoyer für einen aufgeklärten Multikulturalismus. Bielefeld: transcript.
Bildblog, 2014. »Vom Untergang des Abendlandes kann ›Bild‹ ein Liedchen singen«. Beirut. [Zugriff am 27.09.2019]. Verfügbar unter: https://bildblog.de/62469/vom-untergang-des-abendlandes-kann-bild-ein-liedchen-singen/
Boisson, Pierre, o. J.[a]. Gewaltfreie Kommunikation Übungen – Wahrnehmung. Fürth. [Zugriff am 09.11.2019]. Verfügbar unter: http://www.gewaltfreie-kommunikation-seminare.com/gewaltfreie-kommunikation-ubungen
Boisson, Pierre, o. J.[b]. Übungen rund um die Gewaltfreie Kommunikation. Fürth. [Zugriff am 09.11.2019]. Verfügbar unter: http://www.gewaltfreie-kommunikation-seminare.com/wp-content/uploads/Gewaltfreie-Kommunikation-Übungen-PDF.pdf
Bolten, Jürgen, 2006. Interkultureller Trainingsbedarf aus der Perspektive der Problemerfahrungen entsandter Führungskräfte. In: Klaus Götz, Hrsg. Interkulturelles Lernen/Interkulturelles Training. 6. Aufl. München: Hampp.
Bolten, Jürgen, 2012. Interkulturelle Kompetenz. Erfurt: LZT.
Bundesministerium für Arbeit und Soziales, o. J. Das neue Integrationsgesetz. Das Integrationsgesetz fördert die schnelle Integration in den Arbeitsmarkt. Berlin [Zugriff am 26.09.2017]. Verfügbar unter: http://www.bmas.de/DE/Schwerpunkte/Neustart-in-Deutschland/Neustart-Arbeitgeber/integrationsgesetz.html
Bundesverband für Wohnen und Stadtentwicklung e. V., 2017. Öffentliche Räume in stadtgesellschaftlich vielfältigen Quartieren. Ein Forschungsprojekt im Auftrag des vhw e. V. Aachen. [Zugriff am 24.19.2019]. Verfügbar unter: https://www.vhw.de/fileadmin/user_upload/08_publikationen/vhw-schriftenreihe-tagungsband/PDFs/vhw_Schriftenreihe_Nr_7_O Effentliche_Raeume_in_stadtgesellschaftlich_vielfaeltigen_Quartieren_Juli_2017.pdf
Cyrus, Norbert, 2008. Politische Integration von Einwanderinnen und Einwandern. Berlin: Heinrich Böll Stiftung. [Zugriff am 29.10.2019]. Verfügbar unter: https://heimatkunde.boell.de/sites/default/files/downloads/integration/Cyrus_Politische_Partizipation.pdf

11 Literaturverzeichnis

DBSH, 2009. Grundlagen für die Arbeit des DBSH e. V. Berlin. [Zugriff am 03.09.2019]. Verfügbar unter: https://www.dbsh.de/fileadmin/downloads/grundlagenheft_-PDF-klein_01.pdf

DBSH, 2016. Deutschsprachige Definition Sozialer Arbeit des Fachbereichstag Soziale Arbeit und DBSH. Berlin. [Zugriff am 29.10.2019]. Verfügbar unter: https://www.dbsh.de/fileadmin/redaktionell/bilder/Profession/20161114_Dt_Def_Sozialer_Arbeit_FBTS_DBSH_01.pdf

El-Mafaalani, Aladin, 2018. Das Integrationsparadox. Warum gelungene Integration zu mehr Konflikten führt. 3. Aufl. Köln: Kiepenheuer & Witsch.

Eerl, Astrid und Marion Gymnich, 2014. Interkulturelle Kompetenz. Erfolgreich kommunizieren zwischen den Kulturen. 5. Aufl. Stuttgart: Klett.

EPIZ, 2013. Methodensammlung für Referent_innen. [Zugriff am 17.11.2020]. Verfügbar unter: http://www.epiz-berlin.de/wp-content/uploads/2013-Methodensammlung-fu%CC%88r-Referent_innen.pdf

Esser, Hartmut, 2001. Integration und ethnische Schichtung. Arbeitspapiere – Mannheimer Zentrum für Europäische Sozialforschung. Mannheim: Mannheimer Zentrum für Europäische Sozialforschung. (40). [Zugriff am 01.10.2019]. Verfügbar unter: http://www.mzes.uni-mannheim.de/publications/wp/wp-40.pdf

Esser, Hartmut, 2001[a]. Integration und ethnische Schichtung: Zusammenfassung einer Studie für das »Mannheimer Zentrum für Europäische Sozialforschung«. Mannheim. [Zugriff am 01.10.2019]. Verfügbar unter: http://library.fes.de/pdf-files/akademie/online/50366.pdf

Fehren, Oliver, 2017. Gemeinwesenarbeit und Sozialraumorientierung – ein ambivalentes Verhältnis. Vhw. Aachen: Bundesverband für Wohnen und Stadtentwicklung e. V. (4), 185–188. [Zugriff am 24.10.2019]. Verfügbar unter: https://www.vhw.de/fileadmin/user_upload/08_publikationen/verbandszeitschrift/FWS/2017/4_2017/FWS_4_17_Gemeinwesenarbeit_und_Sozialraumorientierung_O._Fehren.pdf

Fleischer, Eva, 2016. Der Anti-Bias-Ansatz als Methode politischer Erwachsenenbildung. Magazin Erwachsenenbildung.at: Das Fachmedium für Forschung, Praxis und Diskurs. Norderstedt: Books on Demand. (28), 07-07-10. [Zugriff am 31.10.2019]. Verfügbar unter: https://www.pedocs.de/volltexte/2016/12336/pdf/Erwachsenenbildung_28_2016_Fleischer_Anti_Bias_Ansatz.pdf

Freise, Josef, 2007. Interkulturelle Soziale Arbeit: Theoretische Grundlagen – Handlungsansätze – Übungen zum Erwerb interkultureller Kompetenzen. 2. Aufl. Schwalbach/Ts.: Wochenschau.

Freise, Josef, 2008. Respekt, Empathie, Konfliktfähigkeit, Unsicherheit aushalten können: Haltungen in der Interkulturellen Sozialen Arbeit. [Zugriff am 20.09.2019]. Verfügbar unter: https://www.katho-nrw.de/fileadmin/primaryMnt/Lehrende/Koeln/Freise/Freise._Haltungen_in_der_interkult._Sozialen_Arbeit.pdf

Freise, Josef, 2013. Interkulturelle Soziale Arbeit: Integration, Anerkennung und Partizipation als Leitideen einer differenzsensiblen Sozialen Arbeit in der Migrationsgesellschaft. In: Martin Spetsmann-Kunkel und Norbert Frieters-Reermann, Hrsg. Soziale Arbeit in der Mirgationsgesellschaft. Opladen, Berlin und Toronto: Budrich, 45–54. [Zugriff am 20.07.2020]. Verfügbar unter: https://www.pedocs.de/volltexte/2017/12780/pdf/Soziale_Arbeit_2013_Freise_Interkulturelle_soziale_Arbeit.pdf

Freise, Josef, 2017. Kulturelle und religiöse Vielfalt nach Zuwanderung: Theoretische Grundlagen – Handlungsansätze – Übungen zur Kultur- und Religionssensibilität. Schwalbach/Ts.: Wochenschau.

Frick, Mareike, 2012. Tanz mit mir. Hamburg: Zeit online. [Zugriff am 19.10.2019]. Verfügbar unter: https://www.zeit.de/2012/44/interkulturelle-kompetenz-verhandlungen

GGUA Flüchtlingshilfe, 2016. Überwachen und Strafen: Leistungskürzungen im AsylbLG. Münster. [Zugriff am 30.10.2019]. Verfügbar unter: https://www.einwanderer.net/fileadmin/downloads/Veranstaltunes-Downloads/Veranstaltungen_2016/asylblg-Kuerzung.pdf

Grüne Jugend, 1999. Grundsatzprogramm Demokratie und Partizipation. Berlin. [Zugriff am 29.10.2019]. Verfügbar unter: https://gruene-jugend.de/grundsatzprogramm-demokratie-und-partizipation/

Gugel, G., 2011. 2000 Methoden für Schule und Lehrerbildung. Das Große Methoden-Manual für aktivierenden Unterricht. Weinheim und Basel: Beltz.

Hans, Silke, 2016. Theorien der Integration von Migranten – Stand und Entwicklung. In: Heinz Ulrich Brinkmann und Martina Sauer, Hrsg. Einwanderungsgesellschaft Deutschland: Entwicklung und Stand der Integration. Wiesbaden: Springer VS, 23–50. [Zugriff am 16.03.2020]. Verfügbar unter: DOI: 10.1007/978-3-658-05746-6

Haselmann, Sigrid, 2009. Systemische Beratung und der systemische Ansatz in der Sozialen Arbeit. In: Brigitta Michel-Schwartze, Hrsg. Methodenbuch Soziale Arbeit: Basiswissen für die Praxis. 2. Aufl. Wiesbaden: Springer VS, 155–206.

Heringer, Hans Jürgen, 2012. Interkulturelle Kompetenz: Ein Arbeitsbuch mit interaktiver CD und Lösungsvorschlägen. Tübingen: Francke. [Zugriff am 23.02.2020]. Verfügbar unter: http://elk-wue-han.hh-netman.de/han/utbstudi/www.utb-studi-e-book.de/9783838585031

Hoesch, Kirsten, 2018. Migration und Integration: Eine Einführung. Münster: Springer VS. [Zugriff am 14.09.2019]. Verfügbar unter: DOI: 10.1007/978-3-658-09736-3

Hohmann, Manfred, 1989. Interkulturelle Erziehung eine Chance für Europa? In: Manfred Hohmann und Hans G. Reich (Hrsg.): Ein Europa für Mehrheiten und Minderheiten. Diskussionen um interkulturelle Erziehung. Münster und New York, 1–32.

IKUD, o. J. Interkulturelle Kompetenz: Glossar. Göttingen. [Zugriff am 05.10.2019]. Verfügbar unter: https://www.ikud.de/glossar/interkulturelle-kompetenz-definition.html

IKUD Seminare, o. J. Interkulturelle Kompetenz. [Zugriff am 17.11.2020]. Verfügbar unter: https://www.ikud-seminare.de/veroeffentlichungen/interkulturelle-kompetenz.html

Kaiser, Lutz C., 2009. Diversity und interkulturelle Kompetenz in Kommunen. Migration und Soziale Arbeit. Diversity und interkulturelle Kompetenz. Weinheim: Juventa. 31(3/4), 190–195.

Keller, Heidi, 2013. Kulturelle Modelle und ihre Bedeutung für die frühkindliche Bildung. In: Heidi Keller, Hrsg. Interkulturelle Praxis in der Kita. Freiburg i. Br.: Herder, 11–23.

Kircher, Steffen, 2003. Interkulturelle Trainings für Fachkräfte in Sozialen Regeldiensten und Migrationsdiensten. [Zugriff am 20.09.2019]. Verfügbar unter: http://www.themenpool-migration.eu/download/dmulti13.pdf

Knecht, Alban, u. a., 2014. Mit Ressourcenansätze soziale Welten verstehen und Veränderungen aktivieren. In: M. Götting u. a., Hrsg. Soziale Wirklichkeiten in der Sozialen Arbeit: Wahrnehmen – analysieren – intervenieren. Opladen, Berlin und Toronto: Budrich, 107–117.

Kultusministerkonferenz, 2017. »Interkulturelle Bildung und Erziehung in der Schule.« Berichte der Länder über die Umsetzung des Beschlusses. [Zugriff am 23.10.2019]. Verfügbar unter: https://www.kmk.org/fileadmin/Dateien/pdf/Bildung/AllgBildung/2017-05-11-Berichte_Interkulturelle_Bildung.pdf

Kübler, Annette und Žalinka Mamutovič, 2015. Was ist Anti-Bias? In: Diakonisches Werk der evangelischen Kirche in Württemberg e. V., Hrsg. Woher komme ich? Reflexive und methodische Anregungen für eine rassismuskritische Bildungsarbeit. Stuttgart, 20–31. [Zugriff am 27.09.2018]. Verfügbar unter: https://www.diakonie-wuerttemberg.de/fileadmin/Diakonie/Arbeitsbereiche_Ab/Migranten_Mg/Mg_Rassismuskritische_Broschuere_vollstaendig.pdf

Löcherbach, Peter und Ria PUHL, 2016. Einladung zur Sozialen Arbeit. Baden-Baden: Nomos.

Lüsenbrink, Hans-Jürgen, 2005. Interkulturelle Kommunikation. Stuttgart/Weimar: Metzler.

Mecheril, P., 1998. Angelpunkte einer psychosozialen Beratungsausbildung unter interkultureller Perspektive. In: M. Castro Varela, S. Schulze, S. Vogelmann, A. Weiß (Hrsg.). Suchbewegungen. Interkulturelle Beratung und Therapie. Tübingen.

Meyer, Thomas, 2018. Es bedeutet den Zusammenbruch unserer privaten Welt. In: Hannah Arendt. Wir Flüchtlinge. Mit einem Essay von Thomas Meyer. 8. Aufl. Ditzingen: Reclam, 41–59.

Mintzel, Alf, 1997. Multikulturelle Gesellschaften in Europa und Nordamerika. Konzepte, Streitfragen, Analysen, Befunde. Passau: Rothe.

Möbius, Thomas, 2019. Ressourcenorientierung in der Sozialen Arbeit. In: Thomas Möbius und Sibylle Friedrich, Hrsg. Ressourcenorientiert Arbeiten: Anleitung zu einem gelingenden Praxistransfer im Sozialbereich. Wiesbaden: Springer VS, 13–30.

Müller-Wille, Chr., 2000. Wenn Seelen wandern ... Kultur- und migrationssensible, ressourcenorientierte Befragung auf familientherapeutischem Hintergrund. In: Landeshauptstadt München, Sozialreferat (Hrsg.). Dokumentation: Fachtagung Mir geht's doch gut – Jugend, Kultur und Salutogenese. München, 34–50.

Ottersbach, Markus, 2012. Herausforderungen durch Migration. In: Rolf Blandow, Judith Knabe und Markus Ottersbach, Hrsg. Die Zukunft der Gemeinwesenarbeit. Von der Revolte zur Steuerung und zurück? Wiesbaden: Springer, 59–72.

Rieger, Judith, 2014. Die individuelle Basis für Partizipation: Haltung und Fachkompetenz. In: Gaby Straßburger und Judith Rieger, Hrsg. Partizipation kompakt. Für Studium, Lehre und Praxis sozialer Berufe. Weinheim und Basel: Beltz, 56–74.

Roßteutscher, Sigrid, 2009. Soziale Partizipation und Soziales Kapital. In: Viktoria Kaina und Andrea Römmele, Hrsg. Politische Soziologie. Ein Studienbuch. Wiesbaden: Springer, 163–180.

Römild, Regina, 2011. Global Heimat. Der Alltag junger Migranten in den Widersprüchen der Einwanderungsgesellschaft. In: Wolf-Dietrich Bukow, Gerda Heck, Erika Schulze und Erol Yildiz (Hrsg.). Neue Vielfalt in der urbanen Stadtgesellschaft. Wiesbaden: Springer, 21–32.

Schilling, Johannes und Susanne Zeller, 2012. Soziale Arbeit: Geschichte – Theorie – Profession. 5. Aufl. München: Reinhardt. [Zugriff am 16.05.2020]. Verfügbar unter: http://elk-wue-han.hh-netman.de/han/utbstudi/www.utb-studi-e-book.de/9783838585123

Schmidt, Bettina, 2007. Methoden sind nicht alles. Berlin: Anti-Bias-Werkstatt. [Zugriff am 31.10.2019]. Verfügbar unter: http://www.anti-bias-werkstatt.de/sites/default/files/public/Downloads/5%2BMethoden%2Bsind%2Bnicht%2Balles.pdf

Schmidt, Bettina, 2012. Zur Vereinbarkeit von Intersektionalität und Anti-Bias-Arbeit. In: Zentralwohlfahrtsstelle der Juden in Deutschland e.V. Perspektivwechsel: Das offene Schweigen: Zu Fallstricken und Handlungsräumen rassismuskritischer Bildungs- und Sozialarbeit. Frankfurt am Main. [Zugriff am 31.10.2019]. Verfügbar unter: http://www.anti-bias-werkstatt.de/sites/default/files/broschuere-das-offene-schweigen.pdf

Schönig, Werner, 2008. Sozialraumorientierung. Grundlagen und Handlungsansätze. Schwalbach/Ts.: Wochenschau.

Schönig, Werner, 2012. Born tob e wild? Aktuelle Varianten, Zielgruppen und Haltungen der Gemeinwesenarbeit. In: Rolf Blandow, Judith Knabe und Markus Ottersbach (Hrsg.). Die Zukunft der Gemeinwesenarbeit. Von der Revolte zur Steuerung und zurück? Wiesbaden: Springer, 29–42.

Schönig, Werner, 2020. Sozialraumorientierung. Grundlagen und Handlungsansätze. 3., vollst. überarb. Aufl. Frankfurt a. M.: Wochenschau.

Schramkowski, Barbara und Isabelle Ihring, 2018. Alltagsrassismus. (K)ein Thema für die Soziale Arbeit? In: Beate Blank, Süleyman Gögercin, Karin E. Sauer und Barbara Schramkowski, Hrsg. Soziale Arbeit in der Migrationsgesellschaft. Grundlagen – Konzepte – Handlungsfelder. Wiesbaden: Springer, 279–290. [Zugriff am 20.09.2019]. Verfügbar unter: https://doi.org/10.1007/978-3-658-19540-3

Schröer, Hubertus, 2007. Interkulturelle Orientierung und Öffnung: Ein neues Paradigma für die Soziale Arbeit. [Zugriff am 20.09.2019]. Verfügbar unter: http://drk-ikoe.de/fileadmin/user_upload/Interkulturelle_Orientierung_Schröer-München.pdf

Sohns, Armin, 20009. Empowerment als Leitlinie Sozialer Arbeit. In: Brigitta Michel-Schwatze, Hrsg. Methodenbuch Soziale Arbeit: Basiswissen für die Praxis. 2. Aufl. Wiesbaden: Springer VS, 75–101.

Spenner-Güç, Anita, o. J. Interkultureller Kontext. Berlin. [Zugriff am 19.10.2019]. Verfügbar unter: https://www.spenner-guec.de/interkultureller_kontext.html

Straßburger, Gaby und Judith Rieger, 2014[a]. Partizipation kompakt – Komplexe Zusammenhänge auf den Punkt gebracht. In: Gaby Straßburger und Judith Rieger, Hrsg. Partizipation kompakt. Für Studium, Lehre und Praxis sozialer Berufe. Weinheim und Basel: Beltz, 230–240.

Straßburger, Gaby und Judith Rieger, 2014ᵇ. Warum Partizipation wichtig ist – Selbstverständnis und Auftrag sozialer Berufe. In: Gaby Straßburger und Judith Rieger, Hrsg. Partizipation kompakt. Für Studium, Lehre und Praxis sozialer Berufe. Weinheim und Basel: Beltz, 42–49.

Thomas, A., 1993. Psychologie interkulturellen Lernens und Handelns. In: A. Thomas (Hrsg.): Kulturvergleichende Psychologie. Eine Einführung. Göttingen: Hogrefe, 377–424.

Treibel, Annette, 2016. Integriert euch! Plädoyer für ein selbstbewusstes Einwanderungsland. Bonn: Bundeszentrale für politische Bildung.

Trisch, Oliver, 2015. Inklusion aus Perspektive der Antidiskriminierungsarbeit. Teilhabe. Marburg: Lebenshilfe. 54(1): 4–9. [Zugriff am 31.10.2019]. Verfügbar unter: https://www.researchgate.net/profile/Teilhabe_Fachzeitschrift_Der_Lebenshilfe/publication/304570308_Inklusion_aus_Perspektive_der_Antidiskriminierungsarbeit/links/5773915808ae1b18a7ddff06/Inklusion-aus-Perspektive-der-Antidiskriminierungsarbeit.pdf

Trisch, Oliver und Anne Sophie Winkelmann, 2007. Vorurteile, Macht und Diskriminierung – die Bildungsarbeit der Anti-Bias-Werkstatt. In: Sir Peter Ustinov Institut, Hrsg. Vorurteile in der Kindheit: Ursachen und Gegenstrategien. Wien: Braumüller, 107–124.

UNHCR Deutschland: Integration. Berlin. [Zugriff am 25.09.2017]. Verfügbar unter: http://www.unhcr.org/dach/de/was-wir-tun/integration

Uni Oldenburg, o. J. Methodenkartei. Mein Mitbringsel. [Zugriff am 17.11.2020]. Verfügbar unter: https://www.methodenkartei.uni-oldenburg.de/uni_methode_schulform/erwachsenenbildung/

Van Deth, Jan W., 2009. Politische Partizipation. In: Viktoria Kaina und Andrea Römmele, Hrsg. Politische Soziologie. Ein Studienbuch. Wiesbaden: Springer, 141–161.

Waldschmidt, Anne, 2015. Grundlagen und Ziele der Teilhabeforschung: Lebenslage und Partizipation von Menschen mit Behinderungen. Sozialrecht + Praxis. Fachzeitschrift für Sozialpolitiker und Schwerbehindertenvertreter. Berlin: VdK. 25(11), 683–688.

Wellhöfer, Peter R., 2018. Gruppendynamik und soziales Lernen. 5. Aufl. München: UVK.

Wendt, Peter-Ulrich, 2017. Lehrbuch Methoden der Sozialen Arbeit. 2. Aufl. Weinheim und Basel: Beltz Juventa.

Yousefi, Hamid Reza, 2014. Grundbegriffe der interkulturellen Kommunikation. Konstanz/München: UVK.

Teil III Diversität in Organisationen – Ein Change-Prozess von der Monokultur zur Inklusiven Diversität

Einleitung

»Das Fundament der Vielfalt ist die Einzigartigkeit«
(Ferstl 2017)

Durch eine zunehmende Vernetzung, durch Globalisierung auf allen Ebenen, von wirtschaftlicher Zusammenarbeit bis zu persönlichen Kontakten, rückt die Welt immer weiter zusammen. Gleichzeitig wird sie, und hierdurch auch der Arbeitsbereich und Alltag, immer vielfältiger und individueller. Somit zählt das Thema Diversität inzwischen zu einem etablierten Forschungsthema der Sozialwissenschaften und wird gleichzeitig kontrovers diskutiert, wodurch eine Vielfalt an Definitionen und unterschiedlichen Konzepten bestehen. Innerhalb der Sozialen Arbeit sind sich die meisten Autor_innen einig, dass Diversität in der Postmoderne im Zentrum unserer Gesellschaft angekommen ist und daher theorie- und praxisorientiert diskutiert werden muss, wie mit diesem Phänomen adäquat umgegangen werden kann. Trotzdem bestehen kaum Überlegungen zum Umgang mit Diversität in Non-Profit-Organisationen (NPOs), obwohl viele Sozialarbeiter_innen in diesen tätig sind. Der Profit-Bereich hat sich mit diesen Fragestellungen eher auseinandergesetzt und verschiedene Managementansätze für Vielfalt entwickelt. Jedoch liegt deren Fokus häufig auf einer (Aus-)Nutzung der Diversität für eine Gewinnmaximierung und die Förderung von Organisationen und nicht auf einer Betrachtung der Selbstverständlichkeit[3] von Diversität und Einzigartigkeit der Individuen. Daher soll in dieser Arbeit eine Auseinandersetzung mit dem Thema Diversität in NPOs erfolgen, um einen Change-Prozess für die Wertschätzung, Evaluation und Weiterentwicklung von Diversität in Organisationen nachvollziehbar zu machen. Denn der bewusste Umgang mit Diversität gehört »zu den Zielen einer zukunftsgerichteten Personal- und Organisationsentwicklung und soll als gesamtgesellschaftlich wirksames Konzept dazu dienen, Minderheiten einzubinden, ohne dass diese ihre spezifischen ›Eigenheiten‹ aufgeben müssen« (Aschenbrenner-Wellmann 2014a: 8).

Davon ausgehend wird nachfolgend die Ausgangslage sowie die Zielsetzung und das Vorgehen des Forschungsvorhabens dargestellt, ehe eine theoretische Auseinandersetzung mit dem Thema Diversität in NPOs erfolgt. Im Anschluss daran wird der neu entwickelte Change-Prozess dargestellt und mit Hilfe einer qualitativen empirischen Forschung in Teil B überprüft (in Auszügen). Parallel dazu wird die gesamte Arbeit von der Fragestellung begleitet, wie viel Vielfalt Organisationen aushalten können und wann eine angemessene Diversität vor-

---

3 Selbstverständlichkeit wird in dieser Arbeit im Sinne von ›Normalität‹ verstanden.

handen ist, um eine Synthese von Verschiedenheit und Gemeinsamkeit fördern zu können. Abschließend werden Überlegungen zu einem Auditierungsverfahren für den Change-Prozess in NPOs vorgenommen, bevor die Arbeit mit einem Fazit und Ausblick endet.

12 Ausgangslage und Zielsetzung

Bereits im Jahr 2003 legte Aschenbrenner-Wellmann (2003: 5) dar, dass »die zunehmende Globalisierung, das Zusammenwachsen Europas, weltweite Migrationsbewegungen, aber auch konflikthafte Entwicklungen in einzelnen Regionen […] immer mehr Menschen unterschiedlicher kultureller Herkunft vor die Herausforderung [stellt], mit anderen, ihnen fremden Menschen, zusammenzuleben und zusammenarbeiten zu müssen oder zu wollen«. Diese Phänomene der Postmoderne haben sich bis in die heutige Zeit weiterentwickelt und können durch die Begriffe *Individualisierung* und *Pluralisierung* erweitert werden. Inzwischen ist es keine Seltenheit mehr, mit Menschen unterschiedlicher Nationen zusammenzuleben und zu arbeiten. Jedoch macht die Vielfalt der Individuen nicht beim unterschiedlichen kulturellen Hintergrund halt, sondern erstreckt sich über eine ganze Reihe von Dimensionen und Indikatoren. Entsprechend können sich weder die Gesellschaft noch Organisationen der Heterogenität innerhalb der heutigen Gesellschaft entziehen, da Diversität de facto überall vorhanden ist. Deshalb muss der Frage nachgegangen werden, wie ein Zusammenleben und -arbeiten unter dieser Annahme gestaltet und Vielfalt als selbstverständlich verstanden werden kann, damit auch in Organisationen – wie Theodor W. Adorno konstatiert – jeder Mensch ohne Angst verschieden sein kann. Im Unternehmensbereich wird dieser Frage bereits länger nachgegangen, wodurch verschiedene Ansätze des Diversitätsmanagements (DiM) entstanden sind, die von einer Ablehnung über die Nutzung bis hin zur Akzeptanz von Vielfalt reichen (z. B. Thomas/Ely 1996; Hanappi-Egger/Bendl 2015). Im Non-Profit-Bereich hingegen bestehen kaum Überlegungen, um Diversität innerhalb von Organisationen angemessen zu managen oder einzubinden. Daher erfolgt im weiteren Verlauf eine Auseinandersetzung mit der Fragestellung, wie Diversität in NPOs anerkannt, wertgeschätzt und positiv eingebunden werden kann. Diese reflexive Betrachtung ist unerlässlich, denn »nur aus der bewussten Beschäftigung mit Vielfalt kann auch eine Wertschätzung für Verschiedenheit bei sich selbst und bei anderen [und damit auch innerhalb von Organisationen] entstehen« (Aschenbrenner-Wellmann 2014a: 7).

In populären DiM-Ansätzen wird Diversität meist von den Unterschieden her betrachtet, wodurch vorhandene Gemeinsamkeiten in den Hintergrund treten. Hierdurch liegt das Augenmerk auf klassischen Diversitäts-Dimensionen (Alter, Geschlecht etc.). Dies fördert eine personenbezogene Betrachtungsweise kaum. Zudem besteht die Intention dieser Ansätze vorrangig darin, durch Diversität das Unternehmen bzw. die Organisation und ihren Gewinn zu fördern, wodurch sich der Fokus auf den Arbeitsprozess richtet und die Organisationskultur selbst, aber die Individuen und ihre Einzigartigkeit kaum Beachtung finden. Dies ist jedoch gerade für NPOs bedeutsam, da hier nicht die Gewinnmaximierung, sondern Menschen im Mittelpunkt stehen. So beschreibt auch Stuber (2004: 5) den Kern von Diversität in Organisationen als die positive Berücksichtigung von Unterschieden zwischen Individuen. Dies umfasst die bewusste (An-)Erkennung von Unterschieden, die Wertschätzung von Individualität, das proaktive (Aus-)Nutzen der Potenziale von Unterschiedlichkeit als auch das gezielte Fördern von Vielfalt und Offenheit. Bei dieser Betrachtungsweise wird deutlich, dass der Fokus auf den Unterschiedlichkeiten und ihrem wirtschaftlichen Nutzen und nicht auf Personen und ihrer Einzigartigkeit liegt. »Gerade im Sinne eines neo-liberalen Wirtschaftsverständnisses wird die Diversität des Individuums als Humanressource zum Zweck von wirtschaftlicher Maximierung betrachtet, Gerechtigkeitsfragen, Gruppenidentität und Solidarität werden ausgeklammert« (Hanappi-Egger/Kutscher 2015: 22). Diese Überlegungen machen die Entwicklung eines Phasenmodells für die Diversitätsausprägung in NPOs notwendig, dass über die bisherigen DiM-Ansätze hinausreicht und als »Endprodukt« Inklusive Diversität mit einer Resonanzperspektive anstrebt. Mit Hilfe dieses Change-Prozesses ist es möglich, eine Grundlage für die Einschätzung, Evaluation und Weiterentwicklung von Diversität in Organisationen zu schaffen.

Für den Verlauf des Phasenmodells wird folgende Hypothese aufgestellt, die theoretisch und empirisch anhand von qualitativen Interviews im weiteren Verlauf überprüft werden soll.

Hypothese 1

Innerhalb von Organisationen braucht es einen Phasenverlauf von der Exklusiven hin zur Inklusiven Diversität sowie einen Wechsel der Betrachtungsweise von der Diversitätsbezogenheit hin zur Personenbezogenheit, um eine Balance zwischen Einheit und Vielfalt herstellen sowie die Individuen in den Blick nehmen zu können.

Neben der Auseinandersetzung mit Diversität ist zudem die Betrachtung der Organisationskultur erforderlich, welche die »Summe aller gemeinsamen, selbstverständlichen Annahmen einer Gruppe oder Organisation [bezeichnet und somit] als Mentalität einer Organisation beschrieben werden« kann (Dreas 2019: 52) und die daher stets im Zusammenhang mit Diversität in Organisationen zu eruieren ist. Hieraus lässt sich eine weitere Hypothese ableiten.

Hypothese 2

Organisationskultur und Diversität in einer Organisation stehen in einem interdependenten Zusammenhang. Daher müssen einzelne Kultur- als auch Diversitätsphasen parallel verlaufen, um eine angemessene Diversität und den Zusammenhalt der Organisation zu gewährleisten.

Anhand eines Indikatorenkataloges werden Passagen aus Interviews (in Auszügen), die mit Vertreter_innen verschiedenen NPOs geführt wurden, den jeweiligen Phasen (Kultur und Diversität) zugeordnet, wodurch zum einen der Change-Prozess überprüft aber auch die ausgewählten Organisationen hinsichtlich ihrer Kultur- und Diversitäts-Ausprägung eingeschätzt werden können. Gleichzeitig werden hierdurch die theoriegeleiteten Hypothesen empirisch überprüft. Beide Hypothesen setzen die Annahme voraus, dass Organisationskulturen und Diversität komplexe Phänomene sind, die verschieden wahrnehmbare, beschreibbare und sich verändernde Erscheinungsformen aufweisen und jeweils einem Phasenmodell folgen (Kulturphasen und Diversitätsphasen).

Zusätzlich stellt sich die Frage, wieviel Diversität eine Organisation ›aushalten kann‹ und wann dies als Chance oder Hindernis wahrgenommen wird. Nur bei dieser Sichtweise können sowohl Gemeinsamkeiten und Unterschiede wahrgenommen werden. Abschließend sollen Chancen und Herausforderungen aus den Befragungen dargestellt werden, um Überlegungen für ein Auditierungsprogramm für Diversität in Organisationen vornehmen zu können.

Teil A: Theoretische Grundlagen

Im folgenden Teil der Arbeit werden zunächst theoretische Grundlagen dargestellt, um hieraus das Change-Modell ableiten und die theoretische Überprüfung der Hypothesen vornehmen zu können.

13 Begriffsannäherung Diversität im Kontext von Organisationen

Diversität einheitlich zu verstehen und zu definieren ist kaum möglich. Wissenschaftler_innen und Praktiker_innen haben bis heute kein verbindliches Verständnis des Begriffes erzielen können (Sepehri 2002: 75). Autor_innen wie Thomas, Ely, Cox, Dass und Parker stellen diesbezüglich fest, dass »yet, as several writers have observed, diversity can be viewed through lenses other than legal or ethical, and diversity has been defined, studied, and approached in quite different ways« (Dass/Parker 1999: 69, zitiert nach Sepehri 2002: 75). Aufgrund dieser Vielfalt soll hier das für den weiteren Verlauf der Arbeit zentrale terminologische Verständnis von Diversität im Kontext von Organisationen dargestellt werden.

Becker (2016: 294) beschreibt Diversität als »Containerbegriff«, der biologische, soziale, kulturelle Vielfalt, aber auch Vielfalt der Charaktere, Talente, Lebensentwürfe des Denkens und Handelns einschließt. Auch Aretz und Hansen (2003: 9) verstehen Diversität als »Verschiedenheit, Ungleichheit, Andersartigkeit und Individualität, die durch zahlreiche Unterschiede zwischen Menschen entstehen. Die Vielfalt von individuellen Fähigkeiten, Erfahrungen, Kompetenzen und Qualifikationen der Organisationsmitglieder stellt einen Faktor der ›human resources‹ von Organisationen dar, der unternehmerische Strategien von Flexibilisierung und kontinuierlichem Lernen möglich macht« (ebd.). Hier wird deutlich, dass unter Diversität etwas Positives verstanden wird, dass es anzuerkennen und zu nutzen gilt. So erklärt auch Hecht-El Minshawi (u. a. 2007: 40), dass Diversität die positive Bewertung menschlicher Vielfältigkeit ist und durch eine ›Geisteshaltung‹ sowie einem Perspektivenwechsel, der den Blick auf die Potenziale und Fähigkeiten der Individuen lenkt, erreicht wird. Ähnlich bezeichnet Aschenbrenner-Wellmann (2009: 63) unter Diversität »alle Identitäten und Charakteristika, durch die sich ein Mensch von anderen unterscheidet«. Für sie wird Diversität daher auch als Haltung, bestehen aus Respekt, Wertschätzung, Akzeptanz und Einbeziehung verstanden (ebd.).

Ziel des Diversitätsansatzes ist nach Rahnfeld (2019: 18) zum einen Vielfalt von Identitäten als Ressource anzuerkennen und zum anderen Normalitätsstrukturen in Verbindung mit Macht- und Herrschaftsstrukturen zu hinterfragen und zu analysieren. Für Walgenbach (2014: 92) zielt Diversität auf die »Wertschätzung sozialer Gruppenmerkmale bzw. -identitäten für Organisationen. Diversity-Merkmale werden als *positive Ressource* für Bildungsorganisationen gesehen. Die Vielfalt der Organisationsmitglieder erhält somit Anerkennung. Das pädagogische Ziel ist der *positive Umgang* mit Diversity sowie die Entwicklung von Diversity-Kompetenz«.

Im Kontext von Diversität in Organisationen kann im Sinne einer deskriptiv-klassifizierenden Dimension in zwei weitere Varianten der Begriffsbestimmung unterschieden werden: Vielfalt als Unterschiede vs. Vielfalt als Unterschiede und Gemeinsamkeiten (Krell 2004). Im ersten Fall steht das Anderssein von Personen im Mittelpunkt, während im zweiten deutlich wird, dass Personengruppen neben Unterschieden auch immer vielfältige Gemeinsamkeiten aufweisen (Vedder 2006: 10), denn »Diversity refers to any mixture of items characterized by differences and similarities« (Thomas 1995, zitiert nach Schwarz-Wölzl/Maad 2004: 11). Nach diesem Verständnis gehören Individuen immer mehreren Merkmalsgruppen von Diversität an und sind auf vielfältige Weise mit zunächst scheinbar unterschiedlichen Personen verbunden (Vedder 2006: 10). Die Liste dieser Merkmalsgruppen, auch Diversitäts-Dimensionen genannt, ist sehr umfangreich und kann je nach Autor_in unterschiedlich definiert werden. Dies ermöglicht eine jeweils eigene strukturierte Betrachtungsweise von Diversität. Die acht häufigsten (»Big 8«) Diversitätsdimensionen sind nach Wulf (2007, zitiert nach Rahnfeld 2019: 19): »Alter, Geschlecht, Ethnie, physische und psychische Behinderung, sexuelle Identität, Nationalität, Religion und Status bzw. Funktion in einer Organisation/in einem Unternehmen«. Diese werden in sichtbare (die vier erstgenannten) und unsichtbare (die vier letztgenannten) Dimensionen unterteilt (Rahnfeld 2019: 19).

Voigt (2001, zitiert nach Schwarz-Wölzl/Maad 2004: 8) hingegen differenziert in wahrnehmbare und kaum wahrnehmbare Dimensionen (▶ Tab. 2).

Tab. 2: Diversitätsdimensionen nach Voigt

Wahrnehmbare Erscheinungsformen	Kaum wahrnehmbare Erscheinungsformen	
	Werte	Wissen, Fertigkeiten, Fähigkeiten
• Rasse • Geschlecht • Alter • Nationalität	• Persönlichkeit • Kulturelle Werte • Religion • Sexuelle Orientierung • Humor	• Bildung • Sprachen • Hierarchien • Fachkompetenz • Sozio-ökonomischer Status

Aus: Schwarz-Wölzl, Maria und Christa Maad, 2004. Diversity und Managing Diversity: Teil 1: Theoretische Grundlagen. Wien: Zentrum für Soziale Innovation. [Zugriff am 08.02.1019]. Verfügbar unter: https://www.zsi.at/attach/Diversity_Teil1_Theorie.pdf

Die Deutsche Gesellschaft für Diversity-Management (DGDM) unterscheidet wiederum in Primär- und Sekundärdimensionen (Schwarz-Wölzl/Maad 2004: 8; ▶ Tab. 3).

Mit Blick auf Diversität in Organisationen ist auch das Diversitäts-Rad nach Gardenwartz und Rowe (2008) bedeutsam, das bereits in Teil I (▶ Kap. 2.1.1) dargestellt wurde. Hierbei wird den eben aufgezeigten Dimensionen eine Organisationale Dimension hinzugefügt (Dreas 2019: 9f.). Mit Hilfe dieses Modells wird es möglich Machtstrukturen zu erkennen, zu hinterfragen und diesen konkret entgegenzuwirken. Gerade für soziale Organisationen kann es nicht um ein (Aus-)Nutzen von Vielfalt gehen. Diversität und ihre Ausprägung muss immer auch in Zusammenhang mit Chancengleichheit, Gerechtigkeitsvorstellungen und Antidiskriminierung gesehen werden.

Tab. 3: Diversitätsdimensionen nach der DGDM

Primärdimensionen	Sekundärdimensionen
• Alter • Geschlecht • Rasse • Ethnische Herkunft • Körperliche Behinderung • Sexuelle Orientierung • Religion	• Einkommen • Beruflicher Werdegang • Geografische Lage • Familienstand • Elternschaft • (Aus-)Bildung

Aus: Schwarz-Wölzl, Maria und Christa Maad, 2004. Diversity und Managing Diversity: Teil 1: Theoretische Grundlagen. Wien: Zentrum für Soziale Innovation. [Zugriff am 08.02.1019]. Verfügbar unter: https://www.zsi.at/attach/Diversity_Teil1_Theorie.pdf

Somit kann Diversität in zwei Sichtweisen unterteilt werden (in Anlehnung an Kuhn-Fleuchaus/Bambach 2008: 90; ▶ Tab. 4).

Tab. 4: Sichtweisen von Diversität

Personenbezogene Sichtweise	Organisationsbezogene Sichtweise
Phänomen Vielfalt Die Tatsache, dass sich Menschen in vielerlei Hinsicht unterscheiden oder gleichen	Instrument »DiM« Gezielte Berücksichtigung, Nutzung und Förderung von Vielfalt zur Erfolgssteigerung
Gleichstellung »Offenheit« Das Bewusstsein für Vielfalt und die eigene Einstellung zu Unterschiedlichkeit, die den Umgang mit anderen Menschen bestimmt	Verhaltensweise »Diversität & Inklusion« Grundlegende, positive Ausrichtung einer Organisation auf Vielfalt, Individualität und Einbeziehung.

Eigene Darstellung

Eine Frage bleibt jedoch: Weshalb werden Menschen erneut in Kategorien eingeteilt, wo Vielfalt als selbstverständlich angesehen werden soll?

Für Aschenbrenner-Wellmann (2009: 65) zeigt die Fülle an Definitionsbeispielen, »dass die Komplexität von Diversity trotz der notwendigen Offenheit gegenüber Vielfalt und Verschiedenheit kontextuell eingegrenzt werden muss, um diese als Ressource zugänglich und gestaltbar zu machen bzw. zu erhalten«. Nach Bendl und Hanappi-Egger (2012, zitiert nach Hanappi-Egger/Kutscher 2015: 22) soll die Auseinandersetzung mit den Diversitätsdimensionen »einerseits ein Bewusstsein für die Wirksamkeit diskriminierender und Stereotype produzierten

Strukturen und Prozesse schaffen, andererseits Beiträge zu deren Abbau leisten«. Damit bietet eine Kategorisierung die Möglichkeit, den Blick auf Individuen und deren oft mehrfache Gruppenzugehörigkeit zu lenken. Dennoch ist hier Kritik angebracht, wenn es im Sinne eines neo-liberalen Wirtschaftsverständnisses darum geht, Diversität ausschließlich als Humanressource zum Zweck der Gewinnmaximierung zu betrachten. Denn dabei werden Gerechtigkeitsfragen, Gruppenidentität und Solidarität systematisch ausgeklammert (Hanappi-Egger/Kutscher 2015: 22). So kommt es in der Praxis häufig zu einer Kategorienbildung, die eine Betrachtung des Verbindenden und Gemeinsamen zwischen Individuen und Gruppen verhindert (Aschenbrenner-Wellmann 2009: 63). Zudem merkt Auernheimer (2012: 3) kritisch an, »dass die üblichen Merkmallisten die Frage übergehen, welche Sozialkategorien [...] für Subjekte identitätsrelevant sind oder sein können«.

Daher muss konstatiert werden, dass die Einordnung in Dimensionen zur Unterstützung einer Analyse und der Betrachtung von Diversität sinnvoll sein kann, es in der Praxis aber nicht darum gehen darf, Menschen Kategorien zuzuordnen, da Diversität das Phänomen Vielfalt beschreibt, »welches durch die zahlreichen Unterschiede, Ungleichheiten und die Andersartigkeit der Menschen entsteht und jedem Menschen zu einmaliger Individualität verhilft« (Finke 2006: 7). So fordert Leiprecht (2011), dass Differenzlinien zwar wahrgenommen werden müssen, um Dominanz- und Machtverhältnisse zu hinterfragen, Personen aber nicht auf Unterschiede oder Unterscheidungen reduziert werden dürfen. Nur hierdurch ist es möglich, Inklusion als Zielsetzung zu erreichen. Entsprechend ist Diversität vielmehr als kritische Perspektive zu nutzen, um Strukturen und Prozesse von Organisationen zu hinterfragen und zu überprüfen, inwieweit diese als ›Normalität‹ Ausschlüsse (re)produzieren (Hormel/Scherr 2004; Schwarzer 2015: 198). In diesem Sinne kann Diversität auch als Antidiskriminierungsarbeit betrachtet werden (Hormel/Scherr 2004; ▶ Kap. 2.1.3).

Diese Argumente berücksichtigend, braucht es für eine positive Diversitätswirkung in Organisationen einen Phasenverlauf von der diversitätsbezogenen Betrachtungsweise, in der Diversitätsdimensionen und die Einteilung in diese im Vordergrund stehen, zu einer personenbezogenen Betrachtungsweise, in der die Dimensionen in den Hintergrund treten und das Individuum und seine Handlungen in der Gesamtheit und differenziert betrachtet werden können (in Anlehnung an Aschenbrenner-Wellmann 2003: 159). Folgerichtig kann ein Teil der ersten Hypothese theoretisch fundiert werden (▶ Kap. 12).

Im weiteren Verlauf der Arbeit wird Diversität somit positiv, als Selbstverständlichkeit menschlicher Vielfalt verstanden, die es zu fördern und anzuerkennen gilt und die in einer Haltung von Respekt, Akzeptanz, Wertschätzung und Einbeziehung gegenüber allen Individuen zum Ausdruck kommt. Zudem müssen immer Gemeinsamkeiten und Unterschiede in den Blick genommen werden, denn nur dadurch wird es möglich, Verschiedenheit nicht nur als Bedrohung, sondern auch als Möglichkeit des Gestaltens in Organisationen zu sehen und eine Balance zwischen beiden herzustellen.

Darüber hinaus ist Diversität »keine unendliche Entwicklung. Vielfalt muss eingebunden sein in die Fähigkeit, Vielfalt anderer zu dulden und die eigene Fähigkeit zur Erreichung der Lebens- und Berufsziele einzusetzen. Vielfalt kann nicht der illusionären Devise folgen, dass jeder machen kann, was er gerade will. Vielfalt ist stets an Einfalt gebunden [...]« (Becker 2016: 301). Daher wird im Kapitel 15.1 zusammenfassend der Frage nachgegangen, wie viel Vielfalt eine Organisation benötigt und auch aushalten kann, ohne den Zusammenhalt zu gefährden (▶ Kap. 15.1).

14 Zentrale Indikatoren der Organisationsentwicklung

14.1 Organisationskultur

Eine Auseinandersetzung mit dem Terminus *Kultur* ist für eine systematisch betrachtete Organisationsentwicklung im Kontext von Diversität essenziell. Denn Kultur stellt eine wesentliche Dimension der Selbstthematisierung und des Handelns von Subjekten dar. Wer Kultur und Kulturverständnis nicht berücksichtigt, kann auf der Ebene der subjektiven und intersubjektiven Konstruktion keine Handlungskonzepte anbieten (Mecheril 1998: 288). In Anbetracht der in Kapitel 8.1 vorgenommenen Annäherung an den Kulturbegriff wird im weiteren Verlauf auf diesen Terminus im Kontext von Organisationen eingegangen (▶ Kap. 8.1).

Im Rahmen ihrer Institutionalisierung schaffen Organisationen bestimmte Kulturen, um ihren Mitgliedern kollektive Orientierung bieten zu können. »Die damit entstehende Organisationskultur bindet das Handeln der einzelnen Mitarbeiter/innen in ein System gemeinsam getragenen Sinns. Hiermit verbunden sind auch gemeinsame Orientierungen und Interpretationsmuster für Phänomene, die innerhalb und außerhalb der Organisation relevant sind. Man geht davon aus, dass jede Organisation ein solches Muster von Grundannahmen, also eine spezifische Kultur, hervorbringt« (Rahnfeld 2019: 36). Eine einheitliche Definition des komplexen Terminus *Organisationskultur* scheint schwer. Hofstede (2006: 392f.) versucht daher Aussagen hierüber zu treffen, denen möglichst viele Autor_innen zustimmen würden:

»Die ›Organisationskultur‹

- ist **ganzheitlich**: Sie bezieht sich auf ein Ganzes, das mehr als die Summe seiner Bestandteile darstellt,
- ist **historisch bedingt**: Sie spiegelt die Geschichte der Organisation wider,
- **hängt mit dem Gegenstand der Anthropologie zusammen**: z. B. Rituale und Symbole,
- **hat eine soziale Struktur**: Sie wurde geschaffen und wird erhalten durch die Gruppe von Menschen, die zusammen die Organisation bilden,
- ist **weich** [...],
- ist **nur schwer zu verändern**; allerdings sind Wissenschaftler unterschiedlicher Meinung darüber, *wie* schwierig Veränderungen sind« (ebd.).

Den Unterschied zwischen nationalen und Organisationskulturen sieht Hofstede in der unterschiedlichen Entstehung und Mischung aus Werten und Gewohnheiten. So erlernen Menschen ihre nationale Kultur in den ersten zehn Lebensjahren mit dem Ziel der Erhaltung bestimmter Grundwerte, während Organisationskulturen erst mit dem Erwachsenenalter angeeignet werden und vorwiegend aus den Praktiken der Organisation bestehen und damit sehr viel oberflächlicher sind (ebd.: 396).

Auch wenn diese Annahme richtig erscheint, sind deutliche Parallelen zwischen dem allgemeinen Verständnis von Kultur (▶ Kap. 8.1) und deren Betrachtungsweise von Organisationskulturen vorzufinden. So beschreiben Kuhn-Fleuchaus und Bambach (2008: 110) Unternehmenskultur als ein komplexes, schwer fassbares Phänomen, das sich »aus der Entstehung von gemeinsamen Sinn- und Orientierungsmustern, aus Werten, Normen, Symbolen und spezifischen Überzeugungen zusammensetzen. Sie sind im Wesentlichen implizit, sind gemeinsam geteilte Überzeugungen, die das Selbstverständnis und die Eigendefinition der Unternehmen prägen« (ebd., in Anlehnung an Schreyögg 1999: 463). Folglich muss auch Organisationskultur als dynamischer Begriff verstanden werden.

Rahnfeld (2019: 36f.) und Dreas (2019: 52) erklären hierzu in Anlehnung an Schreyögg (2008: 371f.) und Schein (1984: 4), dass Organisationskulturen die Muster der Grundannahmen darstellen und damit die Summe aller gemeinsamen, selbstverständlichen Annahmen einer Gruppe oder Organisation bezeichnen. Organisationskultur kann somit als Mentalität von Organisationen beschrieben werden, die in drei Ebenen zum Ausdruck kommt: Basisannahmen, Normen und Standards sowie Symbolsysteme. Basisannahmen charakterisieren die tiefste Ebene der Organisationskultur und stellen die grundlegenden Orientierungs- und Verhaltensmuster dar. Diese Annahmen existieren meist implizit und wirken daher oft unbewusst, bilden jedoch das gemeinsame Weltbild innerhalb einer Organisation. Hierzu zählen bspw. Grundannahmen über Menschen, menschliches Handeln oder zwischenmenschliche Beziehungen. Normen und Standards hingegen prägen Wertvorstellungen sowie das Verhalten aller Mitglieder. Diese sind z. B. Gebote, Verbote oder Denkmuster. Anhand dieser Standards kann zwischen ›richtigem‹ und ›falschem‹ Verhalten unterschieden werden. In den Symbolsystemen wiederum finden Basisannahmen und Standards ihren sichtbaren Ausdruck. Typisch hierfür sind Redewendungen und Rituale, aber auch Kleidung der Mitarbeiter_innen oder die Gestaltung der Räumlichkeiten. Dadurch wirkt die Organisationskultur sowohl auf der kognitiven als auch der emotionalen Ebene der Individuen (Rahnfeld 2019: 36f.; Schreyögg 2008: 371f.; Dreas 2019: 52).

Durch die bisher dargestellte Betrachtungsweise von Kultur (▶ Kap. 8.2) und Organisationskultur entsteht eine Vielfalt von Kulturmerkmalen, was zu der Frage verleitet, ob der Begriff ›Leitkultur‹, der vorrangig in politischen und unternehmerischen Diskursen eingebracht wird, um die Gemeinsamkeiten und Anpassungsbedarfe in den Fokus zu rücken, noch zur Anwendung kommen darf. Deutschland ist bereits durch zahlreiche Dialekte, soziale Milieus und polarisierte Lebenslagen gekennzeichnet, so dass es eine Leitkultur durch gemeinsame Normen und Werte kaum mehr geben kann und auch nicht geben muss (z. B. Treibel 2016: 36f.; Brinkmann/Sauer 2016: 5). Dennoch bleibt zu bedenken, dass Menschen sich trotz ihrer Einzigartigkeit und ihren multiplen Bezugspunkten zugehörig fühlen möchten und sich daher innerhalb von (Sub-)Kulturen und Organisationen eigene Leitkulturen ausbilden können. So kann sich aus dem Verlangen nach Zugehörigkeit und Abgrenzung in Organisationen eine Neigung zur Monokultur ausbilden, bei der Harmonie, Gleichheit und Normen im Vordergrund stehen, während der Einfluss einer Vielfalt von kulturellen und persönlichen Aspekten nur äußerst langsam entdeckt wird (Stuber 1999, nach Aretz/Hansen 2003: 11). Zudem bestimmt hier nur die dominante Gruppe Werte, Normen und Regeln für alle Mitglieder (Aretz/Hansen 2003: 10).

Folglich befinden sich Individuen auch in Organisationen fortwährend in einer Ambivalenz zwischen Verschiedenheit/Abgrenzung und Gemeinsamkeit/Zugehörigkeit. Umso wichtiger ist daher eine Synthese von beiden Polen in Organisationen, um die »Befindlichkeit der Ausgeglichenheit in der Vielfalt des Ganzen« (Herger 2017) zu ermöglichen. Um diese Ambivalenz genauer analysieren zu können, wird in Kapitel 15.1 der Frage nachgegangen, wie viel Vielfalt Organisationen benötigen und wieviel sie verkraften können, ohne auseinanderzufallen (▶ Kap. 15.1).

Angesichts dieser Überlegungen kann gefolgert werden, dass eine Organisationskultur den Rahmen für die Wertvorstellungen, das Menschenbild, die zwischenmenschlichen Beziehungen, aber auch die Anerkennung von Diversität in Organisationen stark prägt. Daher ist gerade für eine erfolgreiche Einbindung und Akzeptanz von Diversität in Organisationen die Ausrichtung der Unternehmenskultur entscheidend. Folglich braucht es zur Darstellung der Entwicklungsprozesse ein Phasenmodell für Organisationskulturen. Nur so gelingt es, diese in NPOs mit Blick auf Diversität weiter auszubauen. Nach Cox (1993) und Leenen und Groß (nach Otten u. a. 2007) gibt es bereits drei Ebenen der Ausrichtung von Organisationen, die meist als »Monokultur«, »Pluralismus« und »Multikultur« bezeichnet werden. Allerdings sind diese für den Profitbereich in den USA erarbeitet worden, weshalb sie nicht einfach für NPOs in Deutschland übernommen werden können. Somit erfolgt an dieser Stelle eine neue Systematisierung, die von der Mono- über die Inter- hin zur Transkultur reicht, und mit deren Hilfe Organisationskulturen eingeschätzt und zu einer vielfaltakzeptierenden Organisation (Transkultur) weiterentwickelt werden können.

Unter einer **Monokultur** ist eine werteintegrierte Eigenkultur zu verstehen, die jegliche Art von Vielfalt ablehnt und eine Homogenisierung aller Mitglieder anstrebt. Somit ist eine Monokultur dann vorhanden, wenn »eine dominante Gruppe die Führungsetage blockieren und alle Werte, Normen und Regeln für die Beschäftigten bestimmen« (Hecht-El Minshawi u. a. 2007: 50). Entscheidend ist dabei die Bedeutung und die Macht der Definition von Überlegenheit, die in keinem direkten Zusammenhang mit der eigentlichen Qualifikation stehen muss (Stuber 2009: 86). Gerade hier spielen sowohl ausgesprochene als auch stillschweigende kulturelle Übereinkünfte eine zentrale Rolle, wie sie sich häufig in politischen Überzeugungen, gesellschaftlichen Werten sowie Lebenszielen und -entwürfen wiederfinden. Diese Überzeugungen zeigen sich oft in unsichtbaren Normen und Ritualen, wodurch rasch ›Insidergruppen‹ gebildet werden, die wiederum eine Dynamik des »Gruppenzwangs« auslösen können. Dies führt, häufig auch unbewusst, zu klaren Machtverteilungen und Vorteilen für die dominante Gruppe (ebd.). So beschreiben auch Loden und Rosener (1991), dass eine monokulturelle Organisation geprägt sei durch eine dominante Gruppe, die relevante Entscheidungen sowie die Organisations-, bzw. Leitkultur als auch das ›homogene Ideal‹ prägt. Als wichtigste Prinzipien eines ›homogenen Ideals‹ gelten:

- »Anders zu sein ist gleichbedeutend damit, Defizite zu haben.
- Vielfalt stellt eine Bedrohung für das effektive Funktionieren der Organisation dar.
- Wer hinsichtlich der Werte der dominanten Gruppe Unbehagen empfindet bzw. äußert, ist überempfindlich.
- Die Mitglieder der besonderen Gruppe sollen und wollen so sein wie die dominante Gruppe.
- Gleichbehandlung heißt, alle über einen Kamm scheren.
- Es ist erforderlich, die Menschen zu verändern und nicht die Organisationskultur« (Loden/Rosener 1991, zitiert nach Sepehri 2002: 83).

Wer nicht der dominanten Gruppe angehört, gilt schnell als defizitär und muss mit Folgen wie Ausgrenzung, Abwertung oder Assimilierungszwang rechnen. Die Herausforderungen für die Weiterentwicklung innerhalb einer Monokultur liegt vorrangig darin, dass die dominante Gruppe gleiche Chancen und Möglichkeiten für alle behauptet, wodurch keinerlei Verbesserungsnotwendigkeit gesehen und anerkannt wird. Die tatsächliche Benachteiligung von ›Outsidern‹ wird dabei als Einzelfall abgetan (Stuber 2009: 87). Auf der anderen Seite werden gerade im Profitbereich die ökonomischen Vorteile einer Monokultur betont, die eine Veränderung erschweren. Hierzu zählen bspw. Kommunikationsvorteile, beschleunigte Entscheidungsfindungen, hohe Loyalität und ein geringer Kontrollbedarf (Sepehri 2002: 106).

Mit Blick auf die ökonomische Seite gibt es aber auch zahlreiche Nachteile einer Monokultur, wie die Tendenzen zur Abschließung, Blockierung neuer Innovationen oder dem Mangel an Flexibilität (ebd.: 109). Da in der vorliegenden Arbeit der Terminus auf den Non-Profit-Bereich angewendet werden soll, richtet sich der Fokus nicht auf Gewinnmaximierung, sondern auf die Vorteile einer allgemeinen Akzeptanz und Einbindung von Vielfalt in Organisationen und damit auf das Verständnis von Diversität als Selbstverständlichkeit. Folglich ist zunächst eine Weiterentwicklung von der Monokultur hin zur **Interkultur** notwendig, die eine Tolerierung und Nutzung von Diversität in den Mittelpunkt stellt. Im Zentrum der Interkultur steht ein Voneinander-Lernen sowie Begegnungen mit und der Austausch zwischen vielfältigen Menschen und Gruppen. Somit sind hierunter Instrumente und Maßnahmen des Interkulturellen und Diversitätslernens zu verorten. Entsprechend wird die Interkultur als Grundlage betrachtet, die eine vielfältige Kooperation in den Mittelpunkt stellt, wodurch Lernen und Organisationsentwicklung mit dem Ziel einer Transkultur möglich wird. Dennoch kann trotz der Anerkennung von Vielfalt davon ausgegangen werden, dass weiterhin eine Dominanzkultur vorherrscht sowie die Leitvorstellung, die die Integration der Heterogenen in diese Kultur erfordert. Folglich ist Interkultur nicht das ›Endziel‹ einer Organisationskulturentwicklung, sondern nur Zwischenetappe. Da der Fokus aber auf dem Lernen und der Weiterentwicklung liegt, kann Interkultur als Kreislauf verstanden werden, der diverse Perspektiven, Meinungen aber auch Persönlichkeiten akzeptiert und sich durch neue Anregungen laufend fortentwickelt. Diese Darstellung hat zur Folge, dass sich durch diese kontinuierliche Entwicklung eine neue Organisationskultur, die ›Endstufe‹ in

Form der **Transkultur**, ausbildet. Hier kann von einem fließenden Übergang, einer Transformation von der Inter- zur Transkultur ausgegangen werden. Somit benötigen Organisationskulturen zunächst die Phase der Interkultur, um darauf aufbauend Transkultur erreichen zu können. Der Weg von der Monokultur zur Transkultur ohne den Zwischenschritt über die Interkultur ist insofern unmöglich.

In einer **Transkultur** wird individuelle und gruppenspezifische Vielfalt als Selbstverständlichkeit angesehen, wodurch sie »keine Abweichungen oder Andersartigkeit, sondern die Verschiedenheit und Gleichheit von Menschen« (Buttkewitz/Kastell 2018) beschreibt. Vielfalt wird demnach wertgeschätzt, gefördert und erfolgreich einbezogen. In Anlehnung an die Vorstellung einer Multikultur nach Cox (1993) werden sechs Merkmale beschrieben, die eine Transkultur kennzeichnen.

- **Pluralismus:** Mehrheiten und Minderheiten verfügen über einen gleichberechtigten Einfluss auf Werte und Verhaltensweisen. Es besteht hierdurch ein hohes Maß an verschiedensten Denk-, Arbeits- und Handlungsweisen.
- **Vollständige strukturelle Inklusion:** Auf allen Ebenen einer Organisation sind vielfältige Menschen(-Gruppen) vertreten. Eine Korrelation zwischen bestimmten Hierarchieebenen und der Zugehörigkeit zu bestimmten Merkmalsgruppen tritt nicht auf.
- **Vollständige Inklusion in informelle Netzwerke:** Alle Beteiligten sind in informelle Netzwerke und Gruppen integriert und verfügen über den Zugang zu allen Kommunikations- und Informationssystemen. Transparenz, Beteiligung und Chancengleichheit werden gewährleistet.
- **Abwesenheit von Vorurteilen und Diskriminierung:** Stereotypen, Vorurteile und Rassismen sowie Diskriminierungstendenzen werden frühzeitig wahrgenommen und entsprechende Gegenmaßnahmen eingeleitet.
- **Intergruppen-Konflikte sind kaum vorhanden:** In einer Transkultur gibt es kaum Spannungen und Machtkämpfe zwischen Angehörigen unterschiedlicher Gruppen. Maßnahmen zur Konfliktregulierung sind erfolgreich etabliert.
- **Identifikation aller Mitglieder** mit ihrer Organisation, bzw. Gruppe in ihrer Organisation.

Diese sechs Merkmale stellen ein anzustrebendes Ideal einer Transkultur dar. Werden alle beschriebenen Merkmale in der Praxis gelebt, sind Werte wie Chancengleichheit, Akzeptanz und Gerechtigkeit optimal umgesetzt. Aus diesen Überlegungen lässt sich abschließend das Kultur-Phasenmodell von der Mono- über die Inter- hin zur Transkultur ableiten, das vor allem für die Überprüfung der zweiten Hypothese (▶ Kap. 12) relevant ist (▶ Abb. 16).

Abb. 16: Phasenmodell der Organisationskultur (eigene Darstellung)

Um diese Hypothese überprüfen zu können und dadurch eine systematische Weiterentwicklung von Organisationskulturen zu ermöglichen, wurde im Hinblick auf das eben dargestellte Phasenmodell ein Indikatorenkatalog entworfen, mit Hilfe dessen Organisationen in das Kultur-Phasenmodell eingeordnet werden können (▶ Anlage 1).

Für das Inkrafttreten des Kultur-Phasenmodells und für das Durchlaufen der einzelnen Stadien braucht es viel Zeit, da Grundannahmen, Werte und Normen nur schwer wandelbar sind und der Prozess mit folgenden Problemen verbunden sein kann:

- Unbewusste Grundannahmen und Orientierungsmuster sind tief in der Persönlichkeit verankert und können nicht beliebig verändert werden.
- Die Komplexitätsreduzierung innerhalb von Monokulturen nimmt Ängste. Veränderungen können daher als Bedrohung empfunden werden.
- Die Ressourcenverteilung obliegt den Vertreter_innen des bisherigen ›homogenen Ideals‹. Daher implizieren Veränderungen auch die Wandlung vorhandener Machtstrukturen.
- Kulturen sind komplexe und mehrdeutige Phänomene, weshalb angestrebte Veränderungsprozesse auf verschiedenen Ebenen ansetzen müssen.
- Um eine angemessene Kulturveränderung anstreben zu können, ist zunächst eine umfassende Ist-Analyse der bisherigen Organisationskultur notwendig. Hierfür kann der Indikatorenkatalog (▶ Anlage 1) herangezogen werden.

Um einen umfassenden Wandel einer Organisation gewährleisten zu können, müssen immer auch die Führungskräfte und einzelne Mitarbeiter_innen einbezogen werden. Nur durch Bottom-up- und Top-down-Prozesse sind Change-Prozesse möglich. Beide Einheitsgrößen werden deshalb anschließend diskutiert.

14.2 Führungskraft

Für den Prozess der Organisationsentwicklung ist die Einbindung der Führungsebene unerlässlich, da diese einen wesentlichen Einfluss auf die Organisationskultur und die Umsetzung von DiM im Unternehmen hat. So schaffen Führungskräfte auf verschiedenen Ebenen sowohl positive als auch negative Rahmenbedingungen für Diversität. Der größte Einfluss erfolgt auf struktureller Ebene, wozu die Organisationskultur in Form von informellen Strukturen zählt, und in Form des Führungsstils bzw. der Haltung. Zunächst wird auf diese Ebene eingegangen. Führungskräfte haben, je nach vorhandener Kulturphase, unterschiedlich stark die Möglichkeit der Steuerung in diesem Bereich. Diese beginnt bereits bei der Auswahl der Führungskräfte, denn in Monokulturen nehmen nur Vertreter_innen des ›homogenen Ideals‹ Führungspositionen ein. Im Gegensatz dazu sind in der Phase der Inter- und Transkultur vielfältige Mitarbeiter_innen auf der Führungsebene vorzufinden. Dies führt zu Vor- oder Nachteilen für Diversität: In einer Monokultur werden Strukturen nur auf die dominante Gruppe ausgerichtet und sind stark hierarchisch angeordnet, weshalb eine Organisationsentwicklung lediglich in Form des »Top-down« unterstützt wird. Für eine Interkultur gilt es hingegen, Hierarchien aufzubrechen und Rahmenbedingungen zu schaffen, die Vielfalt akzeptieren und fördern. Dies erfolgt bspw. durch Quotenregelungen oder Förderprogramme. In einer Transkultur steht Partizipation, und damit die Auflösung hierarchischer Strukturen, im Mittelpunkt. Somit nehmen nicht nur Führungskräfte, sondern auch Mitarbeiter_innen Einfluss auf Strukturen und die Organisationskultur, wodurch eine Entwicklung in Form des »Bottom-up« möglich ist.

Somit geben formelle und informelle Strukturen einer Organisation den Rahmen für die Organisationskultur und Diversitätsausprägung sowie das Agieren von Mitarbeitenden und Führungskräften vor. Meist werden diese Strukturen in Gestalt eines Organigramms (formell) und Leitbildes (informell) festgeschrieben. Hier wird deutlich, dass Führungskräfte einen starken Einfluss auf die Organisationskultur und diese wiederum auf die Akzeptanz von Vielfalt haben, wodurch eine erste Interdependenz zwischen Organisationskultur und Diversitätsausprägung festzustellen ist (Hypothese 2). Somit braucht es neben einer Weiterentwicklung der Organisationskultur auf struktureller Ebene das zu Beginn beschriebene Phasenmodell der Diversitätsausprägung (Hypothese 1; ▶ Kap. 12), in dem die Personen im Zentrum stehen. Führungskräfte in NPOs agieren vorrangig auf zwischenmenschlicher Ebene, wodurch ihnen eine besondere Bedeutung für den Umgang mit Vielfalt und die Ausgestaltung der Organisationskultur zukommt. Daher kann unter Führung der Versuch verstanden werden, »Einfluss zu nehmen, um Gruppenmitglieder zu einer Leistung und damit zum Erreichen von Gruppen- oder Organisationszielen zu motivieren. Einfluss kann definiert werden als Veränderung in den Einstellungen, Werten, Überzeugungen und Verhaltensweisen von Zielpersonen als Ergebnis von Einflussbemühungen der Führungsperson« (Weinert 2004: 458). Weiter ist Führung ein Prozess, der die Beeinflussung anderer Personen intendiert, im Kontext einer Gruppe stattfindet und die Erreichung von Zielen zum Gegenstand hat (Blessin/Wick 2017: 30). Folglich hat Führung immer Auswirkungen auf Individuen und die Gruppe.

Damit Führungskräfte handlungsfähig sind, gibt es zahlreiche Führungsstile. Allerdings können diese grundsätzlich vorhandenen Möglichkeiten bereits durch die strukturellen Bedingungen einer Organisation eingeschränkt werden. Dennoch bieten sie individuelle Handlungsmöglichkeiten, um Vielfalt in Organisationen zu fördern und den Change-Prozess für die Organisationskultur und Diversitätsausprägung anzustoßen. Im Rahmen dieser Arbeit können nur ausgewählte Führungsstile vorgestellt werden. Eine erste Grunddifferenzierung von Führungsverhalten kann in Anlehnung an Lewin erfolgen, der zwischen einem autoritären und demokratischen Führungsstil unterscheidet. Bei Ersterem fällt die Führungsperson Entscheidungen ohne jegliche Absprachen und gibt den Beschäftigten direkte Anweisungen, ohne diese zu begründen. Das Verhältnis zwischen Führungskraft und Mitarbeitenden beruht auf Kontrolle und persönlicher Distanz, weshalb auch Bewertungsmaßstäbe intransparent sind (Blessin/Wick

2017: 104). Dieses Führungsverhalten kann oft in Monokulturen beobachtet werden, da hierdurch das ›homogene Ideal‹ und bestehende Hierarchien aufrechterhalten bleiben sowie neue Orientierungsmuster vermieden werden. Demgegenüber steht ein demokratischer Führungsstil. Hier spricht die Führungskraft Aufgaben und Ziele mit allen Beteiligten ab und lässt Abstimmungen zu. Gleichzeitig werden Teilaufgaben delegiert, wodurch Mitarbeiter_innen selbstständig Aufgaben übernehmen können. Das Verhältnis zwischen Führungsperson und Beschäftigten beruht auf Beratung, Unterstützung und Transparenz, weshalb Bewertungsmaßstäbe auch offengelegt werden (ebd.). Dieser Führungsstil unterstützt die Entwicklung einer Inter- und Transkultur sowie die Akzeptanz und Einbindung von Vielfalt in Organisationen deutlich stärker als ein autoritärer Stil. Dennoch kann Autorität von Vorteil sein, wenn schnell wichtige Entscheidungen getroffen werden müssen oder es zu keiner Einigung kommt. Deutlich wird damit, dass Führungsstile immer auch situativ und personenbezogen eingesetzt werden müssen und die Herausforderung einer guten Führung darin besteht, dies im Arbeitsalltag adäquat umzusetzen. Denn je heterogener eine Belegschaft ist, desto vielfältiger muss das Repertoire an Führungsstilen und -instrumenten sein. Daher werden abschließend sechs situationsbezogene Führungsmöglichkeiten aufgezeigt, die in resonante und dissonante Stile unterteilt sind. Bei den resonanten Führungsstilen werden vier Unterschiede vorgenommen (Fleps/Büser 2007: 23).

- Visionärer Führungsstil: Die Mitarbeiter_innen sollen durch die Verwirklichung gemeinsam angestrebter Visionen und Ziele koordiniert werden. Daher ist dieser sinnvoll, wenn eine Gruppe neu ausgerichtet wird.
- Coachender Führungsstil ist gekennzeichnet durch intensive persönliche Beratung, um die Fähigkeit und Leistung der Mitglieder zu fördern. Hierbei können individuelle Ziele mit denen der Organisation abgestimmt werden.
- Gefühlsorientierter Führungsstil findet seine Anwendung, wenn die Harmonie in der Organisation durch persönliche Beziehungen gefördert werden soll und kommt daher vor allem in ruhigen Phasen des Organisationszyklus vor. Hierdurch kann eine Grundlage für stressige Zeiten geschaffen werden.
- Demokratischer Führungsstil ist gekennzeichnet durch eine hohe Wertschätzung der Beteiligung und Beiträge der Mitarbeiter_innen. Mit Hilfe eines engen Austauschs entsteht Transparenz, was die Motivation der Mitglieder erhöht. »Problematisch ist der demokratische Führungsstil jedoch bei unklarer strategischer Ausrichtung und inkompetenten Mitarbeitern« (Fleps/Büser 2007: 24).

Diesen Führungsstilen stehen zwei dissonante Stile gegenüber:

- Fordernder Führungsstil »stellt auf das Erreichen hoher, interessanter und erreichbarer Ziele ab. Er ist sinnvoll, wenn Mitarbeiter ihre Befriedigung in den bewältigten Aufgaben finden« (ebd.). Das Risiko besteht in einer Überforderung der Beschäftigten, einer inneren Kündigung und Demotivation.
- Befehlender Führungsstil beruht auf Kommando und Kontrolle, kann jedoch für Notsituationen effektiv sein, führt auf Dauer aber zu Unzufriedenheit (ebd.).

Das Ziel der Personalführung einer diversitätsoffenen Organisation ist »die Fähigkeiten der Mitarbeiter so zu entwickeln, dass sie ihre Höchstleistung in der Verfolgung der Unternehmensziele erbringen können, ohne dabei durch Geschlecht, Alter, ethnische Zugehörigkeit etc. behindert zu werden und sich in interpersonellen Kämpfen zu verlieren« (Allison/Herlocker 1994, zitiert nach Aretz/Hansen: 14). Dieses Ziel wird mit Hilfe resonanter Führungsstile besser unterstützt, da dissonante im Sinne einer Monokultur auf Kontrolle, Ausgrenzung und Loyalität setzen. Allerdings müssen situationsbedingt auch dissonante Stile genutzt werden können. Daher spielt die Haltung einer Führungskraft eine entscheidende Rolle. Um Diversität angemessen zu managen, benötigt es eine Diversitätshaltung auf Seiten der Führung, »die mit der bewussten Wertschätzung aller unterschiedlicher Attribute von Menschen und deren Einfluss auf die zwischenmenschliche Beziehung verbunden wird. Geeignete Schlagwörter, die diese Diversity-Haltung umschreiben, sind Respekt, Wertschätzung, Akzeptanz und Einbeziehung« (Aschenbrenner-Wellmann 2009: 63). Durch den Terminus ›Einbeziehung‹ wird Demokratie und Partizipation gefordert. Dies schließt einen autoritären Führungsstil als Grundlage aus. Nehmen Führungspersonen diese Diversitätshaltung ein, ist es situationsbedingt möglich, einen dissonanten Führungsstil mit so viel Respekt auszuüben, dass die Mitarbeiter_innen sich weiterhin wertgeschätzt und akzeptiert fühlen. Folglich müssen Führungsstile und Haltungen in einem Wechselverhältnis gesehen werden.

Dies führt zu dem Schluss, dass Führungspersonen eine diversitätssensible Haltung mit einem grundsätzlich demokratisch-partizipativen Führungsstil einnehmen müssen, innerhalb dessen resonante Führungsstile genutzt werden können. Aufgrund ihrer Haltung werden dissonante Stile in Notsituationen jedoch so ausgeführt, dass nicht mit negativen Auswirkungen zu rechnen ist.

Folglich kommt viel analytische und kommunikative Arbeit auf eine Führungskraft in diversitätsoffenen Organisationen zu: »Sie muss sich zu einem höchst flexiblen Partner einer immer heterogeneren Gruppe von Mit-ArbeiterInnen wandeln. Die Personalabteilung bleibt dabei zwar die wichtigste Schnittstelle zwischen den Unternehmenszielen und denjenigen, welche diese Ziele erreichen sollen – muss aber viele ihrer Ansätze ändern oder erweitern« (Oberkircher 2014: 64).

14.3 Individuum und Team

Da generell davon ausgegangen werden kann, »dass erfolgreiche Veränderungsprozesse von einer umfassenden Aufklärungs-, Überzeugungs- und Kommunikationsarbeit sowie der Partizipation der Organisationsmitglieder begleitet werden« (Warmuth 2012: 215) müssen, ist neben einer Betrachtung der Führungsebene auch die Ebene der Individuen einer Organisation in Form von Arbeitnehmer_innen und Kund_innen bedeutsam. Gerade im Non-Profit-Bereich wird nicht mit oder an Produkten, sondern mit Individuen, oft auch in Teams, zusammengearbeitet. So haben die Beteiligten in Unternehmen, ausgehend von der jeweiligen Kulturphase, unterschiedlich stark Einfluss auf die Organisationskultur und auf die Akzeptanz von Diversität in ihrer Organisation. Dies lässt sich bereits bei der Einstellung neuer Arbeitnehmer_innen beobachten: »Viele Organisationen haben in der Regel keine transparenten Verfahren zur Personalauswahl oder gestalten ihre Auswahlverfahren so, dass sie unbewusst bestimmte Zielgruppen benachteiligen. Dies birgt die Gefahr von Beurteilungsfehlern bei der Einstellung und Beförderung von Mitarbeiter_innen« (Dreas 2019: 71). Damit wird weiterhin das ›homogene Ideal‹ einer Monokultur bestärkt, wodurch ein vielfältiges Mitarbeiter_innenteam verhindert wird. Somit wirkt die Personalauswahl bereits exkludierend, indem bestimmte Individuen anderen ›vorgezogen‹ werden. Ein Beispiel sind diakonische Einrichtungen, die als Voraussetzung die Zugehörigkeit zu der entsprechenden Kirche sehen. Dreas (ebd.: 72) fordert daher, dass bereits in Auswahlgremien eine Vielfalt an Menschen und Diversitätsdimensionen vorhanden sein sollte, um verschiedene Perspektiven in den Beurteilungs- und Auswahlprozess einzubinden. Zudem braucht es transparente Auswahlkriterien und Instrumente zur Erhebung der Kompetenzen.

Wurde in einer Organisation der Bedarf einer Veränderung auf Kultur- oder Diversitätsebene erkannt, beginnt bereits der Veränderungsprozess. »Neben der Identifikation des Veränderungsbedarfs ist für die VeränderungsakteurInnen die Aneignung von diversitätsbezogenem Fachwissen und Kompetenzen eine grundlegende Voraussetzung, um sowohl der Führungsebene als auch der Belegschaft nicht nur den organisationalen, sondern auch den individuellen Nutzen von DiM vermitteln zu können« (Hanappi-Egger/Hofmann 2008: 23, zitiert nach Warmuth 2012: 214). Um möglichst alle Beteiligten adäquat einzubeziehen, wird somit Diversitätskompetenz auf allen Ebenen benötigt (▶ Kap. 9.1).

Jede Organisation folgt einer anderen Logik, einer anderen Organisationskultur, die über die Mitarbeitenden gelebt wird. »Treten neue Akteure in Organisationen ein, sind nicht allein Sozialisationsprozesse im Sinne von Anpassungslernen, sondern auch ein Aushandlungsprozess über Regeln und Positionen erwartbar« (Schlüter 2018: 108). Abhängig von der Kultur- und Diversitätsausprägung einer Organisation sind entweder Anpassungs- oder Aushandlungsprozesse stärker ausgeprägt. Je heterogener eine Gruppe, desto eher kommt es zu Aushandlungsprozessen, da die Organisation vermutlich offener ist und bereits Erfahrungen mit Vielfalt gemacht hat. Dennoch muss das Teambuilding unabhängig von der jeweiligen Ausprägung von Kultur oder Diversität begleitet werden, da sowohl bei einer Weiterentwicklung weg von der Monokultur als auch in bereits heterogenen Gruppen Spannungen durch Anpassungs- und Aushandlungsprozesse aufkommen können. Eine professionelle Begleitung von Teamprozessen ist aber auch im Arbeitsalltag bedeutsam, denn vielfältige individuelle Akteur_innen »arbeiten und lernen, kooperieren und konkurrieren miteinander und gegeneinander, um Aufgaben zu erfüllen, Probleme zu lösen und gemeinsame Ziele zu erreichen« (Schlüter 2018: 409). Ein Teamentwicklungsprozess kann nach Tuckmann (1965) in sechs Phasen unterteilt werden, wobei Führungskräften für jede Phase bestimmte Aufgaben zukommen. Um diese Phasen übersichtlich darzustellen, wird eine Tabelle in Anlehnung an Rahnfeld (2019: 67) genutzt (▶ Tab. 5).

Tab. 5: Teamphasen nach Tuckmann

	Teamphase	Aufgabe Führungskraft (FK)
Forming-Phase (Test-Phase)	Team lernt sich kennen. Umgang ist noch vorsichtig. Klare Ziele und Prozesse müssen gefunden werden. Leistung ist noch gering.	FK unterstützt und gestaltet den Kennenlernprozess. FK muss eine Atmosphäre herstellen, in der sich alle wohlfühlen. FK sorgt für den Informationsaustauch.
Storming-Phase (Kampfphase)	Alle Beteiligten werden miteinander warm. Grüppchen entstehen, wodurch unterschwellige Konflikte entstehen können. Probleme werden häufig auf der persönlichen Ebene ausgetragen.	FK agiert als Schlichter_in und Antreiber_in für Teamprozesse. FK schafft eine offene und wertschätzende Atmosphäre. FK unterstützt, damit Konflikte nicht eskalieren, und lenkt den Fokus auf die gemeinsamen Ziele.
Norming-Phase (Organisations-Phase)	Prozesse und Regeln bilden sich aus. Offene Diskussionen und Konflikte sind möglich. Im Team werden Rollen gefunden und Arbeitsaufgaben verteilt.	FK agiert als Berater_in bei der Formulierung von Zielen und Regeln. Gleichzeitig fungiert die FK als Kontrolle der Einhaltung dieser und fokussiert seine Führung auf gabenorientierte Bereiche.
Performing-Phase (Hochleistungs-Phase)	Das Team arbeitet leistungsfähig und eigenständig. Einzelne Mitglieder können ausgeschlossen sein. Der Umgang untereinander ist im besten Fall von Wertschätzung und Respekt geprägt.	Die FK gibt Zielvorgaben vor, moderiert und begleitet die Entwicklung von Individuum und Gruppe.
Adjourning-Phase (Auflösungs-Phase)	Das Team ist aufeinander eingestimmt und die Verabschiedung muss gestaltet werden. Die Atmosphäre ist gekennzeichnet von Selbstbewusstsein und der Schwermut hinsichtlich der Verabschiedung.	Die FK muss die gebrachten Leistungen würdigen und Lernerfahrungen mit dem Team reflektieren. Die Verabschiedung muss von Wertschätzung geprägt sein.

Eigene Darstellung

Trotz aller Bemühungen um eine gute Führung und Begleitung von Individuen und Gruppen stoßen Veränderungsvorhaben nicht bei allen Mitarbeiter_innen auf Zustimmung. Vor allem die Weiterentwicklung von der Mono- zur Interkultur ist durch Angst, Unsicherheit und Ablehnung geprägt. Daher braucht es ein Wissen um mögliche Widerstände, um diese in die Organisationsentwicklung einzubeziehen. Widerstände auf Seiten der Mitarbeiter_innen entstehen vor allem, wenn

- kein Veränderungsverständnis vorliegt,
- der Informationsaustausch und die Kommunikation in der Organisation mangelhaft ist,
- das Vertrauen zwischen Führungskräften und Mitarbeitenden fehlt,
- die Betroffenen nicht aktiv beteiligt werden,
- Veränderungen als zusätzliche Arbeit angesehen werden,
- die Ziele zwischen dem Unternehmen, den Führungskräften und den Mitarbeitenden nicht übereinstimmen.

Während eines Veränderungsprozesses erleben Betroffene emotionale Reaktionen, die nach Streich (2013; Hecht-El Minshawi u. a. 2007: 55) in sieben Phasen eingeteilt und hierdurch in den Organisationswandel integriert werden können. Auch wenn diese vorrangig auf abrupte Veränderungen ausgerichtet sind, sind sie für einen Change-Prozess der Kultur oder Diversitätsausprägung von Bedeutung.

1. **Schock:** Mitarbeitende werden mit dem Wandel konfrontiert und reagieren mit Schock, Überraschung und Angst auf die neue Situation. Die Produktivität sinkt, da die bisherigen Verhaltensweisen nicht mehr geeignet und zielführend sind.
2. **Verneinung:** Die Betroffenen schließen sich gegen die Veränderung zusammen. Diese Phase ist immer noch durch die Angst, gewohnte Strukturen und Teile der Unternehmenskultur zu verlieren, geprägt.
3. **Rationale Einsicht:** Die Mitarbeiter_innen erfahren, dass die ablehnende Haltung nicht den gewünschten Erfolg erzielt und ein Wandel unvermeidbar ist. Dennoch besteht keine tiefergehende Bereitschaft, eigene Verhaltensweisen zu überdenken.
4. **Emotionale Akzeptanz:** Am Kurventiefpunkt kommt es bei den Beschäftigten zur entscheidenden Wendung. Sie beginnen die Veränderung zu akzeptieren und gewohnte Verhaltensweisen zu verlassen.
5. **Lernen:** Mitarbeitende beginnen mit der neuen Situation umzugehen und entwickeln eine Neugier auf das Neue. Erfolge und Misserfolge zeigen, welche Verhaltensweisen angebracht sind.
6. **Erkenntnis:** Die Beteiligten erkennen, dass die Veränderung auch etwas Gutes hat, und erfahren erste Erfolge mit ihren neuen Verhaltens- und Handlungsweisen. Die Integration dieser in den Alltag beginnt.
7. **Integration:** Die neuen Handlungs- und Verhaltensweisen werden in den Alltag integriert und zunehmend selbstverständlich umgesetzt (Heini 2003: 94f.; Streich 2013).

Neben diesen Faktoren muss auch die Intention der Mitarbeiter_innen in den Blick genommen werden, denn ihr Verständnis und Ziel von Arbeit muss nicht immer mit dem der Organisation übereinstimmen. Nach wie vor vermittelt die

Teilhabe am Arbeitsmarkt soziale Zugehörigkeit und Anerkennung, da Erwerbsarbeit soziale Kontakte ermöglicht, dem Tag eine sinnvolle Struktur verleiht, Selbstbewusstsein und Identität stiftet und eine wesentliche Ressource für gesellschaftliche Teilhabe darstellt (Wansing 2012: 385). Daher muss die Inklusion aller Menschen in den Arbeitsmarkt angestrebt werden und Organisationen, Individuen und Teams die Möglichkeit von Selbstwerterfahrungen, Sinnstiftung und Teilhabe ermöglichen. Um dies umzusetzen wäre laut Wansing (2012: 394)

> »ein Arbeitsmarkt zu gestalten, der auch jene Personen eine gelingende Teilhabe an Erwerbsarbeit ermöglicht, die gering qualifiziert und nicht (zu jeder Zeit) leistungsfähig, kommunikativ, mobil, flexibel und belastbar sind. Oder es wären Alternativen zu schaffen, die Teilhabe und Anerkennung jenseits von Erwerbsarbeit ermöglichen. Beides erfordert, die dominanten ökonomischen Maßstäbe und leistungsorientierten Normalitätsvorstellungen außer Kraft zu setzen oder zumindest gewaltig zu verschieben« (ebd.).

Dieses Ziel soll mit Hilfe der in Kapitel 16 entstehenden Resonanzperspektive des Change-Prozesses erreicht werden (▶ Kap. 16).

In NPOs werden Dienstleistungen für verschiedenste Kund_innen angeboten, weshalb auch diese Ebene für den Wandel der Organisation bedeutsam ist. Durch Globalisierung, Migration und Individualisierung wird auch die Kundschaft und deren Bedürfnisse vielfältiger. Diese Vielfältigkeit muss auch in der Mitarbeiterschaft vorhanden sein, »denn eine vielfältige Belegschaft kann eher auf vielfältige Kundenbedürfnisse eingehen« (Dreas 2019: 7). Im Dienstleistungssektor gibt es Kund_innen, die selbstständig Angebote in Anspruch nehmen möchten, aber auch Kund_innen, die Dienstleistungen im Zwangskontext nutzen müssen. Vor diesem Hintergrund benötigt es Diversitätskompetenz (▶ Kap. 9.1) auf Seiten der Beschäftigten, um adäquat mit der Vielfältigkeit der Kund_innen umgehen und individuell entsprechende Leistungen anbieten zu können. So ist nur schlüssig, dass es auch eine Vielfalt an Produkten braucht, um Menschen in diversen Lebenssituationen professionell Unterstützung anbieten zu können. Auch wenn Bedürfnisse und Leistungsinteressen nicht immer den Vorstellungen der Mitarbeiter_innen entsprechen, gilt es eine Diversitätshaltung, bestehend aus Einbeziehung, Respekt und Wertschätzung, einzunehmen. Eine Kund_innenorientierung, die als allgemein anerkannter Erfolgsfaktor moderner Unternehmen gilt und in einer Haltung in Form von kund_innengerichtetem Verhalten und Handeln zum Ausdruck kommt (Beck/Seidel 2006: 240), ist in vielen Bereichen sozialer Dienstleistungen nicht Normalität. So kritisieren bspw. Schedler und Mecheril (zitiert nach Staub-Bernasconi 2006: 21), »dass es sich unter einer Kundenorientierung um eine Metapher handelt, weil die Kunden der Sozialen Arbeit vielfach die Beratung nicht freiwillig aufsuchen, mit dem Angebot/Produkt nicht immer einverstanden sind (z. B. Zwangsversorgung), es nicht selbst bezahlen können und meist keine Entscheidungsmöglichkeit bei der Auswahl der Dienstleistungspakete und Berater haben«. Doch gerade im (sozialen) Dienstleistungssektor muss die Selbstbestimmung als zentraler Wert gesehen werden und in Form von Partizipation zum Ausdruck kommen, da viele Kund_innen bereits marginalisiert sind und am Rand der Gesellschaft stehen. Für die Soziale Arbeit ist diese Haltung zentral, da Emanzipation, verstanden als »Erweiterung von Handlungsspielräumen, so dass die Menschen nicht im Zustand der Abhängigkeit von vorgegebenen Lebensbedingungen bleiben müssen, sondern bewusst durch Teilnahme an gesellschaftlichen Prozessen Einfluss auf die eigenen Lebensbedingungen zu nehmen suchen« (Oelschlägel 2013: 241), ihre Grundlage bildet. Damit stehen Mitarbeiter_innen in NPOs zwischen den Polen Ökonomisierung in Form des Dienstleistungserbringers und der Kund_innenorientierung. Daher ist das Verständnis von sozialer Arbeit als Profession im Sinne des Tripelmandats von großer Bedeutung. Denn »neben der Verpflichtung gegenüber den AdressatInnen Sozialer Arbeit und dem Träger als Repräsentant der Gesellschaft besteht für eine Profession auch eine Verpflichtung gegenüber der Profession als solche. [...] [Hierunter zählt auch,] dass sich die Profession Sozialer Arbeit im Zweifelsfall auf die Seite ihrer Klienten und mithin gegen die Organisation stellen muss« (Staub-Bernasconi 2006: 22). Dies ist nicht einfach und dennoch sichert es eine Kund_innenorientierung, die konsequent durchzuführen ist, da die Würde und Selbstbestimmung des Menschen im Mittelpunkt stehen muss und letztendlich die Akzeptanz durch die Kund_innen über den Erfolg der Unterstützung entscheidet. Für eine angemessene Kund_innenorientierung in NPOs, in denen Diversität gefördert werden soll, muss dies als Unternehmenskultur und nicht als Wettbewerbsstrategie oder Marketingansatz gesehen werden (Becker/Seidel 2006: 244), die sich vor allem in Werten und Normen sowie der Haltung von Führungskräften und Mitarbeiter_innen widerspiegelt.

15 Diversität in Organisationen

Um Diversität und ihre Ausprägung in Beziehung zu Organisationen zu setzen, erfolgt zunächst ein Diskurs zu der Frage, wieviel Vielfalt eine Organisation aushalten kann, ohne das Gleichgewicht und den Zusammenhalt zu verlieren. Anschließend wird eine Auswahl vorhandener Diversitätsansätze kritisch reflektiert und Diversitätskompetenz beleuchtet.

15.1 Wieviel Vielfalt braucht eine Organisation?

Diversität kann im Sinne der evaluativen Bedeutungsdimension zunächst als Chance oder Belastung verstanden werden. Da in Monokulturen das ›homogene Ideal‹ bestärkt wird und diese Organisationen generell Veränderungen kritisch gegenüberstehen, wird hier auch Vielfalt als Bedrohung wahrgenommen. Daher wird versucht, diese zu exkludieren und als ›unnötig‹ abzuwerten. Somit steht für monokulturelle Organisationen häufig fest, dass keine Diversität benötigt wird. In einer inter- und transkulturellen Organisation hingegen wird Vielfalt als Chance betrachtet, die es zu akzeptieren, anzuerkennen und einzubinden gilt. Folglich muss Vielfalt zunächst als Chance betrachtet werden, damit diese überhaupt akzeptiert und als notwendig angesehen wird.

> »Bei der Bestimmung von Diversity als Chance geht es um alle Mitarbeitenden im Betrieb, die gerade auf Grund der Zugehörigkeit zu unterschiedlichen Identitätsgruppen und auf Grund unterschiedlicher Fähigkeiten, Erfahrungen und Perspektiven einen spezifischen Beitrag zum Unternehmenserfolg leisten können und dazu auch in die Lage versetzt werden sollen, dies im betrieblichen Interesse auch zu tun« (Hansen 2006: 336).

Mit Blick auf NPOs muss diese Vorstellung von Chancen und Optionen weitergeführt werden, weg von einem rein wirtschaftlichen Denken hin zu Akzeptanz, Chancengleichheit und Wertschätzung jeder Vielfalt – ein Prozess, der schließlich zu einer inklusiven Ausrichtung von Organisationen führen kann. Doch trotz aller Chancen von Vielfalt birgt diese auch Herausforderungen für den Zusammenhalt einer Organisation, da Menschen stets nach Verbindendem innerhalb einer Gruppe bzw. Organisation suchen. So erläutert Jerg (2008: 13), dass sich die Frage »Was verbindet uns mit den anderen?« seit Jahren stärker in den Vordergrund von gesellschaftlichen Analysen drängt. Entsprechend benötigt es in Organisationen ein Verständnis von Diversität als Unterschiede und Gemeinsamkeiten, um eine Balance herstellen und den Zusammenhalt in Organisationen gewährleisten zu können.

Um Vielfalt und Zusammenhalt zu verbinden, wird in der Sozialen Arbeit und Soziologie häufig auf die Theorie von Integration zurückgegriffen, wenn auch meist in Bezug auf Migration (Pries 2018: 12). Übertragen auf Organisationen bedeutet dies, den Zusammenhalt über die Einordnung in die bestehende dominante Struktur und Kultur herzustellen, wie es bei der zuvor beschriebenen interkulturellen Phase der Fall ist. Durch dieses Verständnis von Integration wird Vielfalt toleriert und akzeptiert. Eine vorgegebene gemeinsame Basis, z. B. in Form des Leitbildes, soll dabei den Zusammenhalt stärken und eine Verbindung zwischen den Mitarbeiter_innen schaffen. So werden bspw. Menschen mit Behinderungserfahrungen in die bestehende Organisation integriert, die Stabilität der Organisation aber durch deren Einordnung in den bestehenden Wertekonsens beibehalten. Allerdings ist für Minoritäten die »Fähigkeit zur Anpassung an bestehende Standards eine kritische Voraussetzung für ihre Integration. [...] Beispielsweise kann von einer Unterwerfung des ›Fremden‹ unter die Prinzipien des Systems ausgegangen werden oder dem ›Fremden‹ die Nachahmung des Systemeigenen empfohlen werden« (Koall/Bruchhagen 2005: 39). Durch eine Anpassungsforderung besteht somit weiterhin das Bild der schwächeren Gruppe als ›Abweichung der Norm‹, wodurch Diskriminierung in Form der Unterdrückung von Handlungs- und Kommunikationsmöglichkeiten entstehen kann (Luhmann 1984: 537, nach ebd.). Daher muss Integration im Sinne einer Assimilierung überwunden werden, hin zu einem Integrationsverständnis als wechselseitigem, teilhabeförderndem Prozess, um Vielfalt in Organisationen nicht nur zu tolerieren, sondern auch einzubinden und zu respektieren. Für diese Leseart braucht es gegenseitiges Lernen, da Normen in den Blick genommen und erste Aushandlungen hierzu erfolgen müssen, weil diese Über- und Unterordnungsverhältnisse in Gesellschaft und Organisationen regeln (Koall/Bruchhagen 2005: 40). Durch eine Aushandlung neuer gemeinsamer Normen »kommt es zu einer schrittweisen Integration der ›Fremdheit‹ in eine neue ›Normalität‹« (ebd.), wodurch der Zusammenhalt innerhalb der Organisation wiederhergestellt werden kann. Die Grundlage für neue gemeinsame Normen müssen die Menschenrechte bilden, um Diskriminierung Einhalt zu gebieten und Chancengleichheit anzustreben. Für diesen Prozess ist die Unterstützung durch die Führungskräfte zentral, da bei Anpassungs- und Aushandlungsprozessen Spannungen aufkommen können (▶ Kap. 14.3).

Die Phasen des Verlaufs von Integrationsprozessen über Anpassung und Teilhabe sind erforderlich, da erst hierdurch eine Organisation mit ihren Mitarbeiter_innen bereit ist, sich der Reflexion der Konstruiertheit von allgemeingültigen Normen sowie einer notwendigen Lernchance zu stellen (ebd.: 41). Erst danach kann das Ziel des Change-Prozesses für NPOs in Form der Selbstverständlichkeit von Diversität sowie Chancengleichheit in den Blick genommen werden. Jetzt kann der Zusammenhalt nicht mehr nur durch Integration erreicht werden, sondern durch Inklusion. Im Anschluss an die zuvor durchgeführten Aushandlungsprozesse neuer Normen nimmt der Normdiskurs in diesem Stadium deutlich ab, wodurch Vielfalt in einer ›Entdramatisierung‹ als Selbstverständlichkeit angesehen werden kann. Dennoch müssen bestehende Normen weiter reflektiert werden, da das Ziel einer inklusiven Organisation neben der Selbstverständlichkeit von Vielfalt auch Chancengleichheit ist. Folglich werden Rahmenbedingungen benötigt, die Benachteiligung ausgleichen und Partizipation aller Beteiligten ermöglichen (Georgi 2015: 26). Damit richtet sich die Aufmerksamkeit nicht allein auf die Integrationsfähigkeit Einzelner, sondern auch auf die Transformationsfähigkeit der Organisation (ebd.: 27). Aus Inklusionsperspektive ist somit jede_r Einzelne unabhängig seines_ihres Nutzens für die Organisation wertvoll (Prengel 2001: 93). Das Zentrum für den Zusammenhalt einer inklusiven Organisation stellen daher nicht mehr in erster Linie die ausgehandelten Normen dar, sondern die Auffassung der Selbstverständlichkeit von Diversität, die sich in einer Diversitätshaltung, bestehend aus Respekt, Wertschätzung, Akzeptanz und Einbeziehung, widerspiegelt (Aschenbrenner-Wellmann 2009: 63). Durch diese Haltung ist es möglich, Vielfalt anzuerkennen und zu respektieren, solange hierdurch niemand anderer diskriminiert oder eingeschränkt wird. Damit entstehen auch Grenzen von Vielfalt an den Stellen, wo Menschen Diskriminierung erfahren oder Individuen nicht die Fähigkeit besitzen, die Vielfalt anderer zu dulden. Somit gelten auch für den Zusammenhalt der Organisation über Inklusion Menschenrechte als Normbasis. Gleichzeitig bedarf es der Möglichkeit der Exklusion Einzelner bei Missachtung dieser Normen. Somit wird der Zusammenhalt in inklusiven Organisationen mit Hilfe der Menschenrechte als Normen sowie der Leseart von Diversität als Selbstverständlichkeit sichergestellt.

Abschließend bleibt festzuhalten, dass Vielfalt und Zusammenhalt in Organisationen, ausgehend von der Monokultur, zunächst durch Integration als Anpassung über Integration als teilhabenden Prozess verbunden werden müssen, ehe die Balance zwischen Einheit und Vielfalt im Sinne von Inklusion ermöglicht werden kann. Entsprechend kann festgehalten werden, dass das Ziel einer Organisationsentwicklung im Bereich von Diversität zwar eine Transkultur mit Inklusiver Diversität darstellt, Organisationen aber zunächst nur so viel Vielfalt brauchen, wie sie auch aushalten können. Dies ist eindeutig von der Organisationskultur und Diversitätsausprägung abhängig. Hierbei wird deutlich, dass eine Interdependenz zwischen Kultur- und Diversitätsphasen besteht und diese parallel verlaufen müssen, um den Zusammenhalt in Organisationen aufrechtzuerhalten. So kann bspw. innerhalb einer Monokultur keine Inklusive Diversität erreicht werden, da durch die fehlenden Aushandlungen zu gemeinsamen Normen der Zusammenhalt in der Organisation gefährdet ist. Es bedarf zunächst einer Weiterentwicklung der Monokultur zur Interkultur, um Diversität weiter zu fördern, ohne dass der Zusammenhalt zerbricht. Hierdurch lässt sich die zweite Hypothese theoretisch belegen (▶ Kap. 12).

Um darzulegen wie Diversität und ihre Ausprägung in Organisationen gemanagt werden kann, wird im nachstehenden Kapitel diskursiv auf Managementansätze eingegangen.

15.2 Diversitätsmanagement (DiM), Managing Diversity (MD) oder Diversitäts-Mainstreaming?

Damit Diversität in Organisationen überhaupt als wichtig erachtet wird und gemanagt werden kann, braucht es Anreize für das Unternehmen, um die Diversitätsausprägung zu fördern. Aus Sicht der Sozialen Arbeit liegt das Bestreben zwar auf der Selbstverständlichkeit von Vielfalt in Organisationen, Sepehri (2002: 97) merkt jedoch an: »Wer Managing Diversity hauptsächlich aus moralischen Gründen definiert, vernachlässigt die eigentliche und umfassende Betrachtungsweise, nämlich die ökonomische«. Um Unternehmen von Diversität und deren Gestaltung zu überzeugen, werden demnach ökonomische Anreize und Argumente benötigt. Damit stehen Managementansätze im Bereich von Diversität immer zwischen zwei Begründungssträngen: einerseits als Gleichberechtigungs-, Gleichbehandlungs-, Fairness- und Antidiskriminierungspolitik (sozialethisch) und andererseits als ökonomisch, ergebnisorientierte und wettbewerbsrelevante Politik (ökonomisch) (ebd.: 97f).

Sepehri (ebd.: 161ff.) unterteilt die ökonomischen Vorteile einer vielfältigen Mitarbeiter_innenschaft in Anlehnung an Cox (1993) in sechs Bereiche ein.

- Kreativitäts- und Innovationsargument: Heterogene Arbeitsgruppen kommen tendenziell zu kreativeren und innovativeren Problemlösungen.
- Marketing- und Vertriebsargument: Eine vielfältige Beschäftigungsstruktur kann sich eher auf die Produktwünsche und -bedürfnisse der Kund_innen einstellen.
- Flexibilitäts-Argument: Heterogene Gruppen können besser auf Umweltveränderungen reagieren und sind offener gegenüber neuen Ideen und Denkweisen.
- Personalmarketing-Argument: Unternehmen gehen davon aus, dass die Organisation mit dem besten Ruf die geeignetsten Mitarbeiter_innen gewinnen kann. Durch DiM brauchen potenzielle Beschäftigte keine Diskriminierung befürchten.
- Problemlösungs-Argument: Eine vielfältige Mitarbeiterschaft führt zu besseren und effektiveren Entscheidungsfindungen, da auch Minoritäten eingebunden werden, wodurch ein höherer Grad an kritischen Analysen vorherrscht.
- Kostenargument: Durch DiM kann eine Erhöhung der Leistungsfähigkeit und Produktivität verzeichnet werden. Die Mitarbeiter_innen sind durch das Ziel der Chancengleichheit zufriedener, ihre Motivation steigt. Fluktuationsraten sowie Krankenstände werden verringert (Sepehri 2002: 161–202).

Trotz all dieser Vorteile muss stets bedacht werden, dass für die Qualität der Gruppenleistung je nach Aufgabenstellung ein verstärkter Heterogenitäts- oder Homogenitätsaspekt notwendig ist, da eine Vielfalt an Meinungen und Lösungsansätzen sowohl bereichern als auch behindern kann. Für komplexe Problemlagen mit zeitlich ausreichendem Vorlauf kann eine personelle Vielfalt von Vorteil sein. Ist jedoch eine einfache Entscheidung in kurzer Zeit zu treffen, kann eine homogene Gruppenzusammensetzung für die Entscheidungsfindung sinnvoll sein.

Organisationen von einer Weiterführung der Diversitätsausprägung aus sozialethischer Sicht zu überzeugen, ist jenseits des ökonomischen Anreizes schwer.

> »Aus ethischer Perspektive ließe sich eine Antwort im ›Gut-Sein-Wollen‹ der Institutionen respektive ihrer Angehörigen geben. Im Hintergrund kann die Vorstellung von Gerechtigkeit stehen, die auf dem Gedanken der Chancengleichheit und gleicher Teilhabe und Umverteilung von Ressourcen basiert. [...] Aus sozialpädagogischer Perspektive wäre der Grund in der Aufgabenstellung für Soziale Arbeit und Sozialpädagogik zu sehen, die den Abbau von Benachteiligung von Menschen und ihrer Befähigung sowie Ermöglichung, am öffentlichen Leben teilhaben zu können, fokussiert. Aus gesellschaftspolitischer Perspektive kann ein politischer Wille Hintergrund für die institutionelle (Selbst-)Veränderung sein, der demokratischen Werten respektive dem Faktum Pluralität gerecht werden will« (Perko/Czollek 2007: 169).

Um diese Sichtweise zu fördern, kommt der Sozialen Arbeit der Auftrag zu, bei der Entwicklung von Diversitätsansätzen mit Werte- und Leitbildentwicklung und strukturellen Rahmenbedingungen mitzuwirken (ebd.: 177). So ist es möglich, durch angemessenes Management Stereotype, Vorurteile und persönliche Konflikte, die zu sozialer Diskriminierung führen und die physische und psychische Gesundheit von Mitarbeiter_innen beeinträchtigen können, aufzudecken und diesen entgegenzuwirken (Petersen/Dietz 2006: 106f.).

Aufgrund der Wichtigkeit beider Begründungsseiten muss das Ziel verfolgt werden, durch angemessenes Management beide Pole miteinander zu verbinden, wodurch auch das zuvor beschriebene Verständnis von Diversität als personenbezogene und organisationsbezogene Sichtweise kombiniert werden kann. Jedoch liegt der Fokus bislang meist auf dem ökonomischen Nutzen von Vielfalt. Da gerade in Non-Profit-Bereichen die sozial-ethische Seite nicht vernachlässigt werden darf, ist eine Veränderung der Betrachtungsweise hin zur Personenbezogenheit anzustreben.

Damit Diversität angemessen gemanagt werden kann, haben sich drei große Richtungen von Ansätzen mit unterschiedlichen Schwerpunkten entwickelt: Diversitätsmanagement (DiM), Managing Diversity (MD) und Diversitäts-Mainstreaming. Auch wenn diese bereits in Teil I (▶ Kap. 2.1) kurz dargestellt wurden, braucht es für das weitere Verständnis sowie der Entwicklung des Change-Prozesses eine Vertiefung hierzu.

Diversitätsmanagement (DiM)

Diversitätsmanagement (DiM) stammt aus den USA und hat sich dort in den 1990er Jahren vor dem Hintergrund von Regelungen, die Diskriminierung verbieten sollen, als Personalmanagementstrategie entwickelt. Durch diesen Ansatz sollten benachteiligte Gruppen erreicht und gefördert werden. Dieser Ansatz wird in Deutschland vorrangig für den Profit-Bereich genutzt, findet aber seit dem Inkrafttreten des AGG auch immer häufiger in Verwaltungen und sozialen Organisationen seine Anwendung. Im Mittelpunkt stehen die

Personalauswahl und -entwicklung, die Produktgestaltung und die Kund_innengewinnung (Aschenbrenner-Wellmann 2014a: 11). Damit ist hierunter »eine personalwirtschaftliche und organisationale Orientierung des Management-Handelns [zu verstehen], das die Vorteile einer elitären und dominanten Gruppe abbaut, um eine vorhandene personale Vielfalt betriebswirtschaftlich relevant zu entwickeln und zu nutzen« (Koall 2005: 4; 2011).[4] Nach Wrench (2000, zitiert nach Schwarz-Wölzl/Maad 2004: 15) bedeutet DiM »eine ökonomisch begründbare Umsetzung und Nutzbarmachung der Vielfalt von MitarbeiterInnen innerhalb einer Organisation«. Folglich ist DiM »zuallererst eine Strategie zur Verbesserung der Effizienz und Wettbewerbsfähigkeit eines Unternehmens, angetrieben von Geschäftszielen und Marktvorteilen« (ebd.). Die Deutsche Gesellschaft für Diversity Management (ebd.) beschreibt DiM als die »gezielte Wahrnehmung und das bewusste Wertschätzen und Nutzen von Unterschieden, insbesondere in den Primär- und Sekundärdimensionen. [...] Diversity ist das Schlüssel-Thema des Managements und steigert den Unternehmenserfolg durch erhöhte Produktivität und verbesserte Position auf dem Markt«. Neben rein ökonomischen Aspekten sieht die Lernpartnerschaft Managing Gender & Diversity (2020, zitiert nach Schwarz-Wölzl/Maad 2004: 16) die Chance von DiM darin, dass sie Mitarbeiter_innen »zum bewussten Umgang mit sozialen Differenzen in Organisationen, zur Reflexion eigener Werte, Kommunikationsstile und handlungsleitenden Annahmen« befähigt. Als Grundprinzip sollen Mitarbeiter_innen daher nicht mehr anhand ihrer Zugehörigkeit zu einer bestimmten Diversitätsdimension identifiziert, sondern die individuellen Kompetenzen und Ressourcen aktiviert und für das Unternehmen genutzt werden (Vedder 2002, nach Schwarz-Wölzl/Maad 2004: 24). Darüber hinaus setzt sich DiM das Ziel, Vielfalt als besondere Chance wahrzunehmen, weshalb dominante Gruppen hinterfragt werden und ›Anderssein‹ nicht mehr mit Defiziten in Verbindung gebracht werden darf. Die zentrale Ausrichtung ist daher die Veränderung der Organisationskultur von einer monokulturellen/homogenen hin zu einer transkulturellen/heterogenen Organisation (▶ Kap. 14.1) (Schwarz-Wölzl/Maad 2004: 28). So folgert auch die Charta der Vielfalt (2017: 14), dass eine gelungene Teilhabe am Arbeitsmarkt weniger von den individuellen Integrationsleistungen oder deren Anpassung an die Norm abhängig ist. DiM versucht vielmehr Rahmenbedingungen so zu gestalten, dass sich die bestehenden Strukturen an die einzelnen Mitarbeiter_innen anpassen und hierdurch jede individuelle Vielfalt als zugehörig betrachtet wird.

Nicht zuletzt kann DiM auch als Kommunikationsmittel gesehen werden, da zwischen unterschiedlichen Organisationsmitgliedern Kommunikationsprobleme auftreten können. DiM soll nach diesem Verständnis eine offene und effektive Kommunikationsfähigkeit ermöglichen (Sepehri 2002: 100). Da-

---

4 Insofern werden in der vorliegenden Arbeit die Überlegungen von Koall und Sepehri (2002) unter DiM verortet, auch wenn die Autor_innen den Terminus »Managing Diversity« nutzen.

her folgern Kuhn-Fleuchhaus und Bambach (2008: 94), dass DiM eine Win-Win-Situation für alle Beteiligten darstellt, da es eine Reihe von Vorteilen für Mitarbeiter_innen, Kund_innen und das Unternehmen schafft.

Managing Diversity (MD)

Unter Managing Diversity (MD) ist ein bewusster Umgang mit dem Phänomen Vielfalt zu verstehen, das die Weiterentwicklung der Organisation zu einer lernenden Perspektive zum Ziel hat. MD »nimmt die Überlegungen des Intersektionalitätsansatzes in die Praxis auf und versucht so, die soziale Verschiedenheit von Menschen transparent zu machen. Eine Fokussierung auf einzelne Differenzlinien [...] soll dadurch abgelöst werden. Managing Diversity wird dadurch zu einem ›horizontalen Ansatz‹, der nicht mehr einzelne Differenzen addiert, sondern als ›Dach‹ unterscheidet« (Aschenbrenner-Wellmann 2014a: 11). So erklärt Bruchhagen (o. J.: 1), dass MD als Versuch verstanden werden kann, »soziale Vielfalt zu nutzen und dazu Kategorien sozialer Unterschiede und Unterscheidungen (Gender, Ethnie, soziale Herkunft, Alter) in neuen Relationen zu denken, wahrzunehmen und zu beobachten«. Da soziale Balance in der Vielfalt nicht einfach entsteht, muss diese vor allem in modernen Nationalstaaten Gegenstand von Gestaltungs- und Managementprozessen sein (ebd.). Unter MD versteht Bruchhagen daher ein übergreifendes Konzept zur Bearbeitung von Differenzkategorien und Differenzierungserfahrungen in den Feldern Lernen, Politik, Organisationen und Management. Folgende Aspekte sollen in diesem Konzept gebündelt werden:

- »die Frage nach Isolierung bzw. Integration sozialer Probleme und Problemlagen (z. B. Diskriminierung, soziale Ungleichheit u. a.),
- die kritische Distanz gegenüber Macht- und Herrschaftsverhältnissen sowie deren Hinterfragung im Kontext personaler und organisationaler Prozesse,
- die Möglichkeit emanzipatorischer Entwicklung und selbstorganisierten Lernens,
- Dialog-Orientierung, Offenheit, aber auch Positionierungsfähigkeit in sozialen Gestaltungsprozessen« (ebd.).

Zielfaktoren von MD im Non-Profit-Bereich sind folgerichtig Antidiskriminierung, Interkulturalität und Inklusion. Um durch MD homogene Kulturen und Strukturen gestaltungsoffen anzulegen, sind förderliche Regelungen und Praktiken von großer Bedeutung. Hierzu zählen vor allem die Unternehmenskommunikation, Offenheit für neue Arbeitsformen, Personalleitung und -entwicklung, Führungstechniken sowie die Gestaltung von heterogenen Gruppenprozessen (ebd.: 2). Im Vordergrund der Maßnahmen steht somit eine erweiterte Subjektperspektive, da Maßnahmen nicht auf die Veränderung einzelner Personen, sondern auf die Anerkennung der Andersartigkeit zielen, wodurch das »Sosein« von Individuen betont und geschützt werden soll. Das

›Dasein‹ (Mensch) im jeweiligen ›Sosein‹ (Mann, Frau, jung, alt...) darf hierbei weder zu positiver noch negativer Diskriminierung führen (Becker 2016: 300). MD zielt somit »auf die diskriminierungsfreie Wahrnehmung und Behandlung unterschiedlicher und gleicher Merkmale von Personen und Gruppen nach dem »Alle sind gleich, jeder ist anders!«« (Becker 2016: 301). Dabei wird »Fremdes« »als Anregung für Veränderungen und als Chance für ein Nachdenken über alltägliche Normalitäten und Gewohnheiten genutzt. [MD] befähigt Mitarbeiterinnen und Mitarbeiter dazu, ihre eigenen Werte, Kommunikationsstile und handlungsleitenden Annahmen in Bezug zu den funktionalen Abläufen der Organisation zu reflektieren und so den bewussten Umgang mit sozialer Differenz als interaktiven und kommunikativen Prozess des Differenzierens zu beobachten« (Bruchhagen o. J.: 2f.).

Zusammenfassend kann DiM als stark ökonomischer Ansatz beschrieben werden, der die Vielfalt zur Gewinnmaximierung nutzt, aber auch Diskriminierungsaspekte und Chancengleichheit in den Blick zu nehmen versucht. Im Gegensatz dazu rückt MD stärker die Selbstverständlichkeit von Vielfalt und Antidiskriminierungsarbeit in den Fokus. Dennoch müssen beide Ansätze nicht miteinander konkurrieren, sondern können sich zu einem strategischen Diversitäts-Gesamtkonzept ergänzen (Becker 2016: 304), wodurch beide Begründungsstrategien (sozial-ethisch und ökonomisch) integriert werden. So fasst Cox (1993: 11, zitiert nach Aretz/Hansen 2003: 13) beide Ansätze wie folgt zusammen: »Managing Diversity: Planning and implementing organizational systems and practices to manage people so that the potential advantages of diversity are maximized while its potential disadvantages are minimized. [...] The goal of managing diversity as maximizing the ability of all employees to contribute to organizational goals and to achieve their full potential unhindered by group identities such as gender, race, nationality, age and departmental affiliation«. Um beide Begründungen für die Gestaltung der Diversitätsausprägung einzubinden, muss zu einem rein wirtschaftlichen Verständnis von Diversität eine politisierte Leseart hinzukommen

> »in der es um die Veränderung homogener Institutionen und Praxen hin zu Verschiedenheit, Vielfalt, Heterogenität in seiner Komplexität geht. Inhaltlich setzt es bei der bestehenden Gesellschafsanalysen an und nimmt jene Ansätze auf, denen es um die Aufhebung von Hierarchien und Teilung der Gesellschaft in Macht und Nicht-Macht, in Chancen-Haben und Chancen-Nicht-Haben etc. geht. Als praktisches Konzept zielt es auf die gleichen Chancen für alle Menschen« (Perko/Czollek 2007: 166).

Um Diversität in Organisationen fördern zu können, wird ein Phasenmodell benötigt, da ein organisationaler Wandel evolutionär erfolgt und an bestehenden Strukturen und die Organisationskultur anschließen muss. Zudem sind Mitarbeiter_innen von den Vorteilen der Heterogenität zu überzeugen, damit sie in der Verunsicherung an der Komplexitätserhöhung reifen können. Aber auch um Minoritäten genügend Raum zu geben Selbstwert zu entwickeln, um eigenwillig Positionen und Strategien hervorzubringen, ist ein Prozess bedeutsam (Koall 2005: 34). Folglich kann keine Organisation, die bisher keine Diversität eingebunden hat, sofort Inklusive Diversität anstreben. Es braucht also einen Prozess von der Exklusion über Integration hin zu Inklusion. Deshalb können auch ökonomische Ansätze bedeutend sein, um erste Veränderungen hin zu einer Selbstverständlichkeit von Diversität anzukurbeln. Innerhalb des DiM bestehen bereits Ansätze, die in dieses Modell integriert werden können. Diese werden in dieser Arbeit genutzt und durch DM-Aspekte ergänzt sowie nachstehend zu einem neuen Phasenmodell für die Diversitätsausprägung einer Organisation zusammengeführt. Dessen Ziel ist Inklusive Diversität. Gleichzeitig werden Bezüge zum Phasenmodell der Organisationskultur dargestellt, um die Interdependenz beider Prozesse aufzuzeigen.

In Anlehnung an Thomas und Ely (1996) und Dass und Parker (1999) können vier Ansätze unterschieden werden (Sepehri 2002: 103; Vedder 2006: 18).

- **Exklusive Diversität:** Diversität ist für die Organisation entweder kein Thema, oder diese wird als Bedrohung empfunden. Daher wird Vielfalt verneint und es gilt das ›homogene Ideal‹ zu schützen und zu erhalten. Andersartigkeit fristet ein Randdasein. Interaktionen sollen auf ein Minimum beschränkt werden (ebd.). Damit entspricht dieser Ansatz der monokulturellen Phase, in der jede Vielfalt exkludiert wird. Der Schritt hin zu einer Fairness-Perspektive erfolgt nur mühsam und ausschließlich in Form von Top-down-Strategien. Gerade an dieser Stelle sind ökonomische Vorteile ein Türöffner für die Weiterentwicklung der Diversitätsausprägung. Um sich von der Exklusiven Diversität wegzuentwickeln, müssen das ›homogene Ideal‹ und die damit verbundenen Überzeugungen in einer Organisation aufgegeben werden.
- **Fairness-Perspektive:** Durch Assimilierung in die Dominanzkultur soll die ›Gleichmachung‹ der Mitarbeiter_innen erreicht werden. Folglich wird Vielfalt nur bedingt unterstützt und Integration erfolgt durch Anpassung. Es besteht eine politisch normative Herangehensweise an Vielfalt durch Förderprogramme und Quotensysteme. In erster Linie dient diese Perspektive als »Gleichstellungsinstrument, das faire Behandlung unterschiedlicher Beschäftigter sicherstellen soll« (Vedder 2006: 18). Die Organisation ist in dieser Phase stark hierarchisch aufgebaut, wodurch vielfältige Werte, Einstellungen sowie Arbeits- und Denkweisen kaum berücksichtigt werden. Auch Ausgrenzungsmechanismen werden kaum beachtet und die einseitige Anpassungsforderung ohne eine Veränderung der Rahmenbedingungen setzt Angehörige von Minderheiten stark unter Druck (Aretz/Hansen 2003: 16). Demzufolge kann diese Perspektive der ersten Stufe einer Interkultur zugeordnet werden, in der der Zusammenhalt von Einfalt und Vielfalt durch Anpassung erfolgt. Erst mit dem Verständnis von Integration als wechselseitigem Prozess kann sich die Organisation weiterentwickeln. Durch die vorhandene Vielfalt besteht hingegen die Chance, erste Versuche einer Veränderung durch ein Bottom-up-Vorgehen anzustoßen.
- **Marktzutrittsperspektive:** In dieser Phase wird Vielfalt als strategisches Instrument genutzt, um neue Strategien zu entwickeln und Wettbewerbsvorteile zu erreichen. Entsprechend wird ein ökonomisches Verständnis von Diversität vertreten, wodurch Vielfalt eher als kurzfristiges Phänomen betrachtet wird. Ziel

ist vor allem die Abbildung der Kund_innenmerkmale innerhalb des Mitarbeiter_innenteams, um hierdurch Produkte besser planen und vermarkten zu können (Sepehri 2002: 103; Vedder 2006: 18; Dreas 2019: 17). Dennoch wird Andersartigkeit anerkannt, zugelassen, genutzt und eingebunden, wodurch erste Aushandlungsprozesse zu bestehenden Normen stattfinden können. Nach dem Verständnis einer wechselwirkenden, teilhabefördernden Integration ist es möglich, Diskriminierungen, Hierarchisierungen und Machtverhältnisse aufzudecken und diesen aktiv entgegenzuwirken, um Chancengleichheit anzubahnen. Hierdurch wird es möglich verschiedene Diversitätsdimensionen intersektional in den Blick zu nehmen. Mit Hilfe des Hinterfragens von Normen und der Organisationskulturen und -strukturen kann sich die Organisation zu einer lernenden Organisation weiterentwickeln.

- **Lernperspektive:** Aushandlungsprozesse werden nun abgeschlossen und somit Diversität zunehmend als selbstverständlich angesehen, wodurch eine ›Entdramatisierung‹ von Diversität erreicht wird. In der Organisation werden alle Diversitätsdimensionen wertgeschätzt. Angesichts der aufgebrochenen Hierarchien und der Umsetzung von Partizipation erfolgt die Weiterentwicklung sowohl in Form von Top-down- als auch Bottom-up-Strategien. Normen werden fortlaufend reflektiert, um Chancengleichheit weiter auszubauen bzw. sicherzustellen. Sowohl die Gemeinsamkeiten als auch die Vielfalt der Mitarbeiter_innen sind integriert und führen zum Erfolg der Organisation. Im Non-Profit-Bereich besteht dieser nicht in einer Gewinnmaximierung, sondern vielmehr in der Wirkung der angebotenen Dienstleistungen. Dennoch wird der Erfolg meist an Kennzahlen gemessen. Alle Diversitätserscheinungen werden wertgeschätzt und DiM als Wettbewerbsvorteil gesehen. Somit zielt diese Perspektive auf die Inklusion »von Vielfalt in Organisationen durch eine Veränderung von Organisationsstruktur und -kultur und geht damit am weitesten. Vielfalt wird [...] nicht nur als Ressource zur Erreichung der Organisationsziele betrachtet, sondern im Rahmen eines toleranten Pluralismus als Wert an sich geschätzt« (Dreas 2019: 18f.). Dies berücksichtigend, kann nun von Inklusiver Diversität innerhalb einer Transkultur gesprochen werden, weshalb auch der Zusammenhalt in der Organisation über Inklusion erfolgt. Dennoch bleibt Exklusion Einzelner möglich, wenn diese nicht die Fähigkeit besitzen, die Vielfalt anderer zu dulden oder die Normbasis in Form der Menschenrechte anzuerkennen.

Trotz der beschriebenen Entwicklung von Diversität in Organisationen kann vermutet werden, dass das Augenmerk auch auf der zuletzt geschilderten inklusiven Stufe weiter auf dem ökonomischen Vorteil und Nutzen durch die Individuen liegt. Daher wird eine weitere inklusive Stufe benötigt, in der sich die Mitarbeiter_innen unabhängig von ihrem Nutzen in der Organisation angenommen, wertgeschätzt und eingebunden fühlen sowie Selbstwerterfahrungen möglich sind. Nach Hartmut Rosa (2019a) kann hierfür der Begriff ›Anverwandlung‹ genutzt werden. Durch entsprechende Resonanzerfahrungen in der Arbeit vermag hierdurch der ›Arbeitsbegriff‹ weit über den der Erwerbsarbeit hinauszugehen (ebd.: 396). Folglich kann in der Resonanz die Synthese von Verschiedenheit und Einheit hergestellt werden, da sie ein inhaltlich offenes Beziehungsbedürfnis darstellt, das nicht festlegt, »welche Weisen des Arbeitens, Liebens, Zusammenlebens oder Glaubens die ›richtigen‹ sind oder ob wir der Kunst, der Natur oder der Religion für ein gelingendes Leben bedürfen« (ebd.: 312). Daher kann über Resonanzmomente die Selbstverständlichkeit von Vielfalt in einer Organisation realisiert werden. Allerdings ist Resonanz nicht als eine Art ›Instrument erfolgreicher Lebens- oder Arbeitsführung‹ zu verstehen (ebd.), sondern vielmehr unverfügbar, wodurch die letzte Stufe des Change-Prozesses nicht einfach gemanagt werden kann. Daher wird im Kapitel 16 vertiefend auf Resonanz und ihr Verhältnis zum Change-Prozess im Sinne einer Resonanzperspektive eingegangen (▶ Kap. 16).

Abschließend gilt es noch einmal das **Diversitäts-Mainstreaming** in den Blick zu nehmen (▶ Kap. 2.1.2). Dies nimmt eine sozial-ethische Begründung und personenbezogene Betrachtungsweise ein. »Alle Entscheidungen, Gesetze und Handlungen müssen im Hinblick auf ihre Folgen für die unterschiedlichen Diversity-Dimensionen (Gender, Alter, Ethnizität etc.) überprüft werden« (Aschenbrenner-Wellmann 2014a: 11).

> »Bezeichnend für den Mainstreamdiskurs […] ist, dass in der Vielfalt der verwendeten Begriffe der Terminus ›Ungleichheit‹ oft fehlt; stattdessen werden die positiven oder zumindest neutral besetzten Bezeichnungen ›Vielfalt‹ oder ›Verschiedenheit‹ herangezogen. Statt von der Überwindung von Ungleichheit und Ungerechtigkeit wird von anerkennungswerter Diversität oder Differenz gesprochen, um weniger auf strukturelle Benachteiligung und Diskriminierung, sondern auf wertschätzende gruppenspezifische oder individuelle Diversität verweisen zu können« (Aschenbrenner-Wellmann 2014b: 33).

Um Diversitäts-Mainstreaming umzusetzen, kann auf fünf wesentliche Schritte nach Ugowski (2014; ebd.: 32) zurückgegriffen werden.

- Ziele definieren: Weshalb braucht die Organisation Diversitäts-Mainstreaming?
- Ist-Zustand ermitteln: Welche Diversität gibt es in der Organisation?
- Maßnahmen definieren: Mit welchen Maßnahmen kann der Ist-Zustand dem Ziel-Zustand angenähert werden?
- Maßnahmen umsetzen: Wie können die Maßnahmen am besten verwirklicht werden?
- Erfolg messen: Welche Wirkung haben die Maßnahmen?

Mit Blick auf die Gewichtung der sozial-ethischen Betrachtungsseite für NPOs wird Diversitäts-Mainstreaming hier als Haltung betrachtet, mit deren Hilfe das neue Change-Modell umgesetzt werden kann. Somit wird es möglich, während des ganzen Verlaufs Ungleichheitsbehandlungen und Diskriminierung in den Blick zu nehmen und diesen entgegenzuwirken, um somit einen tatsächlichen Mainstream von Vielfalt zu ermöglichen und zu fördern.

Damit der Change-Prozess innerhalb der Organisationskultur und bei der Diversitätsausprägung erfolgreich durchgeführt werden kann, wird auf allen Ebenen Diversitätskompetenz benötigt. Diese wurde bereits in Teil II (▶ Kap. 9.1) dargestellt.

16 Begriffsannäherung zu Resonanz in Bezug auf Diversität und Organisationen

Hartmut Rosa (2019a) hat den Begriff *Resonanz* in Deutschland geprägt wie kein anderer. Er formuliert in seinem gleichnamigen Buch eine Soziologie der Weltbeziehung, die für ihn die Antwort auf eine beschleunigte Welt und ein gelingendes Leben darstellt. Nachfolgend soll seine Grundtheorie vermittelt und im darauffolgenden Schritt reflexiv auf Organisationen und Vielfalt übertragen werden, um somit die letzte Stufe der Diversitätsausprägung unseres Modells darstellen zu können. Dies stellt eine neue Betrachtungsweise seiner Theorie dar, da Rosa selbst Arbeit zwar als Resonanzraum sieht, bisher aber keine Hinweise auf die Bedeutung von Organisationen auf soziale Ungleichheit oder Herrschaftsverhältnisse gibt. Deshalb soll hier der Versuch unternommen werden, die Interdependenzen zwischen Resonanz, Vielfalt und NPOs herzustellen.

16.1 Resonanz als Beziehungsmodus

In der Postmoderne wird Lebensqualität häufig an Möglichkeiten zur Vermehrung und Verfügbarmachung von Ressourcen und Optionen gemessen. Folgerichtig versuchen Menschen ihre eigene Welt-Reichweite zu vergrößern: Die Welt soll ökonomisch und technisch verfügbar, wissenschaftlich beherrschbar, rechtlich berechenbar und politisch steuerbar, gleichzeitig aber auch alltagspraktisch kontrollier- und erfahrbar gemacht werden (Rosa 2019c). Diese Strategie betrachtet Rosa als Irrweg und erläutert, dass diese Art von ›gutem Leben‹, gekennzeichnet durch die selbstzweckhafte Steigerungslogik, das menschliche Weltverhältnis stark belastet. Betroffene Subjekte erleben daher einen Verlust ihrer Selbstwirksamkeitserfahrungen sowie eine generelle Resonanzunfähigkeit (Rosa 2019a: 52ff.). Für Rosa hängt gelingendes Leben im Gegensatz zu dieser ›Weltreichweitenvergrößerung‹ davon ab, welche Welt-Beziehung ein Mensch führt, also auf welche Weise ein Individuum die Welt passiv erfährt und sich diese aktiv ›anverwandelt‹. Jedoch sind in der Gegenwart diese Welt-Beziehungen auf individueller und kollektiver Ebene häufig unterbrochen und gestört. Rosa betrachtet die Formulierung seiner Resonanztheorie als Antwort auf die Phänomene der Postmoderne.

Doch was ist nun genau unter *Resonanz* zu verstehen?

> **Resonanz**
>
> Der Begriff *Resonanz* hat zunächst eine akustische Bedeutung und kann mit *widerhallen* oder *ertönen* umschrieben werden. In diesem Sinne definiert der Begriff eine Beziehung zwischen zwei schwingungsfähigen Körpern, bei der die Schwingung des einen Körper die Eigenschwingung des anderen anregt (Rosa 2019a: 282). Davon ausgehend versteht Rosa unter *Resonanz* einen Beziehungsmodus zwischen Subjekten oder zwischen Subjekt und Objekt, der diesen physikalischen Eigenschaften entspricht (Rosa 2019a: 285).

Zusammenfassend kann Resonanz durch vier Merkmale bestimmt werden (Rosa 2019c: 38ff.):

1. *Affizierung*: **Das Moment der Berührung**
   In Resonanz zu treten bedeutet zunächst von einem anderen Menschen oder einer Sache erreicht oder berührt zu werden. Plötzlich bewegt uns etwas und gewinnt dabei an Bedeutung um seiner selbst willen. Diese Erfahrung entsteht intrinsisch und ist nicht nur materiell bedeutsam (Rosa 2019c: 39). So können Individuen bspw. von Büchern, Musik oder anderen Menschen berührt werden.
2. *Antwort*: **Das Moment der Selbstwirksamkeit**
   Auf diese Berührung muss nun eine eigene, aktive Antwort folgen, die sich stets auch als körperliche Reaktion (z. B. Gänsehaut) äußert. Daher kann für das zweite Merkmal der Begriff *Emotion* genutzt werden. Entsprechend stellt sich Resonanz erst dann und dort ein, wo auch wir die andere Seite erreichen. Hierdurch fühlen wir uns wirksam und in gewisser Weise mit der Welt verbunden (ebd.: 40).
3. *Transformation*: **Das Moment der Anverwandlung**
   Resonanzbeziehungen sind dadurch gekennzeichnet, dass sich mit und in ihnen Subjekt und begegnende Welt verändern. Hierin liegt auch der Unterschied zur *Aneignung* einer Sache. Wir können bspw. ein Buch lesen, ohne dass es uns berührt oder verändert. Folgerichtig müssen Individuen offen sein, um sich berühren und verändern zu lassen (ebd.: 42).
4. *Unverfügbarkeit*: **Das Moment der Unverfügbarkeit**
   Als letzte Komponente steht die Unverfügbarkeit. Resonanz kann nicht mechanisch hergestellt werden. Selbst wenn Menschen alles versuchen, können andere Menschen oder Momente sie ›kalt lassen‹. Gleichzeitig bedeutet Unverfügbarkeit, dass Resonanz niemals ausgeschlossen werden kann. Resonanz lässt sich also weder erzwingen noch verhindern. Zudem ist es unmöglich vorherzusagen, was genau das Ergebnis der Veränderung sein wird. Damit entzieht sich Resonanz der Kontrolle und Planung durch die Menschen (ebd.: 43f.).

Zusammengefasst bedeutet Resonanz: »Wir lassen uns von einem Weltausschnitt erreichen, der uns anspricht. Wir machen dabei zugleich die Erfahrung, dass wir selbst etwas erreichen oder bewegen können, wir erleben Selbstwirksamkeit. Selbstwirksamkeit ist eine notwendige Voraussetzung für das Eintreten in den Resonanzmodus. Wir werden nicht nur berührt oder bewegt, sondern wir können auch selbst wirksam Welt erreichen und eine Spur hinterlassen« (Rosa 2016: 127). Dennoch ist Resonanz nicht ausschließlich mit Harmonie gleichzusetzen. Vielmehr bewegt sie sich konstitutiv zwischen Identitäten und Differenzen, zwischen Konsonanz und Dissonanz (Rosa 2019b: 166).

Es gibt aber auch Personen, die nicht resonanzfähig sind, da sie sich verschließen, ihre eigene Stimme nicht nutzen können oder sich nicht verwandeln lassen möchten. Hieraus entstehen Beziehungen die einem ›nichts sagen‹ (Indifferenzbeziehung) über ein ›Der/die-mag-mich-nicht‹ (Repulsion) bis hin zur ›Entfremdung‹ (Rosa 2016: 20), ein Zustand, in dem keine Resonanz mehr möglich ist. Die Welt wird als kalt, starr oder abweisend erlebt. Damit stellt Entfremdung den Gegenbegriff zu Resonanz dar (Rosa 2019a: 316). Gleichwohl gründet Resonanzfähigkeit auf Entfremdung, da sich Resonanz nur zu einem Gegenüber herstellen lässt, das unverfügbar bleibt und nicht schon völlig angeeignet ist. Daher muss zunächst die gebildete Entfremdung spürbar werden, ehe sich Resonanz entwickeln kann (ebd.: 317ff.).

Resonanzbeziehungen sind zwar unverfügbar und nicht instrumentalisierbar; dennoch gibt es bestimmte Voraussetzungen für diesen Beziehungsmodus, auf die nachstehend vertiefend eingegangen wird.

16.2 Resonanzachsen, Resonanzräume und Resonanzdrähte in ihre Wechselwirkung

Um seine Resonanztheorie umfassend darstellen zu können, differenziert Rosa vier Parameter, die in Interdependenz zueinanderstehen.

- **Resonanzdimensionen:** Nach Rosa bestehen grundsätzlich drei mögliche Dimensionen von Resonanzbeziehungen.
  1. *Horizontale Dimension*: Soziale Beziehungen zu anderen Menschen, also etwa Freundschaften, aber auch politische Beziehungen.
  2. *Diagonale Dimension*: umfasst die Beziehung zur Dingwelt.
  3. *Vertikale Dimension*: die Beziehung zur Welt selbst, zum Dasein oder zum Leben als Ganzem (Rosa 2019a: 331).

  Jede Gesellschaft strukturiert diese Dimensionen für ihre Mitglieder vor, wodurch Resonanzdimensionen innerhalb jeder Gesellschaft vorzufinden sind (ebd.).
- **Resonanzräume:** In den zuvor beschriebenen Resonanzdimensionen entstehen durch die Gesellschaft sog. Resonanzräume. Diese sind gekennzeichnet durch wechselseitige Offenheit und die Möglichkeit, Beziehungen zu bilden (Rosa 2016: 18ff.). So lassen vorhandene Resonanzräume Resonanzwirkungen

zu, erzwingen diese jedoch nicht (Rosa 2019a: 284). Zu diesen Räumen zählen bspw. Arbeit, Schule oder Familie. Durch Resonanzräume gelingt es, Resonanzachsen zwischen Subjekten oder zwischen Subjekt und Objekt zu öffnen (Rosa 2016: 18ff.).

- **Resonanzachsen:** Resonanzachsen sind stabile Bezugsfelder, auf denen Individuen immer wieder Resonanzerfahrungen machen können. Jeder Mensch verfügt über andere Resonanzachsen, die eine relative Stabilität aufweisen (ebd.: 126). Für die einen ist es Sport, für die anderen Musik, Religion oder Politik. Folglich können Personen über mehrere Resonanzachsen verfügen (Rosa 2019a: 296). Eine stabile Resonanzachse ist Voraussetzung dafür, dass sich ein Resonanzdraht entwickeln kann.
- **Resonanzdrähte:** Ein Resonanzdraht bildet sich zwischen Subjekt und Welt nur im Moment der Resonanzerfahrung aus. Dieser kann sowohl glühen als auch reißen. Beginnt der Draht zu glühen, kommt es zu einer starken Wechselwirkung, die bspw. am Leuchten der Augen abgelesen werden kann. Entsteht dieser Draht nicht oder reißt, z. B. aufgrund eines Misserfolgs, bleibt die Achse dennoch bestehen und kann zu einer Neuentwicklung des Drahts führen (Rosa 2016: 48: 126).

Zusammengefasst bestehen durch die Gesellschaft vorstrukturierte Resonanzdimensionen, die Resonanzräume schaffen, in denen Menschen Resonanzachsen etablieren können, in denen ein Resonanzdraht glühen kann. Ob und mit welchem Ausgang dies geschieht ist jedoch unverfügbar. Um die Komplexität des Theorieansatzes zu strukturieren, soll hier ein extra erstelltes Schaubild genutzt werden (▶ Abb. 17).

Damit eine Weltbeziehung gelingt, gilt es zunächst den Resonanzraum als solchen zu erkennen. Gleichzeitig muss der Raum selbst offen sein, Individuen ansprechen und auch ›antworten‹, damit eine Wechselwirkung entstehen kann. Für den Aufbau von Resonanzbeziehungen braucht es die Wahrnehmung und Artikulation der eigenen Stimme. Zusätzlich müssen Individuen offen dafür sein, etwas Neuem oder ›Anderem‹ zu begegnen und sich von diesem verändern zu lassen (Rosa 2019b: 166). Als intersubjektive Voraussetzung wird wechselseitiges Vertrauen, das wiederum Selbstvertrauen stärkt, benötigt. Eine Haltung nach der Devise »Vertrauen ist gut, Kontrolle ist besser« untergräbt eine Resonanzachse (Rosa 2016: 88f.). Auch Resonanzvertrauen, durch das Menschen mit einer Veränderung rechnen, ist für den Gesamtverlauf bedeutsam. Denn je häufiger Resonanz erlebt wird, desto höher ist die Bereitschaft und Fähigkeit zur Öffnung und die Erwartung der Selbstwirksamkeit (Rosa 2019a: 324f.).

Das Schaffen dieser Rahmenbedingungen stellt einen längeren Prozess dar. Dies führt uns zu der Schlussfolgerung, dass auch Resonanzerfahrungen einen prozesshaften Verlauf nehmen und hierdurch Resonanz, anders als zu Beginn dieses Kapitels vermutet, nicht einfach ein Endprodukt in Form einer abschließenden Stufe darstellen kann.

Zusammenfassend kann zu Rosas Resonanztheorie angemerkt werden, dass er sich selbst der Kritischen Theorie der Frankfurter Schule zurechnet und versucht, die kritische Analyse der Gegenwart (Beschleunigung) mit der Frage nach Mög-

16 Begriffsannäherung zu Resonanz in Bezug auf Diversität und Organisationen

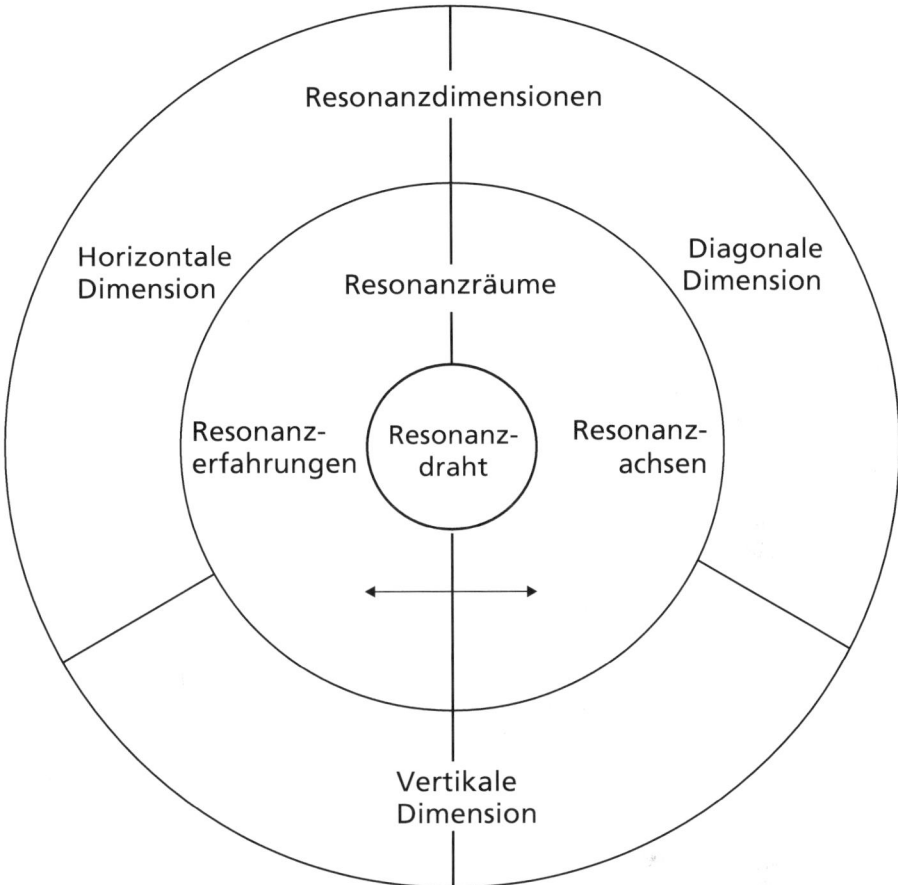

Abb. 17: Resonanzschaubild (eigene Darstellung)

lichkeiten einer besseren Welt (Resonanz) zu verbinden. Bei der Beschäftigung mit seiner Theorie wird aber deutlich, dass er auf eine sehr vielseitige und komplexe Fragestellung nur mit einer Problemdiagnose reagiert, die aber den Anspruch hat, für alle Kulturen, Individuen und Gesellschaften gleichermaßen zu gelten. Aufgabe sozialwissenschaftlicher Theorieentwürfe wäre jedoch »theoretisch begreifbar zu machen, inwiefern sehr heterogene und widersprüchliche Problemerfahrungen [...] durch spezifische strukturelle Dynamiken systematisch miteinander verbunden sind« (Meißner 2017: 147). So kann Beschleunigung für manche Menschen und Stillstand für andere in unterschiedlichen Aspekten als positiv oder negativ empfunden werden (ebd.). Zusätzlich geht Rosa davon aus, dass alle Subjekte gestaltend in die Welt eingreifen können (ebd.: 148). Doch gerade Kund_innen der Sozialen Arbeit machen die Erfahrung, dies nicht zu können. Und auch in vielen NPOs wird jedes autonome Handeln durch Hierarchie- und Machtverhältnisse begrenzt. Damit wird deutlich, dass Rosa seinem Anspruch, durch Resonanz ein Gegenmittel für jede Art der Beschleunigung gefunden zu haben, aufgrund der Ausblendung von Heterogenität und Diversität miteinander koexistierender Weltbeziehungen und Herrschaftskritik, nicht gerecht werden kann (ebd.: 147). Somit zeigt Rosas Theorieansatz Leerstellen, die durch kritische Reflexion und systematische Weiterführung zu schließen sind. Dennoch weisen seine Überlegungen auf eine für kritische Gesellschaftstheorie wichtige Frage hin: auf die *Qualität* der Weltbeziehungen. Eine umfassende Auseinandersetzung hierzu muss sich jedoch explizit mit den Bedingungen ihrer Erklärungsmöglichkeit beschäftigen, um die eigene Begrenztheit in den Fokus zu nehmen (ebd.: 147). Daher muss das Thema Resonanz immer in Bezug zu etwas, bspw. zur Arbeit, gesetzt und kritisch analysiert werden. Nur so kann es gelingen, Individuen und ihre Entfremdungs- und Resonanzerfahrungen sowie Machtstrukturen in das eigene Blickfeld zu integrieren. Entsprechend wird im nächsten Kapitel erläutert, weshalb Resonanz im Kontext von Organisationen bedeutsam ist, ehe der Theorieansatz reflexiv auf den Dienstleistungssektor und in Bezug auf Diversität angewendet wird.

16.3 Resonanzperspektive als abschließende Form des Change-Prozesses

Resonanzerwartungen verlagern sich seit vielen Jahrzehnten immer stärker von der Familie zur Arbeit. U. a. deshalb, weil Menschen durch ihre Arbeit zum Gemeinwohl beitragen und sich so mit der Welt verbunden fühlen. Folglich werden im beruflichen Bereich vermehrt Selbstwirksamkeitserfahrungen gesucht: Arbeitnehmer_innen erwarten eine Arbeit, die sie anspricht, die ihnen etwas bedeutet, in der sie sich entfalten können (Rosa 2019a: 616).

Innerhalb des Resonanzraumes ›Arbeit‹ geht es Rosa allerdings in einer Engführung vor allem um das Arbeiten am und die Auseinandersetzung mit einem *Stoff*. Hiernach ist es Arbeitnehmer_innen möglich, eine *Dingresonanz* zu erfahren, wenn sie von ihrer Arbeit erreicht werden, darauf reagieren und in ihrer Arbeit Selbstwirksamkeit erleben. Diese Antwortbeziehung kann z.B. zwischen Teig und Bäcker_in, Büchern und Wissenschaftler_innen oder Pflanzen und Gärtner_innen stattfinden. Hierbei handelt es sich quasi um eine doppelseitige Transformation: Während sich der Habitus des Menschen durch den Erwerb und die Ausübung einer Fähigkeit wandelt, verändert sich gleichzeitig der bearbeitete Stoff. Ein solches Verständnis geht weit über das gängige Bild von der Erwerbsarbeit hinaus. (ebd.: 395ff.).

Haubner (2017: 218) merkt jedoch zum Resonanzraum Arbeit kritisch an, dass es Rosa zwar gelinge, die Resonanzqualität der Dinge in den Blick zu bekommen. Allerdings konzipiere er dadurch eine ausschließlich materiell vermittelte Dingbeziehung. Dies hat zur Folge, dass auch Menschen im Rahmen von

Dienstleistungen zu ›widerspenstigem Material‹ werden. Gleichzeitig geht Rosa davon aus, dass die Resonanzachse der Arbeit dann verstummt, wenn die Dingbeziehung zum Stoff gestört oder unterbrochen ist (ebd.: 220); ein Verlauf, der im Dienstleistungsbereich kaum eine Rolle spielt, da hier Menschen im Mittelpunkt stehen. Nur der Aspekt, durch die Erwerbsarbeit etwas Gutes für das Gemeinwohl zu tun, kann in diesem Zusammenhang als bedeutsame Resonanzmöglichkeit angegeben werden. Dingresonanz an sich hat also nur selten Relevanz, weshalb der Resonanzraum ›Arbeit‹ von Rosa nicht ausreichend analysiert erscheint, und dies obgleich natürlich auch die im Dienstleistungssektor tätigen Personen Resonanzhoffnungen haben.

Entsprechend muss in der vorliegenden Publikation die horizontale Dimension (Beziehung zu anderen Menschen) der Arbeit mit einbezogen werden, selbst wenn Rosa diese nicht erwähnt. Denn nur in Verbindung beider Dimensionen gelingt es, Resonanzerfahrungen für alle Beteiligten im Dienstleistungsbereich zu ermöglichen.

Durch die Arbeit mit unterschiedlichen Menschen entsteht im Dienstleistungssektor ein Resonanzraum zwischen Subjekten, wodurch Resonanzerfahrungen zwischen Mitarbeiter_innen, Kund_innen oder Vorgesetzen möglich sind. Jedoch ist Resonanz innerhalb des vorherrschenden Konkurrenzdenkens kaum möglich. Dies bedeutet für Unternehmen Rahmenbedingungen zu schaffen, in denen Mitarbeiter_innen untereinander nicht im Wettbewerb stehen; eine Gestaltungsaufgabe, die in durch Vielfalt geprägten Organisationen durchaus mit Herausforderungen einhergeht.

Gelingt Subjektresonanz, erleben Mitarbeiter_innen eine Organisation, die sie selbst gemeinsam gestalten können. Sie erfahren sich als *gemeinsam handelnd* und machen gleichzeitig Selbstwirksamkeitserfahrungen, in denen sie *einander erreichen* (in Anlehnung an Rosa 2019b: 160). Es geht also um eine Beziehung des Hörens und Antwortens, in der jede_r eine Stimme erhält, die gehört, auf die reagiert und die verändernd eingebracht werden kann (ebd.: 160f.). Folglich ist für Resonanzerfahrungen die Anerkennung von Vielfalt unabdingbar, da Resonanz ein inhaltlich offenes Beziehungsbedürfnis darstellt, das nicht festlegt, »welche Weisen des Arbeitens, Liebens, Zusammenlebens oder Glaubens die ›richtigen‹ sind oder ob wir der Kunst, der Natur oder der Religion für ein gelingendes Leben bedürfen« (Rosa 2019a: 312). Von daher kann Resonanz die Transformation zu einem Gemeinsamen in der Vielfalt unterstützen. Für die Umsetzung dieses Change-Prozesses kann Partizipation als notwendige Grundlage angesehen werden. Erst dadurch ist eine breite Stimmenvielfalt hörbar, Beteiligte haben die Möglichkeit sich einzubringen und erlernen gleichzeitig ein besseres Verständnis für andere Positionen (Rosa 2019b: 178f.). Gelingt also Ding- und Subjektresonanz, werden Organisationen nicht nur den Resonanzerwartungen der Mitarbeiter_innen gerecht, sondern steigern auch die intrinsische Motivation sowie die Zielerreichung der Mitarbeitenden.

Ob sich Resonanzbeziehungen tatsächlich einstellen ist damit offensichtlich von einer Vielzahl kontextueller Faktoren und deren komplexem Zusammenspiel abhängig (Rosa 2019a: 634). Häufig kann die Postmoderne Resonanzversprechen jedoch nicht einlösen. Damit bleibt die Ambivalenz zwischen der Steigerungslogik der Moderne einerseits und der ebenfalls in ihr und durch sie erzeugten Sehnsucht nach Resonanzerfahrungen andererseits zunächst bestehen (Bandelin 2017: 134). Meißner (2017: 145ff.) gibt darüber hinaus zu bedenken, dass Resonanz ein Privileg darstellt, das nicht allen zugänglich ist, da nicht jede_r über die Voraussetzung verfügt, die eigene Stimme zu hören und verändernd einbringen zu können. Vielmehr sind Menschen durch ihre Emotionen, Wahrnehmungen, Wünsche und jeweils spezifischen historisch-kulturellen Situation geprägt und oft auch in ihren Ausgangsformen gehindert (ebd.: 148).

Doch wie gelingt es nun, Resonanzerfahrungen für vielfältige Menschen innerhalb einer Organisation zu ermöglichen? An dieser Stelle ist die Einbeziehung des bisher entwickelten Modells der Diversitätsausprägung von großer Bedeutung. Um Resonanzerfahrungen für verschiedene Menschen mit unterschiedlichsten Erfahrungen im Umgang mit Entfremdung und Akzeptanz zu ermöglichen, wird ein Verständnis von Vielfalt als Selbstverständlichkeit benötigt. Hierdurch gelingt ein Hören und Antworten für alle Beteiligten, wodurch Resonanz- und Selbstwirksamkeitserfahrungen in der Vielfalt möglich werden. Dennoch kann die Resonanzfähigkeit in einer Organisation unterschiedlich weit entwickelt sein und dynamisch verlaufen, da jede_r verschiedenste Erfahrungen mit diesem komplexen Phänomen gemacht hat und machen wird. Zudem werden voraussichtlich Mitarbeiter_innen schneller untereinander in Resonanz treten, da ihre Kund_innenvielfalt erst lernen muss, ihre eigene Stimme wahrzunehmen und einzubringen. Folglich muss Resonanz als Prozess betrachtet werden, der von Entfremdung über Resonanzoffenheit hin zu Resonanzfähigkeit verläuft und damit sein Ziel in der Resonanzperspektive innerhalb einer Inklusiven Diversität findet. Entsprechend wird eine Erweiterung des eingangs formulierten Phasenmodells vorgenommen, um die abschließende Stufe der Diversitätsausprägung inkludieren zu können (i. A. Rosa 2019a: 218–328; Rosa 2019b: 172–182; Rosa 2019c: 73–44):

1. **Entfremdung:** Individuen empfinden ihre Weltbeziehung als prekär, wodurch sich die Beteiligten von der Organisation und in der vorhandenen Vielfalt ungesehen und ungehört fühlen. Ihr Resonanzverhältnis ist unterbrochen, weshalb Individuen resonanzunfähig sind. Weder Beziehungen noch Arbeit werden als sinnhaft erlebt, wodurch Subjekt und organisationale Vielfalt einander unverbunden gegenüberstehen. Daher wird alles Neue und Unbekannte als weitere Bedrohung empfunden. Entsprechend sind Subjekt- und Dingresonanz kaum möglich.
Von daher kann ›Entfremdung‹ der Phase der **Monokultur** und der **Exklusiven Diversität** oder auch der **Interkultur** und **Fairnessperspektive** zugeordnet werden. Für eine Weiterentwicklung von Organisationen und Beschäftigten wird zunächst die Wahrnehmung von Entfremdung benötigt, damit diese differenziert betrachtet und Maßnahmen zur Überwindung ergriffen werden können.

2. **Resonanzoffenheit:** In dieser Stufe beginnt der Resonanzprozess, da entfremdete Verhältnisse in den Blick genommen werden können. Individuen werden offener für die Wahrnehmung vorhandener Resonanzräume, wodurch sich

eine Resonanzfähigkeit ausbilden kann. In der Organisation wird Partizipation umgesetzt, und Individuen sind kritik- und diskursfähig. Hierdurch können erste Auseinandersetzungen durch Resonanzmomente begleitet sein, womit die Transformation zu einem Gemeinsamen möglich wird. Zudem werden erste Response-Resonanzerfahrungen zwischen Subjekten möglich, wodurch erste ›glühende‹ Drähte erfahrbar sind. Dennoch versucht die Organisation ihre Struktur über Wachstum und Innovationsverdichtung zu erhalten. Entsprechend kann diese Phase der **Interkultur** und der **Marktzutrittsperspektive** sowie der **Transkultur** und deren **Lernperspektive** zugeordnet werden. Durch das fortwährende Lernen im Bereich der Resonanz werden Individuen resonanzfähig. Dies führt zur nachstehenden Resonanzperspektive als Ziel des Change-Prozesses.

3. **Resonanzfähigkeit:** Individuen sind resonanzfähig, wodurch sie mit Kolleg_innen und Kund_innen sowie in ihrer Arbeit Resonanzmomente erleben. Hierdurch können Resonanzachsen etabliert werden, in denen der Draht ›glüht‹. Parallel bildet sich die Entfremdungs- und Resonanzsensibilität aus. Individuen machen vermehrt Selbstwirksamkeitserfahrungen und sind in der Lange, sich die Organisation gemeinsam *anzuverwandeln*. Durch Resonanzmomente mit unterschiedlichen Menschen wird Vielfalt als positiv und gestaltbar empfunden, wodurch ein ›Wir-Gefühl‹ entsteht. Wird diese Phase erreicht, befinden sich Organisationen in der Phase der **Transkultur** mit der abschließenden Diversitätsausprägungsstufe in Form der **Resonanzperspektive**. Zur Visualisierung dieser Stufe wurde folgendes Resonanz-Viereck erstellt (▶ Abb. 18).

Je nach beteiligter Organisation stehen die einzelnen Bereiche stärker in einer Wechselwirkung. Auf alle Fälle fördern sie gegenseitige Resonanzerfahrungen, denn je häufiger Resonanz erlebt wird, desto eher wird mit dieser Erfahrung gerechnet. Folgerichtig ist es bedeutsam, Voraussetzungen für die Möglichkeit von Resonanz zu schaffen. Zusammengefasst kann eine Organisation mit Resonanzperspektive wie folgt definiert werden.

Organisationen mit einer Resonanzperspektive werden dort entwickelt und verwirklicht, wo es der Organisation mit allen Beteiligten gelingt, Resonanzbeziehungen und Resonanzachsen zwischen (1) Mitgliedern, (2) Kund_innen und der (3) Organisation mit ihren Werten und Praktiken zu etablieren.

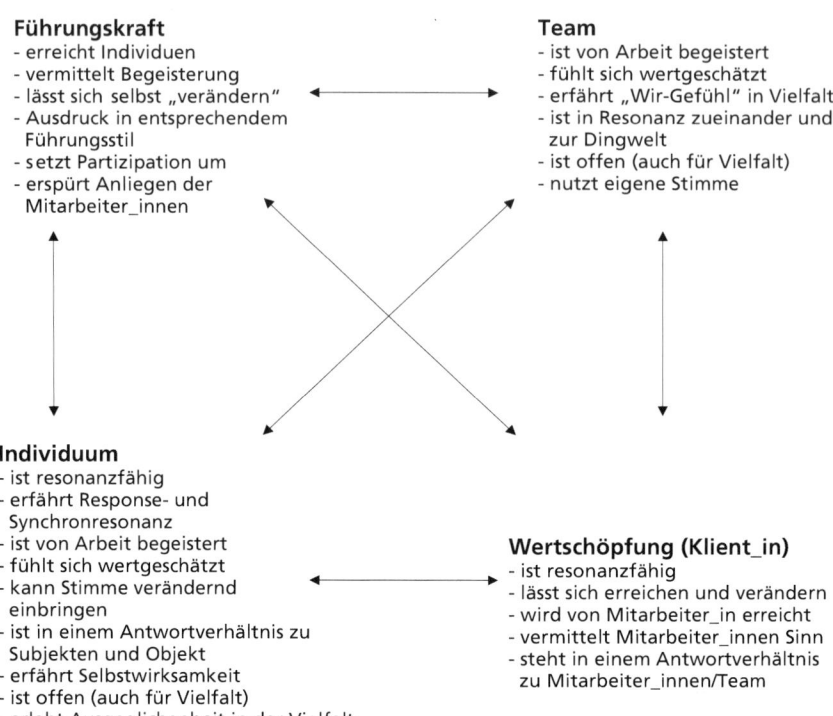

Abb. 18: Resonanzperspektive visualisiert: Resonanz-Viereck (eigene Darstellung)

17 Zusammenfassende Bewertung des bisherigen Forschungstands und Konzeption des Change-Prozesses »Von der Exklusiven über die Integrative zur Inklusiven Diversität«

Nachstehend wird der bisherige Forschungsstand kurz dargestellt und mit den bereits aufgestellten Hypothesen in Bezug gesetzt. Parallel dazu kann hierbei der Change-Prozess »Von der Exklusiven über die Integrative bis hin zur Inklusiven Diversität« entwickelt werden, der im Anschluss unter Einbeziehung einer qualitativen Erhebung überprüft wird.

Zuerst kann festgehalten werden, dass unter Diversität etwas Positives verstanden wird, das als Selbstverständlichkeit menschlicher Vielfalt angesehen wird und daher gefördert und anerkannt werden muss sowie in einer entsprechenden Haltung gegenüber allen Individuen zum Ausdruck kommen soll. Zudem gilt es Gemeinsamkeiten und Unterschiede in den Blick zu nehmen, da nur hierdurch die Möglichkeit besteht, Verschiedenheit auch als Möglichkeit des Gestaltens zu sehen und eine Balance zwischen Gleichheit und Differenz herzustellen. Bei der Auseinandersetzung mit dem Forschungsstand ergab sich die Annahme, dass es einen Wechsel der Betrachtungsweise von der Diversitätsbezogenheit hin zur Personenbezogenheit braucht, damit Individuen und ihre Handlungen gleichermaßen ganzheitlich wie differenziert betrachtet werden können (Hypothese 1, ▶ Kap. 12).

Dieser Wechsel vollzieht sich voraussichtlich im Übergang zwischen der Inter- und Transkultur sowie bei der Integrativen und Inklusiven Diversität, da ab diesem Zeitpunkt sowohl Gemeinsamkeiten als auch Unterschiede sowie eine sozial-ethische Begründungsweise von Diversität betrachtet werden können (▶ Abb. 19).

In Kapitel 14.1 wurde das erste Phasenmodell als Betrachtung der Organisationskultur (▶ Abb. 16) für den neuen Change-Prozess entwickelt. Dieser ist bedeutsam, um Rahmenbedingungen zu schaffen, damit Vielfalt positiv gesehen und gefördert werden kann (▶ Kap. 14.1). Denn eine Organisationskultur gibt als Mentalität der Organisation Normen und Werte innerhalb dieser vor und wird kollektiv durch die Mitarbeiter_innen gelebt. Erst durch die Gestaltung und den Ablauf dieses Prozesses kann die Diversitätsausprägung gesteigert werden.

Anhand eines hierfür entworfenen Indikatorenkatalogs (▶ Anlage 1) ist es möglich, einen Ist-Zustand der Organisationskultur zu ermitteln, um anschließend Veränderungsprozesse entsprechend zu fördern.

Immer wieder kam in der theoretischen Auseinandersetzung die Frage auf, wie viel Vielfalt eine Organisation überhaupt aushalten kann. In Kapitel 15.1 ist dieser Frage entsprechend nachgegangen und schlussgefolgert worden, dass Organisationen immer so viel Vielfalt zulassen, wie sie auch bewältigen können (▶ Kap. 15.1). Dieses Gleichgewicht ist von der Organisationskultur und Diver-

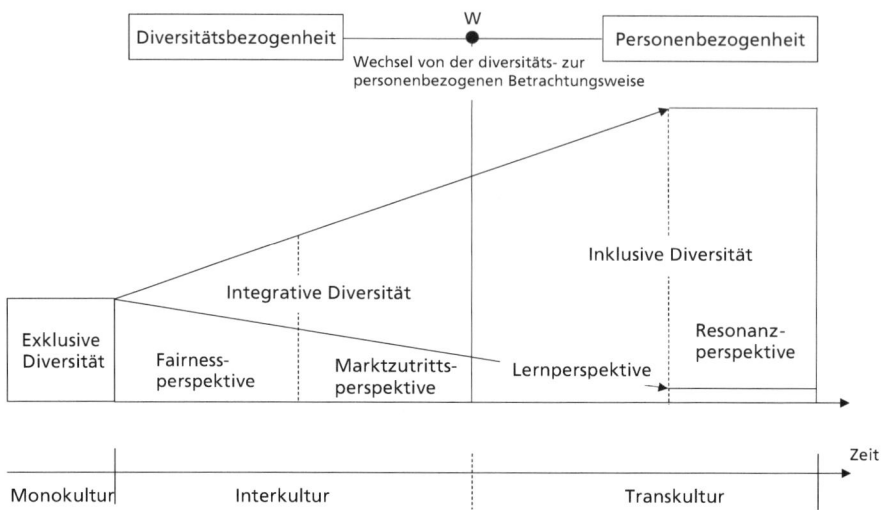

Abb. 19: Phasenmodell der Betrachtungsweise von Diversität (eigene Darstellung)

sitätsausprägung abhängig. Um den Zusammenhalt zwischen Einheit und Vielfalt herzustellen, wurde auf Überlegungen zum Konzept der Integration zunächst über Anpassung und dann über einen wechselseitigen Prozess sowie der Inklusion zurückgegriffen. Hierin gründet sich die Hypothese, dass für einen Zusammenhalt der Organisation Prozesse der Organisationskulturentwicklung und der Diversitätsausprägung parallel verlaufen müssen, da ohne Aushandlungen zu gemeinsamen Normen und der Transformation zu einem Gemeinsamen der Zusammenhalt gefährdet wird (Hypothese 2, ▶ Kap. 12).

Schließlich konnte in Kapitel 15.2 das Phasenmodell der Diversitätsausprägung aus den bestehenden Konzepten des DiM und MD erarbeitet werden (▶ Kap. 15.2). Mit einer Haltung des Diversität-Mainstreams soll dieser Prozess durchgeführt werden, um Diskriminierungen und Hierarchiestrukturen in den Blick zu nehmen und die sozial-ethische Betrachtungsweise in den Mittelpunkt zu rücken. Aus der Auseinandersetzung mit diesen Ansätzen wurden vier Stufen konzipiert, die eine Organisation durchlaufen müssen, um Vielfalt als selbstverständlich anzuerkennen. Jedoch war zu konstatieren, dass diese vier Stufen weiterhin einen ökonomischen Blick (wenn dieser auch im Verlauf weniger bedeutsam wird) auf Vielfalt richten. Daher wurde die soziologische Theorie der Resonanz nach Rosa (2019a) (▶ Kap. 16) einbezogen, damit Individuen unabhängig von ihrem Nutzen in ihrer Arbeit Ding- und Beziehungsresonanz sowie Selbstwirksamkeitserfahrungen ermöglicht werden kann. Gleichzeitig eröffnet Resonanz gerade im Dienstleistungsbereich die Chance, in Vielfalt zu resonieren, wodurch diese als Bereicherung betrachtet wird und Resonanz und Vielfalt sich gegenseitig verstärken. Entsprechend dieser Erörterung entwickelte sich die Resonanzperspektive als höchste Stufe des Change-Prozesses der Diversitätsausprägung. Somit besteht das Phasenmodell aus fünf Stufen, die zusätzlich in Exklusive, Integrative und Inklusive Diversität eingeteilt werden können (▶ Abb. 20).

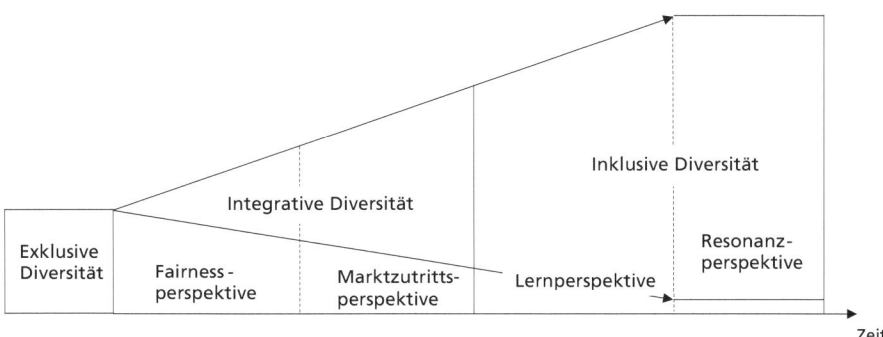

Abb. 20: Phasenmodell der Diversitätsausprägung (eigene Darstellung)

Hierbei wird sichtbar, dass eine Organisation, je weiter sie sich im Change-Prozess befindet, an Exklusiver Diversität ab und an Inklusiver Diversität zunimmt. Jedoch muss Exklusion immer als Möglichkeit beibehalten werden, um die Grenzen von Vielfalt aufrechtzuerhalten. Dies gilt dort, wo Individuen dem Wertekonsens der Menschenrechte nicht nachkommen. Somit bleibt auch in der Resonanzperspektive ein Rest an Exklusiver Diversität bestehen. Entsprechend wurde ein Indikatorenkatalog (▶ Anlage 2) für eine Ist-Analyse der Diversitätsausprägung in Organisationen entworfen. Damit leitet sich der zweite Teil der ersten Hypothese ab (Hypothese 1, ▶ Kap. 12).

In der Auseinandersetzung um Resonanz wurde gleichwohl festgestellt, dass auch die Resonanzausprägung prozesshaft verläuft und nicht, wie angenommen, einfach als höchste Form des Change-Prozesses entsteht. Folglich ist an dieser Stelle ein weiterer Prozessverlauf mit einem entsprechenden Indikatorenkatalog (▶ Anlage 3) erarbeitet worden (▶ Abb. 21).

Allerdings ist es schwierig Resonanz empirisch zu messen, da diese nach Rosa im Resonanzmoment, also in Begegnungen selbst, an den Augen als Resonanzfenster oder an anderen physiologischen Aspekten auszumachen ist. Dennoch wird hier angenommen, dass Aussagen von Interviewpartner_innen Hinweise auf Resonanz oder Entfremdung geben.

Abschließend lassen sich die dargestellten Change-Prozesse zu einem gemeinsamen Prozess verbinden, wodurch es Organisationen möglich ist, ihre Kultur- und Diversitätsausprägung einzuschätzen, um die Selbstverständlichkeit und sozial-ethische Betrachtungsweise von Vielfalt weiter zu fördern (▶ Abb. 22).

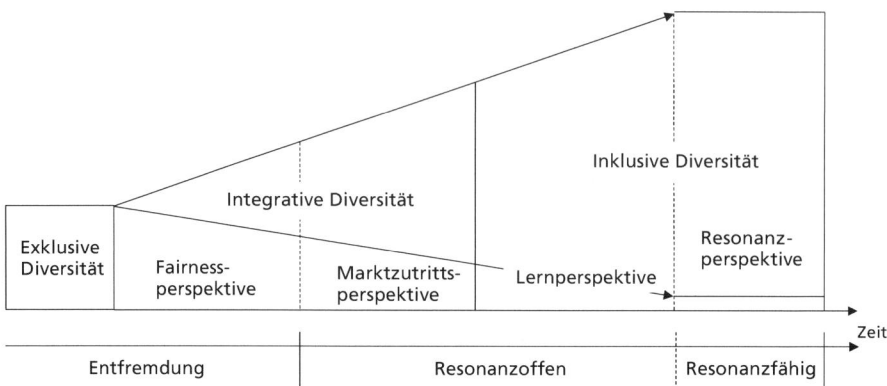

Abb. 21: Phasenmodell der Resonanzausprägung (eigene Darstellung)

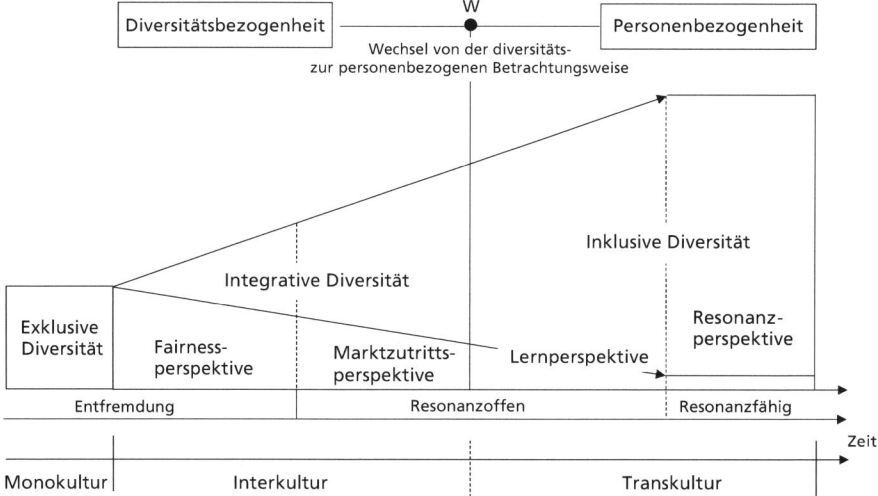

Abb. 22: Change-Prozess von der Exklusiven zur Inklusiven Diversität (eigene Darstellung)

Teil B: Forschungsteil: Change-Prozesse in Non-Profit-Organisationen (NPOs)

Im Anschluss an die theoriegeleitete Auseinandersetzung und den dabei konstruierten Change-Prozess folgt nun in Teil B die empirische Überprüfung anhand einer qualitativen Befragung. Hierdurch soll der Change-Prozess durch Aussagen von Praktiker_innen praxisnah evaluiert und der Frage nachgegangen werden, welche Aspekte als Chance oder Herausforderung von Vielfalt in Organisationen wahrgenommen werden. Dadurch wird es möglich, das Modell in der Praxis adäquat anzuwenden und ein zielführendes Auditierungsverfahren zu entwickeln.

18 Forschungstheoretischer Rahmen

In diesem Kapitel wird der forschungstheoretische Rahmen dargestellt (▶ Abb. 23), um aufzuzeigen wie der Change-Prozess und seine theoriegeleiteten Hypothesen empirisch überprüft werden sollen. Folgender Ablaufplan verschafft einen ersten Überblick, ehe vertiefend auf einzelne Schritte eingegangen wird.

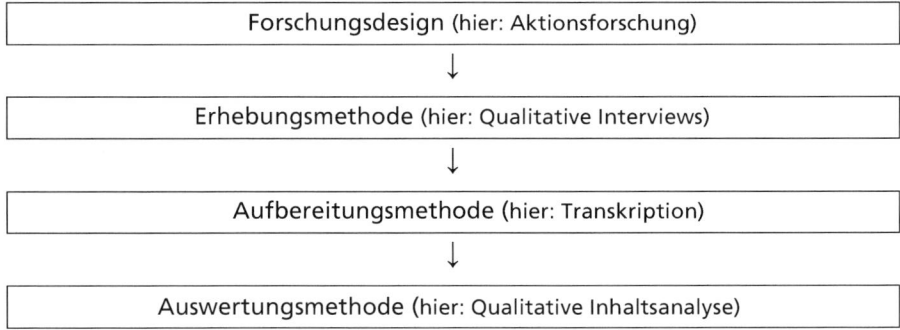

Abb. 23: Forschungstheoretischer Rahmen (eigene Darstellung)

18.1 Forschungsdesign

»Mit **Forschungsdesign** bezeichnet man die äußere Form einer empirischen Studie. [...] Gemeint ist damit jedenfalls der übergeordnete methodologische Plan, nach dem die Studie aufgebaut ist« (Hug/Poscheschnik 2015: 70). Für die empirische Forschung dieser Arbeit wird als Forschungsdesgin die Aktions- bzw. Handlungsforschung gewählt, da sich hierin der Impetus zu forschen mit dem Anspruch zu intervenieren und Verbesserungen zu erzielen verbindet (ebd.: 79). Damit ist das Ziel der Handlungsforschung »nicht allein der Erkenntnisgewinn, sondern die Lösung eines konkreten praktischen Problems. Handlungsforschung setzt also nicht so sehr an der Überprüfung einer Hypothese an, sondern an einem konkreten Problem, das es zu lösen gilt« (ebd.). Als konkrete Probleme können für diese Arbeit Diskriminierungen in Organisationen sowie die (meist) nicht vorhandene Selbstverständlichkeit von Diversität, d. h. Vielfalt als ›Normalfall‹ wahrzunehmen, genannt werden. Hieraus ergibt sich der Bedarf für die Entwicklung des Change-Modells für Kultur und Diversität in Organisationen. Durch die Orientierung an diesem Modell wird es Organisationen möglich sich selbst einzuschätzen (Diversitätsreife) und den Diversitätsaufbau weiter zu fördern, um Chancengleichheit herzustellen.

Grundsätzlich nutzt die Aktionsforschung selten Hypothesen, um zu einer Lösung zu gelangen. Allerdings ist Diversität ein äußerst komplexes Phänomen und bisher kaum systematisch und strukturiert erforscht. Dies macht Hypothesen als Arbeitsgrundlage für ein analytisches und komplexreduzierendes Vorgehen unbedingt notwendig. Des Weiteren sollen durch die Aktionsforschung positive Veränderungen in Gang gesetzt werden. Dieses Design ermöglicht es, aus Theorien Strategien zu entwickeln, die zu Problemlösungen oder Problembeseitigungen beitragen können (Hug/Poscheschnik 2015: 79f.). Dies ist notwendig, um im Anschluss an die empirische Forschung Handlungsmöglichkeiten in Form eines Auditierungsverfahrens für das Change-Modell zu entwickeln. Laut Mayring ist es darüber hinaus wichtig, innerhalb des Designs die von der Forschung Betroffenen nicht als Versuchspersonen oder Objekte, sondern als Partner_innen und Subjekte zu sehen. Wichtig ist daher eine Gleichberechtigung aller Beteiligten und ein herrschaftsfreier Austausch zwischen diesen.

> Somit hat die Handlungsforschung drei Ziele: Direktes Ansetzen an konkreten sozialen Problemen, praxisverändernde Umsetzung der Ergebnisse und ein gleichberechtigter Diskurs zwischen den Forschenden und den Betroffenen (Mayring 2002: 50f.).

Folgerichtig ist das Design der Aktionsforschung für die nachstehende empirische Erhebung und Auswertung am zielführendsten.

Um der Forschungsethik, also dem Spannungsverhältnis zwischen Forschungsinteresse und der Einhaltung allgemeingültiger Normen und Werte, gerecht zu werden, wird das Eckpunktepapier »Forschungsethik in der Sozialen Arbeit« der DGSA (Deutsche Gesellschaft für Soziale Arbeit) (o. J.) herangezogen (https://www.dgsa.de/fileadmin/Dokumente/Aktuelles/Eckpunktepapier_Forschungsethik_final_27_04_2018.pdf). Die wichtigsten Punkte für die vorliegende Forschung sind:

- die Aufklärung der Proband_innen über Zweck, Vorgehen, Dauer und die voraussichtlichen Ergebnisse,
- die sorgfältige Analyse der Akteur_innen und der Machtverhältnisse, die wirksam sind,
- eine Veränderung in dem beforschten Feld zu leisten sowie
- die Anonymisierung aller Forschungsbeteiligten.

18.2 Empirische Erhebung

Eine empirische Erhebung dient der Gewinnung und Sammlung empirischer Datenmaterialien. In der empirischen Sozialforschung werden hierfür drei Methoden genutzt: Recherche, Beobachtung und Befragung (Hug/Poscheschnik 2015: 81f.). Für die Überprüfung des Change-Modells ist die Methode der Befragung am erfolgversprechendsten, da diese darauf abzielt, »Informationen zu erheben, die einer Beobachtung nicht so leicht zugänglich sind. Es kann sich um Meinungen, Einstellungen, Wissen, Gedanken und Gefühle handeln« (ebd.: 83). Eine Befragung kann jedoch recht unterschiedlich ablaufen. Für diese Arbeit wurde sie mündlich anhand von qualitativen Expert_inneninterviews durchgeführt. Denn eine qualitative Forschung eignet sich besonders gut, um subjektive Lebenswelten zu erkunden (ebd.: 89). »Man versucht also die individuellen Weltsichten und Lebensweisen seiner Probanden zu erfassen. Erforscht werden unter anderem soziale Regeln, kulturelle Orientierungen und individuelle Sinnstrukturen. Häufig geht es nicht nur um die Entwicklung von Theorien, sondern auch um Anwendungen für die Praxis« (ebd.). Somit ist eine qualitative Befragung am besten geeignet, um das theoriegeleitete Modell im Hinblick auf die Praxis zu überprüfen und im Anschluss Handlungsmöglichkeiten für die Praxis aufzuzeigen. Zudem tragen qualitative Interviews der Offenheit der Kommunikation Rechnung, indem sie keinerlei Vorgaben für die Antworten der Befragten machen (Nohl 2017: 15). Somit können alle Interviewpartner_innen frei ihre Meinung äußern, wodurch die empirische Erhebung ergebnisoffen bleibt. Um die Befragung durchzuführen und Aussagen für die Praxis treffen zu können, braucht es für die Erhebung Expert_innen aus diesem Feld. Diese müssen sich sowohl aus Mitarbeiter_innen als auch Führungskräften zusammensetzen. Daher wurden verschiedene NPOs gebeten, Interviewpartner_innen für die Befragung zur Verfügung zu stellen. Es konnten sieben NPOs aus Baden-Württemberg und Bayern mit insgesamt 18 Repräsentant_innen gewonnen werden (▶ Tab. 6).

Für diese Befragung eignen sich insbesondere leitfadengestütze Interviews. Denn die Befragten müssen stets als Repräsentant_innen ihrer Organisation betrachtet werden, da sie in einem organisatorischen Zusammenhang interviewt werden, in dem sie selbst nur einen von vielen möglichen Faktoren darstellen (Nohl 2017: 17). Daher wird ein Leitfaden benötigt, um im Anschluss einen Vergleich der Aussagen vornehmen zu können. »Denn da allen Expert(inn)en prinzipiell entlang desselben Leitfadens Fragen gestellt werden, sind die Interviews zumindest insofern vergleichbar, als sich alle befragten Personen zu denselben Themen äußern mussten« (ebd.). Ein Leitfaden darf indes nicht mit einer Standardisierung der Erhebungssituation verwechselt werden. Er muss immer flexibel eingesetzt werden, um unerwartete Themendimensionierungen durch die Expert_innen nicht zu unterbinden (ebd.).

Für die Expert_inneninterviews wurde folgender Leitfaden entworfen und genutzt.

Tab. 6: Organisationen und Proband_innen der empirischen Erhebung

Ort	Organisation	Befragte
Heilbronn	Stadtverwaltung	• Weiblich, zwischen 40 und 50 J., kein Migrationshintergrund • Männlich, 54 J., verheiratet, zwei Kinder, Eltern aus Ostpreußen und dem ehemaligen Jugoslawien • Weiblich, unter 50 J.
Heilbronn	Kreisdiakonie	• Männlich, 49 J., weiß, evangelisch, kein Migrationshintergrund • Männlich, kein Migrationshintergrund
Ludwigsburg	Karlshöhe, Jugendhilfe	• Männlich • Weiblich, 43 J., kein Migrationshintergrund • Weiblich, 27 J., Mutter Rumänin, Vater Deutscher, mit 6 J. nach Deutschland gekommen • Männlich, 46 J., Migrationshintergrund
München	Ausländerbehörde	• Männlich, deutsch, unter 50 J. • Weiblich, 57 J., kein Migrationshintergrund, mit einem Schweizer mit Migrationshintergrund verheiratet
Nürnberg	Stadtverwaltung	• Weiblich, 56 J., aus Bayern • Weiblich, 49 J., Mutter aus Polen • Weiblich, über 50 J., kein Migrationshintergrund
Rems-Murr-Kreis	Kreisjugendring	• Männlich, 46 J. • Weiblich, 41 J, aus Norddeutschland
Stuttgart	EVA	• Weiblich, kein Migrationshintergrund • Männlich, 49 J., verheiratet, zwei Söhne

Eigene Darstellung

Leitfaden für die Expert_inneninterviews

Bitte beschreiben Sie als Einstieg Ihre eigene Person im Hinblick auf die verschiedenen Dimensionen von Vielfalt (Geschlecht, Migrationshintergrund, Alter, Position innerhalb der Organisation, Dauer der Zugehörigkeit etc.)

1. Was hat Sie dazu veranlasst in dieser Organisation zu arbeiten?
2. Wie würden Sie Ihre Organisationskultur beschreiben? Wie sieht die Organisationskultur im Alltag aus?
3. Beschreiben Sie Ihre Organisation wie folgt: Sie ist wie ...
4. Welche Werte sind für Ihre Organisation wichtig? Welche sind für Sie persönlich bedeutend?
5. Welche Personen (Identität, Werte) fühlen sich in Ihrer Organisation wohl? Welche nicht?

6. Welche individuellen Eigenschaften, Kompetenzen und konkreten Verhaltensweisen der Mitarbeiter_innen werden in Ihrer Organisation besonders geschätzt? Welche sind weniger wichtig?
7. Was verstehen Sie persönlich unter Vielfalt? Welche Bedeutung hat Vielfalt für Sie und für Ihre Organisation (eher: ethische Verpflichtung, gesetzliche Erfordernis, möglicher Geschäftsmehrwert, Lern- und Veränderungschance)? Was steht in Ihrem Organisationsleitbild dazu?
8. Welche Unterschiede (bezogen auf Geschlecht, Alter, Migrationshintergrund, sexuelle Orientierung, Religion, Kompetenzen, Persönlichkeit etc.) bestehen bereits in der Organisation und welchen Beitrag leisten sie zum Ergebnis? Welche Unterschiede sind Ihrer Meinung nach besonders wichtig?
9. Welche Unterschiede werden von der Organisation leicht, welche schwer akzeptiert?
10. Haben die Unterschiede/die bestehende Vielfalt einen Einfluss auf das Klima bzw. auf den Zusammenhalt der Organisation?
11. Wie wird in Ihrer Organisation allgemein mit Vielfalt umgegangen? Wird sie eher als Potenzial oder eher als Störung empfunden? Worin liegt das Potential oder die Störung?
12. Fühlen sich Ihrer Meinung nach alle Mitarbeiter_innen gleichermaßen in der Organisation wohl? Gibt es Diskriminierungen oder sind bspw. bestimmte Personengruppen in bestimmten Hierarchiestufen unterrepräsentiert?
13. Welche Strukturen hat Ihre Organisation gewählt, um Vielfalt zu gewährleisten oder auszubauen (Quoten, Förderpläne, Assessmentcenter etc.)? Welche informellen Netzwerke gibt es? Was muss in diesem Zusammenhang verändert werden?
14. Wie wird die Vielfalt der Mitarbeiter_innen gefördert und genutzt? Gibt es konkrete Maßnahmen wie z. B. Fortbildungsmaßnahmen, Förderpläne, Coaching, Organisationsentwicklung etc.?
15. Was tut Ihre Organisation für die Integration vielfältiger Mitarbeiter_innen?
16. Welche Art von Vielfalt fehlt Ihrer Organisation (noch)?
17. Welches sind Ihrer Meinung nach die Grenzen der Vielfalt in der Organisation (z. B. eigenes Selbstverständnis)? Mit welchen persönlichen und strukturellen Widerständen ist zu rechnen?
18. Welche in Frage kommenden Aufgabenstellungen können durch vorhandene oder könnten durch erweiterte Diversität besser gelöst werden als mit ›konventionellen‹ Vorgehensweisen?
19. Wie würde Ihre Organisation agieren, wenn alle Mitarbeiter_innen gleich wären?
20. Welche Bedeutung haben für Ihre Organisation die Werte:
    – Anerkennung,
    – Gerechtigkeit,
    – Zusammenhalt,

- Teilhabe?
21. Inwieweit sind die Werte bereits realisiert? Wie genau werden sie gelebt? Durch welche konkreten Beispiele/Maßnahmen etc. können sie sichtbar werden? Bilden Sie bitte eine Rangfolge der Werte!
22. Welchen Einfluss hat die Vielfalt der Mitarbeiter_innen auf Führungsverhalten:
    - Kommunikation,
    - Kooperation,
    - Innovation/Kreativität,
    - Motivation,
    - Umgang mit Konflikten,
    - Effektivität/Effizienz?
23. Bitte beschreiben Sie jeweils eine Situation oder finden Sie ein Beispiel, das die Wirkung der Vielfalt verdeutlicht!
24. Was wäre Ihrer Meinung nach eine ›angemessene Vielfalt‹ für Ihre Organisation (z. B. demografische Zusammensetzung der Belegschaft im Vergleich zu den Kund_innen), die zur Organisationskultur passt? Wieviel Vielfalt braucht bzw. verträgt Ihre Organisation?
25. Was sind Ihrer Einschätzung nach die wichtigsten zukünftigen Herausforderungen für Ihre Organisation im Umgang mit personenbezogener, gruppenbezogener oder gesellschaftlicher Vielfalt?

Gibt es etwas aus Ihrer Sicht Wichtiges zum Thema Vielfalt und Organisationskultur, dass bisher nicht gefragt wurde? Bitte ergänzen Sie!

Um die Interviews im Anschluss auswerten zu können, wurden diese aufgezeichnet und durch Transkription verschriftlicht und anonymisiert. Mit der Übertragung des Gesprochenen in die Schriftsprache wird das Interview für die Auswertung in Form von schriftlichen Daten verfügbar gemacht. Zudem werden weitere hörbare Aspekte der Gesprächssituation festgehalten (Fuß/Karbach 2014: 15). Diese Transkripte stellen die Ausgangsbasis für die anschließende wissenschaftliche Auswertung dar.

18.3 Auswertungsstrategie

Da durch die Auswertung der qualitativen Interviews sowohl der Verlauf des Change-Prozesses als auch die theoriegeleiteten Hypothesen empirisch überprüft werden sollen, wird eine zweigliedrige Auswertungsstrategie benötigt:

1. Zusammenfassende und strukturierte Darstellung der Interviewinhalte,

2. Überprüfung der theoriegeleiteten Hypothesen anhand der Interviewäußerungen.

Um eine Vergleichbarkeit der Interviewinhalte gewährleisten zu können, ist eine transparente und kontrollierbare Auswertungsstrategie notwendig, weshalb an dieser Stelle eine Orientierung an Mayring (2015: 67) erfolgt. Sein Konzept umfasst drei Schritte:

a) **Zusammenfassung:** Das Material wird auf eine überschaubare Kurzversion reduziert. Hierbei bleibt der wesentliche Inhalt erhalten und es entsteht ein Corpus, der das Abbild des Grundmaterials darstellt.
b) **Explikation:** Unklare Textteile werden durch zusätzliches Material verständlich gemacht.
c) **Strukturierung:** Die unter Punkt a) erstellte Kurzversion wird unter einer theoriegeleiteten Fragestellung geordnet und gegliedert (Mayring 2015: 67).

Für die nachstehende Forschung wird aufgrund des Verlaufs der Interviews davon ausgegangen, dass eine *Explikation* nicht erforderlich ist. Um die Auswertung für diese Arbeit zu gliedern, werden zwei Schritte vorgenommen:

1. Zunächst wird eine entsprechende Forschungsfrage aufgestellt, die anschließend durch die empirische Forschung beantwortet wird. Dies erfolgt anhand der Zuordnung, Zusammenfassung und Strukturierung relevanter Interviewpassagen zu festgelegten deduktiven Kategorien. Im vorliegenden Fall handelt es sich um die theoriegestützten Indikatorenkataloge.
2. Im zweiten Schritt wird die Kurzversion genutzt, um die theoriegeleiteten Hypothesen zu hinterfragen, indem ihnen relevante Aussagen zugeordnet werden. »Diese Auswertungsstrategie ermöglicht einen Textvergleich mit der Absicht, das Repräsentative im ExpertInnenwissen zu entdecken, obwohl jeder Interviewtext das Protokoll einer besonderen Interaktion und Kommunikation darstellt« (Aschenbrenner-Wellmann 2003: 193).

19 Ergebnisse der empirischen Forschung

In diesem Kapitel werden die Forschungsfragen und Ergebnisse der empirischen Erhebung strukturiert dargestellt und interpretiert. Um eine Anonymisierung zu gewährleisten, sind die Aussagen pro Organisation mit einem Pseudonym versehen.

19.1 Phasenmodell der Organisationskultur: Zusammenfassende und strukturierte Darstellung der Interviewinhalte

An dieser Stelle wird das Phasenmodell der Organisationskultur (▶ Abb. 16; ▶ Kap. 14.1) überprüft. Für das weitere Vorgehen wurde folgende Forschungsfrage aufgestellt.

> **Forschungsfrage 1**
>
> Werden die festgelegten und in ihren Merkmalen beschriebenen Kulturphasen (Monokultur/Interkultur/Transkultur) durch die Befragung von Mitarbeiter_innen und Führungskräften der ausgewählten Organisationen nachgewiesen/nachweisbar?

Die Überprüfung erfolgt durch die Zuordnung relevanter Interviewpassagen zu den Indikatoren der »Monokultur«, »Interkultur« und »Transkultur« (▶ Anlage 1), hier in Auszügen. Hierdurch wird reflektiert, inwieweit diese drei Phasen auch in der Praxis durch die empirische Erhebung nachweisbar sind und inwiefern der theoriegestützte Indikatorenkatalog bestehen bleiben kann.

Monokultur

»Religion ist bei uns ein bisschen eingeschränkt. Es ist halt nicht alles vertreten, weil man ja auch einer Kirche angehören muss oder sogar getauft sein muss, um hier arbeiten zu können.« (Org. P)

»Ich erlebe die Verwaltung als sehr konservativ, wenig innovationsfreudig, also man wartet erst einmal ab, ob sich Diversität oder Gleichstellung, ob das nicht ein Modethema ist, das man aussitzen kann, das ganz schnell wieder vom Tisch ist.« (Org. G)

»Also, ich denk jetzt mal, unsere Verwaltung wird sehr stark geprägt von unseren Führungskräften. Wenn jemand, der lange in der Verwaltung war oder groß geworden ist und immer einen bestimmten Typus von Führungskraft über sich hat, dann ist so eine Tendenz da, dass eben das Angepasstsein eben gefördert wird, oder dass man hier auch nicht unbedingt Leute immer braucht, die da mitgestalten, sondern dass man die Pflichterfüllung in den Vordergrund setzt, durchaus das Engagement schon sieht, aber die Motivation, die eben aus der selbstgestaltenden Aufgabe vielleicht auch rauskommen kann, die ist da einfach nicht da oder in dem Maße da und die wird auch nicht kompensiert über Führungsverhalten, also dass man hier eine Motivation zusätzlich noch bringt. Und deswegen sind in vielen Bereichen so diese Pflichterfüllung ›Dienst nach Vorschrift‹ mittlerweile so ein bisschen eingeschlichen und in den Querschnittsbereichen wird aber da eher natürlich geguckt, dass man durchaus ebenso einen Blick über den Tellerrand hat. Also, das ist dann ein Konflikt, weil unterschiedliche Führungskräfte da sind in den verschiedenen Bereichen, und das kollidiert dann.« (Org. G)

»Man macht das als Alibifunktion, aber es wird nicht wirklich partizipiert. Das ist die Angst vor dem Machtverlust. Das hat vielleicht auch mit der stark hierarchischen Struktur zu tun.« (Org. G)

»Die Vielfalt wird selten thematisiert. Z.B. bei einer Mitarbeiterbefragung hatten wir diese Vielfalt nicht in den Teams abgefragt oder so, ob das Probleme macht. Da ging's immer um die Vielfalt der Persönlichkeiten, dass Führungskräfte oftmals mit dieser Vielfalt nicht adäquat umgehen können, insbesondere z.B., wenn es um Teilzeitkräfte ging. Vereinbarkeit Familie und Beruf, dadurch nicht so flexibel, weil Kind im Hintergrund – das waren durchaus Einflüsse auf das Arbeitsklima, weil das Verständnis nicht immer da ist, wenn man nicht selber ein Kind hat. Daran haben wir gemerkt, dass die Führungskräfte nicht genügend vorbereitet sind. Also auch hier ein Orientieren am Terminplan, an den Aufgaben, aber nicht an den Menschen, die das erfüllen. Passt zu dem, was ich vorhergesagt habe, dass einfach die Sensibilität nicht da ist, und dann natürlich auch diese mangelnden Alternativen im Umgang mit Verschiedenheit. Man hat z.B. dieses Muster drin, wenn es Unstimmigkeiten gibt, wenn es Konflikte gibt, dann sticht Ober Unter, Irgendwann mal muss halt der Schiedsrichter dann entscheiden, auch wenn's für eine Person schlecht ausgeht mangels Alternativen, weil man Mediationsprozesse oder andere Lösungen einfach nicht gekannt hat oder nicht selbst erlebt hat.« (Org. G)

Interkultur

»Autonomie, genau. Also ich denke schon, dass die Abteilungsleitung und dass auch die Philosophie von der Leitung besteht, dass die Teams größtmöglichen

Gestaltungsspielraum haben. Im Rahme ihrer Alltagsorganisation und auch im Rahmen der pädagogischen Prozesse.« (Org. P)

»Also besonders geschätzt und auch gefordert wird diese Selbstorganisation. Also die Fähigkeit ein Thema zu haben und das selbst zu entwickeln und das sich auch dann selber zu organisieren. Wir arbeiten auch ganz viel mit Projekten. Die entwickelt und konzeptioniert man oft selber. Manches Mal ist ein bisschen etwas vorgegeben, aber es ist erforderlich, dass man zurechtkommt. Also das selbstständige Organisieren, das Einschätzen und das Arbeiten, das wird sehr geschätzt.« (Org. V)

»Das erlebe ich in der Teamebene und eben auch bei der Mitarbeiterführung. Das gedankliche Mal-auf-die-Seite-zu-drehen und sich auf den anderen einzulassen. Was prägt den, wo kommt der her, wie gesagt, wie denkt der? Man sieht, dass das ein Aufwand ist, auch rein von der Zeit her ... und manches Mal kommt es auf Grund der Unterschiedlichkeit zu Konflikten. Und da, glaube ich, dass das nicht nur in Y so ist, sondern dass es ein Riesenpotential ist – dass wir da noch ein Stück Offenheit brauchen. Also nicht in einer falsch flockigen Toleranz, nicht nur: ›Alle sind nett und wir haben uns alle lieb‹, sondern sowohl die Unterschiedlichkeit zu benennen, aber auch dieses ›Was-könnte-man-daraus-entwickeln?‹.« (Org. Y)

»Ganz klar ist, dass Teilhabe weit oben steht. Das ist das, was wir als Organisation und in dem, was wir anbieten. Es ist, dass wir für die Jugendlichen da sein wollen und dass wir ihnen das anbieten wollen. Das ist wirklich das oberste Ziel sein muss, dass echte Teilhabe von jugendlichen an der Gesellschaft und auch innerhalb der Organisation durch die flachen Hierarchien da ist.« (Org. V)

»Es werden entsprechend Fortbildungsmaßnahmen angefordert bzw. die Mitarbeiter_innen werden zu den entsprechenden Fortbildungsangeboten eingeladen, die es gibt, und die voll ausgeschöpft werden und die wir nach Bedarf ergänzen. Es bleibt quasi keine Forderung offen, wir versuchen alles zu erfüllen.« (Org. Y)

»Wir haben seit 1998 einen Frauenförderplan, in dem es eine Leistungsbezogene Rekrutierung gibt, um Frauen in Führungs- und Leitungsfunktionen zu bringen. Frauen in gewerblich-technische Berufe zu bringen. Aber auch um zu verhindern, dass Frauen, die in der Regel dann die Betreuung der Kinder übernehmen, dass sie auch in Teilzeit arbeiten können und sie trotz alledem dann auch beruflich noch ein Stück weiterkommen können. [...] Ansonsten haben wir hier Strukturen – wir lassen uns mit dem Equality-Prädikat zertifizieren, welche jetzt auch in erster Linie mit Frauen und Männer mit einem gewissen Paradigmenwechsel in der Personalarbeit ausgerichtet ist.« (Org. Y)

»Also es ist schon so, gerade was das Thema Schwerbehinderung angeht, wir haben ja auch ein Personal; eine Schwerbehindertenvertretung, und wir achten schon darauf, dass wir die selbst zu Vorstellungsgesprächen mitnehmen und da achten wir schon darauf, dass selbst, wenn sie von der Beurteilungsnote und von der schulischen Note nicht ganz so gut sind, da werden die trotzdem noch eingeladen und versucht denen ein Stück entgegenzukommen. Ich denke eigentlich schon, dass es ganz gut abgedeckt ist dieses Thema. Ich habe es gerade noch vergessen gehabt, wir haben noch etwas, und das gehört eben zu der Behinderung oder das, was wir vorhin schon hatten, wie die Vielfalt genutzt oder gefördert wird.« (Org. Y)

Transkultur

»Ja also wir haben, so sehe ich das zumindest, ein sehr gutes Klima. Also wir setzen uns jeden Tag auch in der Mittagspause zusammen, essen zusammen oder wenn man dann Geburtstag hat, dann lädt man sich dann halt ein, geht zum Chinesen oder jemand bringt was mit oder kocht selber. Das bereichert schon. [...]. Das finde ich auch sehr angenehm und man hat einfach, man ist einfach offener.« (Org. J)

»Und Vielfalt zeigt sich natürlich auch in dem, dass wir auch, je nachdem welche Feste für sie eben wichtig sind, also Feste sind ja auch immer sehr emotional getragen, das heißt jetzt nicht im Sinne von Multikulti, ja und jetzt machen wir da fünf schöne Gerichte, sondern im Sinne von Festen, die auch viel mit Emotionalität zu tun haben, und sie haben ja eben erst einmal keinen Kontakt zur Familie, wir möchten da schon auch ein Ersatz sein in Anführungszeichen und uns ist es dann schon auch wichtig, das sozusagen zu erfragen und das dann auch gemeinsam zu leben, auch wenn der eine dann überhaupt nicht viel damit anfangen kann. Sozusagen, ja, das Bedürfnis zu erfragen und auch das Interesse zu erfragen und das dann aber auch gemeinsam zu teilen.« (Org. J)

»Ja, also manche inhaltlichen Themen sind durch Menschen entstanden, die bei uns arbeiten. Oder Menschen mit z.B. Migrationshintergrund, oder auch Kolleg_innen mit Behinderung sind entweder deswegen da, weil wir uns dem Thema oder der speziellen Thematik besonders annehmen, oder ein Thema ist entstanden, weil ein Kollege angefangen hat. Es ist also ein gegenseitiges Wechselspiel.« (Org. V)

»Es fühlen sich hier alle gleich wohl, ich habe mir aber schon gedacht, dass Sie sich mit einem einfachen Ja sicherlich nicht zufriedengeben werden und habe mir dann überlegt, an welchen Faktoren man das denn festmachen könnte. Mein erster Gedanke ist in Richtung Personalfluktuation gegangen, weil das ja immer wieder ein Gradmesser ist, ob eine Überforderung oder ein schlechtes Betriebsklima da ist, je nachdem wie häufig die Mitarbeiterinnen und Mitarbeiter wechseln. Zum einen die Personalfluktuation ist in den letzten Jahren in Z zurückgegangen, das heißt die Leute kommen hierher, und die Leute bleiben auch. Das ist für mich eine ganz klare Aussage, wir machen hier etwas richtig.« (Org. Z)

»Also, eine Diskriminierung innerhalb der hier bezeichneten Diversitätsdimensionen [...], da würde ich auch wie ein Adler unter die Tauben dazwischen fahren, wenn ich hier mitkriegen würde, dass jemand sagt, ja, das jemand etwas in diese Richtung sagen würde, also das brauchen jetzt keine Kraftausdrücke sein, sondern eben irgendwelche rassistischen, sexistischen Äußerungen, da würde ich ganz, ganz vehement dagegen vorgehen.« (Org. Z)

»Also ich sehe es eher so, dass die Stadt Y das eher als ethische Verpflichtung sieht. Von den Grundlagen und vom Leitbild her.« (Org. Y)

»Also, dass man eben nicht, sage ich jetzt mal, den Menschen der Situation anpasst, sondern eben versucht die Situation, soweit es möglich ist, so zu gestalten, dass sie dem Einzelnen gerecht wird.« (Org. Z)

Aufgrund der Zuordnungsmöglichkeit von Interviewpassagen zu allen drei Kulturphasen sind »Monokultur«, »Interkultur« und »Transkultur« in der Praxis nachweisbar.

Im Bereich der **Monokultur** äußern drei Organisationen, dass eine Vielfalt an Religion aufgrund der kirchlichen Organisationsstruktur per se nicht möglich ist. Dies hat allerdings zunächst ›nur‹ interne Auswirkungen, da diese Exklusion nicht die Kund_innen, sondern Mitarbeiter_innen betrifft. Gerade auf kirchlicher/diakonischer Seite wird in der Befragung eine ethische Verpflichtung gegenüber der Vielfalt der Kund_innen vorgebracht, die direkt aus dem Gebot der Nächstenliebe abzuleiten ist; gleichzeitig werden aber Konfessionslose auf Mitarbeiter_innenebene exkludiert. Dieses Phänomen ist in der Praxis keine Seltenheit. Gerade im Bereich der Flüchtlingsarbeit nutzen Kirchen Möglichkeiten, um zu helfen: Es wird Kirchenasyl gewährt, diverse Dienstleistungen angeboten, und der Ratsvorsitzende der Evangelischen Kirche Deutschland setzt alles daran, ein Rettungsschiff ins Mittelmeer zu senden, um Geflüchtete zu retten (EKD 2019). Dies sind vorwiegend Maßnahmen für Menschen anderer Glaubensrichtungen; doch gleichzeitig sollen diese nicht in den eigenen Reihen arbeiten. Eine Tatsache, die mit dem im Grundgesetz verankerten Selbstbestimmungsrecht der Kirchen begründet wird. Die Antidiskriminierungsstelle des Bundes definiert dieses Vorgehen deutlich als diskriminierend und führt aus, dass Personen bei der Arbeitssuche und Bewerbung überproportional anhand ihrer Nichtzugehörigkeit zu einer Religionsgemeinschaft Diskriminierung erleben. Entsprechende Erfahrungen bezüglich der islamischen Religionszugehörigkeit werden besonders häufig berichtet (Beigang u. a. 2017: 158). Zwar gab es im Jahr 2018 ein Gerichtsurteil, dass Kirchen nicht per se eine Religionszugehörigkeit voraussetzen dürfen (Katz 2018), dennoch sind in Ausschreibungen Sätze wie »Eine Mitgliedschaft des Bewerbers/der Bewerberin in einer Gliedkirche der Evangelischen Kirche Deutschland wird in der Regel erwartet« die Normalität, selbst wenn die Arbeitsstellen an sich nichts mit Theologie oder Verkündigung zu tun haben. Mit Blick auf die vorliegende Forschung stellt sich die Frage, welche Folgen der Ausschluss einer Diversitätsdimension für die ganze Organisation mit sich bringt und ob dieser als fehlender Treiber für den ganzen Wandlungsprozess verstanden werden muss. Um dieser Frage nachzugehen, soll hier auf Überlegungen zur Gruppenbezogenen Menschenfeindlichkeit (GMF) eingegangen werden. Innerhalb dieses Konzeptes wird angenommen, dass

> »die Vorurteile gegenüber unterschiedlichen Gruppen so eng miteinander verbunden sind, dass sie ein Syndrom bilden. Dies entspricht der empirischen Realität. In vielen Studien zeigt sich, dass die Neigung, Vorurteile gegenüber einer Gruppe zu haben, mit einer hohen Wahrscheinlichkeit der Neigung korrespondiert, auch Vorurteile gegenüber einer oder mehrerer anderer Gruppen zu haben. Die entscheidende Frage ist: Was verbindet die unterschiedlichen Abwertungen […]? Es wird angenommen, dass die Elemente der GMF auf einer generellen Ideologie der Ungleichwertigkeit basieren. Die wesentliche Funktion von Vorurteilen ist es, Menschen als ungleich zu bewerten und diese Ungleichwertigkeit durch das Vorurteil zu legitimieren« (Zick 2006: 6).

Folglich sind beim Ausschluss einer Diversitätsdimension auch Vorurteile gegenüber weiteren Dimensionen naheliegend. Ein Kreislauf, der schnell zu einer Ausgrenzung weiterer Vielfalt in der Organisation führen kann. Damit muss jede Organisation, die standardmäßig eine Diversitätsdimension ausschließt, im Ganzen als monokulturell ausgerichtet betrachtet werden – auch wenn sie, bezogen auf andere Dimensionen, der interkulturellen oder transkulturellen Phase zugeordnet werden könnte –, da dieser Ausschluss vermehrt zu Diskriminierungen, Vorurteilen und weiteren Exklusionen führt. Doch im Bereich von NPOs ist diese klare Abgrenzung nicht ganz einfach, da (gerade kirchliche) Einrichtungen mit Blick auf ihre Kund_innen meist eine transkulturelle Ausrichtung anstreben und sich diesen gegenüber explizit als nicht menschenfeindlich darstellen. Folglich muss hier festgehalten werden, dass es für eine umfassende Betrachtung und Bewertung von Diversität in NPOs zweier Blickwinkel bedarf: intern – bezogen auf Strukturen und der Wechselwirkung unter den Mitarbeiter_innen; und extern – bezogen auf Mitarbeiter_innen in Wechselwirkung mit deren Kund_innen und zugehörigen Strukturen. Dennoch kann von einem Zusammenhang beider Blickrichtungen ausgegangen werden, da die Organisationskultur auf beide einen Einfluss nimmt. Jedoch scheint sich eine Organisationskultur im Hinblick auf die Vielfalt der Kund_innen weniger stark verändern zu müssen als in Bezug auf die eigene Einrichtung. Generell wird jedoch die Weiterentwicklung der Organisation erschwert. Gleichzeitig besteht aber durch die Öffnung nach außen die Möglichkeit, intern Veränderungen anzubahnen, wenn bspw. Organisationen merken, dass sie aufgrund ihrer Kund_innen andere Fähigkeiten, wie z. B. erweiterte Sprachkenntnisse, benötigen. Hieraus resultiert die Annahme, dass diese Abweichung der Vielfalt zwischen »Intern« und »Extern« zu einer spürbaren Ambivalenz der Mitarbeiter_innen führt, wenn diese in ihrer Diversitätsausprägung fortgeschrittener sind, als es der Monokultur der Einrichtung entspricht. Diese ist in einzelnen Äußerungen der Befragten erkennbar:

> »Vom Religiösen her ist es so, dass wir durch die Anbindung an die evangelische Kirche an das Einstellungsgesetz der Kirche gebunden sind, d. h. wir haben da keine freie Auswahl und stoßen in diesem Punkt öfter an Grenzen. Gerade in der Migrationsberatung wäre es sinnvoll, Mitarbeiter_innen zu haben, die aus anderen Ländern stammen und uns dabei in der Beratung helfen könnten. Da denke ich, wäre es in Zukunft für alle Abteilungen notwendig, dass es beim Einstellungsgesetz eine Änderung gibt und es uns möglich macht, leichter Menschen mit anderer Nationalität anzustellen und Menschen mit anderer Religion anzustellen.« (Org. X)
> »Als kirchlich-evangelische Organisation haben wir das Problem mit der ACK-Klausel, sprich, wir können nur unter sehr engen Bedingungen nichtchristliche Mitarbeiter_innen anstellen, was für uns zunehmend ein Problem wird. A) in der Mitarbeitergewinnung und B) vor allem in der Akzeptanz bei der Zielgruppe.« (Org. X)

Interessant wäre daher eine Auseinandersetzung mit der Frage, wie Mitarbeiter_innen konkret mit der unterschiedlichen Öffnungsbereitschaft gegenüber Kund_innen und Mitarbeiter_innen umgehen. Hierauf wird in Kapitel 19.2 und 19.4 nochmals eingegangen (▶ Kap. 19.2; ▶ Kap. 19.4). Angenommen werden kann jedoch, dass sich betroffene Mitarbeiter_innen noch lange mit dieser Ambivalenz auseinandersetzen müssen. Aber nicht nur im diakonischen Bereich kann die Interdependenz zwischen der Organisationskultur und Diversitätsausprägung bereits an dieser Stelle aufgezeigt werden:

> »Wir haben natürlich hier einen internen Konflikt. Ich würde gerne, dass gleichgeschlechtliche Paare auch im Standesamt getraut werden. Mein Chef ist aber dagegen und da arbeite ich halt dran.« (Org. G)
> »›Nicht schon wieder was Neues‹. Das ist so dieser Gedanke, der in ganz vielen Köpfen kommt, wenn man Veränderung oder neue Konzepte bringt. ›Das ist doch schon mal dagewesen‹, aber die Leute vergessen dann oftmals, dass die Konzepte eigentlich prinzipiell gut waren, aber dass sie dann eben nicht in die Umsetzung kamen, weil's enorm Widerstände gab.« (Org. G)

Beachtenswert für den monokulturellen Bereich sind neben der Exklusion einzelner Dimensionen auch eine hierarchisch aufgebaute Organisation, die wenig flexibel ist und in der an alten Strukturen und Vorgehensweisen festgehalten werden soll. Durch das Beharren an Traditionen kann die dargestellte Exklusion verstärkt werden. Auffallend ist, dass in dieser Phase bei den Befragten lediglich ein interner Bezug zur Organisation, jedoch kein externer zu den Kund_innen hergestellt wird. Dies lässt den Schluss zu, dass die externe Vielfalt aus ethischen oder wirtschaftlichen Gründen weit mehr akzeptiert wird als die interne.

Im Bereich der **Interkultur** von Organisationen werden sowohl interne als auch externe Sichtweisen von Diversität erkennbar. Vielfalt wird nun als Potential betrachtet, das häufig durch die Führungskräfte gefordert sowie durch eine flache Hierarchie und mehr Autonomie der Mitarbeiter_innen begleitet wird. Ein Schwerpunkt der internen Betrachtungsweise liegt auf der Bedeutung von Fortbildungsmaßnahmen, vor allem im interkulturellen Bereich. Somit sind interkulturelle Trainings für diese Phase von besonderer Relevanz (▶ Kap. 8.2). Um langfristige Ziele und Veränderungen zu erreichen, müssen die Fort- und Weiterbildungen Qualitätsstandards vorweisen. Die IQ Consult gGmbH und der Facharbeitskreis Interkulturelle Öffnung (2010: 12–214) brachten diesbezüglich Qualitätsmerkmale heraus, die in sechs Bereiche differenziert werden.

- **Rahmenbedingungen:** Hierbei geht es um die Planung, Organisation sowie Vor- und Nachbereitung der Weiterbildungen. Als Schlüsselbegriffe werden genannt: Akzeptanz, Transparenz, Vergleichbarkeit, Effektivität, Nachhaltigkeit und Partizipation. Zudem sollen allgemeingültige Standards für Fortbildungen berücksichtigt werden.
- **Inhalte:** Interkulturelles Lernen beschäftigt sich mit den »Erscheinungsformen, Ursachen, Wirkungen und Begleiterscheinungen von Migration« (ebd.: 13). Für Diversitätslernen müssen entsprechend weitere Dimensionen betrachtet werden. Themen können sein:
  - Was bedeutet Migration für die Gesellschaft und deren Gruppen?
  - Welche Kompetenzen brauchen Institutionen und deren Mitarbeiter_innen?
  - Was bedeuten in diesem Kontext Integration, Inklusion und Assimilation?
- **Ziele:** Konkrete Ziele werden genannt und angestrebt. Diese werden in zwei Ebenen unterteilt:
  - Verhaltens- und Einstellungsebene: Die Teilnehmenden
    (1) haben sich selbst reflektiert,

(2) haben eine Haltung der Anerkennung entwickelt,
   (3) haben sich Perspektiven zur Gestaltung ihrer alltäglichen Arbeit erarbeitet etc.
  – Wissensebene: Die Teilnehmenden
   (1) haben Kenntnisse von Begriffen und Konzepten zu Interkulturalität,
   (2) haben theoretische Grundlagen erworben, diese auf die Praxis bezogen und deren Anwendung erprobt etc.
- **Methoden:** »Das Spektrum an Methoden, das eingesetzt wird, umfasst kognitive, emotionale, konkret handlungsorientierte und erfahrungsbezogene Methoden, um Abwechslung zu bieten und das Interesse und die Motivation zu erhöhen« (ebd.: 15). Alle Methoden müssen zielgerichtet, zielgruppen- und arbeitsfeldspezifisch sowie praxisbezogen und auf die (Selbst-)Reflexion ausgerichtet sein.
- **Anforderungen an das Weiterbildungspersonal:** Die Durchführenden müssen Kenntnisse zu den Inhalten sowie Erfahrungen mit den Zielen, Methoden und der Zielgruppe mitbringen. Sie sind selbst interkulturell qualifiziert und haben Erfahrungen in der Erwachsenenbildung. Zudem sollte das Team möglichst heterogen zusammengesetzt sein, um die verschiedenen Differenzlinien und Sichtweisen der Gesellschaft abzubilden.
- **Evaluation:** Eine Auswertung ist notwendig, um die Zielerreichung zu überprüfen und das Weiterbildungspersonal zu bewerten. Sinnvoll ist außerdem eine spätere Nachbereitung, wenn die Teilnehmenden das Gelernte verarbeitet und in der Praxis angewandt haben. So haben sie die Möglichkeit auch dies zu evaluieren (IQ Consult gGmbH/Facharbeitskreis Interkulturelle Öffnung 2010: 12–21).

Die Herausforderung für die Umsetzung der Lerneinheiten ist die in unterschiedlichem Maße und unterschiedlicher Qualität vorherrschende Bereitschaft bereits Erlerntes zu verändern (Aschenbrenner-Wellmann 2014b: 29).

Auch in Aussagen zur **Transkultur** werden Bezüge zur Organisation an sich und den Kund_innen hergestellt. Im Gegensatz zur Mono- und Interkultur wird Diversität aber eher personenbezogen und weniger strukturell betrachtet. Die Befragten verbinden zudem ihre Arbeit mit persönlichem Wohlbefinden oder der Identifikation mit ihrer Tätigkeit. Der Führungsstil wird als partizipativ beschrieben. Der Begriff Transkulturalität geht davon aus, »dass Kulturen nicht homogen, klar voneinander abgrenzbare Einheiten sind, sondern besonders infolge der Globalisierung zunehmend vernetzt und vermischt werden. Die Transkulturalität umschreibt genau diesen Aspekt der Entwicklung von klar abgegrenzten Einzelkulturen zu einer Globalkultur« (IKUD o. J.). Vor allem persönliche Kontakte und die körperliche Mobilität schaffen transnationale Beziehungen (Römhild 2011: 35); eine Tatsache, die die personenbezogene Betrachtungsweise der Transkultur erklärt. Grenzüberschreitende soziale und kulturelle Räume sind damit in der Postmoderne keine Sondererscheinung, sondern gehören zum Leben vieler Menschen selbstverständlich dazu. Hieraus entsteht bei einigen die Befürchtung der Entstehung von Parallelgesellschaften und mangelnder Integration. Doch Forschungsergebnisse zeigen, dass die Teilhabe an transnationalen Welten eben nicht im Widerspruch zur aktiven Teilhabe am Alltags- und Arbeitsleben steht (ebd.). »Gerade MigrantInnen führen eindrucksvoll vor Augen, dass es sich sehr wohl mit mehreren Heimaten leben lässt und dass damit weder Identitätsverlust noch Loyalitätskonflikt verbunden sein müssen« (ebd.). Somit macht Migration die traditionell geschlossenen Gesellschaften und Kulturen für Menschen, Güter, Ressourcen als auch Ideen und Erfahrungen durchlässig, wodurch eine soziale und kulturelle Globalisierung ›von unten‹ auch in Organisationen möglich wird (ebd.).

Abgeleitet aus den Schlüsselaussagen kann der theoriegeleitete Indikatorenkatalog als zielführend betrachtet werden. Allerdings kommen noch einzelne Merkmale hinzu (▶ Anlage 4).

- **Monokultur:** Führungsstil wird nicht an Mitarbeiter_innen angepasst; Diversität wird als Modeerscheinung betrachtet, die es auszusitzen gilt; starke Hierarchien; einzelne Diversitätsdimensionen werden exkludiert.
- **Interkultur:** Vielfalt an Führungsstilen und -instrumenten wird ausgebaut und genutzt; flache Hierarchien.
- **Transkultur:** Unterschiedliche Führungsstile und -instrumente sind vorhanden und werden genutzt; Situationen werden an die Menschen angepasst; Grundwerte bestehen aus Anerkennung, Gerechtigkeit, Zusammenhalt, Teilhabe; wenig Hierarchie; Vielfalt als ethische Verpflichtung.

Darüber hinaus wird durch die Zitatsammlung oben erkennbar, dass sich Interviewpassagen einer Organisation meist in zwei aufeinanderfolgenden Kulturphasen eingruppieren lassen. Die gilt als Beleg für das Phasenmodell der Organisationskultur. Damit kann die Annahme, dass Organisationskulturen einem Phasenmodell folgen, auch empirisch nachgewiesen werden.

19.2 Phasenmodell der Diversität: Zusammenfassende und strukturierte Darstellung der Interviewinhalte

Nachstehend wird das in Kapitel 15.2 und 16.3 theoriebasiert abgeleitete Phasenmodell der Diversitätsausprägung (▶ Abb. 20) mit Hilfe einer Forschungsfrage auf seine Validität hin überprüft (▶ Kap. 15.2; ▶ Kap. 16.3).

> **Forschungsfrage 2**
>
> Können auf der Ebene deduktiver Indikatoren die unterschiedlichen Ausprägungsphasen von Diversität nachgewiesen werden?

Die Überprüfung des Modells erfolgt durch die Zuordnung relevanter Interviewpassagen (in Auszügen) zu den Indikatoren von »Exklusive Diversität«, »Integrative Diversität« und »Inklusive Diversität« und ihren Untergruppen (▶ Anlage 2). Somit ist es möglich, zu klären, ob diese Phasen in der Praxis bestehen und inwiefern der Indikatorenkatalog valide ist.

Exklusive Diversität

»Wenn man nach außen hin das betrachtet, wie die Organisation allgemein mit Vielfalt umgeht, auch da ist es, dass man versucht möglichst gleichberechtigt innerhalb der Bevölkerung zu agieren – was man dem Einen gibt, muss man dem Anderen auch geben, was man dem Einen nicht gibt, darf man auch dem Anderen nicht geben – weil man transparent sein möchte und nicht hier anfechtbar sein möchte. Das führt aber dazu, dass natürlich eben hier sehr – auch hier wieder Ungleichheit definitiv nicht berücksichtigt wird. [...] Deswegen sieht man Vielfalt durchaus eher als Störung und unangenehm, weil man nicht immer nach einem bestimmten Muster arbeiten kann.« (Org. G)

»Wenn Veränderungen kommen, wartet man so lange ab, bis wirklich ein Gesetz da ist, was es dann aufdiktiert. Und dann beginnt man erst sich mit dem Gedanken zu befassen, oftmals so, dass man erstmal versucht es auszusitzen, bis wirklich Strafmaßnahmen kommen, oder irgendwelche Urteile kommen. Und dann ist so dieser letzte Schritt, wo man sagt, ›OK, jetzt müssen wir was tun‹, aber es ist einfach ein aufgezwungenes Tun und nicht ein vorausdenkendes Tun. Und das ist das, was natürlich für solche Prozesse, wo ja eine Einstellungsänderung zu tun hat – fast unmöglich, vorher daranzugehen, zumindest sehr, sehr schwer.« (Org. G)

»Ja, es steht: ›Wir haben ein positives Menschenbild‹. (lacht) Aber was auch immer da drunter steht –also, wir fördern – es sind schon bestimmte Leitsätze drin, wo man sagen kann, es ist der richtige Ansatz, aber es wird leider in dem Sinn nicht gelebt. Das ist das, was auch viele Führungskräfte bemängeln, weil ein sehr starkes Orientieren ist ›Wie macht's denn meine Führungskraft?‹. Die unmittelbare Führungskraft wird immer ins Visier genommen, und dann wird geguckt, wird dieses Leitbild in dieser Führungskraft gelebt oder nicht, und dann wird's negiert, das Leitbild. Man sieht aber nicht, dass man selber Führungskraft ist, das ist das Spannende, was wir immer wieder in Diskussionsprozessen hatten.« (Org. G)

»Natürlich gibt es Diskriminierungen und Mobbing und begünstigt natürlich durch die hierarchischen Strukturen, dass man auch weiß, dass an die Führungspersonen eigentlich nicht ranzukommen ist. [...] [S]exuelle Belästigung haben wir massive Fälle gehabt, jetzt in den letzten zwei Jahren, wo wir mit unserer eigenen Ohnmacht, wenn es um Führungspositionen, um Führungspersonen geht, konfrontiert sind und damit umgehen müssen, und natürlich gibt es Mobbing.« (Org. G)

Integrative Diversität – Fairnessperspektive

»Es ist so, dass wir eine sehr starke Hierarchie haben.« (Org. G)

»Wir haben Quoten, Förderpläne und Assessment-Center, die auch entsprechend veröffentlicht werden – also in Bezug auf informelle Netzwerke. Und es wird sich daran auch gehalten.« (Org. Y)

»Zur Anerkennung vielleicht so viel, da gibt es offiziell ein Instrument, dass Verbesserungsvorschläge gemacht werden können von den Mitarbeiter_innen und dass das auch prämiert wird. Das geht dann tatsächlich meist um Maßnahmen, die dazu führen, dass man irgendwie einspart, dass man effizienter wird, ja.« (Org. G)

»Also nichts gegen Unterschiedlichkeit, aber so lange unsere Werte erhalten bleiben.« (Org. P)

Integrative Diversität – Marktzutrittsperspektive

»Wo Menschen unterschiedlich sind, entstehen auch Reibungspunkte und möglicherweise auch Konflikte, ja. Effektivität, Effizienz also ich denke Unterschiedlichkeit bringt zunächst mal eher Schwierigkeiten. Aber da wir ja von der Zielgruppe her höchste Unterschiedlichkeit haben, ist sie auch wiederum Erfüllungskriterium. Man kann es als Kurve beschreiben: Erst wird es schwieriger, aber dann führt es auch zum Effekt und zur Effizienz.« (Org. X)

»Für uns als Organisation hat dieses Thema eine große Bedeutung. Eben auf der interkulturellen Öffnung hin, um einfach die Zielgruppe besser zu erreichen mit unseren Angeboten.« (Org. X)

»Wir möchten gerne mit unseren Angeboten junge Menschen aus allen kulturellen Kreisen erreichen. Das finde ich eine wichtige Botschaft und Vielfalt bedeutet für mich und für meine Fachlichkeit auch die Wahrnehmung und Anerkennung von, grundsätzlich von Verschiedenheit, von Betreuten. Mit oder ohne Migrationshintergrund. Weil ich denke, da darf nicht unterschieden werden. Unterschiedlichkeit gibt es ja auch bei den in Anführungsstrichen nur deutschen jungen Menschen. Das finde ich ein ganz wichtigen Punkt.« (Org. P)

»Und daher sind alle Arten von Vielfalt, wie anfangs angesprochen, ein enormes Kreativitätspotenzial. Hoffentlich auch, wenn wir dieser Unterschiedlichkeit Raum geben, auch motivierendes Element.« (Org. X)

»Vielfalt zeigt sich natürlich auch in vielen Dingen, was die ja mitbringen … also, an Aufenthaltsstatus, das zeigt ja dann auch, was haben sie für Chancen oder Nichtchancen … das ist etwas ganz Zentrales.« (Org. J)

Inklusive Diversität – Lernperspektive

»[Vielfalt ist für mich] der geschäftliche Mehrwert zum einen und dann die Lernchance. Wie ich den Eindruck habe, ist es so, dass wir durch die unterschiedlichen Professionen, die in unserem Feld oder z. B. bei uns tätig sind, einen Mehrwert bringen, weil die Blickwinkel unterschiedlich sind. Und dass das auch die gewisse Neugierde fördert, wenn man unterschiedliche Perspektiven einnehmen kann und dann auch feststellt, dass der andere unterschiedliche Lebenslagen und unterschiedliche Perspektiven hat. Das verändert dann auch die eigene Wahrnehmung.« (Org. V)

»Ich mahne auch davor in Präsentationen, dass man jetzt zum Beispiel für die türkische Bevölkerung eine Art Checkliste braucht um miteinander umgehen zu können, weil es gibt nicht ›den Türken‹, es gibt auch nicht ›den Deutschen‹. Also Beispiel Religion, wenn ich jemanden nur über Religion definiere, er ist Muslim und er muss doch so handeln und so denken, dann ist tatsächlich auch im Verhalten ein Rückzug auf dieses Thema Religion zu erkennen. Wenn man aber die Schublade aufmacht und sagt ›Mir ist es eigentlich egal, welche Religion Sie haben oder welche Nationalität, wir haben dieses gemeinsame Problem, wie können wir es lösen?‹, dann ist auch ein Lösen wieder von diesem, sag‹ ich jetzt mal durchaus auch Mustern, die da zusammenhängen.« (Org. G)

»Das Potential habe ich gerade schon wortreich angeschnitten, das sehe ich zum einen in der Entscheidungsfindung, also weil man eben viele, viele Blickwinkel abfragen kann, das sehe ich im kreativen Bereich, wenn es darum geht, Vorgehensweisen zu entwickeln, Lösungsansätze zu entwickeln, weil auch da natürlich die unterschiedlichen Lebenserfahrungen, die mit dieser Vielfalt verbunden sind, ganz eigene Denkansätze in sich bergen. Ich habe es gerade schon erwähnt, die Diskussionen um Themenkreise, um Lösungsmöglichkeiten sind sehr viel lebhafter, sind, ja, einfach auch zielführender, und ein weiteres Potential sehe ich eben darin, dass extreme Meinungen, die es nun mal auch gibt in all ihren Ausprägungen, dass die sich quasi selbst regulieren dadurch, dass eben auch ein Gegenpol da ist.« (Org. Z)

»Und ich persönlich sehe das [Vielfalt] eher als Chance, als Lebendigkeit und sowieso als einzige mögliche Zukunftsperspektive. Und auch auf diese Unterschiedlichkeit von Menschen, noch nicht einmal darauf zu reagieren, sondern das erst einmal wahrzunehmen; Menschen sind unterschiedlich. und was man daraus dann gestalten kann.« (Org. Y)

»Zumindest aus meiner oberflächlichen Kenntnis als Diversity-Management heißt doch unterschiedliche Ressourcen zum Wohle des Ganzen zu nutzen.« (Org. Y)

Inklusive Diversität – Resonanzperspektive

»Wie schafft man es, dass wirklich das Gefühl der Gemeinsamkeit besteht? Ohne dass es den anderen erschlägt? Eine Gemeinsamkeit, die ich ja nicht anordnen kann, sondern die kommen muss. [...] Sicher dadurch, dass man das Verbindende betont und gemeinsame Ziele und gemeinsame Wege findet oder indem man auch Unterschiedlichkeit als selbstverständlich zulässt und als Bereicherung des Gemeinsamen empfindet.« (Org. Y)

»Vielfalt ist für mich, wenn nicht alle gleich sind. Also weil es das einfach trifft, weil das so viele Dimensionen sein können, wo wir hier auch in diesem Leitfaden 5,6,7 herausgegriffen haben, die, sage ich einmal jetzt, für den Arbeitsbereich interessant sein können oder hier auf jeden Fall auftreten können, die aber sicherlich nur einen Bruchteil von dem darstellen können, was jetzt Vielfalt tatsächlich bedeutet. […] Es stellt für mich auf jeden Fall eine ethische Verpflichtung dar. Weil ich habe es auch bei meinen persönlichen Werten als erstes erwähnt, dieser gegenseitige Respekt, der im Umgang mit den Menschen einfach da sein muss, und da zähle ich auch dieses Anerkennen einer bestehenden Vielfalt auf jeden Fall dazu. Für mich ist es auch so eine Art Schutz von Einzelinteressen […], einfach die Ermöglichung von Individualität.« (Org. Z)

»Also, Selbstvertrauen gewinnen Migrant_innen nicht nur von professionellen Migrant_innen, sondern … sie haben ja dann auch die Möglichkeit in diesen Reibungsflächen, dass ihr Möglichkeitsraum ja auch erweitert wurde und das gibt ihnen dann auch nochmal mehr Kraft draußen im Leben da auch noch einmal weiter zu kommen.« (Org. J)

Mit Blick auf die Zitatesammlung wird deutlich, dass die unterschiedlichen Ausprägungsphasen der Diversität auch empirisch nachzuweisen und somit »Exklusive Diversität«, »Integrative Diversität« und »Inklusive Diversität« auch in der Praxis vorhanden sind.

Innerhalb der **Exklusiven Diversität** äußern die Befragten einen nach innen, auf Hierarchie und Bürokratie gerichteten Blick. Vielfalt wird als Störung beschrieben, worauf die Führungskräfte einen starken Einfluss nehmen. Gleichzeitig kritisieren die Befragten dieses Vorgehen und distanzieren sich hiervon. Dies weist darauf hin, dass ihre persönliche Diversitätsausprägung weiterentwickelt ist als die der Organisation sowie der Organisationskultur. Hieraus entsteht die Annahme, dass durch den internen Unterschied zwischen Organisationskultur und Diversitätsausprägung eine Ambivalenz für die Mitarbeiter_innen entsteht. Zudem kann es durch unterschiedliche Diversitätsausprägungen innerhalb der Mitarbeiter_innenschaft zu Spannungen kommen: »*Wir hatten eine Mitarbeiterbefragung, um auch das Klima zu eruieren, und da wurde es deutlich, dass die Führungskräfte sich selber als Mitarbeiter sehen, aber nicht als Führungskraft. Und das ist natürlich dann – auch wenn's der Vorgesetzte nicht lebt, kann ich's natürlich anders machen, und dieses Prinzip wird zu wenig beachtet, das ist eine Krux.*« (Org. G) Auf die Kund_innenperspektive wurde in dieser Phase nicht eingegangen, wodurch die Annahme, dass die Vielfalt auf Seiten der Kund_innen weit mehr akzeptiert wird als die innerhalb der Organisation bekräftigt wird.

In der **Fairnessperspektive** liegt der Fokus weiter auf der Organisation. Dies ist an Aussagen zu starken Hierarchien und der vorausgesetzten Anpassung festzustellen. Wird Vielfalt eingebunden, dann aufgrund der Gesetzgebung und durch Quotensysteme. Dass diese Phase von den Befragten am seltensten beschrieben wird, ist auffällig, obschon Quoten-Systeme zu einer Vielfalt in Organisationen führen können. Gerade in NPOs, und vor allem auch in der Sozialen Arbeit, in denen der Frauenanteil der Mitarbeiter_innen bei über 75% liegt, sind in den Führungspositionen immer noch kaum Frauen vertreten. Auch das BMFSFJ (2017) kommt zu dem Ergebnis, dass Frauenquoten für Leitungsgremien in NPOs nur Einzelfälle darstellen. Lediglich in jüngeren Unternehmen liegt der Frauenanteil im Gegensatz zum Durchschnitt höher. Als Handlungsempfehlung nennt das BMFSFJ Anreize für Teilzeit zu schaffen und Frauenquoten einzuführen. Doch viele – vorwiegend Männer – sehen dies als nicht notwendig an, da hierbei die Fachkompetenz nicht berücksichtigt werden würde. Da wundert es nicht, dass das Deutsche Institut für Wirtschaftsforschung durch eine Studie belegt, dass ohne eine Geschlechterquote die Führungsgremien deutscher Unternehmen kaum weiblicher werden – nach dem Motto ›Kein Zwang, keine Bewegung‹ (Roßbach 2018). Dies belegt deutlich, wie notwendig Quotenregelungen auf allen Ebenen und für alle Dimensionen der Diversität sind. Im Bereich von Menschen mit Behinderungserfahrung gibt es diese bereits: Ein Unternehmen mit mehr als 20 Mitarbeiter_innen muss mindestens 5 % der Arbeitsplätze mit Menschen mit Behinderungserfahrung besetzen. Doch die offizielle Statistik zeigt ein anderes Bild, da sich Unternehmen von dieser Quote freikaufen können. Viele Arbeitgeber_innen haben Vorurteile gegenüber Beschäftigten mit Handicaps. Sie seien weniger belastbar, langsamer und nicht genügend selbstständig. Dabei ist das Gegenteil nicht selten der Fall. So berichten Unternehmen von einem überdurchschnittlichen Engagement bei Menschen der Diversitätsdimension Behinderung (Theissen 2013). Folglich sind Quotenregelungen sinnvoll, müssen aber auch eingehalten werden, um zum Erfolg zu führen. Fraglich bleibt dabei, wie aktiv Menschen in das Geschehen des Unternehmens eingebunden werden, wenn sie lediglich durch Quoten einen Zugang erlangt haben, die Führungspersonen oder Mitarbeiter_innen aber nicht hinter dieser Quote stehen. Gleichzeitig ist es jedoch eine Chance, dauerhafte Erfahrungen mit verschiedenen Diversitätsdimensionen zu ermöglichen, die zu einer Veränderung in der Organisation beitragen können.

Die **Marktzutrittsperspektive** rückt den Blick vermehrt auf Klient_innen, um diese zu erreichen und Produkte besser zu verkaufen. Somit wird Vielfalt genutzt und als Potential zur Gewinnmaximierung angesehen. Dennoch ist dieser Faktor weit weniger ausgeprägt als in Profit-Organisationen, was damit zusammenhängt, dass die Kundenorientierung in vielen Bereichen sozialer Dienstleistungen immer noch nicht die Normalität darstellt, da viele Kund_innen die Leistung nicht freiwillig in Anspruch nehmen, diese nicht selbst einkaufen können und meist auch keine Entscheidungsmöglichkeit bei der Auswahl der Dienstleistung haben (Staub-Bernasconi 2006: 21). Doch gerade aufgrund der Marginalisierung der Kund_innen muss im (sozialen) Dienstleistungssektor die Selbstbestimmung als zentraler Wert gesehen werden und in Form von Partizipation zum Ausdruck kommen. Folglich bedarf es einer Förderung dieser Perspektive, die jedoch auch mit politischen Faktoren zusammenhängt, da diese entsprechend Vorgaben und Einschränkungen bei der Bewilligung von Dienstleistungen vornehmen. Möglich wäre dies bspw. in Form des Neuen Steuerungsmodells. Durch Zielvereinbarungen zwischen Leistungsträger (Politik bspw. in Form des Kreistags oder Kommunen) und Leistungserbringer (Dienstleistungsanbieter wie die Soziale Arbeit) würden zwar Ziele festgeschrieben werden, der Weg dorthin jedoch von den Fachkräften in Kooperation mit ihren Kund_innen vor Ort entschieden. So bliebe das Ziel auf beiden Seiten gleich, jedoch würde den Kund_innen ein gewisser Entscheidungsraum ermöglicht. Es ist davon auszugehen, dass sich diese Vorgehensweise prospektiv auch ökonomisch rechnet, da sich die

Hilfe tatsächlich an den Individuen ausrichtet, diese Leistung von ihnen akzeptierter ist und die Hilfe somit auch auf lange Sicht Bestand hätte. Hierfür bedarf es jedoch einer Veränderung der stark hierarchischen Strukturen innerhalb der Verwaltung und Politik. In Bezug auf die Organisation intern beschreiben die Interviewten die Möglichkeit, aufkommende Konflikte vermehrt gemeinsam zu lösen, wodurch ein interner Zusammenhalt über Integration als wechselseitiger Prozess mit Hilfe von Aushandlungen zu gemeinsamen Werten und Normen stattfindet.

Auf Stufe der **Lernperspektive** wird von Mitarbeiter_innen und Kund_innen ausgewogen berichtet. Die Befragten grenzen sich deutlich gegen Stereotypen ab und nehmen eine intersektionale Perspektive ein, wodurch einzelne Diversitätsdimensionen in den Hintergrund treten. Dies stützt die Annahme, dass sich eine Veränderung der Betrachtungsweise von Diversitätsbezogenheit zur Personenbezogenheit zwischen der Marktzutritts- und der Lernperspektive vollzieht. Die Interviewten geben zudem an, dass durch die Vielfalt gemeinsame Ziele erreicht werden und ein voneinander Lernen stattfindet. Hierdurch erfolgt eine ›Entdramatisierung‹ des Themas Vielfalt. Mit Blick auf die Klient_innen wird vorwiegend von Einbeziehung und einem Arbeiten auf Augenhöhe gesprochen, was von einer partizipativen Arbeitsweise zeugt.

In der **Resonanzperspektive** verlagert sich der Blick vermehrt auf die individuelle Erfahrung mit der Organisation sowie Kund_innen und deren Vielfalt. Häufig wird von Diversität als ethische Verpflichtung gesprochen, wobei der Mehrwert für die Organisation in den Hintergrund rückt. Schlüsselwörter wie Autonomie, Transparenz, Motivation und Identifikation haben einen hohen Stellenwert. Auch das ›Wir-Gefühl‹ und das gemeinsame Gestalten und Erreichen von Zielen wird genannt. Auf dieser Ebene wird ausschließlich positiv von individueller Vielfalt gesprochen und positive Emotionen sind herauszulesen. Somit kann eine Resonanzperspektive in Organisationen durchaus empirisch belegt werden.

Insgesamt betrachtet können auch in diesem Phasenmodell Aussagen bezüglich einer Organisation verschiedenen Stufen zugeordnet werden. Dies bedeutet eine Bestätigung des Phasenmodells. Gleichzeitig ist festzustellen, dass zu Diversitätsausprägung vorwiegend individuelle Sichtweisen geäußert werden, wodurch einzelne Befragte zu unterschiedlichen Einschätzungen bezüglich der Organisationsphasen gelangen können. Demnach besitzen Personen in einer Organisation unterschiedliche Diversitätsreifegrade. Dies kann wiederum einen unterschiedlichen Einfluss auf die Organisation und deren Zusammenhalt nehmen. Auffallend ist, dass die Begriffe ›Diskriminierung‹, ›Chancengleichheit‹ und ›Machtverhältnisse‹ kaum verwendet werden, obschon explizit nach Diskriminierungserfahrungen gefragt wurde und laut einer repräsentativen Umfrage der Antidiskriminierungsstelle des Bundes (Beigang u. a. 2017: 157) das Arbeitsleben der Lebensbereich ist, in dem die meisten Menschen Diskriminierungen erfahren. Doch lediglich drei der Befragten sprachen von konkreten Diskriminierungen.

> »Aber ich denke, es ist jetzt schon noch mal so ein Unterschied, ob man dann unbefristet arbeiten kann oder halt immer sich von Befristung zu Befristung hangelt. Und ja, also ich würde schon sagen, dass das eine Art von Diskriminierung ist.« (Org. P)

»Frauenfeindlichkeit ist sicherlich sehr weit verbreitet, wie eben in der Gesellschaft auch. Und das ist eben die Frage, wie oft das offen auch geäußert wird. Das vielleicht nicht so sehr. Da kommt es dann immer darauf an. Auf die Hierarchieposition, in der sich sowohl die Frau befindet als auch die Kollegen. Ich befürchte, dass da schon noch einiges läuft, und da höre ich auch immer mal wieder Beschwerden wegen Diskriminierungen auf Grund des Geschlechts, sexuelle Belästigung am Arbeitsplatz.« (Org. Y)

Hier stellt sich die Frage, warum in den anderen Organisationen Diskriminierung nicht thematisiert wurde. Vielleicht liegt es in der Auswahl der Befragten, dass das Thema aufgrund ihrer privilegierten Position in der Organisation für sie persönlich kaum eine Rolle spielt oder sie Diskriminierungen entsprechend nicht wahrnehmen. So stellt die Interviewte fest: »*Ich bezweifle, dass sich alle gleich wohl fühlen. Das halte ich für unnatürlich. Diskriminierung nehme ich nicht wahr. Das muss aber nicht bedeuten, dass es sie nicht gibt. Vielleicht gibt es sie in Bereichen, in denen es so ist, dass man sie schon gar nicht mehr wahrnimmt.*« (Org. V) Mit dieser Frage beschäftigt sich u. a. der ›Critical-Whiteness-Ansatz‹, welcher betont, dass bereits das Sprechen über Rassismus vor Schwierigkeiten steht, da dieser an die Existenz ›schwarzer Mensch‹ gebunden scheint. Somit wird leicht übersehen, dass Rassismus seinen Ursprung in der gesellschaftlichen Norm des Weißseins hat. Daher rückt dieser Ansatz das Weißsein in den Mittelpunkt und spricht statt über Diskriminierte über die Profiteure von Rassismus, um Strukturen und Mechanismen, die dazu führen, dass Weiße von Rassismus profitieren, untersuchen zu können (Dugalski/Lara/Hamsa 2013: 9f). Denn »Praktiken von Diskriminierung und Ausbeutung […] sind gleichzeitig auch Ursache für eine historisch gewachsene Privilegierung weißer Menschen« (ebd.). Damit wird deutlich, dass die Privilegierten in einer Organisation von diskriminierenden Strukturen profitieren, weshalb sie diese Strukturen selbst nicht als diskriminierend empfinden und unter Umständen sogar noch verstärken. Somit kommt es nicht zu einem Hinterfragen oder einer Auseinandersetzung mit der eigenen Privilegierung und Machthierarchien, wodurch Diskriminierungen erst gar nicht wahrgenommen werden. Daher ist eine Selbstreflexion sowie das Hinterfragen von Machthierarchien hoch bedeutsam, um Diskriminierungen zu erkennen und diesen gegenzusteuern. Möglichkeiten hierfür sind Diversitätslernen oder Anti-Bias-Workshops. Um Diskriminierungen stärker in den Blick zu bekommen wäre zudem eine Befragung mit Menschen vielfältigerer Diversitätsdimensionen interessant. In Anbetracht des Profits von Diskriminierungen für einzelne, werden die Indikatoren ›Diskriminierung‹, ›Chancengleichheit‹ und ›Machtverhältnisse‹ gerade nicht aus dem Indikatorenkatalog entfernt, sondern beibehalten, um diese Perspektive im Change-Prozess vermehrt in den Blick zu bekommen, denn »Diskriminierungen im Arbeitsleben sind in mehrerer Hinsicht besonders bedeutend: So handelt es sich um einen Lebensbereich, in dem viele Menschen zur Erlangung ihres Lebensunterhaltes einen großen Teil ihrer Zeit verbringen« (Beigang u. a. 2017: 157).

Abschließend bleibt festzuhalten, dass der Indikatorenkatalog zur Diversitätsausprägung keiner Änderung bedarf.

19.3 Phasenmodell der Resonanzausprägung: Zusammenfassende und strukturierte Darstellung der Interviewinhalte

Durch die empirisch nachgewiesene Resonanzperspektive in Kapitel 19.2 gilt es, das theoriegeleitete Phasenmodel der Resonanzausprägung (▶ Abb. 21) aus Kapitel 16.3 zu überprüfen (▶ Kap. 19.2; ▶ Kap. 16.3). Um das Modell empirisch zu belegen, wird folgende Forschungsfrage aufgestellt:

> **Forschungsfrage 3**
>
> Geben die Aussagen der Interviewpartner_innen Hinweise auf unterschiedliche Resonanzausprägungen in den Organisationen?

Zur Überprüfung dieser Frage erfolgt die Zuordnung relevanter Interviewpassagen zu den Indikatoren »Entfremdung«, »Resonanzoffenheit« und »Resonanzfähigkeit« (▶ Anlage 3), in Auszügen. Diese drei Phasen aus den Befragungsergebnissen heraus nachzuweisen ist nicht ohne besondere Verknüpfung möglich, da sich Resonanz nach Rosa (2019a; 2019b) generell in Begegnungen nachweisen lässt. Dennoch ist davon auszugehen, dass Aussagen der Interviewten Hinweise auf diese Stufen geben, da bereits in den Interviews eine Art »Resonanzhoffnung« widergespiegelt wird, die sich verstärkt in den Bereich Arbeit verschiebt, wodurch dort vermehrt Selbstwirksamkeits- und Resonanzerfahrungen gesucht werden (ebd.: 402). So erklärt eine Befragte aus Organisation G: »*Da habe ich das Gefühl, die Mitarbeiter thematisieren es jetzt, dass sie Anerkennung brauchen, so dass es fast schon nicht mehr von den Führungskräften erduldet werden kann – ›Was denn, schon wieder Wertschätzung?‹.*«

Folgerichtig zu der bestehenden Schwierigkeit Resonanzausprägungen direkt festzustellen, werden relevante Interviewpassagen in der nachfolgenden Tabelle nicht nur dargestellt, sondern eine Verbindung durch eine Interpretation im Hinblick auf die Aspekte des Indikatorenkatalogs angeschlossen und Schlüsselbegriffe durch Kursivierungen kenntlich gemacht.

Entfremdung

»Das heißt, man ist sehr stark mit dem *Tunnelblick auf* Innen […]. Wenn Veränderungen kommen, wartet man so lange ab, bis wirklich ein Gesetz da ist, was es dann aufdiktiert. Und dann beginnt man erst sich mit dem Gedanken zu befassen, oftmals so, dass man erstmal versucht es auszusitzen, bis wirklich Strafmaßnahmen kommen oder irgendwelche Urteile kommen. Und dann ist so dieser letzte Schritt, wo man sagt, ›OK, jetzt müssen wir was tun‹, aber es ist einfach *ein aufgezwungenes Tun* und nicht ein vorausdenkendes Tun. Und das ist das, was

natürlich für solche Prozesse, wo ja eine *Einstellungsänderung* zu tun hat – *fast unmöglich*, vorher daranzugehen, zumindest sehr, sehr schwer.« (Org. G)
→ Subjekt und Vielfalt stehen einander unverbunden gegenüber.
→ Neues wird als Bedrohung wahrgenommen.
→ Aufgezwungenes tun: Eigene Stimme wird nicht genutzt.
→ Keine Einstellungsänderung: Transformation ist nicht gewollt.

»Natürlich gibt es *Diskriminierungen* und *Mobbing* und, begünstigt natürlich durch die hierarchischen Strukturen, dass man auch weiß, dass an die Führungspersonen eigentlich nicht ranzukommen ist. Sie werden nicht wirklich in ihre Schranken verwiesen [...].« (Org. G)
→ Weltbeziehung wird prekär und Organisation zur Entfremdungszone.
→ Beziehungen sagen einem nichts: Beziehung der Beziehungslosigkeit.
→ Menschen fühlen sich von ihrem Habitus entfremdet.
→ Subjekte stehen einander feindlich gegenüber.

»Also, die Werte der Organisation sind sicher Gesetzmäßigkeit, das heißt also das *pflichtgemäße Erfüllen* auch von den Gesetzen, den Vorgaben; Sicherheit, vielleicht auch, dass auch eine gleiche – also gleiches Recht für alle herrscht. Also, das sind so *die Vorgaben, die sehr stark prägend sind*, auch innerhalb unserer Verwaltung.« (Org. G)
→ Eigene Stimme kann nicht artikuliert und eingebracht werden.
→ Subjekt und Organisation sagen einander nichts: Beziehungslosigkeit.

»Also nichts gegen Unterschiedlichkeit, aber *so lange unsere Werte erhalten bleiben*«. (Org. P)
→ Stimme mancher Individuen ist eingeschränkt.
→ ›Andere‹ sollen kein Gehör finden, alles soll bleiben wie es ist.
→ Subjekt und Vielfalt stehen einander unverbunden gegenüber.

Resonanzoffenheit

»Hab' ich auch noch mal gedacht, vielleicht geht es hauptsächlich um die *Flexibilität*, sozusagen sich *auf die unterschiedlichen Situationen, Menschen einzustellen*, eine Möglichkeit zu finden *mit den Menschen in Kontakt zu treten*, in *Beziehung* zu treten. Weil bei aller Zielorientierung und Ergebnisorientierung und Wirksamkeitsmessung ist ja immer noch dieser Kontakt erst mal, geht es von Mensch zu Mensch und auch das verliert man da vor lauter Aktivität aus dem Blick, zu sagen: Hey, was ist das erste? Das erste ist der *Kontakt*, der Bezug, die *Beziehung*, ein ernsthaftes *Interesse aneinander*, ein Anliegen miteinander und dann ... das muss die *Grundlage* sein, wo das weitere geht.« (Org. P)
→ Individuum ist offen für vielfältige Menschen, will sich darauf einlassen.
→ Individuum möchte in Beziehung treten: Der Resonanzraum ›Beziehung‹ kann wirken.
→ Responseresonanz ist möglich.

»Eigenschaften, die gefragt sind, ist einfach *Offenheit zu den Menschen*, die zur Beratung kommen und ihre Anliegen aufzunehmen und dann für eine Hilfe zu sorgen. Kompetenzen denke ich, natürlich eine fachlich gute Beratung, auf alle Fälle. Und eben dann auch die Fähigkeit, die *Menschen wertzuschätzen*, die zu uns kommen und dort abzuholen, wo sie sind, um sie dann eben *weiterzuführen*, an die Hand zu nehmen oder *in die Selbstständigkeit zu führen* mit ihren Problemen.« (Org. X)
→ Individuum ist offen, möchte in Beziehung treten.
→ Selbstwirksamkeitserfahrungen und Transformationen sollen auf Seiten der Kund_innen ermöglicht werden, wodurch Resonanz auch im Bereich ›Arbeit‹ möglich wird.

»Auch ganz bewusst eine *Offenheit* und auch, also nicht nur eine *Offenheit, Offenheit* wäre mir zu wenig an dieser Stelle, auch ein *Interesse* an anderen Kulturen und Wertvorstellungen der Religion und die *Auseinandersetzung* damit führen.« (Org. P)
→ Individuum ist offen und interessiert an der Auseinandersetzung mit Vielfalt bei Menschen.
→ Resonanzerfahrungen sind möglich.

»Die Bedeutung Vielfalt für mich in meiner Tätigkeit und auch für mich persönlich ist sehr hoch, weil ich das sehr *spannend* finde auch mit Menschen zu agieren, wo ich eben am Anfang keinen Plan habe ›Wie ist die Person strukturiert?‹ und dann *Gemeinsames zu finden* und über dieses Gemeinsame dann arbeiten zu können aber trotzdem die *Vielfalt stehen lassen zu können*.« (Org. G)
→ Individuum ist interessiert am Gegenüber.
→ Gemeinsames soll gefunden werden, um hierüber in Beziehung zu treten.
→ Vielfältige Subjekte werden anerkannt.

»Das heißt, wenn wir unterschiedlich arbeiten, dann erreichen wir auch, in Anführungsstrichen, objektivere Arbeitsergebnisse, weil es eine *gegenseitige Korrektur* gibt. Also die Beobachtung und Wahrnehmung kommen ein Stück weit *aus der Subjektivität heraus*, *Feedback* in den Teams, und ich denke, dass diese Unterschiedlichkeit ist ein wichtiges Qualitätsmoment für die Gestaltung pädagogischer Prozesse. Ich glaube, dass wir Vielfalt als *Lern- und Veränderungschance* hier ansehen.« (Org. P)
→ Individuum ist offen für Feedback und Transformation.
→ Individuum ist kritik- und diskursfähig.
→ Responseresonanz ist möglich.

»Und was mir in der direkten Arbeit noch wichtig ist an Werten, dass man die Klienten als gleichberechtigte Partner sieht. Dass man die Andersartigkeit *respektiert*, also jeder Klient von uns ist anders als der andere. *Zuhören* ist ganz wichtig, also wenn man das als Wert benennen kann in unserer Arbeit. Also dass die Klienten auch *mitsprechen* können, dass wir uns nicht so als Experten ausgeben, sondern dass wir sie da so ... ja *Partizipation* und *teilhaben* lassen. Das sind so die

253

Werte, die mir, glaube ich, wichtig sind.« (Org. P)
→ Individuum ist offen und interessiert an Subjekten.
→ Klient_innen sollen ihre Sprache artikulieren und einbringen können.
→ Partizipation und Teilhabe wird umgesetzt.
→ Resonanz wird möglich.

»Ganz wichtig ist eine gewisse *Neugier*, die ich als weitere Eigenschaft einmal anführen würde. Das ist *Neugier* eben auch wieder im Umgang mit den *Kunden* und den *Kolleginnen und Kollegen*, dass man eben Sachverhalte, die einem ungewöhnlich erscheinen, hinterfragt, dass man Verhaltensweisen vielleicht bei Kolleg_innen, die einem ungewöhnlich erscheinen, *hinterfragt* und natürlich in der Ermittlung, in der Sache dann einfach nicht locker lässt, sondern sich in gewisse Themen einfach einmal verbeißt und da herumrecherchiert und dann kommen wir nahtlos zum nächsten Punkt, den ich habe, eben auch an die Kolleg_innen weiter*kommuniziert*. Also *Kommunikationsbereitschaft* sowohl aktiv als auch passiv ist eine der Grundvoraussetzungen, um hier zu arbeiten.« (Org. Z)
→ Individuum ist interessiert und offen gegenüber Kolleg_innen und Kund_innen, möchte mit ihnen in Beziehung treten.
→ Der Resonanzraum ›Beziehung‹ kann wirken.
→ Responseresonanz wird möglich.

Resonanzfähigkeit

»Wie schafft man es, dass wirklich das *Gefühl der Gemeinsamkeit* besteht? Ohne dass es den anderen erschlägt? Eine Gemeinsamkeit, die ich ja nicht anordnen kann, sondern die kommen muss. [...] Sicher dadurch, dass man das Verbindende betont und *gemeinsame Ziele und gemeinsame Wege findet* oder indem man auch Unterschiedlichkeit als selbstverständlich zulässt und als Bereicherung des Gemeinsamen empfindet.« (Org. Y)
→ Individuen lassen sich so aufeinander ein, dass sie sich zu einem Gemeinsamen transformieren können.

»Also, ich persönlich finde, und es gibt sicherlich einige andere auch, die das so sehen – uns ist es wichtig, dass Menschen, die hier arbeiten, die Gelegenheit haben *eigene Entscheidungen zu treffen* und dass diejenigen, die *Führungspositionen* haben, die Fähigkeit dazu haben zu delegieren und auch *transparent* sind und dass sie Entscheidungen treffen, die auch *transparent und nachvollziehbar* sind für alle. Dass sie *motivieren* können, andere dazu zu bringen mitzuarbeiten, dass sich *alle bemühen*, wäre die Idealvorstellung, nicht das Y eben sowohl wirtschaftliche Aspekte berücksichtigt, aber dennoch eine gute Dienstleistung für alle Bürgerinnen und Bürger ermöglicht, und dazu gehört eben auch ein *Engagement, Leidenschaft* ist vielleicht etwas zu viel gesagt, aber dazu gehört dann eben auch ein *Spaß an der Arbeit*. *Motivierte* Mitarbeiterinnen und Mitarbeiter, die *ihr Bestes geben*, um hier unseren Auftrag zu erfüllen.« (Org. Y)
→ Individuen treten in Beziehung zueinander und zur Arbeit.

→ Individuen lassen sich ansprechen und transformieren.
→ Resonanzräume Arbeit und Subjekt-Beziehung wirken.
→ Wir-Gefühl besteht.
→ Selbstwirksamkeitserfahrungen sind möglich.
→ Partizipation wird umgesetzt.
→ Individuen können sich Organisation anverwandeln.
→ Führungskräfte erspüren Anliegend der Mitarbeiter_innen.

»Vielfalt ist für mich, wenn *nicht alle gleich* sind. Also weil es das einfach trifft, weil das so *viele Dimensionen* sein können, wo wir hier auch in diesem Leitfaden, 5,6,7 herausgegriffen haben, die, sage ich einmal jetzt, für den Arbeitsbereich interessant sein können oder hier auf jeden Fall auftreten können, die aber sicherlich nur einen Bruchteil von dem darstellen können, was jetzt Vielfalt tatsächlich bedeutet. [...] Es stellt für mich auf jeden Fall eine *ethische Verpflichtung* dar. Weil ich habe es auch bei meinen persönlichen Werten als erstes erwähnt, dieser gegenseitige *Respekt*, der im Umgang mit den Menschen einfach da sein muss, und da zähle ich auch dieses *Anerkennen einer bestehenden Vielfalt* auf jeden Fall dazu. Für mich ist es auch so eine Art Schutz von *Einzelinteressen* [...], einfach die Ermöglichung von *Individualität*. Also dass man eben nicht, sage ich jetzt einmal, den Menschen der Situation anpasst, sondern eben versucht die *Situation*, soweit es möglich ist, so zu gestalten, *dass sie dem Einzelnen gerecht wird*.« (Org. Z)

→ Individuen sind offen für Vielfalt und treten mit unterschiedlichen Menschen in Kontakt.
→ Im Zentrum steht ethische Verpflichtung.
→ Selbstwirksamkeitserfahrungen sind möglich.
→ Organisation lässt sich verwandeln.

»Für mich wird, gerade in Zeiten der Sonderbelastung, die wir hier schon fast routinemäßig haben, was sich ja gegenseitig ausschließt, aber eine gewisse Wellenbewegung auf *hohem Niveau* ist noch festzustellen. Gerade da wird diese Bedeutung von diesen *Grundwerten Anerkennung, Gerechtigkeit, Zusammenhalt, Teilhabe*. Gerade da wird es für mich deutlich, dass das hier bereits realisiert ist, weil anders wären solche Sachen, die wir in den letzten Jahren abgesurft haben, wären überhaupt nicht zu machen, wenn man nicht *eine Mannschaft* hätte, die *wertemäßig und persönlich hinter dem steht, was sie tut*. Und das kann man nur dadurch erreichen, dass man den Leuten die notwendige *Anerkennung für die geleistete Arbeit* zukommen lässt, indem man sie *gerecht behandelt*, indem man schaut, dass sich *einer auf den anderen verlassen kann* und zum letzten Punkt, die Leute bei den Entscheidungen eben auch *beteiligen*, weil nur dann können sie sich dann auch mit dem, was hier stattfindet, *identifizieren*« (Org. Z)

→ Individuum ist resonanzfähig.
→ Response- und Synchronresonanz sind möglich.
→ Gemeinsam wird etwas bewirkt: Wir-Gefühl.
→ Selbstwirksamkeitserfahrungen sind möglich.
→ Grundwerte sind umgesetzt.

»Das Spannende finde ich dann, wenn es gelingt, also wenn sich Mädchen Nichtmigranten *anvertrauen* können, nämlich gerade um dieses heikle Thema, also da auch in *Austausch* gehen und sie sich da auch *verstanden fühlen* und *wertgeschätzt fühlen*, das kann noch einmal …nicht Wunder bewirken, will ich jetzt nicht sagen, aber da ist *Vielfalt wirklich etwas Besonderes*, also nicht nur ein Potential, das ist mir viel zu nüchtern.« (Org. J)
→ Individuen lassen sich aufeinander ein.
→ Wir-Gefühl ist vorhanden.
→ Resonanz in der Vielfalt ist vorhanden.
→ Resonanzsensibilität ist vorhanden.

»Also, *Selbstvertrauen gewinnen* Migrant_innen nicht nur von professionellen Migrant_innen, sondern…sie haben ja dann auch die Möglichkeit *in diesen Reibungsflächen*, dass ihr *Möglichkeitsraum* ja auch *erweitert* wurde, und das gibt ihnen dann auch nochmal *mehr Kraft* draußen im Leben, da auch noch einmal weiter zu kommen.« (Org. J)
→ Individuen nutzen Reibungen, um sich zu etwas Gemeinsamen zu transformieren.
→ Selbstwirksamkeit und Selbstvertrauen sind möglich.

Angesichts der möglichen Zuordnung von Interviewpassagen zu allen drei Stufen sind »Entfremdung«, »Resonanzoffenheit« und »Resonanzfähigkeit« empirisch belegbar.

Mit Blick auf die Aussagen zu **Entfremdung** kann festgestellt werden, dass Individuen ihre eigene Stimme nicht artikulieren oder einbringen können und es so zu keiner Veränderung in der Organisation kommt. Zudem wird die Organisation durch Diskriminierungen und Mobbing zur Entfremdungszone, was wiederum zu psychischen Erkrankungen und Burn-Out führen kann, denn »im Durchschnitt sind die Hochdiskriminierten signifikant weniger mit ihrem Arbeitsplatz und ihrem Beruf zufrieden. […] Der Kontakt zu den Kollegen ist schlechter, die Motivation am Arbeitsplatz ist reduziert und selbst die Freude am erlernten Beruf ist geringer« (Schneeberger/Rauchfleisch/Battegay 2002: 141). Im generellen Vergleich zwischen Diskriminierten und Nichtdiskriminierten zeigen sich im psychischen und somatischen Bereich signifikante Unterschiede: Diskriminierte bezeichnen sich weit weniger als gesund, Schlafstörungen äußern sich in Form von Einschlaf- und Durchschlafstörungen und Ängste manifestieren sich als sozial-phobisches Verhalten (ebd.: 142). Folglich wird die Organisation zur Entfremdungszone, einem Zustand, »in dem die ›Weltanverwandlung‹ misslingt, so dass die Welt stets kalt, starr, abweisend und nichtresponsiv erscheint. […] Depression/Burnout heißt der Zustand, in dem alle Resonanzachsen stumm und taub geworden sind. […] Es findet keine Berührung mehr statt, das Subjekt wird nicht mehr affiziert und erfährt keine Selbstwirksamkeit« (Rosa 2019a: 316). Entsprechend sind ›Aufgezwungenes tun‹, ›Arbeit nach Vorschrift‹, ›Diskriminierung/Mobbing‹ und ›Unveränderbarkeit der Subjekte‹ Schlüsselbegriffe der Entfremdung.

Im Bereich der **Resonanzoffenheit** wird als häufigster Aspekt Offenheit genannt. Dies bekräftigt die Validität des für diese Stufe gewählten Begriffs. Zudem werden Neugier, Interesse sowie Lern- und Veränderungschancen genannt, d.h., die Möglichkeit einer Transformation wird bestätigt. Der Schwerpunkt liegt für die Befragten auf bestehenden Gemeinsamkeiten statt auf der Fokussierung von Unterschieden und einem entsprechenden Beziehungsaufbau hierüber. In dieser Phase wird noch sehr nüchtern und objektiv, eher im Sinne eines Vorhabens von diesen Beziehungen und Veränderungen gesprochen, weshalb davon auszugehen ist, dass erste Responseresonanz – also das Reagieren oder Antworten zweier Körper auf Schwingungsimpulse des jeweils anderen – möglich ist, sich jedoch noch keine Resonanzachse etabliert hat und Resonanzdrähte nur selten glühen (▶ Kap. 16.2).

Auf der höchsten Ebene in Form der **Resonanzfähigkeit** hingegen wird deutlich, dass Resonanz tatsächlich ein Beziehungsmodus darstellt, der durch Emotionen begleitet wird. Schlüsselbegriffe für diese Stufe sind: Beziehung, Partizipation, Identifikation, Motivation, Autonomie, Engagement, Respekt, Individualität, Einzigartigkeit und das ›Wir-Gefühl‹. Hierbei wird ersichtlich, dass nicht der Nutzen, sondern die Person selbst im Mittelpunkt steht und die Selbstverständlichkeit von Vielfalt gelebt wird. Als Grundwerte werden somit Anerkennung, Gerechtigkeit, Zusammenhalt und Teilhabe genannt. Zudem kann aus den entsprechenden Passagen (s. o. in diesem Kapitel) eine Synchronresonanz (d.h. dass die beiden Körper der Responseresonanz nach einer gewissen Zeit im Gleichklang schwingen) interpretiert werden.

Es kann mit Blick auf den ganzen Resonanzprozess bekräftigt werden, dass in der Entfremdung Resonanz unmöglich scheint – auch wenn diese nie per se ausgeschlossen werden kann. Auf der Stufe der Resonanzoffenheit hingegen werden Resonanzräume erkannt, die zu wirken beginnen, wodurch erste Responseresonanz erfahrbar wird. In der Resonanzfähigkeit werden darüber hinaus in den wirkenden Resonanzräumen Resonanzachsen etabliert, die wiederum Resonanzdrähte zum Glühen bringen und sowohl Response- als auch Synchronresonanz immer wieder ermöglichen (▶ Abb. 24)

Festzuhalten ist auch, dass alle Aussagen individuelle Sichtweisen der Befragten abbilden. Dies führt zu dem Schluss, unter allen Indikatoren Beziehungsmodi zu verstehen, die von individuellen Erfahrungen, Einstellungen und Werten abhängig sind. Zwar bedingen Strukturen der Organisation die Möglichkeit von Resonanz, jedoch stellen die Subjekte den relevanteren Faktor für diesen Beziehungsmodus dar. Somit können Resonanzoffenheit und Resonanzfähigkeit Resonanzerfahrungen ermöglichen, auch wenn die strukturellen Bedingungen diesen entgegenstehen. Entsprechend haben einzelne Interviewte Aussagen zur Resonanzperspektive gemacht, obwohl ihre Organisation noch nicht dieser entspricht (bspw. Y). Zudem wird durch die empirische Forschung bekräftigt, dass Interviewpassagen der Resonanzstufen, wie theoretisch angenommen, auch entsprechenden Diversitätsausprägungen zuzuweisen sind:

Entfremdung → Exklusive Diversität und Fairnessperspektive;
Resonanzfähigkeit → Marktzutrittsperspektive und Lernperspektive;
Resonanzfähigkeit → Resonanzperspektive.

Teil III Diversität in Organisationen

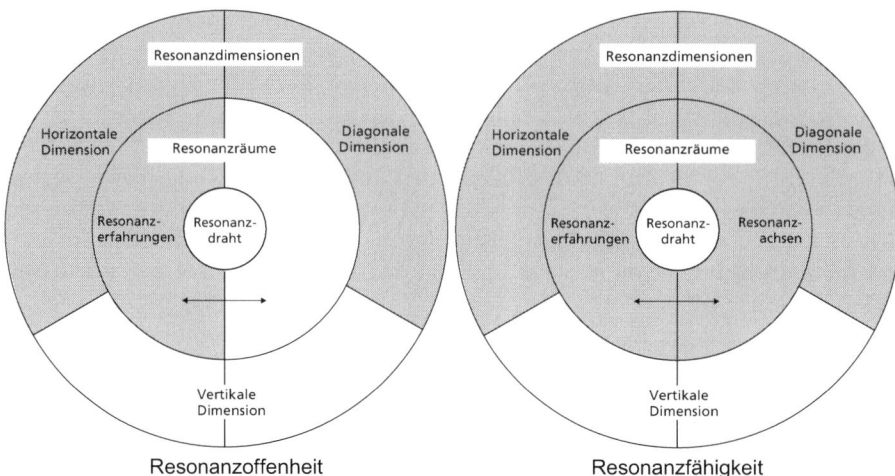

Abb. 24: Wirkung der Resonanzoffenheit und Resonanzfähigkeit (eigene Darstellung)

Damit wird die Interdependenz zwischen der individuellen Diversitäts- und Resonanzausprägung festgestellt. Von daher ist dieser Prozess auch für ein Organisationsentwicklungsvorhaben bedeutsam.

Da es, wie zuvor beschrieben, schwerfällt, eine Ist-Analyse der Resonanzausprägung für Organisationen durchzuführen, wird der Indikatorenkatalog abschließend um die aus der empirischen Forschung abgeleiteten Schlüsselbegriffe erweitert (▶ Anlage 5).

19.4 Überprüfung der Hypothesen des Change-Prozesses

In diesem Kapitel werden die für die Entwicklung des Change-Prozesses aufgestellten Hypothesen durch Auswertung der Daten aus der empirischen Erhebung überprüft. Diese lauten:

1. Innerhalb von Organisationen braucht es einen Phasenverlauf von der Exklusiven hin zur Inklusiven Diversität sowie einen Wechsel der Betrachtungsweise von der Diversitätsbezogenheit hin zur Personenbezogenheit, um eine Balance zwischen Einheit und Vielfalt herstellen sowie die Individuen in den Blick nehmen zu können.
2. Organisationskultur und Diversität in einer Organisation stehen in einem interdependenten Zusammenhang. Daher müssen einzelne Kultur- als auch Diversitätsphasen parallel verlaufen, um eine angemessene Diversität und den Zusammenhalt der Organisation zu gewährleisten.

Um die Überprüfung vorzunehmen, wurden für jede Hypothese (▶ Kap. 12) Forschungsfragen aufgestellt, die im Anschluss unter Heranziehung der Ergebnisse der empirischen Befragung beantwortet werden.

Forschungsfrage 1

> Können Aussagen zur Bedeutung des Prozessverlaufs bei der Diversitätsausprägung gefunden werden?

Die Bedeutung des Phasenmodells der Diversitätsausprägung wurde bereits in der theoretischen Auseinandersetzung und bei der Entwicklung des Modells in Kapitel 15 und 16 deutlich (▶ Kap. 15; ▶ Kap. 16). Zudem konnte unter Kapitel 19.2 durch die empirische Erhebung (hier nur in Auszügen abgebildet) bestätigt werden, dass die theoriebasiert entwickelten Phasen in der Praxis nachweisbar sind. Jedoch blieb bislang unbeantwortet, inwieweit die Organisationen und ihre Mitarbeiter_innen selbst eine Weiterentwicklung bezüglich Diversität als sinnvoll erachten. Entsprechend ist zu überprüfen, ob Personen Äußerungen zur Wichtigkeit der Förderung von Vielfalt und dem Umgang mit dieser in der Organisation vornehmen (▶ Kap. 19.5).

Aus den Interviewpassagen (▶ Kap. 19.2) wird deutlich, dass in jeder Organisation Diversität als Prozess angesehen wird, der weiter vorangetrieben werden muss. Häufig nennen die Befragten Fortbildungsmaßnahmen als zentral, um mit der vorhandenen Verschiedenheit adäquat umgehen zu können. Außerdem werden fehlende Quotenregelungen, wie bspw. der Frauenanteil in höheren Positionen, bemängelt. Auch die interkulturelle Öffnung stellt für viele der Befragten einen wichtigen Meilenstein in der Organisationsentwicklung dar. Handschuck und Schröer (2011) verstehen hierunter die konsequente Umsetzung interkultureller Orientierung. Dabei geht es um die strategische Ausrichtung der Organisation sowie deren Strukturen, Prozesse und Ergebnisse sozialen Handelns (Mayer/Vanderheiden 2014: 35).

> »Entsprechend folgerichtig soll interkulturelle Öffnung die Zugangsbarrieren in Organisationen für Minderheiten abbauen, die Angebote und Maßnahmen der infrastrukturellen und individuellen Versorgung an die in der Region ansässigen Bevölkerungsgruppen anpassen sowie differenzierte und auf die sozio-kulturellen Gruppen angepasste Angebote und Maßnahmen erstellen. Im Mittelpunkt interkultureller Öffnungsprozesse stehen nach Handschuck und Schröer (2011) Partizipation und Empowerment, die es den Beteiligten ermöglichen, sich nicht nur an die derzeit bestehenden Gesellschaftsstrukturen anzupassen, sondern vielmehr Zusammenhänge und Netzwerke zu kreieren und ressourcenorientiert zu denken. Ziele sind dabei das Anstreben der Chancengleichheit sowie die Implementierung sozialer Gerechtigkeit in der Gesellschaft« (ebd.).

Andere Autor_innen fordern in Bezug zur interkulturellen Öffnung ein transkulturelles Mainstreaming, das auf die Öffnung gegenüber vielfältigen Kund_innen und Arbeitnehmer_innen zielt und einen nachhaltigen Wandel der gesamten Institution anstrebt (ebd.). Dieser Wandel soll sich nach Schröer (2007: 2f., nach

Mayer/Vandenheiden 2014: 35) vor allem auf die Reflexion gegebener Situationen beziehen:

- Ausgleich und Abbau des Machtgefälles zwischen Organisationen und Lebenswelten;
- Hinwendung zu einem Ressourcen- und Empowerment-Ansatz;
- Vermittlung Interkultureller Kompetenz;
- Initiierung von Lern- und Veränderungsprozessen.

Ob und wie diese Umsetzung wirkt, ist von Umweltbedingungen und den gegebenen Voraussetzungen der Organisationen abhängig (ebd.).

Folgerichtig kann eine interkulturelle Öffnung bzw. ein transkulturelles Mainstreaming ein wichtiger Schritt in der Organisationsentwicklung darstellen und in Verbindung mit dem Change-Prozess gebracht werden, um die Selbstverständlichkeit von jeglicher Vielfalt in Organisationen zu fördern.

Darüber hinaus kritisieren Mitarbeiter_innen der diakonischen Einrichtungen die nichtvorhandene Religionsvielfalt, zeigen gleichzeitig aber auch auf, dass diese Herausforderung nicht einfach zu überwinden ist (auf diese Konstellation wird bei der Überprüfung der zweiten Hypothese nochmals eingegangen). Somit ist festzustellen, dass viele Mitarbeiter_innen einen Handlungsbedarf in der Organisation sehen, jedoch aus vorwiegend strukturellen Gründen keine tatsächliche Änderung möglich ist. Dies bekräftigt noch einmal die Bedeutung des Phasenmodells der Organisationskultur, um Strukturen schaffen zu können, damit Vielfalt zur Selbstverständlichkeit wird. Das Phasenmodell dient in diesem Zusammenhang als Reflexion und Analyseinstrument für Mitarbeitende und Führungskräfte.

Forschungsfrage 2

> Lassen Aussagen der Interviewpartner_innen Hinweise auf eine Diversitäts- oder Personenbezogenheit zu?

Wie in der Theorie dargestellt, ist eine sozial-ethische Betrachtungs- und Begründungsweise von Diversität für NPOs hoch bedeutsam. Daher wurde in Kapitel 17 ein Phasenmodell für den Wechsel von der diversitätsbezogenen zur personenbezogenen Betrachtungsweise entwickelt (▶ Kap. 17). Dieser Wechsel vollzieht sich voraussichtlich im Übergang zwischen der Inter- und Transkultur sowie im Wechsel von der Integrativen zur Inklusiven Diversität, da ab diesem Zeitpunkt sowohl Gemeinsamkeiten als auch Unterschiede in den Blick genommen werden und nicht mehr nur ökonomische Vorteile von Diversität bedeutend sind (▶ Abb. 25).

Die Überprüfung des Modells erfolgte durch die Zuordnung relevanter Interviewpassagen zu Diversitätsbezogenheit (Diversitätsdimensionen wie z. B. Kultur, Alter, Geschlecht oder Religion stehen im Vordergrund) und Personenbezogenheit (Individualität steht im Vordergrund).

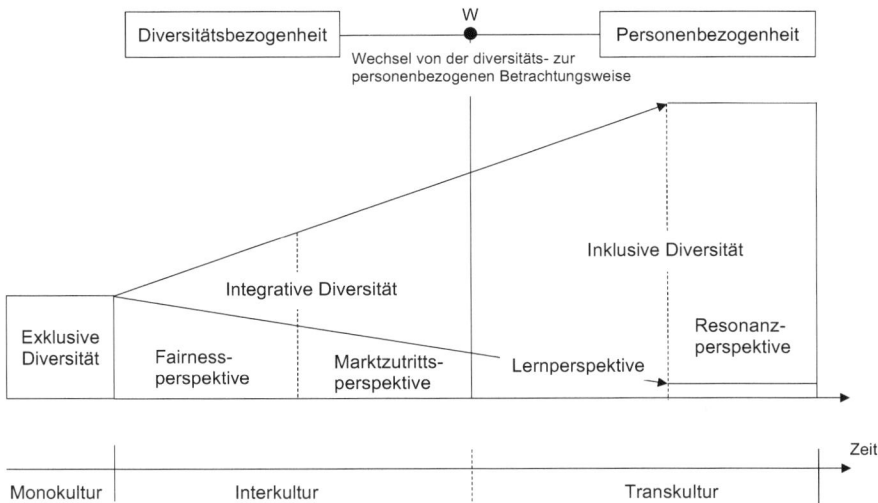

Abb. 25: Phasenmodell der Betrachtungsweise von Diversität (eigene Darstellung)

Aus den Interviews wird eine große Spannbreite von Betrachtungsweisen ersichtlich, die von der Diversitätsbezogenheit anhand von Dimensionen über eine kombinierte Diversitäts- und Personenbezogenheit bis hin zur Personenbezogenheit reichten (▶ Kap. 19.2). Hierbei ist festzustellen, dass bei den Befragten die Kombination von Diversitäts- und Personenbezogenheit sowie die personenbezogene Betrachtungsweise überwiegen. Zudem wird deutlich, dass die zugeordneten Aussagen eher persönliche Einstellungen und Haltungen als strukturelle Gegebenheiten wiedergeben. Damit ist nur eine Interdependenz zwischen Betrachtungsweisen und der individuellen Diversitätsausprägung anzunehmen. Eine Interdependenz zwischen Betrachtungsweise und der Organisationskultur kann hier nicht unmittelbar bestätigt werden. Folgerichtig nimmt sich die dritte Forschungsfrage der Annahme des Wechsels der Betrachtungsweise zwischen der Integrativen und Inklusiven Diversität an.

Forschungsfrage 3

Kann bei einem Vergleich von Betrachtungsweisen und Diversitätsausprägung ein Wendepunkt von der diversitätsbezogenen zur personenbezogenen Sichtweise festgestellt werden?

Vorgehensweise:

Betrachtungsweise und Diversitätsausprägung wird pro Person gegenübergestellt und interpretiert.

Um den Ist-Zustand der Diversitätsausprägung und die Betrachtungsweise einzelner Personen gegenüberzustellen, wird zunächst aufgeführt, welche Interdependenzen theoretisch anzunehmen sind (▶ Tab. 7).

Tab. 7: Interdependenz zwischen Betrachtungsweisen von Diversität und Diversitätsausprägung

Diversitätsbezogenheit	Diversitäts- und Personenbezogenheit	Personenbezogenheit
Exklusive Diversität	Marktzutrittsperspektive	Lernperspektive
Fairnessperspektive	→ Lernperspektive	→ Resonanzperspektive
Fairnessperspektive		Resonanzperspektive
→ Marktzutrittsperspektive		

Eigene Darstellung

Nachstehend wird das empirische Ergebnis in Tabellenform aufgeführt. Existiert der angenommene Zusammenhang, wird dies durch den Begriff ›Parallel‹ gekennzeichnet. Kann dieser nicht bestätigt werden, ist angemerkt, welche Seite des Prozesses weiterentwickelt ist (▶ Tab. 8).

Dieser Darstellung ist zu entnehmen, dass bei zwei Dritteln der 18 befragten Interviewpartner_innen die angenommene Interdependenz nachzuweisen ist. Bei einer Person war es nicht möglich, anhand der Aussagen eine spezifische Betrachtungsweise aufzuzeigen. Bei vier der Interviewten ist die Betrachtungsweise weiterentwickelt als die Diversitätsausprägung, jedoch nie mehr als eine Ausprägungsstufe. Lediglich bei einer Person ist die Diversitätsausprägung höher einzuschätzen als die eigene Betrachtungsweise. Dies führt zu der Schlussfolgerung, dass die Interdependenz zwischen Betrachtungsweisen und Diversitätsausprägung in der Praxis vorhanden ist und sich der Wechsel von der Diversitäts- zur Personenbezogenheit im Übergang von der Integrativen und Inklusiven Diversität ereignet. Zudem ist mit Blick auf das Ergebnis anzunehmen, dass zunächst die persönliche Betrachtungsweise fortschreitet, ehe sich die Diversitätsausprägung auf Ebene der Organisation dieser anpasst.

Damit ist empirisch belegt, dass die Diversitätsausprägung in einem Phasenprozess verläuft und Personen hierin einen Wechsel von der diversitäts- zur personenbezogenen Betrachtungsweise durchlaufen, deren Wendepunkt zwischen der Integrativen und Inklusiven Diversität liegt. Hiermit kann die eingangs aufgestellte Hypothese 2 als bestätigt betrachtet werden (▶ Kap. 12).

Bereits in Kapitel 14.1 und 15.2 wurde aufgezeigt, dass für die Entwicklung von Organisationen sowohl das Phasenmodell für die Organisationskultur als auch der Phasenverlauf bei der Diversitätsausprägung bedeutsam ist (▶ Kap. 14.1; ▶ Kap. 15.2). In Kapitel 15.1 ist zusätzlich theoriebasiert dargestellt worden, dass beide Phasenmodelle parallel verlaufen müssen, um den Zusammenhalt innerhalb der Organisation zu gewährleisten (▶ Kap. 15.1). So kann eine Organisation bspw. nicht gleichzeitig monokulturell ausgerichtet sein und Inklusive Diversität leben, ohne dass mit Spannungen innerhalb der Organisation zu rechnen wäre (▶ Abb. 26).

Tab. 8: Gegenüberstellung Betrachtungsweisen und Diversitätsausprägung pro Interviewpartner_in

Org.	Betrachtungsweise	Diversitätsausprägung	Verlauf
X	(a) Diversitäts- und Personenbezogenheit	A: Marktzutrittsperspektive → Lernperspektive	Parallel
	(b) Diversitätsbezogenheit	B: Fairnessperspektive → Marktzutrittsperspektive	Parallel
V	(a) Personenbezogenheit	A: Marktzutrittsperspektive → Lernperspektive	Betrachtung etwas höher
	(b) Diversitäts- und Personenbezogenheit	B: Marktzutrittsperspektive → Lernperspektive	Parallel
Z	(a) Personenbezogenheit	A: Lernperspektive → Resonanzperspektive	Parallel
	(b) Personenbezogenheit	B: Lernperspektive → Resonanzperspektive	Parallel
Y	(a) Personenbezogenheit	A: Lernperspektive	Parallel
	(b) Personenbezogenheit	B: Lernperspektive	Parallel
	(c) Diversitäts- und Personenbezogenheit	C: Marktzutrittsperspektive	Betrachtung etwas höher
	(d) Diversitäts- und Personenbezogenheit	D: Lernperspektive	Parallel
G	(a) Diversitäts- und Personenbezogenheit	A: Marktzutrittsperspektive → Lernperspektive	Parallel
	(b) Durch Aussagen nicht feststellbar	B: Exklusive Diversität → Fairnessperspektive	–
	(c) Diversitätsbezogenheit	C: Exklusive Diversität → Fairnessperspektive	Parallel
J	(a) Diversitätsbezogenheit	A: Fairnessperspektive → Marktzutrittsperspektive	Parallel
	(b) Personenbezogenheit	B: Lernperspektive → Resonanzperspektive	Parallel
P	(a) Diversitäts- und Personenbezogenheit	A: Marktzutrittsperspektive → Lernperspektive	Parallel
		B: Marktzutrittsperspektive	Betrachtung etwas höher
		C: Marktzutrittsperspektive	Betrachtung etwas höher

Eigene Darstellung

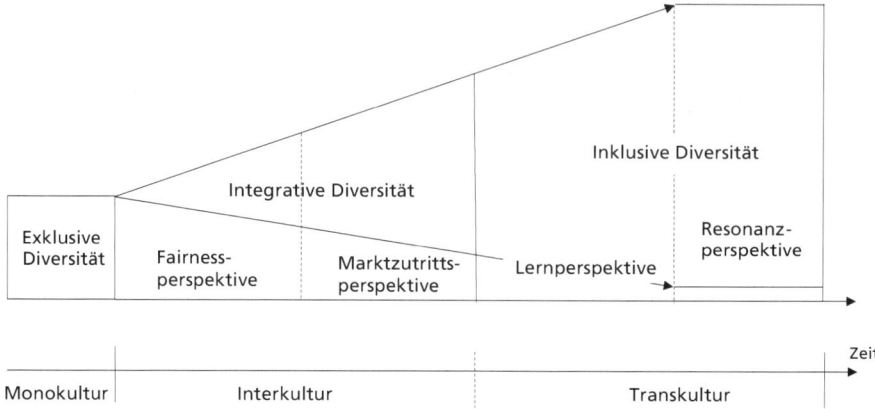

Abb. 26: Phasenmodell Organisationskultur und Diversitätsausprägung (eigene Darstellung)

Ob die angenommene und zuvor dargestellte Interdependenz auch in der Praxis nachweisbar ist, soll durch die nachstehende Forschungsfrage überprüft werden.

Forschungsfrage 4

> Besteht, empirisch betrachtet, der angenommene Zusammenhang zwischen Kulturphasen und Diversitätsphasen?

Zur Beantwortung der Frage werden Aussagen zu Diversitäts- und Kulturphasen der einzelnen Befragten geordnet nach Organisation gegenübergestellt. So kann geklärt werden, in welchem Fall die Phasen parallel verlaufen und wann Abweichungen vorliegen (▶ Tab. 9).

Tab. 9: Zusammenführung beider Phasenmodelle bezogen auf Aussagen einzelner Interviewpartner_innen

Org.	Kulturphase	Diversitätsausprägung	Verlauf
X	Monokultur → Interkultur	B: Fairnessperspektive → Marktzutrittsperspektive	Parallel
		A: Marktzutrittsperspektive → Lernperspektive	Diversität höher
	Exklusion bei Religion → Monokulturelle Ausrichtung	B: Fairnessperspektive → Marktzutrittsperspektive	Diversität höher
		A: Marktzutrittsperspektive → Lernperspektive	Diversität höher

264

Tab. 9: Zusammenführung beider Phasenmodelle bezogen auf Aussagen einzelner Interviewpartner_innen – Fortsetzung

Org.	Kulturphase	Diversitätsausprägung	Verlauf
V	Interkultur → Transkultur	A: Marktzutrittsperspektive → Lernperspektive	Parallel
		B: Marktzutrittsperspektive → Lernperspektive	Parallel
Z	Transkultur	A: Lernperspektive → Resonanzperspektive	Parallel
		B: Lernperspektive → Resonanzperspektive	Parallel
Y	Interkultur → Transkultur	A: Lernperspektive	Parallel
		B: Lernperspektive	Parallel
		C: Marktzutrittsperspektive	Parallel
		D: Lernperspektive	Parallel
G	Monokultur → Interkultur	A: Marktzutrittsperspektive → Lernperspektive	Diversität höher
		B: Exklusive Diversität → Fairnessperspektive	Parallel
		C: Exklusive Diversität → Fairnessperspektive	Parallel
J	Interkultur → Transkultur	A: Marktzutrittsperspektive → Lernperspektive	Parallel
		B: Lernperspektive → Resonanzperspektive	Diversität höher
	Exklusion bei Religion → Monokulturelle Ausrichtung	A: Marktzutrittsperspektive → Lernperspektive	Diversität höher
		B: Lernperspektive → Resonanzperspektive	Diversität höher
P	Interkultur	A: Marktzutrittsperspektive → Lernperspektive	Parallel
		B: Marktzutrittsperspektive	Parallel
		C: Marktzutrittsperspektive	Parallel
	Exklusion bei Religion → Monokulturelle Ausrichtung	A: Marktzutrittsperspektive → Lernperspektive	Diversität höher
		B: Marktzutrittsperspektive	Diversität höher
		C: Marktzutrittsperspektive	Diversität höher

Eigene Darstellung

Mit Blick auf das Ergebnis wird deutlich, dass bei den Aussagen von 14 der 18 Befragten eine Parallelität beider Phasenmodelle nachweisbar sind. In vier Fällen ist die Diversitätsausprägung jeweils eine Stufe weiterentwickelt. Werden die Organisationen, die eine Dimension (hier Religion) per se ausschließen als monokulturell betrachtet, liegt die Quote hingegen bei nur noch 50 % und die jeweiligen Stufen entfernen sich weiter voneinander. Auffällig ist dabei, dass nach dieser Sichtweise alle Befragten der diakonischen Einrichtungen in ihrer Diversitätsausprägung weiterentwickelt sind als die Organisationskultur. Im Vergleich dazu ist dies in nur einer städtischen Organisation der Fall. Hierzu ist noch einmal festzuhalten, dass die Organisationskultur vorwiegend die strukturelle Seite der Organisation darstellt, wohingegen Diversitätsausprägungen sehr individuell und personenabhängig zu betrachten sind. Daher stellt sich die Frage, wie Personen ihre Organisation und deren Zusammenhalt beschreiben, wenn ihre eigene Diversitätsausprägung weiterentwickelt ist als die der Einrichtung.

Mit Blick auf die Interviewpassagen (▶ Kap. 19.1) wird deutlich, dass die Befragten aus den monokulturell ausgerichteten Organisationen fast ausschließlich die Exklusion der Diversitätsdimension Religion kritisieren, gleichzeitig aber von einem großen Zusammenhalt in der Organisation berichten. Hinsichtlich der Beschreibung einer typischen Monokultur (▶ Kap. 14.1), das ›homogene Ideal‹ bewahren zu wollen, kann davon ausgegangen werden, dass der Zusammenhalt gerade deshalb besteht, da aufgrund des ›homogenen Ideals‹ keinerlei Aushandlungen zu bestehenden Normen und Werte geführt werden müssen, da hierüber bereits Einigkeit besteht. Da gleichzeitig angeführt wurde keine Diskriminierungen wahrzunehmen, ist davon auszugehen, dass das ›homogene Ideal‹ von diesen Strukturen (▶ Kap. 19.2) profitiert und hierdurch diskriminierendes Verhalten weder erkannt wird noch dagegen vorgegangen werden soll. Dies führt zu dem Schluss, dass gerade durch die Privilegierung der Diskriminierung und dem Ziel, das ›homogene Ideal‹ zu schützen, keine Veränderung hinsichtlich der Exklusion der Diversitätsdimension Religion anzunehmen ist. Hiermit stellen diakonische bzw. kirchliche Einrichtungen eine besondere Art von Organisationen dar, da sie gegenüber ihrer Klient_innen meist transkulturell ausgerichtet sind, gleichzeitig aber intern monokulturell arbeiten. Da es die Mitarbeiter_innen persönlich nicht negativ betrifft, wird dieser Ausschluss zwar benannt, jedoch gleich auf vorhandene, unveränderbare Strukturen zurückgeführt. Diese strukturellen Hürden sind in der Praxis durchaus vorhanden. Denn ob und wann kirchliche Einrichtungen eine unterschiedliche Behandlung aufgrund der Religion vornehmen dürfen, ist in § 9 AGG geregelt (Gekeler 2016: 62). Meist stellen christliche Arbeitgeber nur Kirchenmitglieder ein oder aber sie behandeln Andersgläubige als Beschäftigte zweiter Klasse. Dieses Problem betrifft tatsächlich die Strukturen, da das AGG hier eine Schutzlücke offenlässt, wodurch es mit Hilfe der sog. Kirchenklausel möglich ist, eine Ungleichbehandlung von Kirchenmitgliedern und anderen Bewerber_innen vorzunehmen. Damit verstößt § 9 AGG gegen das Antirassismus-Abkommen der Vereinten Nationen, da Stellensuchende indirekt wegen ihrer Herkunft diskriminiert werden. Somit handelt es sich hierbei um eine mittelbare rassistische Diskriminierung, die Auswirkungen auf die Einstellungspraxis als auch die bestehenden Arbeitsverhältnisse hat (ebd.: 62f.) »Gerade bei Andersgläubigen wird mal der Vertrag nicht verlängert, weil eine christliche Kraft gefunden wurde, oder es wird offen angesprochen, dass nur Kirchenmitglieder Aufstiegsmöglichkeiten haben. Das Tragen eines Kopftuchs kann in christlichen Einrichtungen ein Kündigungs- oder Ablehnungsgrund sein« (ebd.: 64).

Als Gegenargument äußern Kirchenfunktionäre, sie müssten auf das religiöse Selbstverständnis achten und könnten nur mit Hilfe dieser Ungleichbehandlung den christlichen Charakter ihrer Einrichtung bewahren (ebd.). Damit nehmen jene Organisationen eine Haltung ein, in der sie ausdrücken, dass nur die Zugehörigkeit zu ihrer Kirche das wirkliche ›Christsein‹ ausmacht, woraus die Abwertung gegenüber ›Anderen‹ resultiert. Zudem ist fraglich, inwieweit das religiöse Selbstverständnis gefährdet wäre, wenn Kirchen Nächstenliebe auch gegenüber Andersgläubigen in ihrer Organisation leben würden. Wäre es nicht vielmehr Ausdruck des religiösen Selbstverständnisses, allen ungeachtet der Religionszugehörigkeit einen Platz in der Gesellschaft und in der Arbeitswelt zu eröffnen? Sicherlich ist eine Religionszugehörigkeit sinnvoll und auch Voraussetzung, sobald es um den Bereich der Verkündigung geht. Allerdings stellt sich hier die Frage, inwieweit Menschen ohne eine Religionszugehörigkeit einen solchen Weg überhaupt einschlagen würden. Am Ende liegt es doch meist an der Arbeitsmarktlage, ob Einrichtungen auf eine Konfessionszugehörigkeit bestehen oder nicht.

Abschließend ist festzustellen, dass hier große strukturelle Hürden bestehen, die nur über Veränderungen der Organisationskultur der Kirchen selbst abgebaut werden können. Dennoch ist eine Veränderungsoption durch einen Bottom-Up-Prozess nicht zu vernachlässigen. Mitarbeiter_innen können auf diskriminierende Handlungen in den Organisationen aufmerksam machen und sich gegen diese aussprechen. Allerdings scheint sich dies bisher nicht zu ereignen. Ob den Mitarbeiter_innen in den Einrichtungen nicht bewusst ist, dass sie selbst zu einer Veränderung beitragen können, sie es nicht als notwendig erachten, um die eigenen Privilegien und Werte nicht zu verlieren oder aber zu viel Angst haben dabei ihren Arbeitsplatz zu verlieren, bleibt hier unbeantwortet.

Im Gegensatz zu diakonischen Einrichtungen nur eine befragte Person bezüglich der Diversitätsausprägung weiterentwickelt als die Organisationskultur. Vor allem der nichtvorhandenen Möglichkeit Neuerungen anzustoßen und voneinander zu lernen wird eine große Bedeutung beigemessen. Deutlich wird, dass der Interviewte mehr Vielfalt fordert, dies aber gleichzeitig durch die vorhandenen Strukturen als eingeschränkt möglich bewertet. Um Diversität seinen Vorstellungen nach umzusetzen, müsste sich daher zunächst die Organisationskultur weiterentwickeln, indem neue und offene Strukturen geschaffen werden. Auch für die diakonischen Einrichtungen wäre eine Weiterentwicklung der Strukturen im Bereich der Dimension Religion notwendig, um die Diversitätsausprägung, die die Mitarbeiter_innen bereits gegenüber ihren Kund_innen leben, auch innerhalb der Organisation umsetzen zu können. Damit ist die theoriebasiert getroffene Annahme einer Interdependenz zwischen der Organisationskultur und Diversitätsausprägung in der Praxis belegt, weshalb davon auszugehen ist, dass beide Phasenmodelle parallel verlaufen müssen, um den Zusammenhalt in der Organisation aufrechterhalten zu können.

19.5 Chancen und Herausforderungen von Vielfalt in Organisationen

Mit der Zielsetzung im abschließenden Kapitel, Überlegungen zu einem Auditierungsprogramm für den hier entwickelten Change-Prozess zu konzipieren, werden zunächst Chancen und Herausforderungen im Umgang mit Vielfalt in Organisationen anhand der Ergebnisse der qualitativen Erhebung zusammengefasst. Hierdurch ist es möglich, positive Aspekte von Diversität exemplarisch anzuführen und mögliche Grenzen und Herausforderungen aufzuzeigen, um damit Wege zu bestimmen, wie diese adäquat in den Change-Prozess eingebunden werden können.

Als Chancen nennen die Interviewpartner_innen vor allem den geschäftlichen Mehrwert von Diversität in Form von Kreativitätspotenzial, Effizienz, Innovation, Kompetenzvielfalt oder das verbesserte Erreichen von Kund_innen (▶ Kap. 19.2). Diese Chancen sind weitreichend deckungsgleich mit den ökonomischen Vorteilen von Diversität nach Cox (1993) und Sepehri (2002) (▶ Kap. 15.1). Diese werden hier noch einmal zusammenfassend dargestellt:

- Kreativitäts- und Innovationsargument;
- Marketing- und Vertriebsargument;
- Flexibilitäts-Argument;
- Personalmarketing-Argument;
- Problemlösungs-Argument;
- Kostenargument (Sepehri 2002: 161–202).

Ähnliche Vorteile von Diversität nennt auch die Charta der Vielfalt (o. J.):

- Vielfalt hilft den Fachkräftemangel auszugleichen;
- Erschließung neuer Zielgruppen und Märkte durch eine vielfältige Belegschaft;
- gemischte Teams bringen bessere Lösungen und innovative Produkte.

Auch wenn sich die ökonomische (Gewinnmaximierung) und soziale (Blick auf Gerechtigkeit) Logik in Organisationen gravierend unterscheiden, kann hier die Annahme (▶ Kap. 15.2) bekräftigt werden, dass für NPOs neben der hoch bedeutsamen sozial-ethischen Betrachtungs- und Begründungsweise von Diversität ökonomische Aspekte nicht vernachlässigt werden dürfen. Denn in Anlehnung an die Aussagen der Interviewten scheint die ökonomische Begründungsweise für die Praxis von sozialen und diakonischen Einrichtungen sowie Kommunalverwaltungen im Hinblick auf eine Auseinandersetzung mit dem Thema Vielfalt in Organisationen maßgeblich.

Dennoch haben deutsche Unternehmen in Bezug auf die Förderung von Vielfalt immer noch einen deutlichen Nachholbedarf. Bereits im Jahr 2006 wurde daher die Charta der Vielfalt ins Leben gerufen. »Die Charta-Unterzeichner verpflichten sich, die Vielfalt ihrer Belegschaft, Kundschaft und Geschäftspartner anzuerkennen, wertzuschätzen und zu fördern – unabhängig von Alter, Geschlecht, Behinderung, Rasse, Religion, Nationalität, ethnischer Herkunft, sexueller Orientierung und Identität« (Kanschat 2009: 20). Hierdurch werden bspw. im Bereich der Personalpolitik durch neue Auswahlverfahren für Nachwuchskräfte, die ihren Schwerpunkt auf Interkulturelle Kompetenz legen, eine Weiterentwicklung von Organisationen unterstützt (ebd.: 21). Die Förderung von Vielfalt kann für die Organisationen aber auch ein Wettbewerbsvorteil sein. Denn inzwischen setzen viele Förderprogramme auf europäischer oder nationaler Ebene eine Vielfaltspolitik für eine Unterstützung voraus. Zudem werden in den Förderprogrammen neben deren Hauptzielen weitere Querschnittsziele verankert. Ein Beispiel hierfür ist der Europäische Sozialfonds (ESF), der die Gleichstellung der Geschlechter und Antidiskriminierung als Querschnittsziele festschreibt. Folglich sollen Förderprogramme des ESF daran mitwirken,

> »eine dauerhafte Beteiligung von Frauen am Erwerbsleben zu erreichen, das berufliche Fortkommen von Frauen zu stärken, gegen die Feminisierung der Armut vorzugehen, zum Abbau der geschlechtsspezifischen Segregation und von Geschlechterstereotypen auf dem Arbeitsmarkt und in der allgemeinen und beruflichen Bildung beizutragen und die Vereinbarkeit von Berufs- und Privatleben sowie die gleichberechtigte Verteilung von Betreuungspflichten zu fördern« (Agentur für Querschnittsziele im ESF 2018: 6).

Gleichzeitig werden alle Mitgliedsstaaten des ESF verpflichtet, Maßnahmen gegen jede Form von Diskriminierung zu ergreifen, soziale Ausgrenzung und Armut zu überwinden und eine gesellschaftliche Teilhabe zu ermöglichen (ebd.). Hierdurch können vor allem im Bereich der Personalentwicklung Fortschritte erzielt werden.

Darüber hinaus kann aus den Interviewpassagen eine große Bedeutung der durch die Vielfalt vorhandenen Lern- und Veränderungschance abgeleitet werden. Durch diese Lernchancen wird es möglich, folgenden Paradigmenwechsel bezüglich Diversität anzustoßen, durch den Vielfalt zunehmend als Alltagsnormalität verstanden werden kann (Charta der Vielfalt 2017: 15) (▶ Abb. 27).

Als herausfordernd beschreiben die Befragten vor allem persönliche Widerstände von Kolleg_innen oder Führungskräften, die Vielfalt als Bedrohung ansehen, die in Angst vor Nachteilen oder Veränderungen zum Ausdruck kommt. Dieses Phänomen beschreibt auch die Charta der Vielfalt:

> »Wie alle Veränderungsprozesse kann auch Diversity Management mit einer sich wandelnden Personal- und Organisationsentwicklung, z. B. mit einer Personalgewinnung, die sich in der Tendenz als ›jünger, weiblicher und bunter‹ umschreiben lässt, viele bewusste und (noch viel mehr) unbewusste Ängste wecken und offene oder verdeckte Widerstände hervorrufen. Hierarchien, Statusprivilegien und langjährige Gewohnheiten werden hinterfragt und geraten in Bewegung. Widerstände sind dabei als Teil des Veränderungsprozesses zu sehen, von Anfang an aufzugreifen und konstruktiv zu gestalten« (Charta der Vielfalt 2017: 17).

Folglich ist die Einbeziehung aller Mitarbeiter_innen auf allen Ebenen für den Change-Prozess von großer Bedeutung, da nur dadurch entsprechende Ängste abgebaut werden können. Für den gezielten Verlauf des Chance-Prozesses kann das Phasenmodell der Veränderung nach Streich aus Kapitel 14.3 als Umsetzungsmöglichkeit herangezogen werden (▶ Kap. 14.3). Dadurch besteht die Chance,

Paradigmenwechsel Diversity

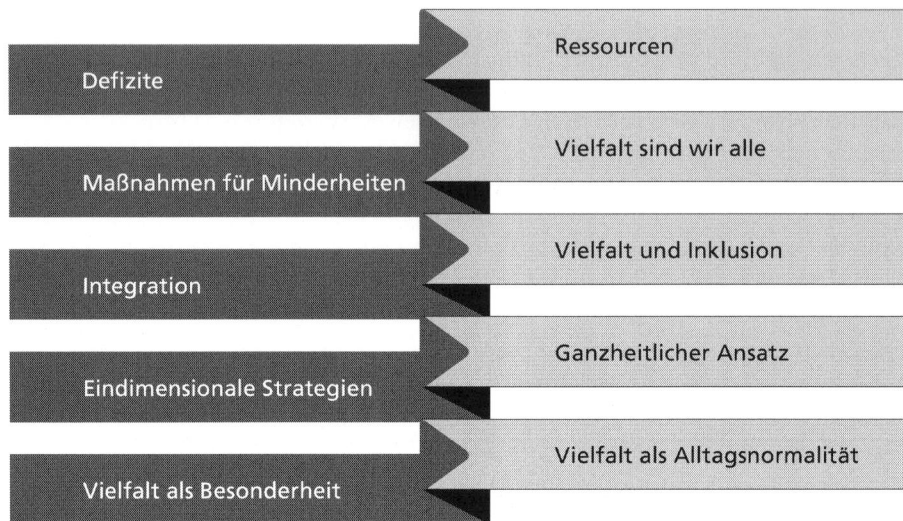

Abb. 27: Paradigmenwechsel Diversity nach der Charta der Vielfalt (aus: Charta der Vielfalt, 2017. Vielfalt, Chancengleichheit und Inklusion: Diversity Management in öffentlichen Verwaltungen und Einrichtungen. Berlin: Charta der Vielfalt: 15 [Zugriff am 26.03.2020]. Verfügbar unter: https://www.charta-der-vielfalt.de/fileadmin/user_upload/Studien_Publikationen_Charta/Charta_der_Vielfalt-ÖH-2017.pdf)

den Prozess der Veränderung über die Etappen Schock, Einsicht, Akzeptanz und Lernen bis hin zur Integration der neuen Verhaltensweisen adäquat zu begleiten. Überdies müssen sich die Führungskräfte mit der Verschiedenheit der Mitarbeiter_innen auseinandersetzen, damit alle Beteiligten gleichermaßen eingebunden werden können. Um die schwer zu bewältigende Komplexität der Mitarbeiter_innenvielfalt handhabbar zu machen, zeigt Vahs (2003: 291) sieben Mitarbeiter_innengruppen, mit denen in einem organisatorischen Wandel zu rechnen ist, auf.

- **Visionär_innen und Missionar_innen:** Diese Gruppe entwickelte Maßnahmen des geplanten Wandels mit und ist von daher überzeugt, dass die geplanten Veränderungen wichtig und zielführend sind. Als ›Missionar_innen‹ versuchen sie, die Kolleg_innen von ihrem Vorhaben zu begeistern und sie aktiv einzubeziehen.
- **Aktive Gläubige:** Sie sind von der Notwendigkeit und dem Erfolg des Change-Prozesses überzeugt und bereit, sich aktiv dafür einzusetzen.
- **Opportunist_innen:** Ein_e Opportunist_in wägt die persönlichen Vor- und Nachteile der Veränderung ab. Gegenüber den Vorgesetzten äußert sich ein_e Opportunist_in zum bevorstehenden Wandel positiv, gegenüber den Kolleg_innen eher verhalten oder skeptisch.

- **Abwartende und Gleichgültige:** Diese Gruppe bildet meist die Mehrheit einer Organisation. Ihre Bereitschaft, sich aktiv für den Wandel einzusetzen, ist gering. Sie würden lieber alles ›beim Alten‹ belassen. Erst wenn die Veränderung Erfolg zeigt, kann diese Gruppe motiviert werden.
- **Untergrundkämpfer_innen:** Diese Mitarbeiter_innen leisten, verdeckt gegenüber dem anstehenden Wandel, Widerstand. Sie streuen Gerüchte und versuchen im Untergrund gegen den Wandel vorzugehen.
- **Offene Gegner_innen:** Offene Gegner_innen zeigen ihre entsprechende Abneigung und sind der Überzeugung, dass die Entscheidung zur Veränderung falsch ist und der Wandel nicht zum Erfolg führt. Meist ist ihre Kritik aber konstruktiv und kann in den Veränderungsprozess positiv einbezogen werden.
- **Emigrant_innen:** Manche der Beschäftigten beschließen den Prozess nicht mitzutragen und die Organisation zu verlassen (ebd.).

Führungskräfte sollten Visionär_innen stark in den Prozess einbinden und ihnen Raum für ihre Ideen geben. Opportunist_innen gilt es für sich und den Wandel zu gewinnen und zu motivieren. Am schwierigsten lassen sich die Untergrundkämpfer_innen für den Change-Prozess erreichen. Diese müssen ermutigt werden, ihre Ängste und Bedenken offen zu äußern, um mit ihnen in einen Diskurs treten zu können. Nur so gelig es, ihre Interessen zu erkennen und einzubeziehen und den ›Gegenwind im Hintergrund‹ abzuwehren. Die Ansichten der Offenen Gegner_innen müssen von den Führungskräften ernstgenommen werden, um durch sachliche Argumente eine Verhaltensänderung zu erreichen. Ist dies nicht möglich, kann es zu einer Trennung zwischen Organisation und Mitarbeiter_in kommen.

Dass den Führungskräften eine zentrale Aufgabe in Form der herausfordernden situationsbedingten Führung (▶ Kap. 14.2) zukommt, wird aus den Interviewaussagen ebenfalls ersichtlich. Nur hierdurch können die geschilderten Schwierigkeiten in Form von Konflikten und kontroversen Sichtweisen professionell und langfristig überwunden werden. Hierdurch werden auch Herausforderungen bei der Kommunikation nachvollziehbar. Jedoch sind Konflikte innerhalb der Organisationsentwicklung nicht per se etwas Negatives. Denn durch mehr Teilhabe vielfältiger Menschen in einer NPO entstehen in dieser auch diverse Meinungen und Handlungsweisen. El-Mafaalani (2018: 81) sieht Konflikte im Integrationsprozess daher als etwas Positives an, da diese nicht Ausdruck einer Spaltung, sondern vielmehr Ausdruck des Zusammenwachsens sein können. Spannungen entstehen dieser Betrachtungsweise nach beim Sichnäherkommen. So folgert er: »Gelungene Integration erhöht deshalb das Konfliktpotential, weil Inklusion, Gleichberechtigung oder eine Verbesserung der Teilhabechancen nicht zu einer Homogenisierung der Lebensweisen, sondern zu einer Heterogenisierung, nicht zu mehr Harmonie und Konsens in der Gesellschaft, sondern zu mehr Dissonanz und Neuaushandlungen führt« (ebd.: 79). Entsprechend müssen auch in Organisationen Aushandlungen stattfinden und Konflikte begleitet werden, um gemeinsame Werte und Normen festzulegen und als Organisation zusammenzuwachsen. Damit tragen Konflikte im Verlauf des Change-Prozesses zur Fortentwicklung der Organisation bei.

Als Grenze der Vielfalt in Organisationen wird von den Interviewten die durch Diversität gefährdete Zielerreichung angesprochen. Damit stellen die Befragten das Ziel der Organisation über das Ziel einer Selbstverständlichkeit von Vielfalt.

Abschließend ist festzuhalten, dass alle Befragten sowohl Chancen als auch Herausforderungen im Umgang mit Vielfalt beschreiben. Je weiter eine Organisation im Change-Prozess entwickelt ist, desto deutlicher liegt der Schwerpunkt auf positiven Aspekten. Gleichzeitig merken die Vertreter_innen dieser Organisationen an, dass Herausforderungen trotz der vorhandenen Vielfalt bestehen, die positiven Aspekte jedoch sichtlich überwiegen, so dass sich der Einsatz für Diversität lohnt. Entsprechend kann davon ausgegangen werden, dass sich parallel zum Change-Prozess eine positive Sichtweise auf Diversität innerhalb der besagten Organisation ausbildet. Wie dieser Chance-Prozess professionell angeleitet und begleitet werden kann, zeigt das nachfolgende Kapitel auf.

Teil C: Schlussbetrachtung

20 Überlegungen zu einem Auditierungsverfahren für den Change-Prozess von Vielfalt in Organisationen

DiM ist ein langfristig angelegtes Vorhaben. Eine Organisation kann sich nicht binnen kurzer Zeit auf eine große Vielfalt an Mitarbeiter_innen und Kund_innen einstellen und ihre Strukturen und Abläufe verändern. Daher wird ein strukturiertes Verfahren zur zielgerichteten Durchführung des zuvor entwickelten Change-Prozesses und der Implementierung von DiM benötigt. An dieser Stelle soll von daher ein kleiner Einblick zu einem eigens entwickelten Diversitäts-Audit-Verfahren[5] erfolgen. »Beim Diversity-Audit werden unternehmensspezifische Lösungen erarbeitet. Es geht also nicht nur um die Umsetzung von gesetzlich vorgeschriebenen, allgemein-verbindlichen Modellen, sondern um das Angebot bedarfsgerechter und praktikabler Maßnahmen« (Hecht-El Minshawi u. a. 2007: 123).

Im Kern geht es also darum, Diversität zielgerichtet und ganzheitlich in Organisationen umzusetzen. Hierbei geht es bspw. um folgende Fragen:

- Wie werden diversitätssensible Strukturen für eine Organisation geschaffen?
- Wie kann die Organisationskultur inklusiv ausgerichtet werden?
- Wie wird ein Bewusstsein für Diskriminierung entwickelt?
- Wie gelingt es, Vielfalt als Potential zu betrachten und einzubeziehen?

Entsprechend nimmt sich das Verfahren folgenden Handlungsfeldern an (▶ Abb. 28)

Mittels des Audit-Verfahrens sollen NPOs professionell in diesem komplexen Prozess begleitet, beraten und qualifiziert werden. Im Hinblick auf die umfassenden Organisationsbetrachtung wird sehr schnell klar, dass es sich um ein langfristiges Veränderungsprojekt der Organisation handelt. In der Praxis sollte von daher schrittweise vorgegangen und eine zur Organisation passende Auswahl der Zielsetzungen (Prioritätensetzung) getroffen werden.

Zur Umsetzung dessen besteht der Ablauf des Audit-Verfahrens aus drei zirkulär verlaufenden Bausteinen:

1. Ist-Analyse der Organisation: Durch verschiedene Strategien wird eine Ist-Analyse, bestehend aus qualitativen und quantitativen Elementen, der Organisation im Hinblick auf Diversität durchgeführt. Damit erfüllt sie die Qualitätsstandards der Evaluationsforschung.

---

5 In Anlehnung an bestehende Diversität-Audits für Hochschulen (De Ridder/Jorzik 2012).

20 Überlegungen zu einem Auditierungsverfahren für den Change-Prozess

Abb. 28: Handlungsfelder des eigens entwickelten Auditierungsverfahrens (eigene Darstellung)

2. **Ziel- und Maßnahmenformulierungen:** Zusammen mit der Organisation wird partizipativ ein Soll-Zustand festgelegt, der mit den Unternehmenszielen abgestimmt wird. Daraufhin werden entsprechende Förder- bzw. Veränderungsmaßnahmen abgeleitet.
3. **Durchführung und reflexive Begleitung der Fördermaßnahmen:** Abschließend werden die Maßnahmen professionell umgesetzt und begleitet. Im Anschluss daran werden die Ziele überprüft und evaluiert. Gibt es anschließend weiteren Handlungsbedarf, erfolgen neue Zielformulierungen mit entsprechenden Maßnahmen.

Somit besteht das Auditverfahren aus folgendem Ablaufmodell (▶ Abb. 29).

Abb. 29: Ablaufmodell des Auditverfahrens (eigene Darstellung)

Mit Hilfe dieses Auditverfahrens können NPOs durch professionelle externe Berater_innen eine Analyse ihrer Organisation im Hinblick auf Diversität erhalten und in ihrem spezifischen Change-Prozess von der Exklusiven zur Inklusiven Diversität adäquat begleitet werden. Durch das zielgerichtete und strukturierte Vorgehen kann Vielfalt in Organisationen zunehmend zur Selbstverständlichkeit werden sowie langfristig eine Synthese von Verschiedenheit und Einheit in der Organisation hergestellt werden.

21 Fazit und Ausblick

Diversität in den Ausprägungen Vielfalt, Verschiedenheit und Unterschiedlichkeit ist ein inzwischen etabliertes Forschungsfeld, das jedoch nach wie vor kontrovers diskutiert wird. Auch wenn Vielfalt im Dienstleistungssektor zunehmend relevant wird, gibt es kaum Überlegungen zur Förderung und Anerkennung menschlicher Diversität in NPOs. Daher stand im Mittelpunkt dieser Arbeit die Auseinandersetzung mit der Frage, wie Diversität in Organisationen gefördert werden kann, um diese aus sozial-ethischer Betrachtungsweise als selbstverständlich, im Sinne der Norm, anzusehen und so gleichzeitig Chancengleichheit herzustellen. Entsprechend wurden zu Beginn zwei theoriegeleitete Hypothesen aufgestellt, die im Verlauf der Arbeit sowohl theoretisch als auch empirisch überprüft werden sollten.

Im ersten Teil der Arbeit erfolgte eine theoriebasierte Auseinandersetzung mit dem Thema Vielfalt in Organisationen. Parallel hierzu wurde der Change-Prozess von der Exklusiven zur Inklusiven Diversität entwickelt. Während der theoretischen Auseinandersetzung ist zunächst deutlich geworden, dass Vielfalt erst einmal als etwas Positives und als Chance betrachtet werden muss, damit diese in NPOs gefördert werden kann. Zudem wurde schlussgefolgert, dass mehrere Phasenmodelle für den Change-Prozess erarbeitet werden müssen, um sowohl die Organisationskultur als auch die Diversitätsausprägung aller Beteiligten differenziert betrachten und fördern zu können. Daher wurde in Kapitel 14.1 zunächst das Phasenmodell der Organisationskultur (Monokultur – Interkultur – Transkultur) erarbeitet (▶ Kap. 14.1), um die strukturellen Vorgaben von Organisationen in den Blick nehmen zu können. Anschließend ist in Kapitel 15 das Phasenmodell der Diversitätsausprägung (Exklusive – Integrative – Inklusive Diversität) entwickelt worden (▶ Kap. 15). Dieses ist zentral, um Führungskräfte und Individuen in ihren Haltungen detailliert betrachten und in den Wandel einbeziehen zu können. Hierbei war festzustellen, dass die Phasen dieses Modells immer noch eine überwiegend ökonomische Betrachtungsweise von Diversität abbilden und dies für den Non-Profit Bereich nur bedingt zielführend sein kann. Folgerichtig wurde in Kapitel 16 durch das Heranziehen der Resonanztheorie nach Rosa (2019a) eine weitere Stufe in Form der Resonanzperspektive mit einer sozial-ethischen Sichtweise erarbeitet (▶ Kap. 16). Hierbei wurde ersichtlich, dass Resonanz einen Beziehungsmodus darstellt, der nur in Begegnungen selbst nachgewiesen werden kann und nicht managebar ist. Dennoch können Rahmenbedingungen geschaffen werden, die Resonanzerfahrungen in Organisationen unterstützen. Parallel zu diesem Prozess bestätigte sich die Annahme, dass Individuen und nicht nur Organisationen eine Veränderung der diversitätsbezogenen zur personenbezogenen Betrachtungsweise von Diversität durchlaufen.

Mit der Zielrichtung, eine Synthese zwischen Einheit und Vielfalt herzustellen, wurde der Frage nachgegangen, wie der Zusammenhalt in diversitätsorientierten Organisationen hergestellt werden kann. Dabei wurde festgestellt, dass es zunächst eine Integration im Sinne von Anpassung braucht, ehe Aushandlungen zu bestehenden Werten und Normen geführt werden können, um einen gemeinsamen Wertekonsens herzustellen. Erst im Anschluss daran ist es möglich einen Zusammenhalt über Inklusion herzustellen.

Abschließend wurden in Teil A die einzelnen Phasenmodelle visualisiert dargestellt und zu einem Change-Prozess zusammengeführt (▶ Abb. 22).

In Teil B der Arbeit erfolgte die Überprüfung der Hypothesen sowie des in Teil A entwickelten Change-Prozesses anhand einer empirischen Erhebung. Als Instrument der Erhebung dienten Expert_inneninterviews, um der notwendigen Flexibilität der Kommunikation Rechnung zu tragen und das Ergebnis möglichst offen zu halten. Die Auswertung der Befragungen erfolgte mit Hilfe der qualitativen Inhaltsanalyse. So konnten die Ergebnisse strukturiert dargestellt werden.

Mit Hilfe der Befragung war es möglich alle drei Stufen der Organisationskultur in der Praxis nachzuweisen. Hierbei war zu erkennen, dass diakonische Einrichtungen in diesem Modell ein Ausnahmephänomen darstellen, da deren Strukturen intern keine religiöse Vielfalt zulassen, jedoch auf Kund_innenseite Vielfalt akzeptiert wurde. Entsprechend müssen diese Organisationen als monokulturell ausgerichtet betrachtet werden, auch wenn sie in ausgewählten Bereichen auf anderen Ebenen des Phasenmodells angegliedert werden können. Denn der Ausschluss einer Diversitätsdimension führt häufig auch zur Exklusion weiterer Dimensionen. Im Bereich der Interkultur wurde von den Interviewten vor allem die Wichtigkeit von interkulturellem und Diversitätsorientiertem Lernen hervorgehoben, während innerhalb einer Transkultur eher persönliche statt strukturelle Äußerungen hinsichtlich des Phänomens Diversität gemacht wurden.

Anschließend konnte auch das Phasenmodell der Diversitätsausprägung durch die qualitative Erhebung nachgewiesen werden. Dabei fiel auf, dass Interviewte innerhalb einer einzelnen Einrichtung unterschiedliche Diversitätsgrade aufweisen können, da es sich jeweils um individuelle Sichtweisen handelt. Unter Einbeziehung der Resonanzperspektive als letzte Stufe des Change-Prozesses sollte auch dieses Phasenmodell empirisch überprüft werden. Dabei wurde deutlich, dass auf der Stufe der Entfremdung Resonanz unmöglich scheint. Bei Resonanzoffenheit beginnen hingegen Resonanzräume zu wirken, während in der Resonanzfähigkeit sowohl Response- als auch Synchronresonanz möglich sind.

Nachdem alle drei Phasenmodelle durch die Expert_innenbefragung als praxisrelevant nachgewiesen werden konnten, folgte anschließend die Überprüfung der theoriegeleiteten Hypothesen. Dabei wurde bestätigt, dass auch empirisch ein Wandel von der diversitäts- zur personenbezogenen Betrachtungsweise von Diversität erfolgt und dieser im Bereich zwischen der Integrativen und Inklusiven Diversität verläuft. Darüber hinaus konnte aufgezeigt werden, dass eine Interdependenz zwischen Kultur- und Diversitätsphasen besteht, weshalb beide

Prozesse parallel verlaufen müssen, um den Zusammenhalt in Organisationen nicht zu gefährden. Abschließend sind mit Hilfe der Interviews Chancen, Grenzen und Herausforderungen im Umgang mit Vielfalt herausgearbeitet worden, um Wege zu bestimmen, wie diese in den Change-Prozess integriert werden können.

Zuletzt wurden in Kapitel 20 Überlegungen für ein Auditierungsprogramm des Change-Prozesses angestellt (▶ Kap. 20). Hierbei entstand ein Konzept für ein dreischrittiges Vorgehen: (1) Ist-Analyse, (2) Ziel- und Maßnahmenformulierung und (3) Durchführung und reflexive Begleitung. Durch diese strukturierte Strategie ist es möglich, Organisationen in ihrem Wandel – durch externe Professionelle – adäquat zu begleiten und DiM zu etablieren.

Zusammenfassend lässt sich festhalten, dass der zunächst theoriegeleitete Change-Prozess auch in der Praxis nachweisbar ist und damit auch Praxisrelevanz besteht. Um Auditierungsverfahren erfolgreich durchführen zu können, werden fachlich ausgewiesene Anbieter benötigt, die dieses Verfahren nach den notwendigen Qualitätsstandards durchführen. Durch dieses elaborierte und systematisierte Vorgehen wäre es möglich, Vielfalt zunehmend als Selbstverständlichkeit, als »Normalfall« der Organisationen anzusehen sowie Chancengleichheit auszubauen und gegen Diskriminierungen vorzugehen. Schließlich könnte mit Hilfe des hier entwickelten Change-Prozesses und dessen Umsetzung in einem Auditierungsverfahren eine Synthese zwischen Verschiedenheit und Einheit erreicht werden, um eine Balance der gesamten Organisation und ein Wohlbefinden der Mitarbeitenden unabhängig von persönlicher Vielfalt entlang der klassischen Diversitätsmerkmale zu ermöglichen. Dies würde Schritt für Schritt zu einem selbstverständlichen und entdramatisierten Umgang mit Vielfalt führen – eigentlich eine Selbstverständlichkeit für eine weltoffene Gesellschaft und Organisation im 21. Jahrhundert.

22 Literaturverzeichnis

Agentur für Querschnittsziele im ESF, 2018. Die Querschnittsziele im ESF in der Förderperiode 2014–2020: der aktualisierte Leitfaden. Berlin: Agentur für Querschnittsziele im ESF. [Zugriff am 28.03.2020]. Verfügbar unter: https://www.esf.de/portal/SharedDocs/PDFs/DE/Publikationen/querschnittsziele_leitfaden_agentur.pdf?__blob=publicationFile&v=10

Aretz, Hans-Jürgen und Hansen, Katrin, 2003. Erfolgreiches Management von Diversity: Die multikulturelle Organisation als Strategie zur Verbesserung einer nachhaltigen Wettbewerbsfähigkeit. Zeitschrift für Personalforschung. 17(1), 9–36. [Zugriff am 14.03.2020]. Verfügbar unter: http://rhverlag.de/Archiv/1_03_Aretz.pdf

Aschenbrenner-Wellmann, Beate, 2003. Interkulturelle Kompetenz in Verwaltung und Wirtschaft: Theorie und Praxis eines Change-Prozesses von der Monokultur zur Globalen Kompetenz. Berlin: Logos.

Aschenbrenner-Wellmann, Beate, 2009. Diversity-Kompetenz – Überlegungen zu einer Schlüsselqualifikation für Theorie und Praxis der Sozialen Arbeit. In: Beate Aschenbrenner-Wellmann, Hrsg. Mit der Vielfalt leben: Verantwortung und Respekt in der Diversity- und Antidiskriminierungsarbeit mit Personen, Organisationen und Sozialräumen: Eine Schriftenreihe des Instituts für Antidiskriminierungs- und Diversityfragen. Stuttgart: Evangelische Gesellschaft.

Aschenbrenner-Wellmann, Beate, 2014a. Diversity als Gestaltungsaufgabe für Non-Profit-Organisationen. Beitrag für den Jahresbericht 2012/13 der Evangelischen Hochschule Ludwigsburg. In: Beate Aschenbrenner-Wellmann und Thomas Fliege, Hrsg. v. der Interkulturellen Öffnung zum Diversity Mainstreaming: Rahmenbedingungen, Forschungsprojekte, Praxisbeispiele. Berlin: Logos, 7–14.

Aschenbrenner-Wellmann, Beate, 2014b. Chancen und Grenzen der Sozialen Arbeit mit MigrantInnen und Flüchtlingen mit prekärem Aufenthaltsstatus: Reflexive Diversitäts- und Menschenrechtskompetenz von Einzelnen und Organisationen. In: Beate Aschenbrenner-Wellmann und Thomas Fliege, Hrsg. v. der Interkulturellen Öffnung zum Diversity Mainstreaming: Rahmenbedingungen, Forschungsprojekte, Praxisbeispiele. Berlin: Logos, 27–35.

Aschenbrenner-Wellmann, Beate, 2014c. Reflexive Diversitäts- und Menschenrechtskompetenz in der Arbeit mit Migranten. Soziale Arbeit: Flucht und Migration. Berlin: DZI. 63(10/11), 383–388.

Auernheimer, Georg, 2012. Einführung in die interkulturelle Pädagogik. 7. Aufl. Darmstadt: WGB.

Bandelin, Sebastian, 2017. Resonanzverlangen oder Kampf um Anerkennung? Überlegungen zum normativen Gehalt der Resonanztheorie. In: Christian Helge Peters und Peter Schulz, Hrsg. Resonanzen und Dissonanzen: Hartmut Rosas kritische Theorie in der Diskussion. Bielefeld: transcript, 129–144. [Zugriff am 25.02.2020]. Verfügbar unter: www.transcript-verlag.de/978-3-8376-3565-2

Becker, Manfred, 2016. Was ist Diversity Management? In: Karin Fereidooni und Antonietta P. Zeoli, Hrsg. Managing Diversity: Die diversitätsbewusste Ausrichtung des Bildungs- und Kulturwesens, der Wirtschaft und Verwaltung. Wiesbaden: Springer VS, 291–318. [Zugriff am 26.01.2020]. DOI: 10.1007/978-3-658-14047-2

Beigang, Steffen, Karolina Fetz, Dorina Kalkum und Magdalena Otto, 2017. Diskriminierungserfahrungen in Deutschland: Ergebnisse einer Repräsentativ- und einer Betroffenenbefragung. Hrsg. v. Antidiskriminierungsstelle des Bundes. Baden-Baden: Nomos. [Zugriff am 14.03.2020]. Verfügbar unter: http://www.antidiskriminierungsstelle.de/SharedDocs/Downloads/DE/publikationen/Expertisen/Expertise_Diskriminierungserfahrungen_in_Deutschland.pdf?__blob=publicationFile&v=4

Blessin, Bernd und Alexander Wick, 2017. Führen und führen lassen. 8. Aufl. Konstanz/München: UTB. [Zugriff am 09.06.2020]. Verfügbar unter: http://elk-wue-han.hh-netman.de/han/utbstudi/www.utb-studi-e-book.de/9783838587042

Brinkmann, Heinz Ulrich und Martina Sauer, 2016. Einführung: Integration in Deutschland. In: Ders., Hrsg.: Einwanderungsgesellschaft Deutschland: Entwicklung und Stand der Integration. Wiesbaden: Springer VS, S. 1–21. [Zugriff am 16.03.2020]. DOI 10.1007/978-3-658-05746-6

Bruchhagen, Verena, o. J. Managing Gender & Diversity: ein Konzept zwischen Professionalisierung und Politisierung. Berlin: Internationale Gesellschaft für Diversity Management e. V. – idm e. V. [Zugriff am 01.05.2020]. Verfügbar unter: https://www.idm-diversity.org/files/infothek-bruchhagen-profpolit.pdf

Buttkewitz, Uta und Kristin Kastell, 2018. Leitlinien für das Vielfaltsmanagement der Universität Rostock. [Zugriff am 17.02.2020]. Verfügbar unter: https://www.uni-rostock.de/storages/uni-rostock/UniHome/Vielfalt/Vielfaltsmanagement/Informationsmaterialien/Leitlinien_Vielfaltsmanagement_Universitaet_Rostock_2018.pdf

Charta der Vielfalt, 2017. Vielfalt, Chancengleichheit und Inklusion: Diversity Management in öffentlichen Verwaltungen und Einrichtungen. Berlin: Charta der Vielfalt. [Zugriff am 26.03.2020]. Verfügbar unter: https://www.charta-der-vielfalt.de/fileadmin/user_upload/Studien_Publikationen_Charta/Charta_der_Vielfalt-ÖH-2017.pdf

Charta der Vielfalt, o. J. Die Charta der Vielfalt bringt die Anerkennung, Wertschätzung und Einbeziehung von Diversity in der Arbeitswelt voran. Berlin: Charta der Vielfalt. [Zugriff am 25.03.2020]. Verfügbar unter: https://www.charta-der-vielfalt.de

Cox, Taylor Jr., 1993. Cultural Diversity in Organizations: Theory, Research and Practice. San Fransisco: Berret-Koehler.

De Ridder, Daniela und Bettina Jorzik, 2012. Vielfalt gestalten: Kernelemente eines Diversity-Audits für Hochschulen. Essen: Stifterverband für die Deutsche Wissenschaft. [Zugriff am 26.03.2020]. Verfügbar unter: https://www.stifterverband.org/medien/vielfalt-gestalten

DGSA, o. J. Eckpunktepapier »Forschungsethik in der Sozialen Arbeit«. Sersheim: DGSA. [Zugriff am 11.03.2020]. Verfügbar unter: https://www.dgsa.de/fileadmin/Dokumente/Aktuelles/Eckpunktepapier_Forschungsethik_final_27_04_2018.pdf

Dreas, Susanne A., 2019. Diversity Management in Organisationen der Sozialwirtschaft: Eine Einführung. Wiesbaden: Springer VS. [Zugriff am 26.02.2020]. Verfügbar unter: https://doi.org/10.1007/978-3-658-20546-1

Dugalski, Artur, Carolina Lara und Malik Hamsa, 2013. Farbenblindheit ist auch keine Lösung: Critical Whiteness ist ein sinnvolles Werkzeug zur Rassismuskritik. Analyse & Kritik. Hamburg: ak – analyse & kritik. Sonderbeilage Herbst, 9–10. [Zugriff am 14.03.2020]. Verfügbar unter: http://epub.sub.uni-hamburg.de/epub/volltexte/2014/35350/pdf/sonderbeilage_cw.pdf

EKD, 2019. Seenotrettung: Evangelische Kirche will Schiff ins Mittelmeer schicken. Hannover: Evangelische Kirche Deutschland. [Zugriff am 14.03.2020]. Verfügbar unter: https://www.ekd.de/seenotrettung-evangelische-kirche-schiff-mittelmeer-49622.htm

El-Mafaalani, Aladin, 2018. Das Integrationsparadox: Warum gelungene Integration zu mehr Konflikten führt. 3. Aufl. Köln: Kiepenheuer & Witsch.

Ferstl, Ernst, 2017. Wenn ein Wort sitzt, kann man es stehen lassen. Mödling: Bellaprint.

Finke, M., 2006. Diversity Management: Förderung und Nutzung personeller Vielfalt in Unternehmen. 2. Aufl. München/Mering

Fleps, Johanna Gerlinde und Tobias Büser, 2007. Anforderungen und Kompetenzen von Führungskräften. [Zugriff am 02.02.2020]. Verfügbar unter: https://bueser-akademie.com

Gardenwartz, L. und A. Rowe, 2008. Diverse Teams at Work Capitalizing on the Power of Diversity. Society for Human Resource Management: Alexandria, VA.

Gekeler, Corinna, 2016. Kirchliches Arbeitsrecht verstößt gegen UN-Antirassismuskonvention. In: IQ Fachstelle Interkulturelle Kompetenzentwicklung und Antidiskriminierung via Bayern e. V. – Verband für Interkulturelle Arbeit, Hrsg. Alles schon fair? Mit Recht zu einem inklusiven Arbeitsmarkt: Dossier zu 10 Jahren Allgemeines Gleichbehandlungsgesetz. München: Netzwerk IQ. [Zugriff am 20.03.2020]. https://www.netzwerk-iq. de/fileadmin/Redaktion/Downloads/Fachstelle_IKA/FS_IKA_Publikationen/FS_IKA_Dossier_AGG_web_2.pdf

Georgi, Viola, 2015. Anmerkungen zu aktuellen Debatten in der deutschen Migrationsgesellschaft: Integration, Diversity, Inklusion. Die. 2, 25–27. [Zugriff am 16.02.2020]. Verfügbar unter: https://www.die-bonn.de/zeitschrift/22015/einwanderung-01.pdf

Hanappi-Egger, Edeltraud und Roswitha Hofmann, 2012. Diversitätsmanagement unter der Perspektive organisationalen Lernens: Wissens- und Kompetenzentwicklung für inklusive Organisationen. In: Regine Bendl, Edeltraud Hanappi-Egger und Roswitha Hofmann. Diversität und Diversitätsmanagement. Wien: UTB, 327–349. [Zugriff am 20.06.2020]. Verfügbar unter: http://elk-wue-han.hh-netman.de/han/utbstudi/www.utb-studi-e-book.de/9783838535197

Hanappi-Egger, Edeltraut und Regine Bendl, 2015. Diversität, Diversifizierung und (Ent)Solidarisierung: Eine Standortbestimmung der Diversitätsforschung im deutschen Sprachraum. Wiesbaden: Springer VS. [Zugriff am 20.03.2020]. Verfügbar unter: DOI: 10.1007/978-3-658-08606-0

Hanappi-Egger, Edeltraud und Kutscher, Gloria, 2015. Entgegen Individualisierung und Entsolidarisierung: Die Rolle der sozialen Klasse als suprakategorialer Zugang in der Diversitätsforschung. In: Hanappi-Egger, Edeltraut und Regine Bendl, Hrsg. Diversität, Diversifizierung und (Ent)Solidarisierung: Eine Standortbestimmung der Diversitätsforschung im deutschen Sprachraum. Wiesbaden: Springer VS, 19–36. [Zugriff am 20.03.2020]. Verfügbar unter: DOI: 10.1007/978-3-658-08606-0

Handschuck, S. und H. Schröer, 2011. Interkulturelle Orientierung und Öffnung: Theoretische Grundlagen und 50 Aktivitäten zur Umsetzung. Augsburg: ZIEL-Verlag.

Hansen, Katrin, 2006. Umgang mit personeller Vielfalt: Alltagskonstruktionen von Verschiedenheit in deutschen Unternehmen. In: Manfred Becker und Alina Seidel, Hrsg. Diversity Management: Unternehmens- und Personalpolitik der Vielfalt. Stuttgart: Schäffer-Poeschel, 333–348.

Haubner, Tine, 2017. Auf der Suche nach Dingresonanz: Zum Verhältnis von Arbeit und Gesellschaftskritik in Hartmut Rosas kritischer Soziologie. In: Christian Helge Peters und Peter Schulz, Hrsg. Resonanzen und Dissonanzen: Hartmut Rosas kritische Theorie in der Diskussion. Bielefeld: transcript, 217–232. [Zugriff am 25.02.2020]. Verfügbar unter: www.transcript-verlag.de/978-3-8376-3565-2

Hecht-El Minshawi, Béatrice, Jutta Beringhausen und Simone Hartwig, 2007. Diversity-Kompetenz durch Auditierung: Kultur – Struktur – Strategie. Frankfurt a. M.: IKO.

Heini, Claude, 2003. Eine Megafusion: Erleben aus der Sicht von Managern und Mitarbeitern. Münster: Waxmann.

Herger, Denis, 2017. Europas Strukturen zerfallen: Europa befindet sich in einem epochalen Übergangs- und Selbstfindungsprozess. Norderstedt: BoB.

Hofstede, Geert, 2006. Lokales Denken, globales Handeln: Interkulturelle Zusammenarbeit und globales Management. 3. Aufl. München: dtv.

Hormel, Ulrike und Albert Scherr, 2004. Bildung für die Einwanderungsgesellschaft: Perspektiven der Auseinandersetzung mit struktureller, institutioneller und interaktioneller Diskriminierung. Wiesbaden: Springer VS.

Hug, Theo und Gerald Poscheschnik, 2015. Empirisch Forschen: Studieren, aber richtig. 2. Aufl. Konstanz: UVK. [Zugriff am 70.70.2020]. Verfügbar unter: http://elk-wue-han.hh-netman.de/han/utbstudi-1/www.utb-studi-e-book.de/9783838543048

IKUD, o. J. Multikulturalität, Interkulturalität, Transkulturalität und Plurikulturalität. Göttingen: IKUD. [Zugriff am 17.03.2020]. Verfügbar unter: https://www.ikud.de/glossar/multikulturalitaet-interkulturalitaet-transkulturalitaet-und-plurikulturalitaet.html

IQ Consult gGmbH und Facharbeitskreis Interkulturelle Öffnung, Hrsg., 2010. Qualitätsmerkmale der interkulturellen Fort- und Weiterbildung. Zwischenbericht. [Zugriff am 14.12.2020]. Verfügbar unter: https://www.drk-intern.de/fileadmin/Bilder_und_Videos/IKOE/Qualitaetsmerkmale_InterkulturelleFortundWeiterbildung_IQ.pdf

Jerg, Jo, 2008. Respekt vor dem Anderen – Differenz als Herausforderung in Vielfaltsgemeinschaften. In: Beate Aschenbrenner-Wwellmann, Hrsg. Mit der Vielfalt leben: Verantwortung und Respekt in der Diversity- und Antidiskriminierungsarbeit mit Personen, Organisationen und Sozialräumen: Eine Schriftenreihe des Instituts für Antidiskriminierungs- und Diversityfragen. Stuttgart: Evangelische Gesellschaft, 12–32.

Kanschat, Katharina, 2009. Diversity – Erfolgsfaktor in Unternehmen: Die Charta der Vielfalt. Berufsbildung in Wissenschaft und Praxis. Bonn: W. Bertelsmann. 1(38), 20–21.

Katz, Juli, 2018. Kirchen sind kein Arbeitgeber wie jeder andere. Hamburg: Zeit online. [Zugriff am 14.03.2020]. Verfügbar unter: https://www.zeit.de/arbeit/2018-10/bundesarbeitsgericht-kirche-mitgliedschaft-religionszugehoerigkeit-jobbewerber-arbeitsrecht

Koall, Iris, 2005. Heterogenität und Organisation: Managing Diversity. Fachhochschule Reutlingen-Ludwigsburg.

Koall, Iris, 2011. Managing Diversity: Heterogenität und Organisation. In: Renate Hinz und Renate Walthes, Hrsg. Verschiedenheit als Diskurs. Tübingen: Francke, 13–24.

Koall, Iris und Verena Bruchhagen, 2005. Zum Umgang mit Unterschieden im Managing Gender & Diversity – eine angewandte Systemperspektive. In: Gabriella Hartmann und Michaela Judy, Hrsg. Unterschiede machen: Managing Gender & Diversity in Organisationen und Gesellschaft. Wien: Edition Volkshochschule, 17–56.

Krell, Gertraude, 2004. Managing Diversity: Chancengleichheit als Erfolgsfaktor. Personalwirtschaft. (4), 24–35.

Kuhn-Flecuhaus, Christine und Marco Bambach, 2008. Diversity Management – Unsichtbare Potenziale fördern. Berlin/Stuttgart: Steinbeis-Edition.

Leiprecht, Rudolf, 2011. Diversitätsbewusste Soziale Arbeit. Schwalbach/Ts.: Wochenschau.

Loden, Marylin und Judy B. Rosener, 1991. Workforce America: Managing Employee Diversity as a Vital Resource. Homewood.

Mayer, Claude-Hélène und Elisabeth Vanderheiden, 2014. Grundlagentext: Begriffe und Konzepte im Kontext interkultureller Öffnung. In: Claude-Hélène Mayer und Elisabeth Vanderheiden, Hrsg. Handbuch Interkulturelle Öffnung: Grundlagen, Best Practice, Tools. Göttingen: Vandenhoeck & Ruprecht, 27–66. [Zugriff am 12.02.2020]. Verfügbar unter: https://doi.org/10.13109/9783666403613.27

Mayring, Philipp, 2002. Einführung in die qualitative Sozialforschung: Eine Anleitung zu qualitativem Denken. 5. Aufl. Weinheim, Basel: Beltz.

Mayring, Philipp, 2015. Qualitative Inhaltsanalyse: Grundlagen und Techniken. 12., überarb. Aufl. Weinheim und Basel: Beltz.

Mecheril, Paul, 1998. Angelpunkte einer psychosozialen Beratungsausbildung unter interkultureller Perspektive. In: M. Castro Varela, S. Schulze, S. Vogelmann und A. Weiß, Hrsg. Suchbewegungen: Interkulturelle Beratung und Therapie. Tübingen: DGVT, 287–311.

Meißner, Hanna, 2017. Ein anderes Subjekt ist möglich: Kritische Soziologie und der Blick an den Grenzen. In: Christian Helge Peters und Peter Schulz, Hrsg. Resonanzen und Dissonanzen: Hartmut Rosas kritische Theorie in der Diskussion. Bielefeld: trancript, 145–158. [Zugriff am 25.02.2020]. Verfügbar unter: www.transcript-verlag.de/978-3-8376-3565-2

Nohl, Arnd-Michael, 2017. Interview und Dokumentarische Methode. Anleitung für die Forschungspraxis. Lehrbuch. 5. Aufl. Wiesbaden: Springer VS. [Zugriff am 12.03.2020]. Verfügbar unter: DOI: 10.1007/978-3-658-16080-7

Oberkircher, Volker, 2014. Diversität der Mit-Arbeit – wie Unternehmen das »erweiterte Personal« integrieren können. In: Volker Oberkircher und Benjamin Edinger, Hrsg. Diversity Management: Vorteile statt Vorurteile. Bischofsheim, 61–72. [Zugriff am 22.04.2020]. Verfügbar unter: http://archiv.ub.uni-heidelberg.de/volltextserver/17094/1/volker-oberkircher_benjamin-edinger_diversity-management.pdf

Oelschlägel, D., 2013. Emanzipation. In: D. Kreft und I. Mielenz, Hrsg. Wörterbuch Soziale Arbeit. 7. Aufl. Weinheim, Basel: 239–241.

Otten, Mathias u. a., 2007. Interkulturelle Arbeitsfelder im Wandel: Ausbildung, Training und Beratung in Praxis und Wissenschaft. Frankfurt a. M.: IKO.

Perko, Gudrun und Leah C. Czollek, 2007. »Diversity« in außerökonomischen Kontexten: Bedingungen und Möglichkeiten der Umsetzung. In: Anne Broden und Paul Mecheril, Hrsg. Re-Präsentationen: Dynamiken der Migrationsgesellschaft. Düsseldorf: IDA-NRW, 161–180. [Zugriff am 17.04.2020]. Verfügbar unter: https://www.ida-nrw.de/fileadmin/user_upload/reader/Re-Praesentationen.pdf

Petersen, Lars-Eric und Jörg Dietz, 2006. Die Bedeutung von Stereotypen und Vorurteilen für das Diversity-Management. In: Manfred Becker und Alina Seidel, Hrsg. Diversity Management: Unternehmens- und Personalpolitik der Vielfalt. Stuttgart: Schäffer-Poeschel, 106–122.

Prengel, A., 2001. Diversity Studies und Erziehungswissenschaften. In: GPJE, Hrsg. Diversity Studies und politische Bildung. Schwalbach/Ts.: Wochenschau, 21–33.

Pries, Ludger, 2018. Vielfalt und Zusammenhalt vor den Herausforderungen des 21. Jahrhunderts. Archiv für Wissenschaft und Praxis sozialer Arbeit. 49(1). Berlin, 4–17.

Rahnfeld, Claudia, 2019. Diversity-Management: Zur sozialen Verantwortung von Unternehmen. Wiesbaden: Springer VS. [Zugriff am 03.05.2020]. Verfügbar unter: https://doi.org/10.1007/978-3-658-23252-8

Rosa, Hartmut, 2016. Resonanzpädagogik: Wenn es im Klassenzimmer knistert. 2. Aufl. Weinheim und Basel: Beltz.

Rosa, Hartmut, 2019a. Resonanz: Eine Soziologie der Weltbeziehung. 2. Aufl. Berlin: Suhrkamp.

Rosa, Hartmut, 2019b. Demokratie und Gemeinwohl: Versuch einer resonanztheoretischen Neubestimmung. In: Hanna Ketterer und Karina Becker, Hrsg. Was stimmt nicht mit der Demokratie? Berlin: Suhrkamp, 160–188.

Rosa, Hartmut, 2019c. Unverfügbarkeit. 5. Aufl. Wien, Salzburg: Residenz Verlag.

Roßbach, Henrike, 2018. In den Aufsichtsräten wirkt die Quote. München: Süddeutsche Zeitung. [Zugriff am 15.03.2020]. https://www.sueddeutsche.de/karriere/frauenquote-mehr-frauen-in-fuehrungspositionen-gibt-es-nur-mit-zwang-1.3818123

Römhild, Regina, 2011. Transnationale Migration und soziokulturelle Transformation: Die Kosmopolitisierung der Gesellschaft. In: Heinrich-Böll-Stiftung, Hrsg. Transnationalismus & Migration: Dossier. Berlin: Heinrich-Böll-Stiftung, 35–38. [Zugriff am 20.04.2020]. Verfügbar unter: https://heimatkunde.boell.de/sites/default/files/dossier_transnationalismus_und_migration.pdf

Schein, E. H., 1984. Coming to a New Awareness of Organizational Culture. Sloan Management Review. 25(2), 3–16.

Schlüter, Anne, 2018. Individuelle Akteure als Gegenstand der Organisationspädagogik. In: Michael Göhlich, Andreas Schröer und Susanne Maria Weber, Hrsg. Handbuch Organisationspädagogik. Wiesbaden: Springer VS, 407–417. [Zugriff am 25.04.2020]. Verfügbar unter: https://doi.org/10.1007/978-3-658-07512-5

Schneeberger, A., U. Rauchfleisch und R. Battgay, 2002. Psychosomatische Folgen und Begleitphänomene der Diskriminierung am Arbeitsplatz bei homosexuellen Menschen. Basel: Psychiatrische Universitätspoliklinik Basel. [Zugriff am 14.03.2020]. Verfügbar unter: https://www.researchgate.net/profile/Andres_Schneeberger2/publication/266598177_Psychosomatische_Folgen_und_Begleitphanomene_der_Diskriminierung_am_Arbeitsplatz_bei_homosexuellen_Menschen_Psychosomatic_consequences_and_phenomena_of_discrimination_at_work_against_people_with_homos/links/543ecd3a0cf21c84f23cb9af.pdf

Schreyögg, G., 1999. Organisation: Grundlagen moderner Organisationsgestaltung. Wiesbaden: Gabler.

Schreyögg, G., 2008. Organisation: Grundlagen moderner Organisationsgestaltung. Wiesbaden: Gabler.

Schwarz-Wölzl, Maria und Christa MAAD, 2004. Diversity und Managing Diversity: Teil 1: Theoretische Grundlagen. Wien: Zentrum für Soziale Innovation. [Zugriff am 08.02.1019]. Verfügbar unter: https://www.zsi.at/attach/Diversity_Teil1_Theorie.pdf

Schwarzer, Beatrix, 2015. Ansätze für eine Diversity-sensible Soziale Arbeit. In: Bettina Brettländer, Michaela Köttig und Thomas Kunz, Hrsg. Vielfalt und Differenz in der Sozialen Arbeit. Perspektiven auf Inklusion. Stuttgart: Kohlhammer, 195-205.

Sepehri, Paivand, 2002. Diversity und Managing Diversity in internationalen Organisationen: Wahrnehmungen zum Verständnis und ökonomischer Relevanz. München/Mering: Hampp.

Staub-Bernasconi, Silvia, 2006. Soziale Arbeit: Dienstleistung oder Menschenrechtsprofession? Zum Selbstverständnis Sozialer Arbeit in Deutschland mit einem Seitenblick auf die internationale Diskussionslandschaft. Uni Siegen. [Zugriff am 07.02.2020]. Verfügbar unter: https://www.uni-siegen.de/zpe/projekte/menschenrechte/staubbethiklexikonutb.pdf

Streich, Richard K., 2013. Fit for Leadership: Entwicklungsfelder zur Führungspersönlichkeit. Wiesbaden: Springer VS.

Stuber, Michael, 2004. Diversity: Das Potential von Vielfalt nutzen – den Erfolg durch Offenheit steigern. Köln: Luchterhand.

Stuber, Michael, 2009. Diversity: Das Potential-Prinzip: Ressourcen aktivieren – Zusammenarbeit gestalten. 2., akt. Aufl. Köln: Luchterhand.

Theissen, Bettine, 2013. Warum Arbeitgeber sich von der Behinderten-Quote freikaufen. Frankfurt a. M.: Frankfurter Allgemeine. [Zugriff am 15.03.2020]. Verfügbar unter: https://www.faz.net/aktuell/karriere-hochschule/recht-und-gehalt/arbeitsmarkt-warum-arbeitgeber-sich-von-der-behinderten-quote-freikaufen-12686091.html

Thomas, A., 1993. Psychologie interkulturellen Lernens und Handelns. In: A. Thomas, Hrsg. Kulturvergleichende Psychologie. Eine Einführung. Göttingen: Hogrefe, 377–424.

Thomas, David A. und Robin J. Ely, 1996. Making Differences Matter: A New Paradigm for Managing Diversity. Harvard Business Review. September/Oktober, 1–14; 79–90.

Thomas, R. Jr., 1995. A Diversity Framework. In: M. Chemers, S. Oskamp und M. Costanzo, Hrsg. Diversity in Organizations. Thousand Oaks, 245–263.

Treibel, Annette, 2016. Integriert euch! Plädoyer für ein selbstbewusstes Einwanderungsland. Bonn: Bundeszentrale für politische Bildung.

Tuckmann, B. W., 1965. Development Sequence in Small Groups. Psychological Bulletin. (63), 384–399.

Vahs, Dietmar, 2003. Organisation: Einführung in die Organisationstheorie und -praxis. Stuttgart: Schäffer-Poeschel.

Vedder, Günther, 2006. Die historische Entwicklung von Diversity Management in den USA und in Deutschland. In: Gertraude Krell und Hartmut Wächter, Hrsg. Diversity Management: Impulse aus der Personalforschung. München/Mering: Hampp, 1–23.

Voigt, Bernd, 2001. Measures & Benchmarks: Komparatives Diversity-Measurement. Präsentation auf der 3. Internationale Managing Diversity Konferenz, Potsdam.

Walgenbach, Katharina, 2014. Heterogenität – Intersektionalität – Diversity in der Erziehungswissenschaft. Opladen, Toronto: Budrich.

Wansing, Gudrun, 2012. Inklusion in einer exklusiven Gesellschaft. Oder: Wie der Arbeitsmarkt Teilhabe verhindert. In: Behindertenpädagogik. Darmstadt: Psychosozial-Verlag. (51), 381–396.

Warmuth, Gloria-Sophia, 2012. Die strategische Implementierung von Diversitätsmanagement in Organisationen. In: Regine Bendl, Edeltraud Hanappi-Egger und Roswitha Hofmann, Hrsg. Diversität und Diversitätsmanagement. Wien: Facultas, 203–236. [Zugriff am 19.03.2020]. Verfügbar unter: http://elk-wue-han.hh-netman.de/han/utbstudi/www.utb-studi-e-book.de/9783838535197

Weinert, A. B., 2004. Organisations- und Personalpsychologie. 5. Aufl. Weinheim: Beltz.

Zick, Andreas, 2006. Gruppenbezogene Menschenfeindlichkeit aus Sicht der Wissenschaft. In: Amadeu Antonio Stiftung: Initiativen für Zivilgesellschaft und demokratische Kultur, Hrsg. Reflektieren. Erkennen. Verändern: Was tun gegen Gruppenbezogene Menschenfeindlichkeit? Berlin: Amadeu Antonio Stiftung. [Zugriff am 02.03.1019]. Verfügbar unter: https://www.amadeu-antonio-stiftung.de/w/files/pdfs/broschuere_gmf_2.pdf

Anhang

Tabellen- und Abbildungsverzeichnis, Abkürzungsverzeichnis

Tabellenverzeichnis

Tab. 1: Partizipationsstufen nach Straßburger und Rieger 133
Tab. 2: Diversitätsdimensionen nach Voigt 184
Tab. 3: Diversitätsdimensionen nach der DGDM 185
Tab. 4: Sichtweisen von Diversität 185
Tab. 5: Teamphasen nach Tuckmann 198
Tab. 6: Organisationen und Proband_innen der empirischen Erhebung .. 231
Tab. 7: Interdependenz zwischen Betrachtungsweisen von Diversität
         und Diversitätsausprägung 262
Tab. 8: Gegenüberstellung Betrachtungsweisen und Diversitätsausprägung
         pro Interviewpartner_in 263
Tab. 9: Zusammenführung beider Phasenmodelle bezogen
         auf Aussagen einzelner Interviewpartner_innen 264
Tab. 10: Indikatorenkatalog Kulturphasen 292
Tab. 11: Indikatorenkatalog Diversitätsausprägung 294
Tab. 12: Indikatorenkatalog Resonanzausprägung 296
Tab. 13: Überarbeiteter Indikatorenkatalog Organisationskultur 298
Tab. 14: Überarbeiteter Indikatorenkatalog Resonanzausprägung 300

Abbildungsverzeichnis

Abb. 1: Das Mehrebenenmodell mit Bedeutungsdimensionen 18
Abb. 2: Diversität in Theorie und Praxis der Sozialen Arbeit 21
Abb. 3: Four Layers of Diversity nach Gardenswartz/Rowe 1998 30
Abb. 4: Zum Zusammenhang zwischen Vorurteilen und Diskriminierung 83
Abb. 5: Interkulturalität nach Barmeyer 111
Abb. 6: Interkulturelle Kompetenz nach Kircher 120
Abb. 7: Interkulturelle Kompetenz nach Bolten 121
Abb. 8: Lernspirale »Interkulturelle Kompetenz« der Bertelsmann
         Stiftung 122
Abb. 9: Kreislaufmodell »Interkulturelles Lernen« 125
Abb. 10: Diversitätskompetenz im Change-Prozess nach
         Aschenbrenner-Wellmann 126
Abb. 11: Kreislaufmodell »Diversitätsorientiertes Lernen« 127
Abb. 12: Kulturelle Kommunikation nach Spenner-Güç 138

Abb. 13: Schnittstellen zwischen SRO und GWA nach Schönig 147
Abb. 14: Beispiel-Mindmap für Kooperationsmöglichkeiten 153
Abb. 15: Interkulturelles und Diversitätsorientiertes Lernen in der GWA 156
Abb. 16: Phasenmodell der Organisationskultur 192
Abb. 17: Resonanzschaubild.. 217
Abb. 18: Resonanzperspektive visualisiert: Resonanz-Viereck 222
Abb. 19: Phasenmodell der Betrachtungsweise von Diversität 224
Abb. 20: Phasenmodell der Diversitätsausprägung 225
Abb. 21: Phasenmodell der Resonanzausprägung 226
Abb. 22: Change-Prozess von der Exklusiven zur Inklusiven Diversität.... 226
Abb. 23: Forschungstheoretischer Rahmen 228
Abb. 24: Wirkung der Resonanzoffenheit und Resonanzfähigkeit 258
Abb. 25: Phasenmodell der Betrachtungsweise von Diversität 261
Abb. 26: Phasenmodell Organisationskultur und Diversitätsausprägung .. 264
Abb. 27: Paradigmenwechsel Diversity nach der Charta der Vielfalt 270
Abb. 28: Handlungsfelder des eigens entwickelten Auditierungsverfahrens 275
Abb. 29: Ablaufmodell des Auditverfahrens 275

Abkürzungsverzeichnis

AGG	Allgemeines Gleichbehandlungsgesetz
AsylbLG	Asylbewerberleistungsgesetz
DGDM	Deutsche Gesellschaft für Diversity-Management
DGSA	Deutsche Gesellschaft für Soziale Arbeit
DiM	Diversitätsmanagement
EKD	Evangelische Kirche Deutschland
ESF	Europäischer Sozialfonds
GMF	Gruppenbezogene Menschenfeindlichkeit
GWA	Gemeinwesenarbeit
MD	Managing Diversity
NPO	Non-Profit-Organisation
SRO	Sozialraumorientierung
UN-BRK	UN-Behindertenrechtskonvention
UNHCR	United Nations High Commissioner for Refugees

Anlagen

Anlage 1: Indikatorenkatalog Kulturphasen

Tab. 10: Indikatorenkatalog Kulturphasen

	Indikatoren zur Organisationskultur		
	Monokultur	**Interkultur**	**Transkultur**
Haltung zu Diversität und Personen	**Homogenität:** • Fokussierung auf Konformität • Vermeidung von Alternativen und neuen Orientierungsmustern • Denken in Stereotypen Festhalten an Vergangenheit	**Heterogenität:** • Vielfalt wird toleriert und genutzt Dennoch eine Dominanzkultur, in die Mitglieder integriert werden sollen	**Pluralismus:** • Alle verfügen über gleichberechtigten Einfluss (»Bottom-Up« möglich) Selbstverständlichkeit von mehreren Kulturen und Vielfalt
	Grenzziehung: • Ausgrenzung der Außenstehenden • Etablierung von Trennungslinien zwischen Gruppen im Innern›Homogenes Ideal‹ bestimmt Werte und Normen	**Begegnungen:** • Austausch zwischen vielfältigen Menschen und Gruppen wird gefördertGegenseitiges Voneinander-Lernen	**Vollständig strukturelle Inklusion:** • Alle Menschen(-Gruppen) sind auf allen Ebenen vertreten • ChancengleichheitBeteiligung
	Team: • Schaffung eines Wir-Gefühls • Hohe Loyalität • Geringer Kontrollaufwand Stabilität und Zuverlässigkeit	**Team:** • Eine Dominanzkultur, in die Mitglieder integriert werden sollen Akzeptanz von Vielfalt	**Team:** • Abwesenheit von Vorurteilen und Diskriminierung Intergruppenkonflikte kaum vorhanden

Tab. 10: Indikatorenkatalog Kulturphasen – Fortsetzung

	Indikatoren zur Organisationskultur		
	Monokultur	**Interkultur**	**Transkultur**
Leitvorstellung	Handlungsorientierung durch Komplexitätsreduktion	**Lernen:** • Organisation sieht sich als lernend • Offenheit sich weiterzuentwickeln hängt nicht an Vergangenheit	**Identifikation:** • Alle Mitglieder identifizieren sich mit ihrer Organisation bzw. Gruppe Diverse Denk-, Arbeits- und Handlungsweisen
Führungsinstrumente	• emotionsorientierte, charismatische, symbolische Führungsperson	• Interkulturelles und Diversitylernen • Teambuilding • Interkulturelles oder DiM	• Beteiligung • Chancengleichheit • Transparenz
Kommunikation	• Effektives Kommunikationsnetz • schnelle Informationsverarbeitung	• Gegenseitige Anerkennung • Gegenseitiger Austausch	• Vollständige Inklusion in informelle Netzwerke • Zugang zu allen Kommunikations- und Informationssystemen • Transparenz

Eigene Darstellung in Anlehnung an Loden/Rosener 1991; Cox 1993; Sepehri 2002; Hecht-El Minshawi u. a. 2007; Stuber 2009; u. a.

Anlage 2: Indikatorenkatalog Diversitätsausprägung

Tab. 11: Indikatorenkatalog Diversitätsausprägung

	Diversitätsausprägung				
	Exklusive Diversität	Integrative Diversität: Fairnessperspektive	Integrative Diversität: Marktzutritts-Perspektive	Inklusive Diversität: Lernperspektive	Inklusive Diversität: Resonanzperspektive
Indikatoren	Diversität ist kein Thema, wird verneint und als Bedrohung für Einzelne und Organisation empfunden	Diversität wird toleriert und durch Anpassung integriert, was Angehörige von Minderheiten unter Druck setzt	Ökonomisches Verständnis von Diversität Vielfalt wird als strategisches Instrument für Wettbewerbsvorteile genutzt	Organisation lernt, wodurch Diversität zunehmend als Selbstverständlichkeit angesehen wird Wertschätzung aller Diversitätsdimensionen	Individuen sind resonanzfähig: Sie möchten andere erreichen, lassen sich selbst erreichen und transformieren
	Andersartigkeit wird nicht wertgeschätzt, ist gleichbedeutend mit ›Defiziten haben‹	Politisch-normative Herangehensweise durch Förderprogramme und Quotensysteme	Andersartigkeit wird anerkannt, zugelassen, genutzt und eingebunden	Organisationsentwicklung als ›Topdown‹ und ›Bottomup‹ möglich	Individuen sind resonanz- und entfremdungssensibel
	Im Umgang mit Verschiedenheit müssen sich betroffene Menschen ändern und nicht die Organisation	Gleichstellungsinstrument, das faire Behandlung der Beschäftigten sicherstellt Organisation ist stark hierarchisch aufgebaut	Aushandlungsprozesse zu bestehenden Normen finden statt Chancengleichheit wird angestrebt	Aushandlungsprozesse der Normen werden abgeschlossen = ›Entdramatisierung‹ von Diversität	Resonanzräume wirken: Resonanzachsen stabilisieren sich; Resonanzdrähte glühen

Tab. 11: Indikatorenkatalog Diversitätsausprägung – Fortsetzung

	Exklusive Diversität	Integrative Diversität: Fairnessperspektive	Integrative Diversität: Marktzutritts-Perspektive	Inklusive Diversität: Lernperspektive	Inklusive Diversität: Resonanzperspektive
Indikatoren	Menschen, die ihr Unbehagen gegenüber Werten der dominanten Gruppe ausdrücken, gelten als überempfindlich, nicht integrierbar	Vielfältige Werte, Einstellungen sowie Arbeits- und Denkweisen werden kaum berücksichtigt	Diskriminierungen, Hierarchisierungen, Machtverhältnisse werden aufgedeckt; Diversitätsdimensionen können intersektional betrachtet werden	Gemeinsamkeiten und Vielfalt der Mitarbeiter_innen sind integriert und führen zum Erfolg der Organisation	Resonanzviereck besteht Mitarbeiter_innen treten mit Vielfalt in Resonanz, ›Wir-Gefühl‹ besteht
	Betrachtung von Unterschieden	Betrachtung von Unterschieden	Betrachtung vorwiegend von Gemeinsamkeiten	Chancengleichheit wird weiter ausgebaut Betrachtung von Gemeinsamkeiten und Unterschieden	Partizipation wird auf allen Seiten gelebt Betrachtung von Gemeinsamkeiten und Unterschieden
Ziel	›Homogenes Ideal‹ erhalten	›Gleichmachung‹ aller Mitarbeiter_innen	Abbild der Kund_innenvielfalt	Chancengleichheit aller Beteiligten	Selbstverständlichkeit jeglicher Vielfalt
Zusammenhalt	Exklusion	Assimilation	Integration	Inklusion	Inklusion und Resonanz
Resonanz	Entfremdung	Entfremdung	Resonanzoffen	Resonanzoffen	Resonanzfähigkeit

Eigene Darstellung in Anlehnung an Thomas/Ely 1996; Sepehri 2002; Vedder 2006; Perko und Czollek 2007; Dreas 2019; u. a.

Anlage 3: Indikatorenkatalog Resonanzausprägung

Tab. 12: Indikatorenkatalog Resonanzausprägung

	Resonanzprozess in der Diversitäts-Organisationsentwicklung			
Kultur- und Diversitätsausprägung	Monokultur/ Exklusive Diversität	Interkultur/ Fairnessperspektive	Interkultur/ Marktzutrittsperspektive	Transkultur/ Lernperspektive	Transkultur/ Resonanzperspektive
Resonanzbeziehung	Entfremdung		Resonanzoffenheit		Resonanzfähigkeit
Indikatoren	• Weltbeziehung ist prekär, repulsiv • Beteiligte fühlen sich in Organisation und in Vielfalt ungehört, ungesehen • Resonanzverhältnis ist gestört • Individuen sind resonanzunfähig • Die eigene Stimme wird nicht mehr wahrgenommen und artikuliert • Beziehungen sagen einem ›nichts mehr‹ • Menschen fühlen sich von ihrem Habitus entfremdet • Subjekt und Vielfalt stehen einander indifferent oder feindlich und innerlich unverbunden gegenüber: – ›Andere‹ gehören nicht dazu – ›Andere‹ sollen kein Gehör finden, soll nichtssagend gemacht werden – Alles soll bleiben wie es ist – Alles Unbekannte und Neue wird als Bedrohung empfunden – Abschottung gegen ›Fremde‹		• Resonanzprozess beginnt: – Repulsive Verhältnisse und Entfremdungen in Bezug zur Organisation und Vielfalt werden wahrgenommen und differenziert betrachtet – Individuen werden resonanzoffen – Resonanzfähigkeit kann sich ausbilden – Der Resonanzraum ›Arbeit‹ kann zu wirken beginnen – Der Resonanzraum ›Beziehungen‹ kann zu wirken beginnen – Erste Response-Resonanzerfahrungen mit vielfältigen Menschen (Mitarbeiter_innen und Kund_innen) können gemacht werden (Berührung, Antwort, Anverwandlung, Unverfügbarkeit) • Organisation versucht dennoch Struktur über Wachstum und Innovationsverdichtung zu erhalten		• Individuen sind resonanzfähig: – Individuen treten in Beziehung – Individuen lassen sich ansprechen, sind offen – Individuen antworten mit eigener Stimme – Individuen sind transformationsfähig • Individuen werden resonanz- und entfremdungssensibel: Sie bemerken, wenn etwas nicht stimmt und werden sich bemühen, Beteiligte zu erreichen • Resonanzräume wirken: – Resonanzerfahrungen werden gemacht (Dingresonanz und Subjekt-Resonanz) – Resonanzachsen stabilisieren und etablieren sich – Resonanzdrähte glühen

Tab. 12: Indikatorenkatalog Resonanzausprägung – Fortsetzung

Resonanzprozess in der Diversitäts-Organisationsentwicklung	
• In der Organisation wird Partizipation umgesetzt, Individuen sind partizipationsfähig • Individuen sind kritik- und diskursfähig	• Synchronresonanz und/oder Responseresonanz ist innerhalb der Organisation möglich • Individuen machen in ihrer Organisation Selbstwirksamkeitserfahrungen • Individuen sind in einem *Antwortverhältnis* mit den Beteiligten, Organisation und der Wertschöpfung (Resonanz-Viereck) • Individuen können sich ihre Organisation *anverwandeln* • Individuen treten in Resonanz mit der vorhandenen vielfältigen Mitarbeiterschaft • Individuen und Team sind von Vielfalt überzeugt und erfahren hierin ein ›Wir-Gefühl‹ • Organisation/FK erspürt Anliegen der Mitarbeiter_innen und geht hierauf (diskursiv) ein

Eigene Darstellung in Anlehnung an Rosa 2019a: 218–328; Rosa 2019b: 172–182; Rosa 2019c: 37–44

Anlage 4: Überarbeiteter Indikatorenkatalog Organisationskultur

Tab. 13: Überarbeiteter Indikatorenkatalog Organisationskultur

	Indikatoren zur Organisationskultur		
	Monokultur	**Interkultur**	**Transkultur**
	Homogenität: • Fokussierung auf Konformität • Vermeidung von Alternativen und neuen Orientierungsmustern • Denken in Stereotypen • Festhalten an VergangenheitDiversität als Modeerscheinung, wird ›ausgesessen‹	**Heterogenität:** • Vielfalt wird toleriert und genutztDennoch eine Dominanzkultur, in die Mitglieder integriert werden sollen	**Pluralismus:** • Alle verfügen über gleichberechtigten Einfluss (»Bottum-Up« möglich) • Selbstverständlichkeit von mehreren Kulturen und Vielfalt • Grundwerte: Anerkennung, Gerechtigkeit, Zusammenhalt, TeilhabeVielfalt als ethische Verpflichtung
Haltung zu Diversität und Personen	**Grenzziehung:** • Ausgrenzung der Außenstehenden • Etablierung von Trennungslinien zwischen Gruppen im Innern • ›Homogenes Ideal‹ bestimmt Werte und NormenEinzelne Diversitätsdimensionen werden exkludiert	**Begegnungen:** • Austausch zwischen vielfältigen Menschen und Gruppen wird gefördertGegenseitiges Voneinanderlernen	**Vollständig strukturelle Inklusion:** • Alle Menschen(-Gruppen) sind auf allen Ebenen vertreten • Chancengleichheit • BeteiligungSituationen, nicht Menschen verändern

Tab. 13: Überarbeiteter Indikatorenkatalog Organisationskultur – Fortsetzung

	Indikatoren zur Organisationskultur		
	Team:	**Team:**	**Team:**
	• Schaffung eines Wir-Gefühls • Hohe Loyalität • geringer Kontrollaufwand • Stabilität und Zuverlässigkeit	• Eine Dominanzkultur, in die Mitglieder integriert werden sollen • Akzeptanz von Vielfalt	• Abwesenheit von Vorurteilen und Diskriminierung • Intergruppenkonflikte kaum vorhanden
Leitvorstellung	**Handlungsorientierung durch Komplexitätsreduktion**	**Lernen:** • Organisation sieht sich als lernend • Offenheit sich weiterzuentwickeln • Hängt nicht an Vergangenheit	**Identifikation:** • Alle Mitglieder identifizieren sich mit ihrer Organisation bzw. Gruppe • Diverse Denk-, Arbeits- und Handlungsweisen
Führungsinstrumente	• Emotionsorientierte, charismatische, symbolische Führungsperson • Starke HierarchieFührungsstil wird nicht an Mitarbeiter_innen angepasst	• Interkulturelles- und Diversitylernen • Teambuilding • Interkulturelles oder DiM • Flache HierarchieFührungsstile und -instrumente wird ausgebaut und genutzt	• Beteiligung • Chancengleichheit • Transparenz • Wenig HierarchieVielfalt an Führungsstilen und -instrumenten ist vorhanden und wird genutzt
Kommunikation	• Effektives Kommunikationsnetz • Schnelle Informationsverarbeitung	• Gegenseitige Anerkennung • Gegenseitiger Austausch	• Vollständige Inklusion in informelle Netzwerke • Zugang zu allen Kommunikations- und Informationssystemen • Transparenz

Eigene Darstellung in Anlehnung an Loden/Rosener 1991; Cox 1993; Sepehri 2002; Hecht-El Minshawi u. a. 2007; Stuber 2009; u. a.

Anlage 5: Überarbeiteter Indikatorenkatalog Resonanzausprägung

Tab. 14: Überarbeiteter Indikatorenkatalog Resonanzausprägung

	Resonanzprozess in der Diversitäts-Organisationsentwicklung		
	Entfremdung	**Resonanzoffenheit**	**Resonanzfähigkeit**

Indikatoren	• Weltbeziehung ist prekär, repulsiv
	• Beteiligte fühlen sich in Organisation und in Vielfalt ungehört, ungesehen
	• Resonanzverhältnis ist gestört
	• Individuen sind resonanzunfähig
	• Die eigene Stimme wird nicht mehr wahrgenommen und artikuliert
	• Beziehungen sagen einem ›nichts mehr‹
	• Menschen fühlen sich von ihrem Habitus entfremdet
	• Subjekt und Vielfalt stehen einander indifferent oder feindlich und innerlich unverbunden gegenüber:
	  – ›Andere‹ gehören nicht dazu
	  – ›Andere‹ sollen kein Gehör finden, alles soll nichtssagend gemacht werden
	  – Alles soll bleiben wie es ist
	  – Alles Unbekannte und Neue wird als Bedrohung empfunden
	  – Abschottung gegen ›Fremde‹
		• Resonanzprozess beginnt:
		  – Repulsive Verhältnisse und Entfremdungen in Bezug zur Organisation und Vielfalt werden wahrgenommen und differenziert betrachtet
		  – Individuen werden resonanzoffen
		  – Resonanzfähigkeit kann sich ausbilden
		  – Der Resonanzraum ›Arbeit‹ kann zu wirken beginnen
		  – Der Resonanzraum ›Beziehungen‹ kann zu wirken beginnen
		  – Erste Response-Resonanzerfahrungen mit vielfältigen Menschen (Mitarbeiter_innen und Kund_innen) können gemacht werden (Berührung, Antwort, Anverwandlung, Unverfügbarkeit)
		• Organisation versucht dennoch Struktur über Wachstum und Innovationsverdichtung zu erhalten
		• In der Organisation wird Partizipation umgesetzt, Individuen sind partizipationsfähig
			• Individuen sind resonanzfähig:
			  – Individuen treten in Beziehung
			  – Individuen lassen sich ansprechen, sind offen
			  – Individuen antworten mit eigener Stimme
			  – Individuen sind transformationsfähig
			• Individuen werden resonanz- und entfremdungssensibel: Sie bemerken, wenn etwas *nicht stimmt* und werden sich bemühen, Beteiligte zu erreichen
			• Resonanzräume wirken:
			  – Resonanzerfahrungen werden gemacht (Dingresonanz und Subjekt-Resonanz)
			  – Resonanzachsen stabilisieren und etablieren sich
			  – Resonanzdrähte glühen
			• Synchronresonanz und/oder Responseresonanz ist innerhalb der Organisation möglich
			• Individuen machen in ihrer Organisation Selbstwirksamkeitserfahrungen

Tab. 14: Überarbeiteter Indikatorenkatalog Resonanzausprägung – Fortsetzung

	Resonanzprozess in der Diversitäts-Organisationsentwicklung
	• Individuen sind kritik- und diskursfähig • Individuen sind in einem *Antwortverhältnis* mit den Beteiligten, Organisation und der Wertschöpfung (Resonanz-Viereck) • Individuen können sich ihre Organisation *anverwandeln* • Individuen treten in Resonanz mit der vorhandenen vielfältigen Mitarbeiterschaft • Individuen und Team sind von Vielfalt überzeugt und erfahren hierin ein ›Wir-Gefühl‹ • Organisation/FK erspürt Anliegen der Mitarbeiter_innen und geht hierauf (diskursiv) ein
Schlüsselbegriffe	• Aufgezwungenes tun, Arbeit nach Vorschrift • Diskriminierung/Mobbing • Unveränderbarkeit von Organisation und Subjekten • Offenheit • Neugier, Interesse • Lern- und Veränderungschancen werden wahrgenommen und genutzt • Grundwerte: Anerkennung, Gerechtigkeit, Zusammenhalt und Teilhabe • Selbstverständlichkeit von Vielfalt • Partizipation, Autonomie, Respekt • Identifikation, ›Wir-Gefühl‹ • Motivation, Engagement • Individualität, Einzigartigkeit • Person und nicht deren Nutzen steht im Mittelpunkt

Eigene Darstellung in Anlehnung an Rosa 2019a: 218–328; Rosa 2019b: 172–182; Rosa 2019c: 37–44